# 工商管理案例研究

## 重庆工商大学 2016届和2017届MBA研究生 案例成果精选

孙芳城 ◎ 主　编
柏　群 ◎ 副主编

中国财经出版传媒集团
经济科学出版社
Economic Science Press

图书在版编目（CIP）数据

工商管理案例研究：重庆工商大学2016届和2017届MBA研究生案例成果精选/孙芳城主编. —北京：经济科学出版社，2017.12
ISBN 978-7-5141-6355-1

Ⅰ.①工… Ⅱ.①孙… Ⅲ.①工商行政管理-案例-汇编 Ⅳ.①F203.9

中国版本图书馆CIP数据核字（2017）第301173号

责任编辑：周胜婷
责任校对：郑淑艳
责任印制：邱 天

### 工商管理案例研究：重庆工商大学
### 2016届和2017届MBA研究生案例成果精选

孙芳城 主 编
柏 群 副主编

经济科学出版社出版、发行 新华书店经销
社址：北京市海淀区阜成路甲28号 邮编：100142
总编部电话：010-88191217 发行部电话：010-88191522
网址：www.esp.com.cn
电子邮件：esp@esp.com.cn
天猫网店：经济科学出版社旗舰店
网址：http://jjkxcbs.tmall.com
固安华明印业有限公司印装
787×1092 16开 23.5印张 500000字
2017年12月第1版 2017年12月第1次印刷
ISBN 978-7-5141-6355-1 定价：94.00元
（图书出现印装问题，本社负责调换。电话：010-88191502）
（版权所有 翻印必究 举报电话：010-88191586
电子邮箱：dbts@esp.com.cn）

# 编委会名单

主　编：孙芳城

副主编：柏　群

编委会成员：

　　　　田双全　曾庆均　靳俊喜　骆东奇

　　　　蔡继荣　何淑明　袁　军　徐重久

　　　　程文莉　孙洪杰　任　毅　贾　鸿

# 序

案例研究具有十分重要的意义，许多创新理论的发现，创新观点的提出，创新方法的诞生，都来源于案例研究。为了提升MBA人才培养质量，我校积极推进MBA学生在教师指导下从事案例研究，按照"实践方法——实践行动——成果展示——总结升华"的思路，设计以案例开发为目标的实践训练体系，全面提升学生的实践能力。

为全面总结我校MBA案例研究工作成果，增强MBA案例库建设，进一步推动MBA教育教学改革，MBA教育中心精心选择部分优秀案例成果编纂成册，并以《工商管理案例研究》丛书公开出版，迄今已出版三册，取得了预期效果，不仅激发了MBA师生们参与案例研究的热情，也在一定程度上宣传了我校MBA教育品牌。

本期《工商管理案例研究》共汇集了9篇案例研究论文，主要为2013~2015级MBA学生案例研究成果。这些成果具有鲜明的区域特色，较强的实战性，每一篇案例都凝结了案例作者的心血，不仅展示了学生对课堂知识的理解和重构能力，也体现出学生多年工作积累的管理智慧和追求创新的品质。

本书的出版，既是对MBA学生在校学习的一个总结，也是我校MBA教育可供传承的一笔宝贵财富。我们深知案例研究任重道远，我们也清醒地认识到我校MBA教育起步较晚，与知名高校MBA教育还存在一定的差距。我希望MBA教育团队恪守"含弘自强，经世济民"的工商精神，肩负"弘扬渝商文化，培育行业精英，服务地方经济"的办学使命，秉承"规范、质量、特色、品牌"的项目理念，依托我校坚实的经管学科优势和长期的商科教育积淀，紧密围绕区域经济社会发展对高级经营管理人才的需求，理顺管理体制机制，组建优秀师资队伍，创新人才培养模式，建构质量保证体系，为重庆及周边地区经济社会发展培养"懂经济、擅管理、宽视野、重责任"的高层次经营管理人才和行业精英。

本书的出版，离不开指导教师们的精心指导，离不开经济科学出版社各位领导和编辑的关心和支持，也离不开我校MBA教育中心员工的组织和推动，在此一并致谢！当然，本书的编写，难免存在不足与缺憾，恳请读者批评指正。

重庆工商大学校长　孙芳城<br>
2017年12月

# 目录

苹果公司发展模式分析及对移动互联网企业的启示 …………… 黄祖舸 梅洪常 （1）

LB 保险公司车险营销策略研究 ……………………………………… 蔡云啸 唐 平 （45）

重庆 DJ 集团车桥公司发展战略研究 ………………………………… 陈 飞 饶扬德 （90）

四川航空营销策略研究 ……………………………………………… 胡 炜 周 莉 （138）

中石化 JZ 分公司成本控制研究 ……………………………………… 逯一飞 李定清 （173）

基于哈佛分析框架的 F 药业公司财务分析及管理改进对策 …… 呙中喜 蔡继荣 （211）

重庆轨道交通三号线客流组织优化研究 …………………………… 龙 沛 刘 伟 （251）

L 监狱企业文化建设优化研究 ……………………………………… 时 磊 李 琪 （288）

基于战略导向的毅臣集团组织结构优化研究 ……………………… 朱 洁 郑文哲 （329）

# 苹果公司发展模式分析及对移动互联网企业的启示

黄祖舸　梅洪常

**摘　要：** 移动互联网的发展对企业的持续生存提出了新要求，传统工业思维下的企业运作模式已不适应当下的商业环境，企业必须探寻出更加科学合理的发展模式，才能应对移动互联时代带来的冲击，以顺利实现发展、转型或升级。在移动互联网时代，消费者的注意力极度分散，消费行为也呈现出多样化的态势。市场话语权快速向消费者转移的趋势，形成了前所未有的，同时也是在不断变化的新商业环境。企业能否实现持续的发展，取决于其对三大关键难题的解决，其一是如何准确地锁定消费需求？其二是如何打造多元化的产品（服务）价值，去满足消费需求？其三是如何应对竞争与模仿，实现可持续发展？从苹果公司在移动互联网行业中发展的三个阶段可知，它之所以能实现长盛不衰发展的原因，正是对这三个问题实现了高效的解决。本文分析了在移动互联网不同发展阶段苹果公司对商业环境的适应过程，并依次分析了苹果公司对三大难题的解决方法及其背后的原理。

　　首先，针对第一个难题，即是在准确的锁定消费需求方面，本文探寻出了苹果公司对共性需求与个性需求的特定锁定顺序，并分析了大数据技术对个性化消费事件在质量与数量上的提升过程。其次，针对第二个难题，即是在创造多元化产品价值方面，本文从中探寻出了苹果公司实现价值多元化的 ICE 模式。再者，针对第三个难题，在应对竞争与模仿方面，本文通过经济学的角度对核心竞争力进行了分析，并从中探寻出了一种可供移动互联网企业借鉴的纵横价值链组合构型。最后，本文总结出了具有普遍借鉴意义的苹果发展模式，归纳出了苹果发展模式对移动互联网企业发展与传统企业转型领域的启示，并本着切实受用的目的，提出了运用苹果发展模式的三个步骤。第一步，锁定消费需求，一级端口或二级端口均可以成为切入点。第二步，打造多元化产品价值，即完善自己的 ICE 模式，打造社群完成对消费者的培育，整合第三方供应商实现对多元化价值的打造。第三步，通过不断的交易，逐步形成稳定的纵横价值链构型，企业、消费者、第三方企业形成正反馈效应，构建出核心竞争力。移动互联网企业通过以上三步，便能把苹果发展模式运用在实践中，以实现持续发展的目标。

**关键词：** 移动互联网；三大难题；苹果公司；发展模式

# 1 绪论

## 1.1 移动互联网行业现状及特征

近年来,在经济全球化、信息全球化的浪潮推动下,传统互联网时代正在向移动互联网时代持续迈进,以智能手机和平板电脑为代表的移动终端的诞生在改变人类信息传播方式的同时,也影响着整个信息化社会的建设与发展[1]。随着移动互联网的发展,企业之间的竞争与模仿也因此而愈发剧烈;在中国的移动互联网行业中,除了有腾讯、百度、阿里巴巴等行业巨头外,也有苹果、三星等规模巨大的海外企业与联想、华为等本土老牌企业;同时,如小米、魅族、360等新生企业也在陆续崛起。越来越多的互联网巨头和IT厂商参与到移动互联网行业的竞争中来,产业链上各节点业务相互渗透和融合,新的商业模式层出不穷,移动互联网市场格局和生态环境正在经历着剧烈的变化[2]。移动互联网行业的发展,使得市场的供求结构进一步发生了深层次的改变;尤其是消费需求,正在以前所未有的强度与速度发生变化,最典型的现象是消费者的注意力极度分散,诉求丰富且多变。

第一,在消费时间上,一天24小时以内,消费者均可以实现购买;在消费空间上,消费者拥有无穷多个可供购买的通路渠道。消费时间与消费空间的变化,可以用一句话来描述,即是消费者能"随时随地"地进行购买活动,本文把这种全新的消费时空,称为"消费需求碎片化"。

第二,消费需求本身在快速变化。随着行业竞争的加剧,消费者注意力极度分散且难以控制,消费者的选择在不断增加;因此,消费需求呈现出十足的个性特色,本文把这种消费需求个性程度逐渐提高的特征,称为"消费需求个性化"。

第三,消费者在购买决策的过程中,逐渐习惯以在互联网社交中所获取的信息作为购买与否的依凭;而企业本身的营销行为,对消费者购买行为的可影响程度相较过去工业时代的情况,有所下降。本文把这种消费决策因子的来源向互联网社交渠道逐渐转移的特征,称为"消费决策社交化"。

第四,随着行业竞争的持续加剧,企业争相对"个性化需求"给予快速满足,消费过程中的信息不对称程度又在逐渐降低,消费者能较为轻易地找到可以满足其需求的服务与产品,从而刺激消费需求在短时间内出现了快速的变化,本文把这种消费需求快速变化的特征,称为"消费需求速变化"。

因此,在当下的移动互联网发展阶段,消费时空呈现出"消费需求碎片化"的特征;消费属性呈现出"消费需求个性化与消费需求速变化"的特征,消费决策则呈现出"消费决策社交化"的特征。

## 1.2 移动互联网企业的三个难题

消费需求的变化必然对企业的生产活动提出新的要求。随着消费需求碎片化与消费需求个性化的加剧，消费需求的种类逐步剧增且分布空间广泛。目前，许多移动互联网企业对产品进行的快速迭代，其实质就是试图准确锁定多变的消费需求。比如，目前众多的智能手机企业在设备功能上的持续竞争，电商企业在网站交互页面上的持续更新等，均是在试图准确地锁定消费需求。消费需求的准确锁定，是企业得以实现生存的前提条件。如果企业锁定的是错误的消费需求或者是市场中根本不存在的消费需求，那么企业将会面临巨大的灾难，比如，曾名噪一时的手机厂商诺基亚，曾一度把商务办公型系统软件作为消费需求的未来趋势，但其结果却是被更具兼容性的安卓类系统所打败[3]，这便是错误锁定消费需求的代价。总之，在消费需求碎片化与消费需求个性化的逐步加剧下，能否准确地锁定消费需求，已成为企业能否实现生存的首要关键问题。

同时，由于消费决策社交化的加剧，消费者能在社交渠道中用较低的成本获取大量有关企业产品与服务的信息，这使得消费者与企业之间的信息不对称程度逐步降低。产品的专有知识，成本的组成结构，甚至是企业的内幕消息，都有可能在短时间之内，在移动互联网上实现大范围的传播。因此，很多失去了信息优势的企业，开始聚焦在如何提高消费者的体验上，以实现信息不对称所带来的劣势。

许多企业在消费者体验上的聚焦，使得提高消费者体验变成了一种适应性行为，即是如果有企业不这样做，将会面临巨大的机会成本。此时，随着企业在提高消费者体验上的持续竞争，企业提供单一的产品功能已不能满足消费者的需求，即是仅用功能产品去满足消费者需求的方式已不再适用，企业必须创造更独特与更加多元化的价值去满足消费需求，才能顺利地巩固或占据市场。比如，移动互联网社群的产生，就是产品价值多元化的显著体现。在企业与消费者的交易中，消费者使用功能产品只是其中的一个方面；在企业社群中，消费者之间还可以满足社交的需求，以及学习与收集信息的需求。这种多元化产品价值的提供及其对各种消费需求的满足，是只具备单一功能的产品难以实现的，它必须依靠企业对多元化产品价值的打造，才能得以实现。总之，由于消费决策社交化的加剧，消费者与企业之间的信息不对称程度逐步降低，企业如何打造多元化产品价值以弥补信息上的劣势，已成为移动互联企业迫在眉睫的关键问题之一。

另外，由于消费需求速变化的加剧，加之企业间的竞争与模仿愈发激烈，企业的边际效用递减规律提前发生作用，即是企业对于原有模式的投资，将在短时间之内达到饱和的状态，随后将面临增量的持续降低，直至沦为负增长。首先，企业之间的相互竞争与模仿，在移动互联网的时代背景下，将会以更低的成本进行，这一方面与信息透明度的增加有关，另一方面也与企业之间的从众效应有关。其次，消费需求又在快速地发生变化,这使得企业之间的竞争与模仿,以更快的速度和更猛的强度在行业内持续展开,由此,企业的竞争优势不再稳定,极容易被竞争对手所颠覆。目前,在企业风投行业中流行的一句话,最能体现这种情况的普遍性和严重性,即"如果马云模仿你,你该怎么办?"总之,随着消费需求速变化的发展以及企业之间竞争与模仿的进一步加剧,企业如何才能持续地锁定与满足消费需求,并构建出核心竞争力,避免被竞争对手所淘汰,已成为企业实现持续生存必须要解决的关键问题之一。

根据以上分析,当下的移动互联网企业,要实现持续的发展,面临着三大难题:

(1) 如何准确地锁定消费需求?
(2) 如何打造多元化的产品(服务)价值,去满足消费需求?
(3) 如何应对竞争与模仿,实现可持续发展?

本文聚焦于以上三个难题,并试图通过分析苹果公司对以上三个难题的解决办法,找出其有规律地反复出现的经营行为,即探寻出可供企业普遍借鉴的发展模式。

## 1.3　分析思路

目前,在移动互联网商业范畴内的研究分析,大致可分为三类方向。第一类是分析未来趋势;这一类的研究学者,目前以美国的畅销书作家凯文·凯利为典型代表。第二类是分析特定的技术在商业中的应用,比如大数据统计、工业4.0的智能科技等。第三类是对现有的企业运作模式的分析与总结,本文的研究类型为第三类。在中国,第三类研究有众多的分支方向,有的研究是以某一个商业工具为研究对象,如微信、微博等;有的研究是对商业理论的更新,比如4D、1P等新出现的营销理论。但是,在以上的研究中,许多的研究结果呈现出一种经验化、拼凑化的态势,均没有从本质上去科学地解释企业能获得持续发展的原因,这也使得众多的学习者对背后的原理不甚明了,从而导致学习者知其然不知其所以然,甚至导致学习者产生硬套模仿的粗浅行为。本文从对苹果公司的分析中,总结出了它对三个关键难题的解决方法,并通过总结,推导出可供一般企业借鉴的发展模式,避免了经验化与拼凑化的弊端。

首先,本文对苹果公司在发展历程中的核心事件进行了阐述;其次,从苹果公司的发展历程中,本文进一步发现了它解决三大问题的方法。最后,本文根据其方法进一步依次分析了背后的原理,即通过对苹果公司所选择方法的解释,探寻出了背后的深层次原因,从而总结出了有意义的可供企业借鉴的模式。

## 1.4　理论基础

首先,本文在分析如何准确锁定消费需求与如何创造多元化产品价值这两个问题时,主要是以事实为依据,并结合麦肯锡集团所创的结构化分析方法,对苹果公司的发展历程进行了分析,总体可归纳为:历史唯物的分析理论与结构化分析方法的结合运用。比如，本文对消费需求内涵的四因素分析以及对消费需求外延的十二类消费需求的分析，均是在苹果公司发展历程的基础上，所进行的结构化分析。

其次，在分析苹果公司如何应对竞争与模仿时，本文运用到了迈克尔·波特以及施振荣对传统价值链的定义，同时结合张五常等自由主义经济学派中对核心竞争力的经济解释，同时参考系统动力学的部分知识，对苹果公司特有的生产要素联动模式进行了分析。在分析苹果公司如何应对竞争与模仿时，本文通过分析提出了"创造高使用价值"，是一切企业赢得竞争的根本原因。同时，按照张五常在《经济解释》中的说法，消费者的边际使用价值与企业的边际收入是相等的，并且企业的收入实际上是上头成本，上头成本是租值，是生产要素的收入[4]。管理学中极为重视的"核心竞争力"换成经济学术语来表达其实就是获取垄断地位的能力[5]。另外，按经济学的解释，垄断地位的能力所带来的价值，叫做垄断租值，又因为租值是生产要素的收入，因此核心竞争力的实质，就是生产要素所产生的垄断租值[6]。在管理学中，核心竞争力的关键特征就是难以被竞争对手模仿与复制[7]，那么结合经济学的解释，核心竞争力则可以定性地描述为：一种其他企业难以模仿和拥有的、生产要素产生收入的能力。生产要素产生收入的能力越强，企业的边际收入越多，消费者的边际使用价值就越高。但是，生产要素产生收入的过程，是多个生产要素共同参与生产活动的过程，即生产要素的联动方式直接影响生产要素获取收入的能力大小。同时，根据迈克尔·波特的价值链理论，对价值链的定义如下：企业所进行的，一系列生产活动的总称，比如研发、生产、销售、服务等一系列生产活动[8]。因此，核心竞争力的经济学内涵可整体描述如下：价值链结构决定生产要素的互动方式，生产要素的互动方式决定生产要素产生收入的能力。又因为生产者的边际收入与消费者的边际使用价值相等，因此生产要素产生收入的能力既是为消费者创造高使用价值的能力，也是企业的核心竞争力。

## 2 案例描述：苹果公司发展的三个阶段

### 2.1 苹果公司发展的第一阶段：聚焦科研

从互联网出现直至移动互联网开始逐步成熟，大致经过了三个发展阶段。三个阶段的发展过程，也是苹果从初创到卓越的发展过程，其中的每一个阶段都蕴含着苹果发展模式的真实写照。在第一阶段，初始的移动终端出现，互联网开始发展，消费者在实体销售店面中货比三家的购买行为，大幅度被更加节约消费者时间成本的网络渠道所取代。同时，在网络上，消费者也能在相同的时间看到比实体店更多的货物与服务，并且产品或服务的价格一目了然。因此，这种网络购物模式极大地节省了消费者的觅货成本。另外，消费者在网络渠道还能购买到在当地没有或无法销售的产品、服务，这相当于企业通过网络渠道满足了消费者原先无法用相同成本去满足的需求。消费者购物效率的提高，使得移动终端的需求曲线逐步往右侧移动，即增加了移动终端的消费需求。由此开始，各类企业开始在价值链的中上游拼比终端设备的科技含量；中上游的各个环节都充满了激烈的竞争，许多企业开始对中上游的业务实行大量创新，以提高应对市场需求快速改变的能力。

随着企业对上游研发环节的持续投入，价值链中上游价值的上升，带动了整条价值链价值的提升。因此，接收反馈的价值链中下游环节逆向对中上游环节提出了更高的质量要求。为了在终端能给消费者提供更快捷、更方便、更高效的智能设备，各种更高级别的 PC 与笔记本电脑，出现在市场上，移动互联网正式萌芽。移动互联网将信息的接收和发送都通过与人日夜为伴的移动设备完成，信息被聚合成数量更少、布局更清晰、以人为核心的信息集，这种改变无疑是革命性的[3]。

苹果公司在移动互联网发展的第一个阶段中，积极主动地适应外部环境的要求，全力集中在终端设备的研发上，创造出了 APPLE、IMAC 等高质量的终端产品。在这个阶段，苹果以特有的事件序列展现了它的发展历程，如表 1 所示。

表 1　　　　　　　　移动互联网发展第一阶段苹果公司关键事件

| 年份 | 关键事件描述 |
| --- | --- |
| 1976 | Apple 一代（屏幕技术，零件精简） |
| 1977 | Apple 二代（电源技术，画面技术） |
| 1980 | Apple 三代（整体技术改良） |
| 1981 | Apple Lisa（鼠标控制画面技术） |
| 1984 | Apple Mac（操作系统） |
| 1985 | "瓶颈"来临：软硬捆绑的副作用与竞争模仿 |
| 1985 | IBM、Windows95 等发力（第一个"瓶颈"） |
| 1986 | 乔布斯离职 |
| 1986～1997 | 苹果依然软硬结合，在技术领域创新 |
| 1997 | 乔布斯回归 |
| 1998 | iMac（外形优势） |
| 1999 | iMac 第二代；iBook 笔记本（全部优势） |

在移动互联网发展的第一阶段，苹果公司顺应价值链发展的规律，跟随价值链中上游效率的提升，集中在科研方面，推出了一系列的高新产品。

## 2.2　苹果公司发展的第二阶段：打造平台

在移动互联网发展的第二阶段，虽然终端设备的质量有了极大提高，但是大部分终端设备能兼容的服务范围仍比较小，还不能让消费者全方位地享受音频、文档、电影等产品与服务；而且这些移动终端设备对于携带方便性的需求，满足效率仍然不够高；传统台式电脑设备难以移动，笔记本电脑则是不方便随时随地取用；即是还不足以实现消费者"轻松享受大量服务"的需求。于是，在整体价值链效率的持续提升下，大量的第三方服务供应商出现；高效的智能手机与平板也逐步出现，消费者的碎片时间被充分利用。此时，为进一步提升消费者的交易价值，一大批企业快速进入，比如各种提升上网速度的网络商、提高操作效率的系统商、能快速满足消费者娱乐与消费需求的应用与软件商,均加入了移动互联网的浪潮中,且数量形成爆发式的增长。至此,移动互联网来到了蓬勃发展的时代,初步形成了完整的产业链,如图1所示。

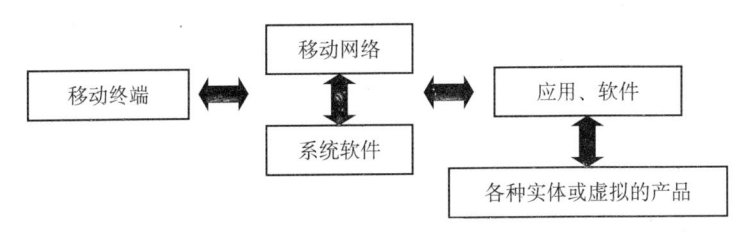

**图1 移动互联网产业链图示**

随着移动互联网的蓬勃发展,巨大的竞争压力也在行业内飙升;首先,实体行业中的大部分企业已经不是纯粹的实体经营,它们利用价值链中下游价值的快速提升,以各种应用与软件为工具,创建了崭新的营销模式,如QQ营销、博客营销、微博营销,到现在的微信营销,在应用内嵌入广告等;各种营销工具之间相互组合,与各类社会化媒体平台紧密结合,共同呈现出了丰富多彩的营销生态系统,拉开了剧烈的竞争。其次,原有的电商也大幅度地加入了移动互联网的营销模式中,以推广原有的网络渠道。另外,新进的移动互联网企业,为了迎合前两者与直接消费者的需求,也开始在移动互联网产业链的全部或部分环节展开了激烈的竞争。诺基亚曾经试图在系统软件环节上建立竞争优势,因而开发了WIN系统;大量企业开始做自己的互联网商店;有的企业在移动终端继续布局,如联想近期仍在对手机外形进行持续的改造;国内的中小企业如VIVO,是在移动终端功能上进行提升,强调音质。在全方位的竞争中,一种正向反馈的竞争系统已经形成,如图2所示。

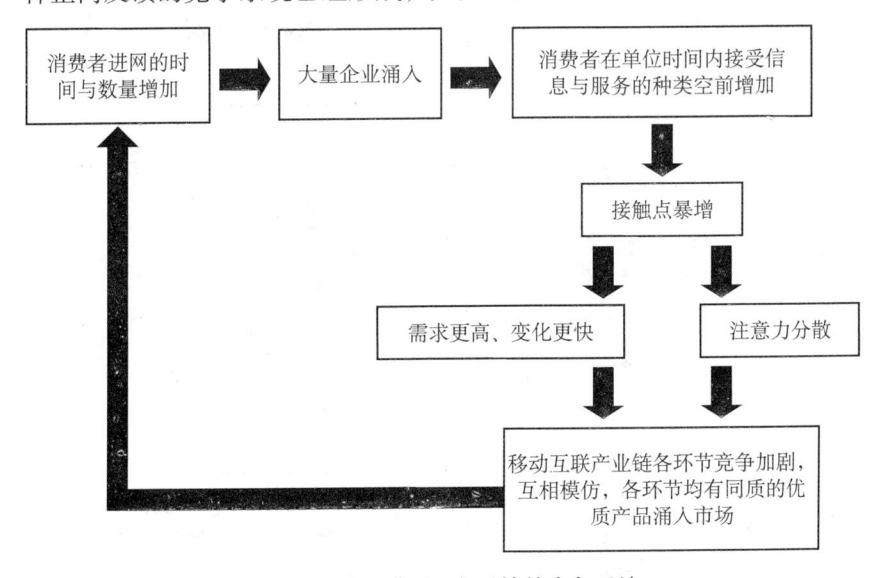

**图2 移动互联网正向反馈的竞争系统**

在第二阶段，苹果公司继续响应价值链的发展规律，聚焦于消费者"轻松享受大量服务"的诉求，紧随整体价值链效率的持续提升，一面继续推出优质新品，一面开始打造 iTunes 平台与 App Store 平台，并整合了部分优质的第三方服务供应商进入平台。在这个阶段，苹果也以特有的事件序列展现了它的发展历程，如表 2 所示。

表 2　　　　　　　移动互联网发展第二阶段苹果公司关键事件

| 时间 | 关键事件描述 |
| --- | --- |
| 2001 年 | iTunes；Macosx 系统（稳定美观） |
| 2001 年 10 月 | iPod |
| 2007 年 10 月 | iPhone |
| 2008 年 | App Store、iPhone3G |
| 2009 年 6 月 | iPhone3Gs（开始丰富 iTune 平台） |
| 2010～2011 年 | 大量企业跟进 App Store，在产业各环节发力（第二个"瓶颈"） |
| 2010 年 1 月 | iPad；（逐步充实 iTunes 平台） |
| 2010 年 6 月 | iPhone4；（逐步充实 iTunes 平台） |
| 2011 年 | 9 月 iPad2；10 月初发布 iPhone4s（iTunes 平台日渐丰富） |
| 2012 年 | 3 月：iPad3；9 月：iPhone5；10 月：iPad4（iTunes 平台开始成熟） |

总体来看，在移动互联网发展的第二个阶段，集中体现了行业竞争的加剧状态。苹果公司在这个阶段中，也曾受到巨大的竞争威胁。尤其是自 2010 年开始，各种应用软件的第三方服务商与直接竞争者的数量实现剧增，消费者注意力与需求变化迅速时，苹果同样在 2010～2011 年间，面临净利润的下滑，所幸的是苹果公司面对环境的变化做出了快速的响应，以价值链组合的运行方式适应了整体价值链的效率要求，最终度过了难关，在 2011 年第四季度实现了净利润的回升，如图 3 所示。

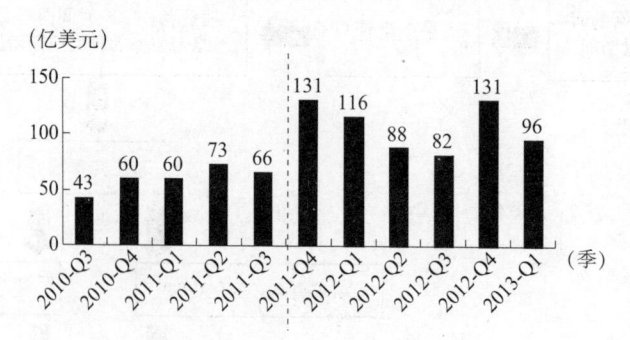

图 3　苹果第二阶段净利润趋势

## 2.3　苹果公司发展的第三阶段：优化平台

目前，移动互联网的发展仍处在第三阶段。苹果公司虽然在第二阶段以价值链组合的构型突破了相对稳定的单条价值链上各环节竞争壁垒减弱的瓶颈，但是随着移动互联网的进一步深化，行业内两个挑战的程度会逐步加深，即消费者注意力的分散与需求的多样化演变会更加剧烈；这也进一步促使行业中的企业，相互竞争与模仿加剧。外部环境的快速变化，迫使整个价值链组合构型必须在各个环节上进行适应性的快速提升，从而夯实价值链构型的稳定性。因此，在当下的第四阶段中期，苹果公司也快速对外部环境做出了反应。一方面，苹果继续在价值链的中上游全力投入在终端智能设备的科研与设计上，以超前的研发知识开创了多种优质的移动终端，如表3所示。

表3    移动互联网发展第三阶段苹果公司关键事件

| 时间 | 关键事件 |
| --- | --- |
| 2013年9月 | iPhone5s；iPhone5c |
| 2014年9月 | iPhone 6、iPhone 6 Plus、Apple Watch、Apple Pay、新版iOS系统 |
| 2015年9月 | iPhone 6s、iPhone 6S Plus |
| 2016年2月 | Apple Pay |

另一方面，苹果公司以一种更加高效的多元化价值链组合方式，主动地适应了外部消费环境的变化，引进了大量的第三方供应商，并通过实现企业、消费者与第三方企业的良好联动，优化了平台的整体效率，从而创造出了一种能持续发展与转型的商业运作方式，实现了良好的发展。

在这个阶段，苹果拥有iPhone、iPad、Apple Pay、Carplay、Apple Watch、Apple TV、Apple Car等高品质的智能终端[9]，并构建了强大的社群，根据国外媒体报道，目前全球活跃的苹果设备数量已经达到10亿部[10]。同时，在发展的第三阶段，苹果公司在iTunes与App Store平台集聚了更多的消费者与第三方供应商，并通过苹果云，实现了生产数据与消费数据的储存与使用，为两个平台提供了大量的应用软件。截止到2015年7月，App Store平台中已经有150万个应用程序，其中iPhone应用程序有1008031个，针对iPad的应用程序有479857个[11]。

目前，移动互联网正处于第三阶段，这个周期还未结束，消费需求的变化与巨大的竞争压力较第二阶段的程度更加激烈，使得消费环境瞬息万变。尽管顶着巨大的市场压力，苹果依然以强大的竞争优势，在本阶段的前期，依然位居移动互联网时代的前列。在2013年，苹果公司的净利润是370.37亿美元[12]，2014年的净利润是445亿美元[13]，2015年的净利润是534亿美元[14]。著名的市场调研机构Canaccord Genuity在2016年2月的一次分析报告中指出，2015年苹果虽然只占了智能手机销量的17.2%，但是其营业收入却占了整个产业的54%[15]。如果从利润的角度去观察，苹果占据了智能手机市场的91%[16]，即2015年全球智能手机的利润排名依然是苹果公司名列头筹。

## 3 案例分析：苹果公司发展模式的方法原理分析

### 3.1 苹果公司锁定消费需求的方法原理

#### 3.1.1 苹果公司锁定消费需求的方法

从第三章的案例可知，在移动互联网发展的第三阶段，苹果公司实质上已经拥有 iPhone、iPad、Apple Pay、Carplay、Apple Watch、Apple TV、Apple Car 等多种高品质的智能移动终端。面对消费者，苹果公司尽管有较多的产品布局方式，但是截止到目前，它仍然是以智能手机为主，聚焦在通信、上网、拍照等消费需求上。

对于自身的 IOS 系统，苹果一直在进行不间断地优化与改进，主要方向是以安卓类系统为主，不断提升系统的稳定性与兼容性。与偏重于满足商务办公类消费需求的 WIN 系统不同，IOS 系统为各种生活类应用软件提供了具备高兼容性、高安全性的智能手机运行环境，从整体上为苹果移动终端的顺畅运行给予了最优质的保障条件；同时，IOS 系统作为消费者数据的收集入口，也可以直接与云端进行连接，成为一个企业与消费者双向互通的中介点。

另外，随着第三方供应商的不断加入，苹果公司自建的 iTunes 与 App Store 平台，不仅能满足包括视听、观影等各种聚焦在休闲娱乐类的消费需求，更逐步发展到了可提供各种丰富的服务与产品以满足衣食住行等各项生活类消费需求的阶段。

苹果公司旗下的 Apple Pay 也于 2016 年 2 月 18 日正式登录中国，这是苹果公司向移动互联网金融市场迈进的第一步，国内的第三支付市场也将因此而面临新一轮的竞争。

从苹果公司产品布局的角度来分析，其智能终端类产品是按照智能手机、智能系统软件、智能平板电脑、智能手表的顺序产生；应用软件类产品是按照娱乐类应用软件、消费类应用软件、支付型应用软件的顺序产生；同时，娱乐型应用软件与生活型应用软件在第三发展阶段均实现了数量上的剧增。

总体来看，苹果公司是按照通信需求、上网需求、大量娱乐类消费需求、大量生活类消费需求、支付需求的顺序对消费需求进行了锁定。

#### 3.1.2 苹果公司锁定消费需求的原理

##### 3.1.2.1 消费需求的内涵分析

已故去的苹果前 CEO 乔布斯，具有十分敏锐的观察消费需求的能力[19]。实际上，要准确、快速地锁定消费需求，需要深入地研究与分析消费者的具体活动。消费需求产生于消费活动，消费活动是消费需求的真实内涵。从消费活动的角度去分析消费需求，可以区分出四个基本因素，即属性、受众、频率、权重；它们均是指企业的产品或服务所满足的消费需求的本质特性，下面进行逐一说明。

第一，属性指的是无论什么样的消费需求，它均可区分出共性需求，即大家都喜爱的；也可区分出个性需求，即独一无二的。对于共性需求而言，企业是用同样的产品与服务去覆盖共性人群；对于个性需求而言，企业是用不同的产品与服务去覆盖更多的个性人群。产品与服务所对应的消费需求，若可以批量满足，且消费者在执行该消费需求中的活动时，行为状态大同小异，则是共性需求；若该需求需要定制化生产，消费者在执行该消费需求中的活动时，有多种选择，则是个性需求。另外，还有中性需求，即介于共性需求与个性需求之间。但是，随着移动互联时代的发展，需求个性化与需求速变化的程度逐渐加剧，企业间的竞争使得信息不对称的程度急剧下降，共性需求与个性需求之间的中性需求已经大量消失，市场对于个性特征居中的产品或服务的需求开始逐步萎缩；消费需求整体呈现出两极分化的态势，一个极端是共性需求，即"大家都爱用的"，另一个极端是个性需求，即"独一无二的"。

第二，受众指的是市场规模的大小，即是使用产品或服务满足某种消费需求的人数，也是产品与服务的使用规模。不同的产品或服务，可能满足同一个消费需求；但由于产品与服务的差异所带来的不同客户体验，会呈现出不一样的交易价值、交易风险与交易成本，从而导致受众数量的不同。

第三，频率指的是产品与服务所满足的消费需求，在特定的时空内发生的次数，即可以理解成该消费需求的发生周期。

第四，权重指的是产品与服务所满足的消费需求，在当事人心中的受重视程度。这个因素的特点是主观性较强，除少数的消费需求外，其他均难以被企业所掌握。

总之，属性、受众、频率、权重四个因素，是消费需求最重要的内涵。一个预期能在移动互联网时代实现良好发展的企业，它一定会选择高质量的消费需求。高质量的消费需求具有以下特点：

其一，聚焦于消费需求中的共性需求与个性需求而非中性需求。对于属性而言，根据前文所提，中性需求逐渐缩小，个性需求与共性需求是市场需求两极分化的结果，因此企业均可以选择其一或二者均选。

其二，优先聚焦于高频率的消费需求。企业必须优先锁定高频率消费需求；因为消费周期越短，企业获益的机会越大。在受众不大的情况下，若频率较高，则可以在某种程度上弥补受众小的缺点。

其三，优先聚焦于受众大的消费需求。受众越大的消费需求，企业获利的机会就越大。

其四，优先聚焦于高权重消费需求。消费需求在消费者心中的重要性越高，则该消费需求更值得企业选择。

### 3.1.2.2 消费需求的外延分析

对消费需求的内涵进行了界定后，还需对消费需求的外延进行科学的阐释，才能完整地解释苹果公司锁定消费需求的原理。消费需求是指在特定的时间和空间里消费者实施某具体行为所产生的诉求。由此可知，消费需求的外延涉及四个基本构成要素：时间、地点、人物、行为。如此，消费需求的外延就可以定性描述为：在特定的时间与地点，消费者与相关人物，在企业产品与服务的帮助与支持下，实施某行为或完成某件事的过程。因此，要研究消费需求，就需要以这四个基本参数为标准对其进行分类。考虑移动互联网时代背景下的消费行为呈现出"消费碎片化与决策社交化"的特点，以时间、人物、行为作为参考维度，已经无法准确地对消费需求进行科学分类。唯一可供我们参考的，就是地点这个维度。在移动互联网背景下，虽然消费者可以在无穷多个虚拟地点中自由穿梭，但是，消费者在进入无穷多个虚拟地点之前，必须通过特定的入口。这个特定的入口，相当于消费者集合的地点，即消费者的行为轨迹是先在入口集合，然后再扩散到无穷多个虚拟地点上；并且，这些入口是可以相对确定的。在移动互联网时代，这些特定的入口是通过各种与消费者直接接触的移动终端设备以及移动终端设备中的各种系统软件和应用软件实现的，因此，本文也把这些入口称为端口。

按照消费者进入端口的先后顺序，可以把端口分为一级端口和二级端口。显而易见，一级端口就是移动终端设备及使其顺利运行的系统软件；二级端口就是移动终端设备中嵌入的各种应用软件。在移动互联网中，这些端口，就是企业可以把握的"消费需求发生的地点"，企业也只能在端口处才能进行消费需求的满足，或者拥有满足消费需求的资格。因此，利用"端口"这个地点，可以对消费需求进行大致的分类。

首先，对于一级端口，消费需求是购买并使用移动终端，进行通信、上网等活动。这个端口有多种类型，除了路由器、智能家电等正在崛起的端口外，最常见的，有手机移动端、平板电脑移动端、手表移动端。

其次，除移动终端外，系统软件端也属于一级端口，消费者的需求是利用系统软件维护终端设备的正常运行。目前，最常见的系统软件端，有安卓系统、Win 系统、苹果系统等，根据其操作的相似性，我们可以把常见的系统软件端，大致地归纳为安卓类系统端与 Win 系统端两种。

对于二级端口，消费需求则相对复杂一些，但大致可以分为七大类消费需求：

第一类，利用移动终端中的应用软件进行社交；

第二类，利用移动终端中的应用软件满足各种娱乐所需；

第三类，利用移动终端中的应用软件满足各种生活所需；

第四类，利用移动终端中的应用软件满足各种工作所需；

第五类，利用移动终端中的应用软件满足各种学习所需；

第六类，利用移动终端中的应用软件进行消费支付；

第七类，利用移动终端的应用软件进行投资理财。

在二级端口中，第一类消费需求产生在社交群中，即社群端。消费者在此处实现与企业的互动，实现与其他消费者之间、其他人之间的交流。第二类消费需求还可以继续细分，比如：电影、娱乐节目、游戏等，本文将这类消费需求发生的端口，称为娱乐型 App 端。第三类消费需求也可以继续细分，比如衣、食、住、行等，本文将这类消费需求发生的端口，称为生活型 App 端。第四类消费需求主要包括进行工作记录，工作资料储存等，本文将这类消费需求发生的端口称为工作型 App 端。第五类消费需求主要包括获取信息、查询信息、储存信息等，本文将这类消费需求发生的端口称为学习型 App 端。第六类消费需求，主要是帮助消费者完成费用的交割，本文将这类消费需求产生的地点，称为支付型 App 端。第七类消费需求，主要是满足消费者的理财诉求，本文将这类消费需求发生的地点，称为理财型 App 端。因此，在移动互联网中，共有十二种常见端口，即可区分出十二类消费需求，如表 4 所示。

表 4　　　　　　　　　　　十二类消费需求

| 消费需求大类 | 消费需求子类 |
| --- | --- |
| 一级端口 | 手机移动端 |
|  | 平板电脑移动端 |
|  | 手表移动端 |
|  | 安卓类系统端 |
|  | Win 系统端 |
| 二级端口 | 社群端 |
|  | 娱乐类 App 端 |
|  | 生活类 App 端 |
|  | 工作类 App 端 |
|  | 学习类 App 端 |
|  | 支付类 App 端 |
|  | 理财类 App 端 |

#### 3.1.2.3 消费需求的综合分析

结合消费需求内涵分析中的四个基本因素，与其外延所区分出的十二类消费需求，可以对消费需求进行整体的定性分析，从而探寻出苹果公司锁定消费需求的方法原理。在手机移动端，手机所满足的通信需求，是人们日常生活中不可或缺的重要需求，消费需求包含于打电话、拍照、上网等高频率需求。因此，手机所满足的消费需求，不仅是大部分人的共性需求，功能也是针对大众用户的，使用者较多。在平板移动端，具备通话功能的平板因体积太大，而导致不方便携带，所以它满足的是上网、拍照等发生频率较高的，与通信相比权重稍低的共性需求，且平板电脑使用的受众相对手机较少。对于手表移动端，最基本的计时功能已不是手表的主要配置，很多手表移动端已经具备了手机的一部分智能功能。但从总体上看，手表的功能与手机有重叠而又小于手机，它更像是袖珍版的平板电脑。因此，尽管计时、智能服务等手表所满足的消费需求是高频率需求，但由于智能手表终端受到体验效果与屏幕大小的局限，使得它的上网浏览功能受限，导致它所满足的消费需求的权重不如手机高，它的受众人群仍然不如手机与平板多。

在系统软件端，所有的系统软件都聚焦在维护终端设备的安全、高效运行上。不过，由于 Win 移动端所满足的重点消费需求是运行商务办公型软件，对应用软件的兼容范围较安卓类小；而且安卓类系统端满足的消费需求是运行生活大众类软件，其兼容性、方便性、供应商数量均具备相对优势；因此，从整体来看，Win 系统端的受众较安卓类系统端偏低，它所满足的消费需求的频率也较低。

在社群端，消费需求是互相讨论，互相分享与求助。如今，社交需求已经变得异常的频繁，权重较高。但社群端有明显的个性化，具有相同兴趣和价值观的小众群体，分化成亚文化圈，占据着互联网的群落组织。

娱乐类、生活类、工作类、学习类 App 端，均是利用应用软件去满足各类消费需求，这类端口的最大特点，就是偏重于个性化需求，每个 App 软件使用的人相对不多，但几乎所有的个性化需求都可以寻求应用软件去解决。所不同的是，从总体上来看，利用应用软件进行娱乐与生活的频率相较学习与工作偏多。同时，由于这些端口中所涉及的消费需求比较广泛，而且难以计数，因此，消费者究竟利用应用软件解决什么难题，这个问题根据具体的消费需求各有不同，使其重要性难以界定。

在支付型 App 端口，消费者在此地进行费用的交割。随着移动支付技术的发展，支付行为发生的频率已经很高，并且权重也极高，它为支付行为提供安全性与便捷性的支持。

在理财类 App 端口，消费者在此端口进行不同项目的投资理财；由于网络安全问题和 P2P 等新型网贷模式发展的不稳定性，使得理财需求的频率与受众，程度与数量上均不如第三方支付需求。总体情况如表 5 所示。

表 5　　消费需求综合分析

| 消费需求大类 | 消费需求子类 | 属性 | 受众 | 发生频率 | 权重 |
|---|---|---|---|---|---|
| 一级端口 | 手机移动端 | 共性 | 大 | 高 | 高 |
|  | 平板电脑移动端 | 共性 | 中 | 高 | 中 |
|  | 手表移动端 | 共性 | 小 | 高 | 中 |
|  | 安卓类系统端 | 共性 | 大 | 高 | 高 |
|  | Win 系统端 | 共性 | 小 | 中 | 高 |
| 二级端口 | 社群端 | 个性 | 小 | 高 | 高 |
|  | 娱乐类 App 端 | 个性 | 小 | 高 | 未知 |
|  | 生活类 App 端 | 个性 | 小 | 高 | 未知 |
|  | 工作类 App 端 | 个性 | 小 | 中 | 未知 |
|  | 学习类 App 端 | 个性 | 小 | 中 | 未知 |
|  | 支付类 App 端 | 共性 | 大 | 高 | 高 |
|  | 理财类 App 端 | 个性 | 中 | 中 | 高 |

根据以上的分析结果，可以对一个在移动互联网时代预期能获得良好发展的企业所应该优先确认的消费需求进行初步的筛选。首先，对未知属性不作淘汰，按照高质

量消费需求的要求，如果考虑频率、权重，在一级端口中，企业应该优先选择手机移动端与安卓类移动端，其次是平板电脑移动端口和手表移动端；在二级端口中，企业应该优先选择社群端、娱乐型App端、生活型App端与支付型App端，如表6所示。

表6　　　　　　　　　　消费需求选择顺序列表

| 消费需求大类 | 选择顺序 | 消费需求子类 | 属性 | 受众 | 发生频率 | 权重 |
| --- | --- | --- | --- | --- | --- | --- |
| 一级端口 | 1 | 手机移动端 | 共性 | 大 | 高 | 高 |
| | 2 | 安卓类系统端 | 共性 | 大 | 高 | 高 |
| | 3 | 平板电脑移动端 | 共性 | 中 | 高 | 中 |
| | 4 | 手表移动端 | 共性 | 小 | 高 | 中 |
| 二级端口 | 1 | 社群端 | 个性 | 小 | 高 | 高 |
| | 2 | 娱乐类App端 | 个性 | 小 | 高 | 未知 |
| | 3 | 生活类App端 | 个性 | 小 | 高 | 未知 |
| | 4 | 支付类App端 | 共性 | 大 | 高 | 高 |

再考虑属性，根据前文对个性化与共性化需求的分析可知，个性化与共性化居其一或两者均有，皆可作为选择。如果企业选择以个性需求为主，受众较小，尽管频率较高，倘若要实现大规模的收入，必须占据更多的以个性需求为主的消费需求，即是用不同的产品满足更多个性群体，也就是个性需求加个性需求的模式。其次，对于选择以共性需求为主的企业，由于其采用的模式是用相同的产品满足大部分人的共性需求，因此保持并增加客户黏性就是成败的关键。然而，随着中性需求的消失，个性需求逐渐延伸，只专注于共性需求的企业，市场被分食的风险会加大。因为，满足了个性需求的企业，往往客户黏性比较强，一旦这样的企业导入相类似的共性需求，就很容易实现对消费者的分流。

在移动互联网个性需求逐渐延展的趋势下，专注于共性需求的企业，就算继续开发其他的共性需求，即是以共性需求加共性需求的模式增加客户黏性，也将面对个性需求满足者的挑战；并且共性需求加共性需求的模式，需要耗费企业极大的精力与资源。因此，若企业聚焦于共性需求，并想在保持优势的基础上获得发展，采取共性需求加多种个性需求或者是多种共性需求加多种个性需求的模式，是这个时代的最优选择，即是企业以一级端口的智能终端满足共性需求，占领绝大多数消费者，并在二级端口的娱乐型App端与生活型App端满足个性需求，占据个性需求延伸的部分。因此，理论上可以认为，在娱乐型App端与生活型App端，设法挖掘出无穷多个高质量的消费需求，是移动互联时代的企业必须要做的事情；即企业在进行锁定消费需求的活动时，不仅要注重消费需求的质量，更需要注重消费需求的数量。

目前，企业要在二级的App端口挖掘出无穷多个高质量的消费需求，有且只有两条途径：其一，是创造或发现新的高质量消费需求；其二，将原有的高质量消费需求切割开，细分成更多的高质量的消费需求。但是，在娱乐型App端口与生活型App端口中，权重这个属性是未知的。要进一步挖掘出高质量的消费需求，就必须明确消费需求的权重。由于在消费价值链上关于消费者的信息量异常巨大，并且权重又是不可证伪的主观意愿,人为的分析事件权重,无法进行实证。每个人只能依靠价值判断对消费需求进行主观臆断,准确性不高。而且,面对移动互联网海量的消费需求,对高质量消费需求的挖掘与分解,人力根本无从下手。依靠人为的主观判断,都会受到有限理性与信息费用的限制。解决以上难题的方法,就是大数据技术。

在移动互联网时代,消费者在移动互联网上所进行的社交与交互,都会留下痕迹[14],通过数据技术,企业可以用特定的方式将其记录下来,存储在云端上,形成消费者数据。这些消费者数据,就是消费者的行为轨迹,就是消费需求在移动互联网上的历史记录,对这些历史记录进行分析,就可以解决权重的定性问题。数据分析可以通过相关关系直接揭示消费者的心理,把最终的结果传送给企业;企业就可以从中发现新的消费需求,或找出可以切分的消费需求,进行无限的切割;如此便可以在理论上得到无限个消费需求。

同时,众多的消费需求,又会继续带来消费数据的积累。一级端口距离客户最近,客户在其中留下的行为轨迹最多,所以手机移动终端中的客户信息量最大。对于二级端口,社群端与各种 App 端口,它们吸纳的数据量相对较小,因为在 App 端上,企业锁定的是消费需求中的个性需求,客户量不多。虽然 App 端口中的单个消费需求所带来的消费者数据不多,但若把无穷多个消费需求中的数据加总在一起,也能实现消费数据的暴增,从而实现对消费需求的继续切割与挖掘。

因此,大数据技术可以实现进一步对筛选高质量消费需求,挖掘出更多的高质量消费需求,如表 7 所示。

表 7　　　　　　　　各类消费需求的锁定方法

| 消费需求大类 | 选择秩序 | 消费需求子类 | 属性 | 受众 | 发生频率 | 权重 |
| --- | --- | --- | --- | --- | --- | --- |
| 一级端口 | 1 | 手机移动端 | 共性 | 大 | 高 | 高 |
|  | 2 | 安卓类系统端 | 共性 | 大 | 高 | 高 |
|  | 3 | 平板电脑移动端 | 共性 | 中 | 高 | 中 |
|  | 4 | 手表移动端 | 共性 | 小 | 高 | 中 |
| 二级端口 | 1 | 社群端 | 个性 | 小 | 高 | 高 |
|  | 2 | 娱乐类 App 端 | 个性 | 小 | 高 | 数据分析挖掘 |
|  | 3 | 生活类 App 端 | 个性 | 小 | 高 | 数据分析挖掘 |
|  | 4 | 支付类 App 端 | 共性 | 大 | 高 | 高 |

### 3.1.3　小结

上文的分析清晰地对苹果公司确认消费需求的方法原理进行了阐述。

在一级端口上,苹果公司对通信需求、上网需求等共性消费需求进行了优先锁定,并先后提供了手机终端、安卓类系统端、平板电脑终端、手表移动终端对其进行了满足。

其中的原理在于,手机移动终端与安卓类系统端在消费需求的权重、发生频率、受众、属性四个因素上都满足高质量消费需求的要求。另外,因为平板电脑在受众与权重两个因素上的相对劣势,故位于手机移动终端与安卓类系统端后的第三选择。再者,由于手表移动端的受众较平板电脑小,因此居于第四选择。

其次,在二级端口上,苹果公司按特定顺序对社交需求、娱乐需求、生活需求、支付需求分别进行了优先锁定。苹果公司通过对 iTunes 平台与 App Store 平台的打造,在娱乐类与生活类 App 端口,实现了对个性需求的满足,并通过大数据分析技术在娱乐类与生活类 App 端口进行了消费需求的无限挖掘,实现了个性需求在数量上的指数级增长。

其中的原理在于,个性需求与共性需求的结合模式是移动互联网企业的最佳选择,并且由于个性需求的受众较小,因此就必须在数量上实现提升,以弥补受众不足带来的劣势;又因娱乐类与生活类 App 端口的消费需求在权重上难以确定,因此需借助大数据技术进行分析,实现该端口消费需求的大量挖掘与确认。消费需求在娱乐类与生活类 App 端口的剧增,又会继续为消费数据的积累提供前提条件,从而不断地实现消费数据流量的增加,为实现消费需求的继续切割与挖掘,打下了坚实的基础,形成了高质量消费需求的数量与消费数据之间的正反馈效应。总体上,苹果公司锁定消费需求的方法原理,如图 4 所示。

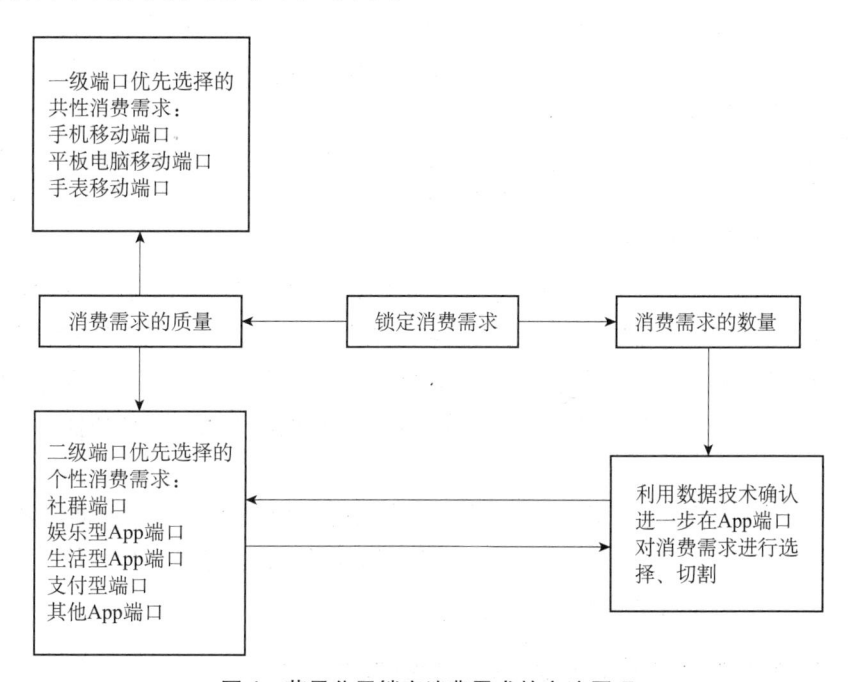

**图 4 苹果公司锁定消费需求的方法原理**

## 3.2 苹果公司打造多元化产品价值的方法原理

根据前文的分析,可大致把苹果公司锁定的消费需求区分为移动终端(包含智能手机、系统软件端、平板电脑、智能手表)、社群端、娱乐类与生活类 App 端口、支付型 App 端口这四大类。要探知苹果公司获得持续发展的原因，除了回答"苹果公司如何准确地锁定消费需求"这一疑问外，还需根据不同的消费需求，逐一对"苹果公司如何打造多元化的产品（服务）价值，去满足消费需求？"这一问题作出解答与分析。另外，因为支付型 App 端口是苹果公司才上线的产品，因此本节主要集中对前三种消费需求进行分析。

### 3.2.1 苹果公司打造多元化产品价值的方法

根据前文可知，在每一个移动互联网的发展阶段，苹果公司均集中力量与资源在生产价值链的中上游进行持续的投入，全力提升科研技术，打造出来精简、美观，同时具备强大功能的终端设备。尤其是 iPhone 系列，无论是外形的设计，还是操作的便捷性；无论是拍摄与摄像的质量，还是浏览的流畅度，均在业内名列前茅[20]。苹果公司依靠移动终端所具备的强大功能，赢得了消费者的美誉。终端设备的功能，是苹果公司产品价值的核心表达。

同时，全球苹果活跃的苹果设备数量已经达到 10 亿部，这些活跃的用户，便是所谓的"果粉"，他们是苹果产品与服务的忠诚受用者。在前乔布斯时代（乔布斯在世），这 10 亿果粉中的大部分人就对苹果产品产生了极大的依赖性，他们信奉乔布斯"活着就为改变世界"的信念，这种对信念的信任超脱了有形的设备功能，为果粉带来了感情上的享受与心理上的慰藉[21]。在后乔布斯时代（乔布斯去世之后），果粉们对乔布斯的信奉，演变成了"信仰"，有关乔布斯的一切，都成为果粉们获得感情慰藉的通路，这种慰藉，是一种叛逆的精神，是一种不服输的态度，是一种面对坎坷的安慰，更是一种渴望高攀的境界。

另外，在 iTunes 与 App Store 平台，大量的消费者在生活类与娱乐类 App 端口，使用着各种不同的应用软件，其中不仅有社交软件、游戏软件，更充斥着能为消费者的衣食住行提供服务的 O2O 软件（一般是指"线上订单，线下购买"的营运模式）。在这些大量的应用软件中，消费者享受着苹果公司为他们带来的方便快捷与贴心暖心的服务[22]。

总之，终端设备上的强大功能，社群中真实感情所演变而成的信仰以及 App 端口的方便快捷与贴心暖心，交织在一起，共同形成了多元化的产品价值体系，实现了对消费者消费需求的高效满足。

### 3.2.2 苹果公司打造多元化产品价值的原理分析

#### 3.2.2.1 产品价值的定义

在各种消费需求中，消费者通过使用企业的产品或服务获得使用价值，即是企业在每一个消费需求中都有相应的产品与服务去为消费者创造使用价值，即使用价值是产品价值的真实含义。因此，产品价值的定义可定性地描述为：消费者使用产品或服务，所获得的使用价值。如图 5 所示。

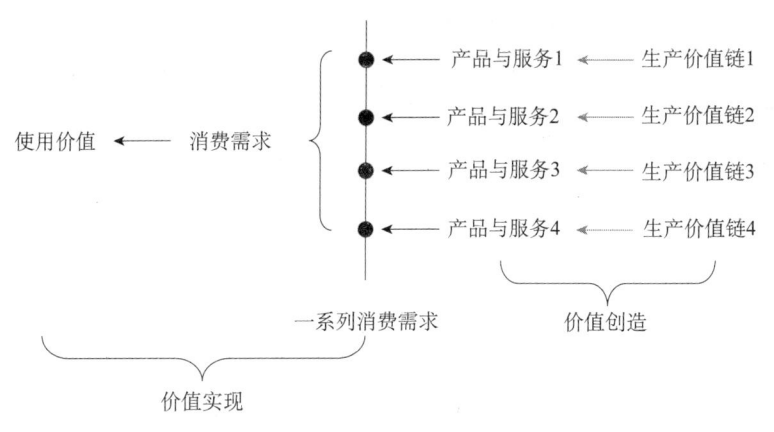

**图 5　价值创造到价值实现的全过程**

因此，企业要实现对其锁定的消费需求进行满足，首先也需要回答一个基本问题，即是在这些消费需求中，企业为消费者提供了什么样的使用价值？无论企业锁定什么样的消费需求，企业的任务均是要在消费需求中，把产品与服务作为输入，契合进消费需求中，即消费者通过使用产品或服务满足自身需求，从而创造出使用价值。使用价值的出现，象征着价值创造到价值实现的完成，如图 6 所示。

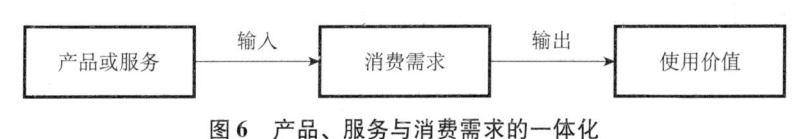

**图 6　产品、服务与消费需求的一体化**

从总体来看，使用价值虽然千差万别，但是大致可分为两类，功能价值与情感价值。其中，功能价值比较好理解，即是由产品功能所带来的使用价值，主要是帮助消费者完成某件事情，这是以结果为导向的功能价值；同时，也要节约消费者完成该事情的各项执行成本。对于消费者而言，整个消费需求的执行成本包含寻找信息的成本与获得产品的成本。消费者只有预期最后的使用价值大于执行成本时，才愿意与企业进行交易，这是以过程为导向的功能价值。总体上，功能价值是一种基本价值，是消费者选择企业的产品与服务的前提条件。

其次，对于情感价值而言，更多的是一种无形的体验所带来的感受上的愉悦与满足，在移动互联时代比较常见的情感价值有企业为社群中的粉丝带来的归属感、自我期望以及心理位移价值。所谓归属感，就是消费者通过使用企业的产品和服务与自己中意的某一社会群体产生了联系，并成为其中的一员[23]；这些特定的社会群体，不一定是实体的存在，也有可能是社会默认的某一阶层或组织[24]；所谓自我期望，是消费者通过使用产品与服务，与理想中的自己更近一步[25]；所谓心理位移价值，就是消费者通过使用产品与服务，会得到比身边的人"略略高出一些"的心理优越感[26]。另外，还有提供娱乐享受的享乐价值，也有提供可供讨论的话题价值等，虽然内容不计其数，但这一类价值大致可归纳到情感共鸣这一大类当中。总之，情感价值就大致分为四种，即归属感、自我期望、心理位移、情感共鸣；总体上，情感价值是功能价值之上的附加价值,如表 8 所示。

表 8　　　　　　　　　　功能价值与情感价值

| 使用价值分类 | 价值含义 | 备注 |
| --- | --- | --- |
| 功能价值 | 以结果为导向,帮助消费者完成某件事情;<br>以过程导向,帮助消费者节约执行成本 | 属于基本价值 |
| 情感价值 | 归属感;自我期望;心理位移;情感共鸣 | 属于附加价值 |

综合考虑使用价值与消费需求,企业要做的事情,就是力图让产品、服务与消费需求相契合,完成一次从价值创造到价值实现的完整过程。如图 7 所示。

消费需求=时间+地点+人物+事情(行动)+产品或服务　→　功能价值+情感价值

图 7　消费需求与使用价值的一体化

结合上文的分析可知,在手机移动终端,消费者使用的是设备的功能,企业为了获取高收入,必然需要提高使用价值中的功能价值,因此,目前各大企业展开了功能价值的博弈,在重量、拍摄效果、识别技术、待机时间、充电速度等功能上,进行着激烈的竞争。

在安卓类系统端,依然是功能价值为主导,聚焦在如何使系统更稳定、安全[23]。

在社群端,企业依靠强有力的价值观,创造归属感、自我期望、心理位移与情感共鸣的情感价值,并把具有价值观共性的大量粉丝聚集在一起。由于社群对功能价值的要求相对较低,企业要在这个端口创造高价值,必须聚焦在提高情感价值上,以明确的价值观,用高效率与高频率的交互与社交,创造出消费者的良好情感体验。

在生活类与娱乐类 App 端口,企业的产品与服务创造的是功能价值与情感价值,功能价值满足消费者的基本需求,帮助消费者顺利地完成某件事情,解决某个难题。除了提供功能价值以外,大量的 App 应用软件也注重于对情感价值的打造,归属感、自我期望、心理位移、情感共鸣等情感价值以附加价值的形式极大地提升了消费者的体验效果。具体如表 9 所示。

表 9　　　　　　　　　　各类消费需求的使用价值

| 消费需求大类 | 所侧重的使用价值 | 消费需求子类 | 属性 | 受众 | 频率 | 权重 |
| --- | --- | --- | --- | --- | --- | --- |
| 一级端口 | 功能价值 | 手机移动端 | 共性 | 大 | 高 | 高 |
| | 功能价值 | 安卓类系统端 | 共性 | 大 | 高 | 高 |
| 二级端口 | 情感价值 | 社群端 | 个性 | 小 | 高 | 高 |
| | 功能价值 + 情感价值 | 娱乐类 App 端 | 个性 | 小 | 高 | 数据分析挖掘 |
| | 功能价值 + 情感价值 | 生活类 App 端 | 个性 | 小 | 高 | 数据分析挖掘 |
| | 功能价值 | 支付类 App 端 | 共性 | 大 | 高 | 高 |

#### 3.2.2.2　苹果公司打造多元化产品价值的具体原理

根据以上对产品价值的分析,可以清晰地明确苹果公司打造多元化产品价值的方法原理。

首先，苹果移动终端不仅具备强大的功能，还拥有无与伦比的简洁性、美感设计和 UI 设计效率，并且随时都在进行着不断的操作系统的更新与升级，保证系统运行功能的高效。在众多特点之中，设计一度被认为是苹果的最大竞争力；此处的分析，把设计区分成了两个部分，一部分是美感设计，另一部分是 UI 设计。之所以这样区分，源于乔布斯本人在一次接受记者采访时曾说过这样一句话，他说有些人以为设计就是"美感"，但如果再挖深一点，设计其实是"好用"的程度[27]。从这段话中，可以看出在苹果的设计范畴中，美感设计只是设计的一部分，按照乔布斯表达的含义，设计的内涵更应该包括另一部分，即 UI 设计。本文把 UI 设计的要点定义为交互。实质上，交互的过程就是与消费者建立关系、维护关系、转换关系的流程与环境，这才是苹果对于设计的真正内涵，体现的是移动终端对消费需求的直接满足。交互的重要性毋庸置疑。第一，信息不对称情况的改善，是交互产生的基础，也是消费决策社交化产生的原因。第二，大数据技术的分析工作也要求企业要重视交互的设计体验，因为交互的效率直接影响到数据的吸纳与处理。第三，社群端的存在，也成为交互程度增大的主要原因，从一定程度上来说社群是交互的基础。同时，交互是在特定的触点上进行的，消费者在一级端口汇集过后，会在二级端口逐步流向各个应用程序端口；在每一个应用程序端口有若干个网络地点，这些地点就是一个个静态或动态的网络页面，每一个页面与其他页面相互连接，通过 A 页面进入 B 页面，不仅是网络时空的更换，也是人与人之间的互动，这种转换必须在特定的触点上进行；消费者寻找触点、点击触点的过程就是交互设计的关键所在。从这个层面上，我们也不难理解外界对乔布斯"近乎变态的注重细节"的这一评价。他之所以会精确到一个按钮，甚至是常人难以观察到的细节，其实质就是对于交互设计的重视。总之，苹果公司通过聚焦于科研、美感设计与 UI 设计，创造出了强大的功能价值。

其次，在社群端口上，苹果拥有巨量的粉丝，行业内称其为"果粉"。在每一次苹果终端体验店的开业现场，"果粉"的力量集中地得到了体现：他们带着枕头与被褥彻夜排队，只为了能第一时间进入苹果的终端体验店或者第一时间拿到首发的产品。对于苹果公司而言，所有产品或服务向消费者传达的感情，均来源于乔布斯的情怀[28]。因为这一个共有的源头，"果粉"有着相似的价值观，相近的内容话题和共有的社交方式。在苹果的各种社群中，"果粉"不仅拥有了归属感，也产生了自我期望与心理位移，更引发了情感共鸣。同时，在苹果社群中，高质量的意见领袖随处可见，且大多是有一定名望的人。如图 8 所示。

因此，苹果社群不仅仅是局限在一个有形的空间内，甚至只要有苹果终端设备出现的地方，就会有乔布斯情怀所带来的社群感染。乔布斯情怀就像感染母体，它附着在每一个苹果的产品或服务上，跟随这些产品或服务来到不同的时空，并在每一个适合的地方繁殖出乔布斯情怀的子体。

在情感价值中，归属感是对成为社群成员的渴望，情感共鸣是彼此间共性的体现，自我期望是自身理想的表达，心理位移是对优越感的期望。就粉丝对于偶像而

**图 8  苹果高级粉丝群体列举**

言，有天然的自我期望；在从众的各种偶像崇拜活动中，也自然会产生对粉丝社群的归属感与情感共鸣，同时形成自我期望的加剧。自我期望的加剧，使得粉丝在心理位移的驱动下，总会对偶像进行无意识或有意思的模仿。如此，偶像所承载的属性，就能够通过社群直接传递给粉丝。苹果手机正是通过情怀感染的通路，完成了粉丝的指数级增加和社群的跨空间扩建，如图 9 所示。

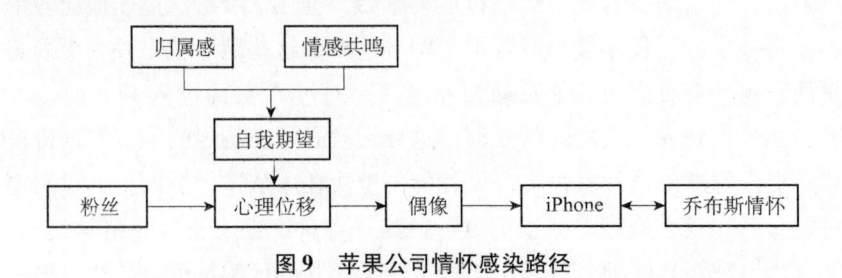

**图 9  苹果公司情怀感染路径**

从一定层面而言，社群就是在一定范围内产生的流行效应；因此，从流行的角度解释苹果在社群端的行为，能更加清晰地观察到情怀感染在社群端的运作模式。著名《纽约客》杂志专职作家马尔科姆·格拉德威尔曾在他最著名的专著《引爆点》中说，流行有三个法则：个别人物法则、附着力因素法则、环境威力法则，其中个别人物法则包括联系员、内行、推销员[29]。对于苹果的情怀感染效应而言，乔布斯情怀具有强大的附着力，特定的粉丝圈是适合的环境。同时，高级玩家与官方发布会等一直在持续地发挥着内行效应，使得大部分消费者对苹果的功能价值一直保有认可态度；而偶像因为有众多的分析，所以有联系员效应；同时偶像对粉丝而言有巨大的信任背书，因此偶像也有推销员的作用；三者合一，共同实现了情怀感染。由此，乔布斯的情怀转变成了极高的情感价值，并得以传送给"果粉"，最终转化成了"果粉"的忠诚。

另外，在娱乐类与生活类 App 端口上，苹果公司对应用软件进行了严格的把关，以提升消费者的体验为衡量标准，引入了大量优质的应用软件供消费者下载使用，内容涉及游戏、社交、旅游、衣食住行等各个方面。另外，很多的应用软件以低价或免费的形式提高了消费者的附加价值，提升了体验效果。不过，在娱乐类与生活类 App 端口，苹果公司对消费需求的无限制切分，也对生产价值链提出了产品或服务的多元化要求。

所幸的是，大数据技术对于生产者同样起作用，也能使生产者的行为痕迹以信息的方式储存在云端，形成生产者数据。对这些海量的数据进行深入的分析，就能获取关于生产者的信息。如此，在数据云端，客户数据云充斥着客户数据，生产者数据云充斥着生产者的数据，它分为产品云与生产要素云。产品云充斥着产品，生产要素云充斥着生产要素，随时可供调用以生产产品。企业的数据处理能力契合进客户数据云，就可以产出无穷多个消费需求；契合进生产者数据云，就能得到与消费需求匹配的无穷多个特定的产品与服务。把这些特定的产品与服务在端口进行推送，就能实现对消费需求中各种需求的满足。大数据技术在两朵云的中间，充当了高效率的供需匹配机制。如此，在娱乐类与生活类 App 端口，苹果公司实现了情感价值与功能价值的精准化推送。

总之，在移动终端，苹果公司通过聚焦于科研、美感设计与 UI 设计，以超高的功能价值实现了对消费需求的满足；在社群端，苹果公司创造了归属感、自我期望、心理位移、情感共鸣，以极大的情感价值实现了对消费需求的满足。在娱乐类与生活类 App 端口，苹果公司通过数据技术，一方面挖掘产品数据，另一方面挖掘消费数据，实现了对功能价值与情感价值的精准化推送，如表 10 所示。

表 10　　　　　　　　　　苹果公司多元化产品价值

| 消费需求类型 | 苹果相应端口 | 所侧重的使用价值 |
|---|---|---|
| 手机移动端 | iPhone 系列为主 | 功能价值 |
| 安卓类系统端 | | |
| 社群端 | "果粉"集聚地 | 情感价值 |
| 生活型 App 端 | iTunes 与 App Store | 精准化推送功能价值与情感价值 |
| 娱乐型 App 端 | | |
| 支付型 App 端 | Apple Pay | 功能价值 |

从以上的分析可见，苹果公司在一级端口，通过提供高质量的功能价值，获得了消费者在移动终端和系统软件端对于功能价值认同，这两者可帮助企业实现消费者的成功进入，完成与消费者的第一次有效连接。

苹果公司在二级端口中的群落端口，通过提供高质量的情感价值，获取消费者的情感价值认同，从而实现了对消费者的信任度与价值观的持续培育。信任度与价值观的培育，可极大地增强企业与消费者连接的强度，实现度对消费者的黏附效益。

然后，苹果公司通过大数据技术，首先在锁定消费需求阶段对消费需求进行无限制的切割，再通过对生产数据的分析与挖掘，把定制产品推送到了生活类与娱乐类 App 端口，实现了对功能价值与情感价值的精准化推送。精准化的推送，提供了极大的附加价值，进一步加强了企业与消费者连接的稳定性，实现了与消费者的缔结，为进入下一个切割消费需求，推送精准产品或服务的循环打下基础。

因此，企业为消费者创造使用价值的整个过程，可用进入、培育、缔结的循环来进行阐述。进入的英文取 introduce，培育的英文取 cultivate，缔结的英文取 engage；文本为方便论述，取以上单词的首写字母后，将苹果公司这种特有的使用价值创造过程，简称为 ICE 模式，如表 11 所示。

表 11　苹果公司 ICE 模式示意

| 消费需求大类 | 消费需求类型 | 苹果相应端口 | 所侧重的使用价值 | 属性 | 受众 | 频率 | 权重 | ICE 模式 |
|---|---|---|---|---|---|---|---|---|
| 一级端口 | 移动终端 安卓类系统端 | iPhone 系列为主 | 功能价值 | 共性 | 大 | 高 | 高 | I 环节：进入 |
| 二级端口 | 社群端 | "果粉"集聚地 | 情感价值 | 个性 | 小 | 高 | 高 | C 环节：培育 |
| | 生活型 App 端 娱乐型 App 端 | iTunes 与 App Store | 精准化推送功能价值、情感价值 | 个性 | 小 | 高 | 数据分析挖掘 | E 环节：缔结 |

### 3.2.3　小结

根据以上分析，把苹果公司创造多元化产品价值的过程，总结成为 ICE 模式。即苹果在 I 环节的一级端口创造出功能价值，实现了消费者的进入；在 C 环节的二级社群端口，创造了情感价值，实现了对消费者的培育；然后在 E 环节，苹果在多个挖掘与切割后的消费需求中，通过对生产数据的挖掘，精准化创造并推送功能价值与情感价值，实现了高附加值的创造，成功地通过 ICE 循环把消费者黏附在了自己的生产价值链中，实现了可持续的发展。同时，在移动终端、社群端与娱乐类与生活类 App 端口，苹果公司依然在持续不断地对消费数据与生产数据进行收集与分析，为在 App 端口进行消费需求的继续切割与精准化推送使用价值奠定了基础，总体情况如图 10 所示。

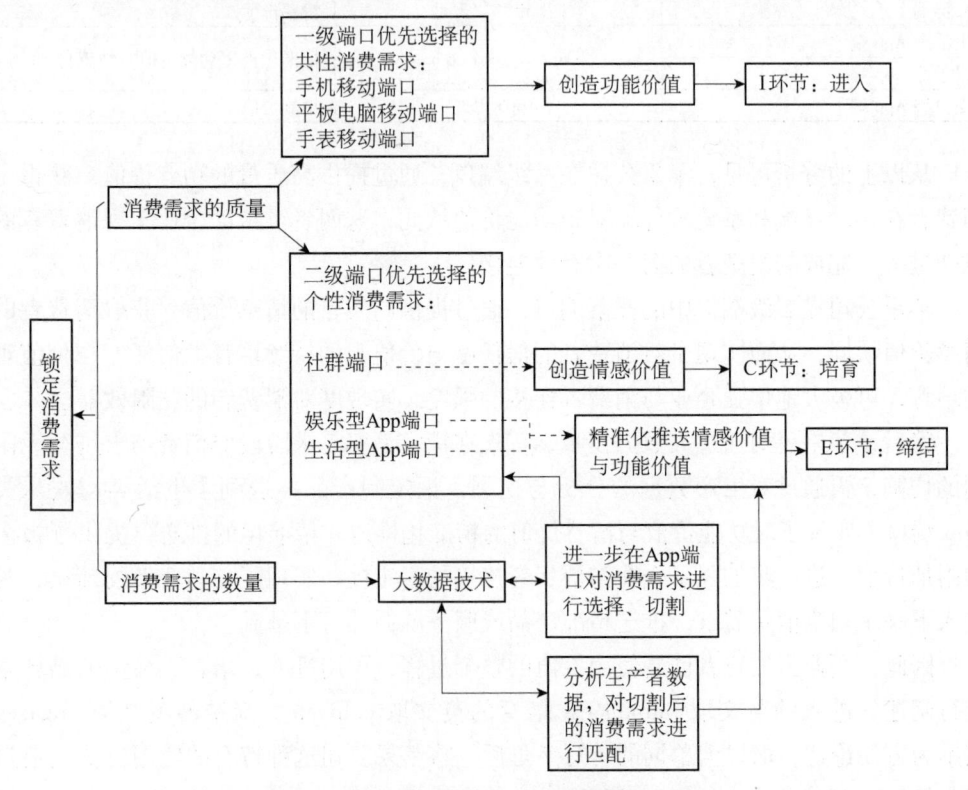

图 10　苹果公司创造多元化产品价值的原理

## 3.3 苹果公司应对竞争与模仿的方法原理

### 3.3.1 核心竞争力的经济学内涵

前文对苹果公司锁定消费需求与满足消费需求的原理进行了阐释。随着移动互联网的持续发展，消费需求的变化速度将会越来越快，信息透明度随之增加，企业之间的竞争与模仿将会愈发激烈。

因此，在当下能准确地锁定消费需求与更好地满足消费需求，并不代表在未来也能持续地跟上市场的变化与发展。如果每一个企业均模仿苹果公司的方法，那么决定企业间竞争胜负的关键就再不是企业是否知道确认消费需求与满足消费需求的原理并实践，而是谁能在同一种行为模式下，取得更高的效率。

首先，在准确锁定消费需求方面，企业之间的竞争将在消费需求的质量与消费需求的数量这两个维度展开。在移动终端的共性需求中，高质量的消费需求是显而易见的，数量也是有限的，这也是众多企业持续加入手机移动终端参与竞争的原因。另外，对于在娱乐类与生活类 App 端口中的个性需求，其数量与质量的高效挖掘，则有赖于企业的数据分析工作。企业的数据量越多，数据分析的效率越高，就能挖掘出更多的高质量的个性化消费需求。但是，企业要获得大量的消费数据，拥有大量的消费者是关键；企业要拥有大量的消费者，为消费者创造高使用价值则是前提条件。在一般情况下，企业在消费需求中创造的使用价值越高，消费者的数量就越多。

其次，在更好地满足消费需求方面，企业之间的竞争也将在使用价值高低这个维度上展开。如果企业具有同样的满足消费需求的行为模式，谁能在移动终端创造出更高的功能价值，谁就能够引导更多的消费者实现进入，高效地完成 ICE 模式的 I 环节；谁能在社群端创造出更高的情感价值，谁就能对消费者进行更高质量的培育，高效完成 ICE 模式的 C 环节；谁能在娱乐类与生活类 App 端创造更高的个性化情感价值与功能价值，谁就能高效地完成 ICE 模式的 E 环节，实现与消费者的缔结。

总之，面对企业之间激烈的竞争与模仿，企业在锁定消费需求与满足消费需求者这两个方面的竞争，最终都会归结到使用价值这个焦点上。企业的产品或服务在某消费事件中为消费者创造的使用价值越高，企业获益就越大，即企业的产品与服务在消费事件中创造的使用价值的高低与企业的收入成正比。因此，只要企业能为消费者创造出高使用价值，就能有效应对竞争，在恶劣的商业环境中实现持续生存。

从锁定消费需求到满足消费需求，在整个过程中，消费者的边际使用价值必定与其边际成本，也就是与市价相等；生产者的边际收入与边际成本也相等。于是，在整个消费事件的交易中，生产者的边际收入必定与消费者的边际成本相等。因此，生产者的边际收入与消费者的边际使用价值也是相等的。这一结论，在前面的理论基础也曾做出过陈述。同时，在理论基础中，通过对理论的分析，本文对核心竞争力的经济学内涵也进行了整体性的描述：价值链结构决定生产要素的互动方式，生产要素的互动方式决定生产要素产生收入的能力。又因为生产者的边际收入与消费者的边际使用价值相等，因此生产要素产生收入的能力就是为消费者创造高使用价值的能力，也就是企业的核心竞争力。

### 3.3.2 苹果公司的核心竞争力表现

根据上文的结论，从价值链的角度描述苹果公司的发展，可以清晰地看出一个企业的生产要素及其联动方式，也能明确地看见其核心竞争力的表现情况。从前面的案例可知，苹果公司首先通过优质的移动终端，建立起了自己的核心资源和优势，然后在自我优势的基础上实现了它与企业之间的合作。在移动互联网发展的第一阶段，苹果公司主要聚焦在价值链的上游，自身的生产要素比较单一，此时的价值链构型如图 11 所示。

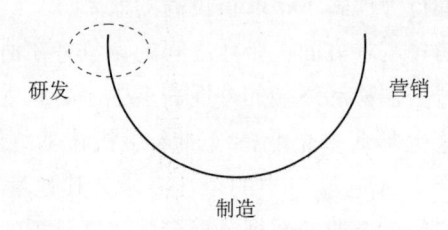

**图 11　第一阶段苹果公司价值链构型**

在移动互联网发展的第二阶段，苹果公司除了聚焦在价值链的上游，也开始全力以赴打造 iTunes 与 App Store 两个平台。并且，随着第三方供应商的加入，生产要素的数量与种类开始增加，此时的价值链构型如图 12 所示。

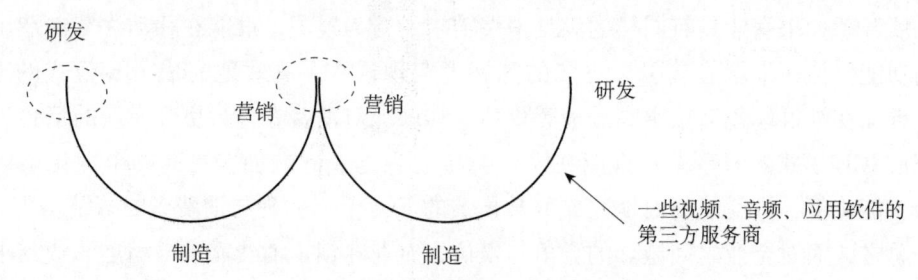

**图 12　第二阶段苹果公司价值链构型**

在移动互联网发展的第三阶段，苹果公司依然聚焦在价值链的上游，同时 iTunes 与 App Store 两个平台持续地进行着优化与升级，第三方供应商越来越多，生产要素的数量与种类开始实现剧增，此时的价值链构型如图 13 所示。

在第三阶段，苹果公司的价值链形态显示出复杂与紧密的特点。复杂，是指在苹果公司的整个价值链的构型中，外部价值链的数量开始逐步增加；紧密，是指外部价值链与内部价值链之间的节点也开始增加。这意味着更多的第三方企业，开始参与到苹果公司价值链的各个环节中，若把苹果公司此阶段的价值链构型进行细化，可得到图 14。

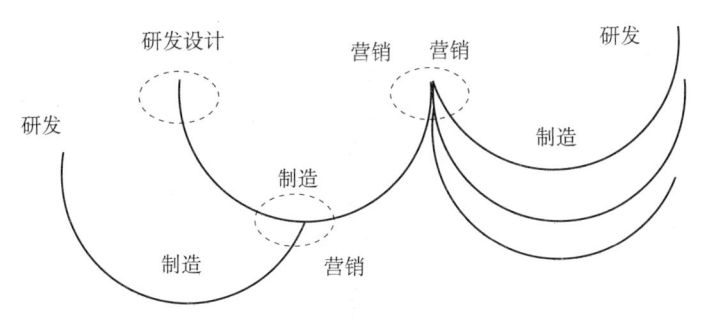

图 13　第三阶段苹果公司价值链构型

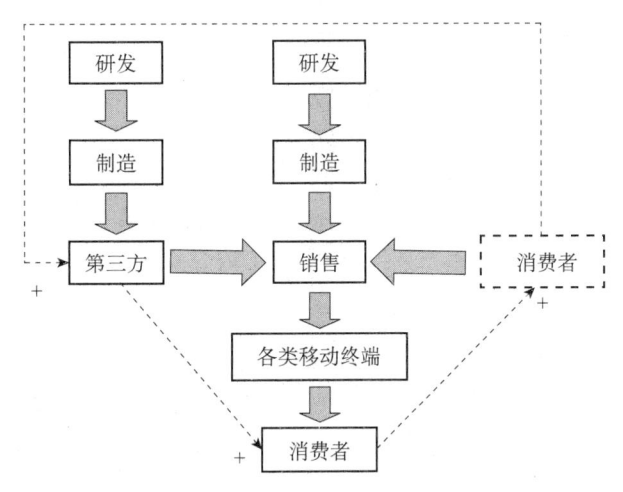

图 14　苹果公司价值链组合

### 3.3.3　苹果公司构建核心竞争力的方法原理

从苹果公司价值链构型的发展历程中，可以发现，随着价值链数量的增加，驱动苹果公司持续发展的生产要素，已经发生了翻天覆地的变化。苹果公司不再是单纯地以货币资本作为主要生产要素来进行发展，一些新的生产要素逐步出现。找出这些新的生产要素及其联动方式，是探寻苹果公司如何构建核心竞争力，如何成功应对竞争获得持续发展的必要条件。

从前面案例可知，它首先占据移动终端，然后逐步开发并升级属于自己的系统软件，在高效的移动终端与安卓类系统端的功能体验中，才慢慢地形成属于自己的社群，并逐步开发出云平台，创造出各种生活型与娱乐型 App 端口，给客户带来后续的高附加值体验。在这个过程的最开始，苹果公司是运用货币资本购买生产设备，并集合研发知识，开发出高质量的手机移动终端与操作系统端。在形成社群后，苹果公司通过充分与丰富的体验知识去设计高质量的 UI 系统，并提供高品质的内容，增加与客户的交互体验以及客户间的社交体验。在生活型 App 端口与娱乐型 App 端口，苹果公司不仅需要提供货币资本与研发知识，还需要充足的体验知识去提升客户体验。具体如表 12 所示。

表 12　　　　　　　　　企业初始投入资源

| 消费需求大类 | 消费需求类型 | 初始输入的较为重要的资源 |
| --- | --- | --- |
| 一级端口 | 手机移动终端 | 货币资本、研发知识 |
| | 安卓类系统端 | 货币资本、研发知识 |
| 二级端口 | 社群端 | 体验知识 |
| | 生活型 App 端 | 货币资本、研发知识、体验知识 |
| | 娱乐型 App 端 | 货币资本、研发知识、体验知识 |

　　无论是在一级端口还是在二级端口，苹果公司的消费者均会留下行为记录，这些沉淀在云端的历史记录，本文称为数据资本。前文已经论述过对大数据技术利用的相关情况。企业在云端通过数据分析，又可以从中吸取经验，不断更新自己的数据分析知识。

　　在苹果公司的社群端，因为它创造的是消费者在消费需求中的情感价值，因此消费者在社群端可以形成强大的注意力。并且随着时间的推移，社群中的消费者在持续地对苹果公司的关注中，会形成对苹果公司价值观的高度认可，从而引发共鸣，并形成对其产品与服务的忠诚信任。于是，消费者逐渐开始乐于帮助苹果公司传播品牌。这种力量在移动互联网时代不容忽视，它们已经成为移动互联企业发展的主要推动力，可以看成是重要的生产资源，因此本文把它们分别称为注意力资本、信任资本与传播资本。注意力资本，让消费者变成了苹果公司的广告位；信任资本，让消费者变成了苹果公司的拥护者，使其不仅可以继续依靠注意力资本获取收入，更能把消费者嫁接到任何产品与服务上，赚取信任资本的溢价；当信任感足以驱动消费者进行传播时，消费者即变成苹果公司的营销人员和客服人员，他们会把有利于苹果品牌的事件变成谈资，在社交中进行多级渗透，形成病毒传播的态势；由单向的传播，变成多向的传播，跨越时间和地区，为苹果带来无可限量的信任资本溢价。另外，以苹果公司为焦点所形成的多条价值链的组合，要求企业在彼此合作的过程中，通过发挥内部价值链中的核心资源优势，加之与外部价值链中各类资源的互补，实现整体价值链效率的提升。这种内外价值链整合的方式，需要以互惠互利的方式展开合作。互惠，就是企业通过合作实现彼此的业务目标，在合作中为终端客户送去高质量的服务或产品，创造高质量的使用价值。大致的合作方式，有两种类型，其一，与其他企业一起，共同直接服务终端客户；其二，一个企业或几个企业直接服务终端客户，其他企业作为资源互补方间接服务终端客户，这些间接服务终端客户的企业与直接服务终端客户的企业是直接交易的。另外，互利，就要求生产价值链之间的合作，需要一套合理的利益分配机制与合约，以便根据合作方彼此的资本贡献情况，制订出大家都可接受的生产要素的收入方案。很多内外价值链的组合结构，因为在利益分配上面出现不平衡，最终导致合作体解散。因此，在合作过程中，企业之间会不断地寻找到合作机制的最优化方案，这种知识叫做契约知识。综上所述，企业在初始投入资源后，通过与客户、合作伙伴持续互动，在不同端口均沉淀出重要资源，如表 13 所示。

| 表 13 | | 后续输出资源 |
|---|---|---|
| 消费需求大类 | 消费需求类型 | 输出的较为重要的资源 |
| 一级端口 | 手机移动终端 | 数据资本 |
| | 安卓类系统端 | 数据资本 |
| 二级端口 | 社群端 | 数据资本、注意力资本、信任资本、传播资本 |
| | 生活型App端 | 数据资本、数据处理知识、契约知识 |
| | 娱乐型App端 | 数据资本、数据处理知识、契约知识 |
| | 支付型App端 | 数据资本、数据处理知识 |

如此，苹果公司通过最初的生产要素投入直至消费者的反馈，便完成了全体生产要素的积累。一个预期能在移动互联网发展得比较好的理想企业，在其发展历程中，就必定会拥有这种极其重要的生产要素，分别是五种重要资本与四种重要知识，具体定义如表14和表15所示。

| 表 14 | 五种重要资本 |
|---|---|
| 五种重要资本 | 含义 |
| 货币资本 | 投入现金能购买到的所有生产要素的集合 |
| 注意力资本 | 消费者对企业的产品、服务、品牌的持续关注 |
| 信任资本 | 消费者对企业的产品、服务、品牌的信任 |
| 传播资本 | 消费者持续分享企业的产品、服务、品牌、文化 |
| 数据资本 | 有关消费者与生产者的所有数据，以及该数据的数量与质量 |

| 表 15 | 四种重要知识列表 |
|---|---|
| 四种重要知识 | 含义 |
| 研发知识 | 产品从投入直至产出全过程，所涉及的生产知识 |
| 体验知识 | (1) 设计美感，即中的美学体验<br>(2) 交互效率：我与企业的互相沟通<br>(3) 社交效率：我与除企业外的第三方的所有互相沟通 |
| 数据处理知识 | 对海量数据的处理能力 |
| 契约知识 | 企业合作生产，所涉及的分层合约知识 |

总体而言，苹果公司实现了不同产生要素的相互组合，在不同的价值端口创造出使用价值；在每一个端口，苹果公司均用相应的生产要素，为消费者创造出极高的使用价值。消费需求在每一个端口持续地发生，苹果公司通过对消费需求的满足，一方面投入生产要素，一方面积累生产要素；这些投入与积累的生产要素类型，就是苹果公司在该端口持续创造高使用价值的核心生产要素，如表16所示。

| 表 16 | | | | | | | | | | 端口消费需求中的资本、知识 |
|---|---|---|---|---|---|---|---|---|---|---|
| 消费需求 | 货币资本 | 注意力资本 | 传播资本 | 信任资本 | 数据资本 | 研发知识 | 体验知识 | 数据处理知识 | 契约知识 |
| 手机移动终端 | ● | ● | | | ● | ● | | | |
| 安卓类系统端 | ● | ● | | | ● | ● | | | |
| 社群端 | | ● | ● | ● | ● | | ● | | |
| 生活型App端 | ● | ● | | | ● | ● | ● | ● | ● |
| 娱乐型App端 | ● | ● | | | ● | ● | ● | ● | ● |

苹果公司通过价值链的组合，实现了生产要素在数量上与质量上的飞跃。同时，这些新生产要素，也是移动互联网企业争相竞取的宝贵资源。

不过，在移动互联时代，以上生产要素的权重也是有所差别的。在这些资本与知识中，货币资本、研发知识、数据处理知识与契约知识并不是最稀缺的；货币资本可以通过众多的融资渠道解决，研发知识可通过购买国外的专利与技术，或者通过模仿得以实现；数据处理知识可以依靠国内外顶尖数据处理软件得以解决。另外，只要企业有货币资本，研发知识与数据处理知识是比较容易获取的。再者，对契约知识而言，只要企业间遵循共享经济与共创经济的组织原则，就可以找到科学的契约知识，形成企业自己的合作合约。在前文曾提出共性消费需求与个性消费需求是企业可供选择的最优消费需求，尤其是在 App 端口的个性消费需求，需要数据技术的挖掘，才能实现对高质量的消费需求的无限切割，因此，企业就需要数据资本与数据处理知识，对数据资本的需求程度也更为迫切。但是，在产生数据资本以前，企业必须要有注意力资本作为基础，因为只有长期的客户行为才能产生大量的真实可靠的数据。因此，数据资本是移动互联时代的核心资源，它可以匹配其他的资源。企业占据数据资本，就能占据消费需求中的长尾延伸部分，就拥有了话语权。所以，目前包括苹果公司在内的很多成功企业，都在把距离消费者较远的业务模块外包出去，专注于一级端口的体验，从而收集大量的消费数据，并依靠掌握数据资本控制整个价值链。企业对这些真实的消费数据进行处理，才能实现对需求的无限切分，进行后续的定制化推送。

虽然数据资本至关重要，但是数据资本的来源却是注意力资本；没有注意力资本，数据资本就无从产生，因此，数据资本是移动互联时代最珍贵的资本。在生产价值链上，决定每一个生产环节价值高低的因素之一，就是其背后的知识与资源的稀缺性。这种稀缺性，可以用获取难度来描述，即知识与资本的获取难度越大，此知识与资本所支持的该生产环节的产出价值就越高。换而言之，产品与服务是否具有高使用价值，在一定层面上就由其背后的资源与知识的获取难度或稀缺性决定。在移动互联时代，消费者的注意力资本是最稀有的资源，因此，它也成为渴望创造出高使用价值的企业争先夺取的第一资源。如今，很多的移动互联网企业持续对消费者进行免费补贴，它们的目的就是要黏住消费者，留住消费者，其实质就是要获取注意力资本。注意力资本的作用非常之大，它除了是数据资本的源头外，注意力资本还有四大价值。其一，注意力资本是心理位移的产生环境。其二，注意力资本还可以用来直接交易，以广告位的形式发挥价值。其三，注意力资本可当成工具进行交易，因为它是吸附客户数据的工具。因此，当企业形成数据资本后，数据资本可以进行自由买卖。如果两家公司有相似的客户群体，就可以很顺利地实现消费数据的交易。另外，其原始数据可被其他数据分析公司直接购买，数据分析公司在分析过购买的消费者数据后，可直接把分析结果进行交易。其四，只要有注意力资本，就有机会引导消费者进行消费。如果继续发展注意力资本，它就会繁殖出传播资本与信任资本。在持续的关注中，消费者开始逐渐肯定企业的产品与服务，慢慢地开始为企业和产品进行传播，最后信任企业。一旦消费者信任企业的品牌，企业就可以持续不断地推出各种产品。在信任背书的作用下，消费者有很高的交易概率。

核心的生产要素能有效地对其他生产要素进行调配，苹果公司之所以能整合进大量的第三方供应商，吸引进许多的合作伙伴，就是因为苹果公司通过苹果移动终端、苹果社群、iTunes 与 App Store 平台，牢牢地控制住了注意力资本这个核心生产要素，并不断地繁殖出信任资本、传播资本、数据资本，并以其为焦点实现了价值链的组合构型。如图 15 所示。

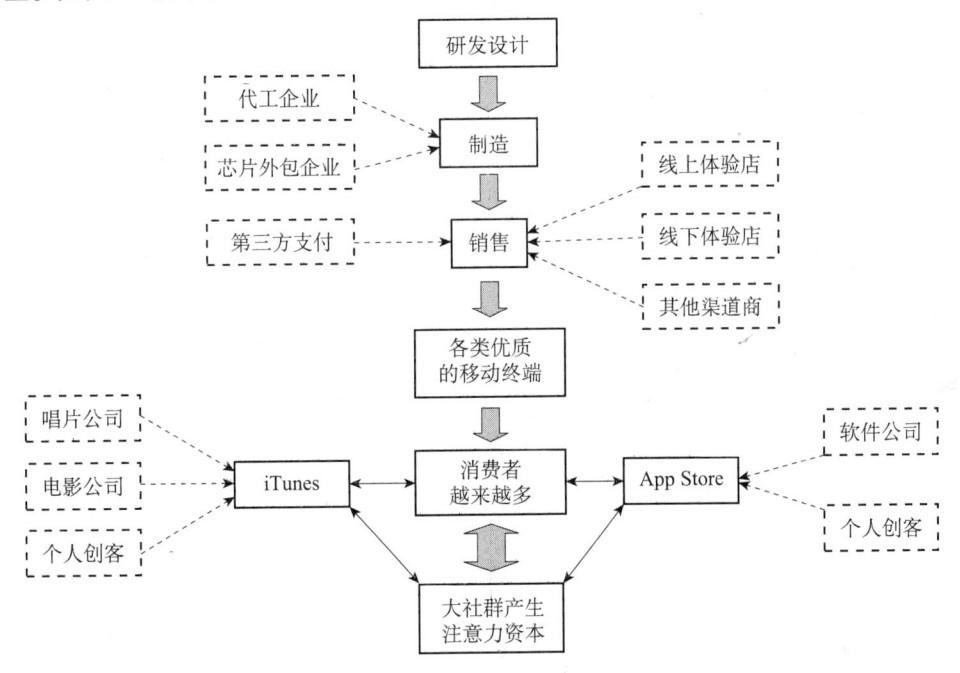

**图 15　苹果公司价值链组合整体示意**

从图 15 可以看出，苹果公司以注意力资本为焦点所构建的价值链组合，普遍呈现一个纵向主链价值链加几个横向副链价值链的形态。通过纵向价值链成交后的消费者，能移动到横链的右端，在 iTnues 与 App Store 平台上，购买视频、音频与各种应用软件服务。苹果公司通过优质的智能终端黏附着庞大的消费者，并形成社群，再加上 iTunes 与 App Store 平台的个性化满足，苹果有效地占据着注意力资本。通过 iTunes 与 App Store 平台的不断深化，注意力资本持续繁殖出信任资本与传播资本，苹果公司也实现了对消费数据与生产数据的采集，并通过共享的方式，提高了这个生产价值链组合的效率。第三方企业能顺利地依附苹果，实现可持续的发展。

注意力资本是核心生产要素，因此苹果进行了合理化的外包选择，把重要资源都聚焦在夺取关键生产要素，即注意力资本及其衍生的数据资本的方向上。在纵向的主链上，苹果把制造与芯片生产环节直接外包出去；在销售渠道，除了以自建的线上或线下体验店为主，也有其他渠道，比如电信或移动等运营商，京东、天猫等网上商城。除了业务的外包，为方便消费者更好地购买产品，苹果也与第三方支付合作，提供分期付款等购买方案。在横向的短链部分，无论是 iTunes 还是 App Store，苹果均整合了提供产品与服务的第三方进入，第三方企业或个人与苹果进行交易利润的分层。比如对于 App Store 平台，苹果公司与其应用软件开发商按 3∶7 的比例进行分层[30]。数据显示，在 2012 年，苹果在 App Store 平台的应用分层收入达到 19 亿美元，占苹果总营业收入的 4.9%[31]。在这种交易范式中，苹果负责提供平台和开发工具包，软件上线的审核和发布，并实施应用软件的营销工作，同时也定时提供一些数据分析资料，帮助开发者了解用户需求，并提供指导性意见，指导开发者对应用程序进行定价与开发；而开发者就负责应用程序的开发，同时也自主运营平台上的自有产品和应用，并随时调整价格，自由定价；而用户则是应用软件的体验者，他们只需登录 App Store 并注册，捆绑信用卡即可随时下载应用。这种交易模式，极大地鼓励了应用者开发软件的积极性。

消费者、第三方供应商、苹果公司，三者围绕着横向价值链实现了交易。随着三者彼此交易次数的增加，在价值链组合中，逐步形成拥有正外部性的网络效应。正向外部性的网络效应，其实质就是九大生产要素的正反馈效应，因此，在苹果的整个价值链组合中，九大生产要素实现了有效的联动。每一个企业贡献自己的核心资本优势参与到这个联动结构中。整个生产价值链组合提供高效的功能价值与情感价值，不仅实现了对消费者的黏附，同时也拥有庞大的注意力资本、信任资本与传播资本。同时，注意力资本、信任资本与传播资本产生庞大的消费者数据资本，促动数据处理知识的升级，又经过数据分析，切割出无数个高质量的消费需求，这些消费需求吸引各企业继续合作，用互惠互利的方式在整个价值链组合中促进流量变现的效率。这是在生产业务整合化的商业环境特性下，所形成的新资本联动的模式，如图 16 所示。

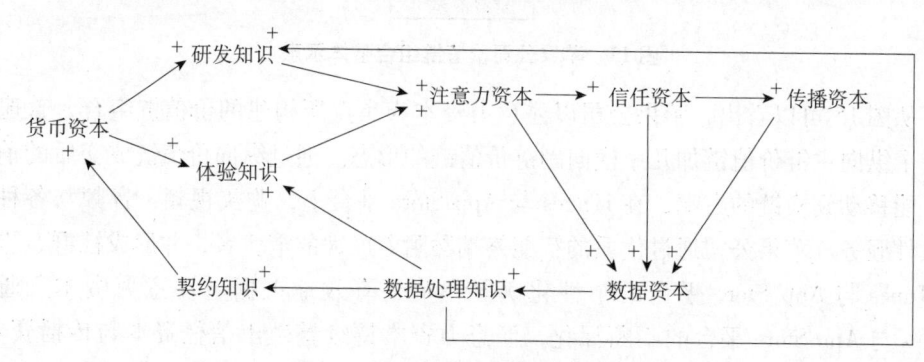

**图 16 苹果公司生产要素联动模式**

企业内部的资本与外部的资本，各自贡献，环环相扣。这种内外生产价值链的合作方式，以市场化的方式进行。在新资本驱动下，各企业通过切分生产价值链上的资本产权实现合作，内部资本叠加外部互补性资本，以互惠互利的分成合约为黏合剂，形成稳定、高效的交易结构网，完成了生产业务的整合化过程。过去线性的交易模式被打破，价值链也因此出现了多向的组合，形成了丰富多彩的价值链组合结构。在整个价值链组合中，企业之间对非货币资本与知识进行共享，进一步优化了每一个企业在进行各自的供求一体化时的效率，大幅度地降低了信息成本，使得终端客户与企业的链接，合作方与合作方的链接均变得顺畅。价值链组合中的每一个企业，或以（B2B2B2B2B2B……）2（C/B）的形式，或以 B2B2B……的形式实现交易，各取所需。虽然生产价值链组合中交易结构的复杂程度有所加剧，但每一笔交易的交易价值也得到了提高，交易过程中的交易风险与交易成本得到了更好的控制。整条价值链的效率极高，每一个环节无缝连接，实现了高效率的生产要素搭配。

总之，苹果公司拥有互联网时代的九种生产要素，并掌握了其中最核心的注意力资本，并以此形成了对其他生产要素的调配，构建了以纵横价值链组合为构型的模式，实现了生产要素的有效联动，这是苹果公司真正的核心竞争力，也是苹果公司能应对外部竞争、实现持续发展的真正原因。

### 3.3.4 小结

通过掌握注意力资本这个核心生产要素，苹果公司以纵横价值链的组合结构整合了所有九种生产要素，并以实现了生产要素之间的正反馈效应，由此提高了生产要素获取收入的能力，由此创造了巨大的核心竞争力。又因生产者的边际收入与消费者的边际使用价值相等，因此这种纵横价值链组合结构，是企业创造高使用价值的最佳方法。

如果结合苹果公司锁定消费需求与满足消费需求的原理，进一步观察这种方法，可以发现在价值链组合中纵向的价值链往往是一条长价值链，用以创造功能价值，满足共性需求，若再结合 ICE 模式来看，则是对 I 环节的高效完成。并且，长价值链具有先天的知识优势与较高的知识垄断租值，能为横向价值链的加入提供强大的支撑力量。整合进来的横向价值链，也许有长价值链的企业，但是对于对苹果而言都是短价值链，即是可以快速回应消费者需求的生产活动。苹果自身对短价值链部分充当的是供需匹配的中介机制。短价值链先天不具备知识优势，信息透明度很高，信息费用极低，企业必须在短价值链进行快速迭代，才能避免专有知识因为变成公众知识而失去门槛效应。因此，苹果依靠强大的主链优势，整合进无数个短价值链，并在短价值链部分打造了独立的竞争市场，加快了短价值链中产品与服务的迭代。位于短价值链部分的企业，必须快速对市场做出反应，不然就会被淘汰出局。虽然身处短价值链上的企业，也渴望通过增加产品与服务，来横向拓宽价值链，增加赋值机会；但由于苹果强大的主链优势，增加了客户的转换成本，形成了路径依赖性与消费习惯。

在纵向价值链的末端，是社群环节，是以情感价值持续的满足消费者的个性需求，是对 ICE 模式中 C 环节的高效完成。

此模式中横向的副价值链相对较短，是支持各种在娱乐类与生活类 App 端所产生的消费需求并顺利实现交易，是对 ICE 模式 E 环节的实践。

对消费者的进入、培育与缔结，会持续形成的强大的注意力资本，逐步繁殖出信任资本与传播资本。

如此，企业间通过互惠互利的合约形式，按照市场法则组成了整个纵横价值链组合构型，形成一个庞大的服务后台，锁定消费需求与满足消费需求的活动则在服务的前台。总之，苹果公司以纵横价值链的构型模式，整合九种生产要素产生高效联动，创造出高使用价值，并完成了锁定消费需求与满足消费需求的工作。结合前面的内容，把苹果公司如何准确锁定消费需求，如何更好地满足消费需求，如何应对市场激烈竞争的总体行为模式简称为：苹果发展模式，简化后如图17所示。

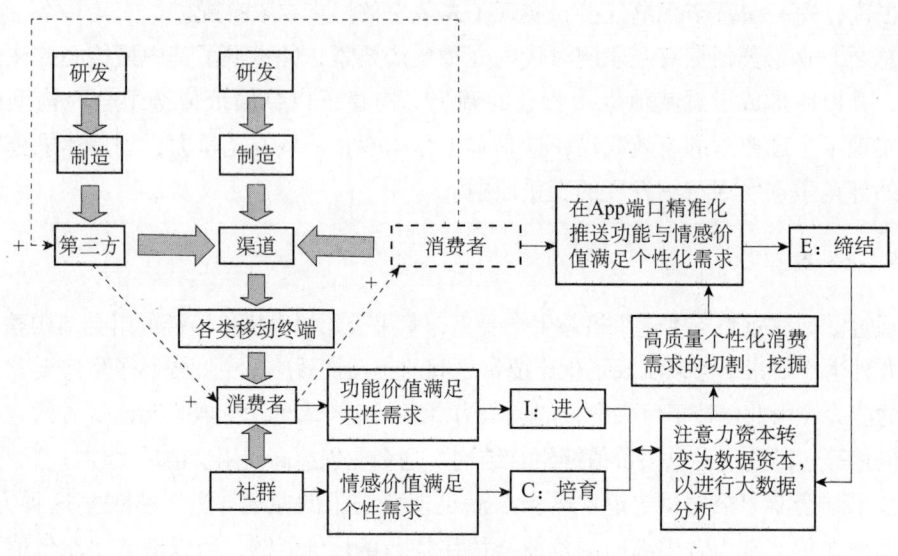

图17 苹果公司发展模式整体示意

## 4 苹果公司发展模式对移动互联网企业的启示

### 4.1 苹果公司发展模式的整体启示：运用范畴及实践方法

移动互联网背景下的商业环境对企业提出了前所未有的要求，苹果公司的发展模式则是当下企业可选的发展模式之一。该发展模式不仅可以帮助现有的移动互联网企业实现持续的发展，同时，它还能为传统企业实现向移动互联网企业的转型，提供理论上的指导。经过实践，在运用苹果发展模式时，需要依次经过以下三步：

第一步，准确锁定消费需求。首先，一级端口或二级端口均可以成为切入点。其次，按照优先顺序，如果切入一级端口，可首先选择手机移动端口与安卓类系统软件，其次是平板电脑与手表智能终端；如果切入二级端口，首选社群或者娱乐类、生活类的App应用软件。

第二步，打造多元化产品价值。完善自己的ICE模式，用明星产品实现消费者的进入，打造社群完成对消费者的培育，整合第三方供应商实现对多元化价值的打造，形成完整的 ICE 模式。

第三步，利益相关者通过不断的交易，逐步形成稳定的纵横价值链构型，企业、消费者、第三方企业形成正反馈效应，生产要素的正向联动产生，由此企业构建出核心竞争力。第三步实际上是对 ICE 模式的稳固。在第二步，纵横价值链初步形成，但是极其不稳定，很容易被其他竞争对手颠覆，只有打造出高使用价值，才能构建出核心竞争力。根据上文的分析，使用价值的高低直接由生产要素产生收入的能力决定，而生产要素产生收入的能力直接由价值链构型决定。因此，稳定的纵横价值链构型所形成的正反馈效应，是企业最大的核心竞争力。以上便是运用苹果发展模式的三个步骤，总体过程如图 18 所示。

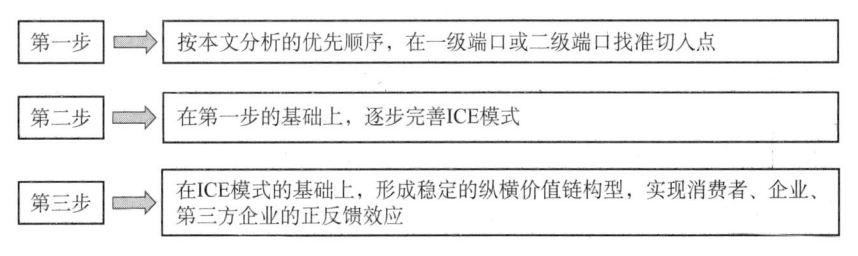

| 第一步 ⇒ | 按本文分析的优先顺序，在一级端口或二级端口找准切入点 |
| --- | --- |
| 第二步 ⇒ | 在第一步的基础上，逐步完善ICE模式 |
| 第三步 ⇒ | 在ICE模式的基础上，形成稳定的纵横价值链构型，实现消费者、企业、第三方企业的正反馈效应 |

图 18　苹果公司发展模式整体启示

## 4.2　对移动互联网企业发展的启示

### 4.2.1　对大型移动互联网企业发展的启示

移动互联网中的大型企业，具有大量的货币资本，有充分的资源与条件去全面地借鉴苹果发展模式。

第一步，大型移动互联网企业选择切入点时，可以考虑选择一级端口的手机移动终端，打造具备高功能价值的终端设备。国内的优秀企业之一华为公司，便是聚焦在科研与技术的投入上，创造出了具备强大功能价值的终端设备，赢得了消费者的良好口碑。同时，企业也应该开发出自己的操作系统，实现与手机移动终端的完美匹配，为数据的吸纳打下坚实的基础。在打造出手机移动终端后，企业可以按先后顺序选择平板电脑、智能手表等终端设备，逐步完善产品的布局。

第二步，完善 ICE 模式。首先，从打造社群开始。在第一步的基础上，企业可以利用消费者对优质移动终端的信任，通过提供及时高效的售后服务以及组织线上、线下的各种娱乐活动，引导消费者之间进行频繁社交，促进企业与消费者之间进行大量交互，从而打造出消费者社群。社群的形成标志着企业对消费者的黏附程度得到了进一步的增强，消费者开始成为企业的粉丝，在各种社交平台上为企业传播品牌甚至帮助企业为其他消费者解答疑问。同时，按照之前的分析，社群的形成也是企业收获注意力资本的重要手段。

如今，移动互联网中的大型企业越来越重视社群的打造，对社群的投入也越来越聚焦。在移动互联网行业，只要是优秀的企业，都拥有自己的社群。苹果公司有果粉社群，正如前文所述，通过情怀感染路径，苹果公司的社群遍布整个社交网络；华为公司有花粉社群，其成立的花粉俱乐部，是华为公司官方授权的社群；盖乐世社群是三星公司的官方授权社群，里面集聚着大量的三星手机粉丝。

同时，社群的形成，也为 E 环节的顺利实施打下了坚实的基础；企业可以利用消费者对社群的依赖性，整合大量的第三方供应商进行多元化产品价值的推送。在数据技术的帮助下，这种推送是在 App 端口针对个性化需求所进行的精准化推送，其中有很多产品与服务，以免费的形式提供给消费者，这无疑为消费者创造了极高质量的附加价值。在不断地为消费者提供附加价值的过程中，企业进一步强化了与消费者之间的关系，实现了有效的缔结；至此，ICE 模式顺利完成，企业有效地完成了多元化产品价值的打造。

第三步，企业对核心竞争力的打造。即在竞争与模仿都异常激烈的情况下，企业如何实现持续的发展。这一步，企业必须实现消费者、企业、第三方企业的正反馈效应，即是随着企业创造更多的使用价值，消费者越来越多，第三方企业越来越多；第三企业数量的增加又通过正外部性反作用与于消费者，形成正向的反馈效应。这种正反馈效应，其实质是通过稳定的纵横价值链的构型，实现了生产要素之间的正向的联动。随着企业、消费者、第三方企业之间交易次数的增加和彼此黏附性的增强，纵横价值链结构的稳定性得到了进一步的增强。这种极其稳定的纵横价值链的构型，就是企业核心竞争力的体现，是在短时间内，其他企业难以模仿和超越的。

对于大中型企业而言，由于企业背景的相似，基本上可以对苹果发展模式进行完全的借鉴；在其运用苹果发展模式的三个步骤中，最关键的是第一步，即是智能终端设备的打造。纵观整个移动互联网行业，凡是有规模的企业都在极力地打造自己的移动终端产品，在功能上，在软件上都拉开了激烈的竞争；从各大厂商每年举办的产品发布会上，我们也能窥见各类移动终端设备在竞争上的激烈程度。

在企业与消费者的第一次接触中，消费者体验的好坏直接决定后续步骤的存在与否。因此，在运用苹果发展模式的第一步时，大型企业需聚焦在价值链的上游，全力发展科研与技术，力争打造出更具强大功能的终端设备，这也是实现可持续发展的前提条件。

总之，苹果发展模式对大型移动互联网企业的启示，可用图 19 表示。

| | |
|---|---|
| 第一步 ⇒ | 按一级端口的优先顺序找准切入点，以智能手机为首选 |
| 第二步 ⇒ | 逐步完善ICE模式，打造社群，整合第三企业实现精准化推送 |
| 第三步 ⇒ | 形成稳定的纵横价值链构型，实现消费者、企业、第三方企业的正反馈效应，构建出核心竞争力 |

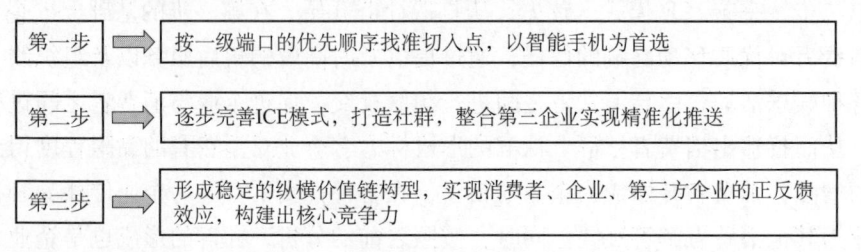

**图 19　苹果公司发展模式对大型移动互联网企业的启示**

### 4.2.2 对中小型移动互联网企业发展的启示

对于移动互联网行业中小型企业而言，由于缺乏货币资本，它们不具备直接选取一级端口中的智能移动终端作为切入点的能力。因此，中小型企业不能直接按照苹果发展模式中的顺序进行完全的复制，必须在借鉴中，进行一定的适应性改造。不过，在整体的借鉴步骤上，中小型企业对发展模式的打造，依然呈现出，找准切入点、完善 ICE 模式、打造正反馈效应这三个步骤。在第一步找准切入点中，中小型企业可以从二级端口入手，因此，它有两个方向上的选择，第一是建设社群，第二是打造一个 App 端口的应用软件。

第一个方向，以建设社群为切入点。第一步，企业首先可以通过提供有趣的内容或特定的服务，把消费者集聚在一起，形成初步的社群。通过不断地推送内容或服务，逐步加强消费者对社群的依赖性；随着依赖性的加强，社群变得越来越稳定，此时企业就可以过渡到第二步，即完善 ICE 模式。

第二步，企业一方面需要自己提供产品或服务，同时也要整合第三方企业为消费者提供更加多元化的产品与服务。对于中小型企业而言，由于没有数据技术的支持，无法实现精准化的推送，因此，在整合第三方企业时，企业要慎重考虑，最科学的整合方法就是与消费者进行深入的沟通；在深入理解消费者诉求的基础上，企业才能整合进最适合的产品与服务，为消费者提供高质量的附加价值。同时，对于中小型企业而言，开发自己的产品与服务是至关重要的，因为被企业所整合进入的第三方企业具有相对的自主性，如果过于依赖它们，企业则会陷入被动的状态。因此，在 C 环节对消费者进行培育过后，完善 I 环节的最佳方法，便是企业打造出自己的明星产品，然后再通过整合第三方企业完成 E 环节的缔结。

第三步，随着 ICE 模式的逐步循环，企业不断加固社群的建设，增加对消费者的黏附性；同时，企业以明星产品持续为消费者提供高功能价值的服务与产品。然后通过对消费者的深入调查，不断整合进最合适的第三企业，为消费者持续的提供高附加价值的产品与服务。企业、消费者、第三企业持续地交易，推动着企业逐步发展；在持续的发展中，企业、消费者、第三方供应商，三者形成了稳定的纵横价值链构型，实现了生产要素的正向联动。由此，准确锁定消费需求，创造多元化价值，有效应对竞争与模仿的问题，得到圆满解决，企业有效地构建出了核心竞争力，实现了持续发展。

目前，许多利用微信创业的中小型企业，采取的就是先以构建社群作为第一切入点的发展方式。它们往往通过提供极其有趣的知识与内容，在微信群中实现了对消费者的黏附，随后再开发出自己的产品与服务对消费者进行推送，然后再整合进第三方企业，实现产品价值的多元化。比如目前最火爆的自媒体逻辑思维、晓松奇谈等，均是通过这样的模式实现了持续的发展。总之，苹果发展模式对中小型移动互联网企业的第一个启示，如图 20 所示。

```
第一步  →  在二级端口中以社群为切入点
第二步  →  完善ICE模式，打造自身的明星产品，整合第三企业提供产品与服务
第三步  →  形成稳定的纵横价值链构型，实现消费者、企业、第三方企业的正反馈效应，构建出核心竞争力
```

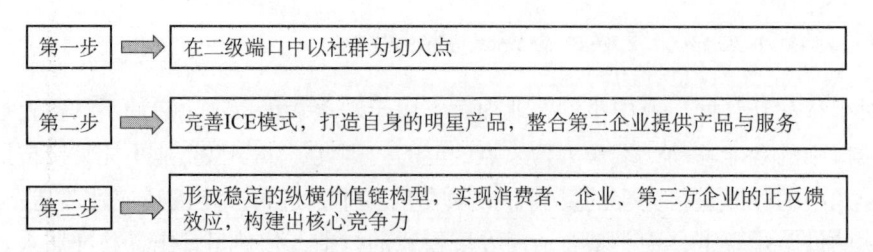

**图20　苹果公司发展模式对中小型移动互联网企业发展的启示1**

第二个方向，以开发 App 应用软件为切入点。如果企业自身不具备强大的实力，则可以选择成为其他大型企业纵横价值链的一部分，也就是成为其他大型企业纵横价值链中的横向价值链。

第一步，企业可集中于满足某一项个性化需求，提供功能价值或情感价值，成为 App 端口中应用软件的其中之一；并通过创造较高的价值，与其所依附的大型企业共享消费者，实现消费者的进入。对于这一步，企业尤其要注意对于消费者个性需求的分析，务必准确找到消费者的诉求。目前，大量的 App 应用软件充斥在移动互联网中，很多应用软件如昙花一现，依靠新奇的特征火爆了一阵，随后便销声匿迹；其根本原因在于企业对个性需求的理解不足，没有真正的洞察出消费者的真实需求。

第二步，在 App 应用软件的基础上，逐渐建立自己的社群，即是通过提供情感价值在 ICE 模式的 C 端实现对消费者培育。企业在通过应用软件对个性化需求实现了满足后，在此基础上，便可以开始经营自己的社群，打造出可供消费者之间进行社交的平台。同时，在此平台上企业也能实现与消费者的良好交互。有许多的工具可以实现社群的构建，除了常见的微信群外，还有百度贴吧、论坛等工具，都可以帮助企业完成对社群的构建。企业在社群上不断地推送精彩的内容，这些内容可以与产品和服务有关，也可以是消费者关心和在乎的内容。企业通过内容的持续推送，赢得消费者的持续关注，由此，社群的稳定性便得到了进一步的加强，社群人数也会因此而逐步提高。在社群稳定后，企业就可以整合其他第三方供应商进入，为消费者提供更多的优质产品与服务，实现产品使用价值的多元化。

第三步，企业、消费者、第三方供应商在稳定的交易中形成稳定的纵横价值链构型，由此，准确锁定消费需求，创造多元化价值，有效应对竞争与模仿的问题，得到了完满的解决。

目前，以 App 应用软件为切入点的企业越来越多，当下最著名的，莫过于优步，一款全球即时用车软件。目前，优步已经覆盖了全球 63 个国家，344 个城市[32]。优步充分地利用了共享经济的力量，实现了对社会闲散资源的充分利用。

通过以上的分析，可以发现，虽然以 APP 应用软件为切入口的企业最开始只是某大型企业纵横价值链的一部分，但随着时间的推移，企业也必须打造出自己的纵横价值链，构建出核心竞争力。企业纵横价值链的形成，不仅在一定程度上可以降低其所依附的大型企业给自己带来的限制与约束，同时也有效地应对了来自外部的竞争。

总之，苹果发展模式对中小型移动互联网企业的第二个启示，如图21所示。

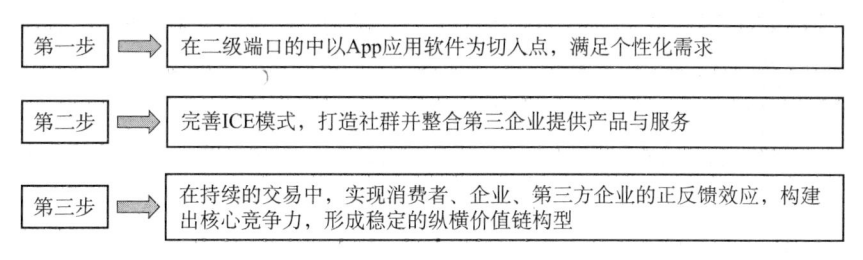

| 第一步 | ➡ | 在二级端口的中以App应用软件为切入点，满足个性化需求 |
| 第二步 | ➡ | 完善ICE模式，打造社群并整合第三企业提供产品与服务 |
| 第三步 | ➡ | 在持续的交易中，实现消费者、企业、第三方企业的正反馈效应，构建出核心竞争力，形成稳定的纵横价值链构型 |

**图21　苹果公司发展模式对中小型移动互联网企业的启示2**

## 4.3　对传统企业转型的启示

### 4.3.1　对大型传统企业转型的启示

与移动互联网企业不同，传统企业的终端产品有一个最大的缺陷，就是无法实现与消费者的交互。移动互联网企业，整个ICE模式都可以在移动设备上完成，消费者使用终端设备，并可以在终端设备上参与社群活动，同时，也可以在终端设备上获取多元化的产品价值。而传统企业，其终端产品无法实现这一点，不仅没有屏幕，更无法连接互联网，即传统企业通过优质的产品实现了I环节以后，就再也无法过渡到C环节与E环节。

因此，对于大型企业而言，要实现转型，就必须对终端产品进行改造，让其具有交互性并能连接移动互联网与终端设备。因此，大型传统企业的转型，可以按以下三步进行。

第一步，打造新型终端产品，并且该产品必须是能实现与消费者顺利交互，能与互联网以及各种移动终端设备实现有效连接的终端产品。该终端产品必须具备强大的功能价值，能极大地改善消费者的原有使用效率。消费者只有体会到使用效率上的差别，感受到功能价值的提升以及得到切实的利益后，才能认可企业的新产品。总之，大型传统企业实现转型的第一步，需通过创造革新性的产品，实现与移动互联网以及智能终端设备的有效链接。

第二步，利用消费者对新产品的认可，逐步构建出自己的社群；在社群中，企业可以提供大量的关于产品的使用知识，以及快捷方便的售后服务；同时，企业还可以开展丰富多彩的活动，在线上与线下实现与消费者的高质量交互，同时也为消费者进行高效的社交活动提供安全可靠的平台。通过对社群的打造，企业进一步提升消费者对企业的黏附效益，然后便可以考虑引入大量的第三方供应商，实现产品价值的多元化。另外，如果企业的终端产品对消费者的数据吸附能力较强，那么就可以有效促进第三方供应商进行精准化的价值推送，进一步提升消费者对企业的依赖程度。同时，通过对数据资本的利用，企业将占据核心地位。

第三步，通过企业、消费者、第三方企业的持续交易，企业形成稳定的纵横价值链构型，实现生产要素的正向联动，构建出了自身的核心竞争力。至此，大型传统企业便可顺利实现转型。

目前，如海尔、格力等传统企业纷纷聚焦在对智能家居的打造上，其实质就是创造出能与消费者进行交互的产品，试图实现与移动互联网的对接。总体上，苹果发展模式对大型传统企业转型的启示，如图 22 所示。

| 第一步 | → | 打造出能与消费者实现交互，能连接移动互联网与终端设备的产品 |
| 第二步 | → | 完善 ICE 模式，经营社群，逐步整合第三企业提供产品与服务 |
| 第三步 | → | 实现消费者、企业、第三方企业的正反馈效应，构建出核心竞争力，形成稳定的纵横价值链构型 |

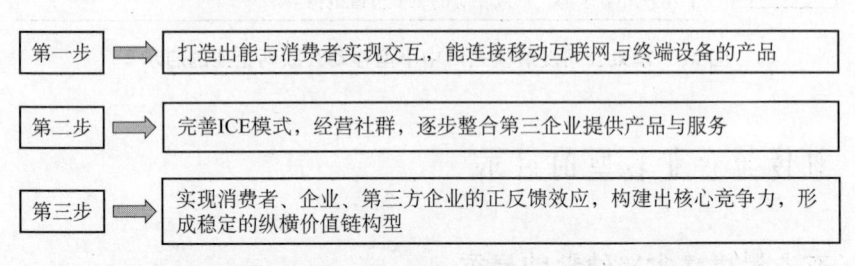

图 22　苹果公司发展模式对大型传统企业转型的启示

### 4.3.2　对中小型传统企业转型的启示

中小型传统企业要实现转型，必须重新思考锁定消费需求、打造多元化产品价值、与应对竞争与模仿的问题。

第一步，在锁定消费需求方面，中小型传统企业在选择切入的端口时，由于其在技术与资金上的局限性，一般情况下无法从一级端口切入，即它没有实力与资金能更新自己的产品，没有办法让产品实现交互性，并连接到移动互联网和各类终端设备。同时，在二级端口中，中小型企业也难以直接切入 App 端口。如果中小型传统企业试图自己新创一个 App 应用软件，会受到两个约束条件的限制：一方面是缺乏知识与经验，另一方面是无法借助原有的资源。这两个约束条件的存在，使得企业通过独立开发 App 应用软件以实现发展的成功率极低。因此，中小型传统行业转型的第一步，可从二级端口的社群端切入，利用自己的优势，首先实现对消费者的培育，成立稳定的社群。企业可以建立微信群、贴吧、论坛，把有趣的知识与内容推送出去，这些知识与内容，可以针对企业的消费者，也可以针对企业的供应商，总之，企业要通过这些内容与服务把价值链上下游的相关人群集聚起来。

第二步，整合自身与第三方企业的产品与服务进入，逐步完善自己的 ICE 模式。与中小型移动互联网企业的发展一样，在形成稳定社群的基础上，企业必须开发出自己的明星产品或服务，实现 I 环节的进入；然后再整合进第三方企业，进行产品价值的多元化打造。这些产品与服务，可以是基于企业产品的相关多元化，也可以是基于人群的相关多元化。基于产品的相关多元化，是与原有产品紧密相关的产品或服务，有可能是原有产品的互补产品，也有可能是原有产品的升级产品；基于人群的相关多元化则拥有更多的选择，只要与消费者的衣食住行或娱乐诉求有关，都可以进行推送。

第三步，在不断的交易中，企业、消费者、第三方企业逐步形成稳定的纵横价值链结构，生产要素形成正向反馈效应，企业构建出核心竞争力，至此，中小型企业的转型完成。

目前，虽然很多中小型企业一直在寻觅有效转型的方法，但是却一直无法实现与移动互联网的对接，其根本原因就在于没有一条清晰的转型路径。构建社群、完善ICE模式，实现正反馈效应，这三步为传统中小企业的转型提供了可行的路径。著名的"酣客公社"就是这一模式的获益者，它首先通过社群的构建，把普通的白酒变成了成功人士的标签；酣客的粉丝们，在社群中不仅可以感悟古老的酒文化，更能学习到有关移动互联网的知识，这种学习内容的提供便是基于人群的相关多元化。

总体上，苹果发展模式对中小型传统企业转型的启示，如图23所示。

| 第一步 | ⇒ | 通过内容打造社群，可考虑把价值链上下游的相关人群积聚在一起 |
| 第二步 | ⇒ | 完善ICE模式，持续经营社群，整合进更多的产品与服务 |
| 第三步 | ⇒ | 实现消费者、企业、第三方企业的正反馈效应，构建出核心竞争力，形成稳定的纵横价值链构型 |

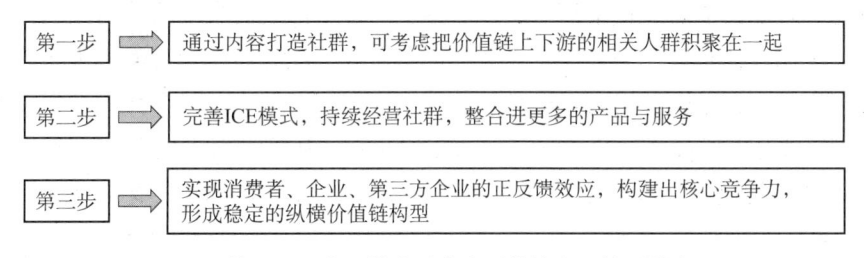

图23　苹果公司发展模式对中小型传统企业转型的启示

## 4.4　小结

不同的企业有不同的局限条件和背景，因此它们在选择第一步的切入点时，会有不同的选择；第一步的不同，也会导致二、三步呈现出一定的差异性。

首先，对于大型移动互联网企业，可以全面借鉴苹果的发展模式。对于中小型移动互联网企业，可以选择构建社群或打造App应用软件为第一步的切入点，再逐步完成"完善ICE模式"与"实现正反馈效应"这两个步骤。

其次，对于大型传统企业的转型，升级终端产品，使其能与消费者进行交互并能顺利连接至移动互联网和终端设备，是至关重要的第一步。在此基础上，再逐步完成后两步。然而，对于中小型传统企业的转型，则可以把构建社群作为第一步，然后再逐步完成后两步。

总之，无论是移动互联网企业的发展还是传统企业的转型，都需根据自身的实际情况，依次、仔细思考以下三个步骤：

第一步，准确锁定消费需求，一级端口或二级端口均可以成为切入点。

第二步，打造多元化产品价值。完善自己的ICE模式，整合第三方供应商实现对多元化价值的打造。

第三步，通过不断的交易，逐步形成稳定的纵横价值链构型，企业、消费者、第三方企业形成正反馈效应，生产要素的正向联动产生，构建出核心竞争力。

## 5　结论与展望

据前文所述，当下的移动互联网企业，要实现持续的发展，面临着三大难题：

其一，如何准确地锁定消费需求？

其二，如何打造多元化的产品（服务）价值，去满足消费需求？

其三，如何应对竞争与模仿，实现可持续发展？

本文通过对苹果公司解决以上三个难题的分析，总结出了可供移动互联网企业普遍借鉴的发展模式，其结论如下：

首先，就如何准确地锁定消费需求。本文通过对消费需求外延与内涵的分析，确认了在一级端口，是共性需求，企业选择消费需求的优先顺序为智能手机终端、安卓类系统终端、平板电脑及手表移动终端。其次，在二级端口，是个性需求，应优先选择社群端、娱乐类App端与生活类App端。同时，为了切割出更多的消费需求，又因为App端口的权重无法衡量，因此必须依靠大数据技术，对消费需求进行分析与挖掘。

其次，在确认消费需求后，企业必须进行产品价值的多元化打造，即逐步完善自己的ICE模式，在一级端口打造高质量的功能价值，实现消费者的进入；在二级社群端口打造高质量的情感价值，实现消费者的培育；在二级端口的App端打造高质量的功能价值与情感价值，实现消费者的缔结。

最后，企业要应对竞争与模仿，必须通过生产要素的联动方式打造自己的核心竞争力。生产要素的正向联动，其实质就是企业、消费者、第三方企业形成了正反馈效应，这也是移动互联网企业的核心竞争力。

从以上的描述可知，准确锁定消费需求是企业找准消费需求切入点的过程；打造多元化的产品价值，是企业构建社群，引入第三方企业，从而进一步实现对消费者的黏附，获取注意力资本的过程；而资本联动模式，是各利益相关者形成正反馈效应的深层原因。该模式为移动互联网企业的发展、创业与传统企业的转型提供了可借鉴的意义。

同时，为使广大企业能更好地借鉴苹果发展模式，本文把苹果发展模式对移动互联网企业的启示，总结成以下的三个简易步骤：

第一步，准确锁定消费需求，一级端口或二级端口均可以成为切入点。

第二步，打造多元化产品价值。完善自己的ICE模式。

第三步，通过不断的交易，逐步形成稳定的纵横价值链构型。

通过以上的三步，便能高效地把苹果发展模式应用到实践中。

但是，随着移动互联网的发展，该模式可能发生以下两个方面的变化：第一，随着智能穿戴类、智能家居类终端产品的不断发展，一级端口的优先确认顺序有改变的可能。很多新型的智能穿戴设备有可能会以更加高效的方式取代智能手机的地位[33]。第二，工业 4.0 推动着云工厂发展进程的加快，高端研发技术将使得各种物品的数据采集与服务推送的双向功能得到极大提升[34]，消费数据也得到了指数级的暴增。因此，研发资本有可能会成为与数据资本同样重要，甚至比数据资本更为重要的生产要素。

**参考文献**

[1] 金喆. 移动互联网站商业模式研究 [D]. 暨南大学，2012.

[2] 王波. 中国移动互联网行业研究 [D]. 华中科技大学，2013.

[3] 高小青，韩润春. 诺基亚帝国的衰败 [J]. 河北联合大学学报（社会科学版），2013（5）：33 - 34 + 72.

[4] 张五常. 我是怎样学习经济学的 [J]. 学习博览，2007（2）：32 - 33.

[5] 李俊慧. 经济学讲义（下册）[M]. 北京：中信出版社，2012：32 - 33.

[6] 张五常. 入世：加速垄断权瓦解 [J]. 南风窗，2001（15）：17 - 19.

[7] 普拉哈拉德，加里·哈梅尔. 公司的核心竞争力 [R]. 商业评论，2004（1M）：97 - 111.

[8] A. M. (Tony) Downes. Reducing Value Chain Vulnerability to Terrorist Attacks [J]. 化工进展，2005（6）.

[9] 赵博思. 乔布斯给苹果留下了什么 [M]. 杭州：浙江大学出版社，2016：120 - 130.

[10] 蔡晓卿. 苹果手机量利双收登顶全球 软硬结合模式奠定成功基石 [N]. 通信信息报，2015 - 03 - 11B06.

[11] 刘广宇. 苹果 App Store 模式对应用开发的启示 [J]. 金融电子化，2015（5）：24 - 26.

[12] 唐风. 苹果公司公布第二财季财报：净利润同比增 7% [J]. 信息与电脑（理论版），2014（2）：16.

[13] 蒋雨薇. 苹果公司营销模式及对中国 IT 企业的启示 [D]. 辽宁大学，2015.

[14] 徐鑫. 市值蒸发：苹果面临天花板的艰难选择 [J]. 通信世界，2016（3）：52.

[15] 中国手机出货量全球占比超四成 [J]. 互联网天地，2016（2）：39.

[16] 赵娜. 智能手机争霸：华为出货超亿部 苹果利润占九成 [N]. 每日经济新闻，2016 - 01 - 04.

[17] 黄瑞. 后乔布斯时代的苹果 iOS 系统交互设计研究 [J]. 美术教育研究，2014（18）：74 - 75 + 84.

[18] 屈丽丽. 苹果支付入华面临三大痛点 [J]. 中国外资，2016（3）：58 - 60.

[19] 林艾涛，陶双莹. 乔布斯的 10 个与众不同 [J]. IT 时代周刊，2011（Z2）：35 - 41 + 34.

[20] 陈伟，吴康. 开发者眼中的 iPhone 升级 [J]. 现代工业经济和信息化，2015（24）：97 + 100.

[21] 苏芒. 所谓王者——读《活着就为改变世界：史蒂夫·乔布斯传》[J]. 中国纺织，2010（10）：104 - 105.

[22] 李锦飞，余乐. 基于苹果公司的服务品牌与消费体验关系研究 [J]. 江苏商论，2012（5）：14 - 17.

[23] 王锦. 归属感探析 [J]. 西安文理学院学报（社会科学版），2011（4）：88 - 90.

[24] 郭永玉，杨沈龙，李静，胡小勇. 社会阶层心理学视角下的公平研究 [J]. 心理科学进展，2015（8）：1299 - 1311.

[25] 郑洁. 自我期望对创造力影响的实验研究 [D]. 苏州大学,2014.

[26] 维舟. 弱者的优越感 [J]. 大科技(百科探索),2007 (7):48-49.

[27] Brent Schlender. The iPhone on training wheels for steve jobs and his touchy–feely telephone, it's been a bumpy ride [J]. 国际经济合作,2007 (12):1.

[28] 王辰越. 自诩不输乔布斯 罗永浩"锤子"里的情怀 [J]. 中国经济周刊,2013 (13):74-76.

[29] 罗云华,田佳卉,李超. 基于引爆点理论的高校图书馆信息服务水平提升对策 [J]. 图书馆建设,2014 (5):68-70.

[30] 胡世良. 移动互联网商业模式创新与变革 [M]. 北京:人民邮电出版社,2013:186-187.

[31] 潘卫民. 苹果到底能走多远 [M]. 广州:广东人民出版社,2014:90-100.

[32] Zhou Xiaoyan. Where to, Uber? [J]. *Beijing Review*,2015 (22):36-37.

[33] 王德生. 全球智能穿戴设备发展现状与趋势 [J]. 竞争情报,2015 (5):52-59.

[34] 黄阳华. 德国"工业4.0"计划及其对我国产业创新的启示 [J]. 经济社会体制比较,2015 (2):1-10.

# LB 保险公司车险营销策略研究

蔡云啸　唐　平

**摘　要：** 2015年，重庆作为第一批试点城市率先进行车险费率改革。"费改"后，车险产品在营销过程中必然会出现新的问题和情况。问题既来源于所处环境、体制，也与各保险公司自身策略选择和内部建设密切相关。LB保险有限公司是进入中国成立时间较早，并且是世界500强企业中唯一将总部设在重庆的外资保险公司，也是本地规模排名第一的外资险企，而LB保险公司车险业务在保费来源中占比较大，本文的研究有助于解决LB保险公司现有问题，提升营销能力，稳定扩展保费规模。

重庆作为我国车险费率改革试点城市，放眼国内无经验可循，国外经验无法直接照搬。本文首先阐述相关背景与论文研究相关的基本理论，注重理论研究和实际操作相结合，另外本文也借鉴国外发达市场经验，通过数据分析，图表对比，互联网查阅等方式，通过列举LB保险公司经营理赔的数据，结合实际对其进行大量对比分析，结合SWOT、PEST分析法、保险公司盈利结构模型分析以及竞争战略等方法，同时结合LB保险有限公司的自身优势和机会，提出通过市场细分，在市场竞争实行差异化、灵活化竞争是最优策略。

通过研究，本文得出提升LB保险公司的营销策略，即做好市场细分和定位配合营销的7PS策略。与此同时LB保险公司还需明确自身的发展思路并配以相应保障措施。本文还对未来的车险市场进行简单展望。因此，本文的分析可以对其他暂未实行费改地区的财产险公司的发展和经营起到借鉴作用，并有助于其在费改后的市场竞争中厘清思路且找到最优方案，具有一定的应用价值和现实意义。

**关键词：** 保险公司；车险；营销策略；保费

# 1 引言

## 1.1 研究背景及意义

### 1.1.1 研究背景

伴随我国经济进入新常态，GDP 增速下滑，经济面临转型等情况下，我国保险行业表现却颇为抢眼，尤其是车险市场，在保持近 20 年的高速增长后，去年全国车险市场达到 5500 亿规模，是财产险公司重要的保费收入来源，整个占比为财产险保费收入的 2/3。同时，车险市场增长率高，近年来一直保持两位数增长，去年增速为 17%；全国汽车的保有量也不断增大，约为 1.5 亿辆。全国各个财产险公司共承保近 1.2 亿辆，投保率达到 80%；我国的车险市场从规模上看已经是世界第二大市场，未来几年，我国车险市场有望继续保持良好的发展势头。

我国财产险行业正处于高速发展和变革的过程中，2015 年财产险保费收入达 2 万亿元，其中重庆地区实现财产险保费收入 178 亿元，较 2014 年 147 亿元规模，增长率达到 19%。2014 年 8 月，国务院发布新版保险业"国十条"，明确提出到 2020 年，我国保险深度达到 5%，保费密度达到 3500 元。照此推算，年增速达 15%。

中国保险业进入了快速发展时期，总体来说发展具有新的特征：一是总体规模不断增大，增长速度继续保持高速；二是新入者的布局和原来市场中的部分主体的退出将改变原有格局；三是市场总体业务品质会有所提高；四是竞争将继续深化，推动整个市场的进步。

2015 年 2 月，中国保监会发布《关于深化商业车险条款费率管理制度改革的意见》，重庆、山东、青岛、黑龙江等 6 个地区正式成为我国第一批车辆商业险费改试点地区。全国商业险费改于 2016 年 1 月全面开展。商业险费率自由化改革将改变原来高保低赔、拒赔条款多、费率统一等一系列问题，还会改变频繁出险和未出险费率差异不大的情况。但是一个长期受管制的市场突然放开，对各个保险公司的综合能力都是巨大考验和挑战。

车险费率自由化改革后的市场令人期待，它改变了原有产品单一的局面，提供多样化的费率选择和更多的产品，也会提高行业整体效率，同时促进企业降低成本，降低消费者负担，推动市场公平竞争。

费改后新政策的关键计费标准是以出现理赔的次数决定保费的价格。新政的优势在于，开车安全且无理赔记录的车主将获得更多折扣优惠，但是对于大多数车主来说，理赔在所难免。也就是说新政将对出险次数多的车辆加大保费上浮比例，对于大多数的每年出险在 1~2 次的车主来说，相比费改后新政策，价格会有所增加，这改变了过去有赔与无赔车主在续保时保费差距不大的情况。

改革是大势所趋，改革后，各个保险公司特别是中小企业必须在改革推动下，转变思想，苦练内功，加强建设，找到自己发展的正确道路。

### 1.1.2 研究意义

2015年，重庆作为第一批试点城市率先进行商业险费率改革，2016年商业险费改在全国全面推行。费改后，车险产品在营销过程中必然会出现一些问题。问题既来源于所处环境和体制制度，也与公司自身策略选择和内部建设密切相关。LB保险有限公司是进入中国成立时间较早，并且是世界500强企业中唯一总部设在重庆的外资保险公司，是本地规模排名第一的外资险企，而LB保险公司车险业务在保费收入中占比较大。因此，本文的分析研究可以对行业内其他暂未实行机动车商业险费率改革的地区财产险公司的营销和发展起到借鉴作用，具有一定的现实意义和应用价值。

## 1.2 相关文献综述

### 1.2.1 国内相关文献综述

国内对于营销服务的理论前期主要来源于国外，近期随着互联网电子商务的热潮席卷，新的营销理念将客户体验视为重要因素。

赵大伟（2014）指出，"天下武功，唯快不破"说明了给客户服务过程中，便捷的重要性。

罗振宇（2014）讲到，未来每个人的时间都是碎片化，任何产品只要在这一点找到和客户碎片化时间的契合点，也就是说谁能够管理客户的时间，谁的产品就能够获取客户青睐。说明满足客户不同需求的重要性。

刘锦瑕（2011）认为我国保险行业虽历经发展，但是管理和营销仍有很大问题，产品创新和服务无法满足消费者日益提升的需求。

郭金龙（2014）在《建设车型标准数据库 提升行业发展水平》中提出，建设车型标准数据库对提升行业发展水平具有重要意义，车型标准数据库有助于提升保险公司车险经营能力。

屈海文（2014）在《商业车险市场化改革：中小险企应对之策》中分析指出，其他国家车险费率市场化改革的经验表明，通过费改，中小型财产保险公司应找到适合自己发展的道路，走专业化、差异化路线，以便在特定领域和细分市场中保持自身特色和优势，避免同质化竞争。

王钰娜（2015）在《车险改革：还"两权"于市场》中指出，产品判断和风险识别来自自主定价，从而造成市场上产品的同质化，这又进一步压缩了消费者的可选择范围。表明保险行业改革的必要性。

范跃（2015）在《商业车险市场化改革对中小险企不是"利空"》中研究指出，商险费改本质上是为消费者提供更优质价格合理的保险服务和产品。对中小财产险公司不是利空，培养核心竞争力才能助其弯道超车。

### 1.2.2 国外相关文献综述

国外对于市场细分理论研究较早，市场细分理论由文德尔·史密斯于20世纪50年代提出，并由菲利普·科菲特发展和完善，并最终成为人们熟悉的STP理论。7PS理论由4PS发展而来，最初由麦卡锡（1960）提出，其理论包括：价格、产品、渠道、促销。后来随着时代的发展，比特纳和布姆斯又将人、有形展示、过程因素加入进来，成为7PS理论，新理论更细，更强调人本因素。

路易斯·斯特恩（Louis Stern，2001）分析了渠道形成发展的内在原因，指出渠道成员必须及时适应新的环境，调整改变自身职能和结构，从而促进整个渠道的系统改变。

约翰（John，2000）对互联网保险销售调查发现，一方面，保险公司增加了直接获取客户的能力。另一方面，新技术的应用给保险提供方也带来了风险。

对于电话营销的问题，朱莉·弗里斯顿和珍妮特·布吕斯（Julie Freeston and Janet Brusses，2001）讨论过电话销售可行性，但未讨论细节。

达克（Ducker，1993）在 *Post Capital Society* 一书中全面地对电话营销模式进行了分析，提出了电话营销方式对拓展企业营销渠道的重要性。

瓦拉达拉詹（Varadarajan，2009）研究表明：过去十年，伴随互联网技术的普及，非信息化商品加快电子化，营销内容有了新变化，网络销售模式正在逐步改变人们的传统生活消费模式，可以预测，未来营销和互联网会更好地融合在一起。

詹姆斯（James，2002）分析了互联网对保险市场的影响，认为互联网销售保险会减少交易费用，并且提供自由竞争的市场创造新的机会，优化产品可购性。

劳伦斯（Lawrence，1999）在 *Code：And Other Laws of Cyberspace* 一书中对于网络销售的法律问题进行了研究。

## 1.3 研究主要内容

本文注重理论研究和实际操作相结合，通过数据分析、图表对比、互联网查阅等方式，结合借鉴国外发达市场经验。首先阐述相关背景，然后介绍与论文研究相关的基本理论，包括车辆保险以及市场营销学STP、7PS等概念和理论，结合保险业对车险基本营销内涵予以论述；接下来，对LB保险有限公司基本状况做出说明，找出现有营销及发展存在的问题及形成问题的原因；对LB保险公司所处内外部环境全面分析，通过PEST分析，结合公司所在区域如处宏观环境，通过SWOT分析研究公司在行业竞争中所处的优劣势，一些潜在威胁和机会，通过市场细分，研究LB保险目标市场、目标消费者，在市场定位基础上，利用7PS理论，结合服务营销特点，从产品、价格、渠道、促销、人员等方面进行全面分析，给出提升LB保险公司车险营销的具体策略及解决问题。最后，对全文进行总结提出建议及保障措施。

## 1.4 研究方法与思路

### 1.4.1 研究方法

本文通过列举LB保险公司经营理赔的数据，结合实际对其进行大量对比分析，结合SWOT分析法、PEST分析法、保险公司盈利结构模型分析以及竞争战略等方法，结合LB保险有限公司的自身优势和机会，通过市场细分，在市场竞争差异化，灵活化竞争是最优策略。并且在方案实施过程中配以产品、营销渠道、服务创新。最后，提出保障措施包括人才引进、加强内部管理、制度建设、企业文化等内容，确保方案实施的可行性。

### 1.4.2 研究思路

重庆地区作为我国车险费改第一批试点城市，放眼国内无经验可循。国外经验无法直接照搬。通过阅读相关文献，参阅国外经验，结合本土环境以及LB保险公司实际情况等综合因素，使用SWOT分析法、PEST法，运用营销理论，创新理论为基础，大量分析LB保险公司各层面数据，找到提升车险营销的最佳策略，并且指出作为配套行动所要的保障。

## 1.5 可能的创新点

本文通过保险、营销相关基本概念，找出LB保险公司存在的问题，用PEST法和SWOT法分析，在提升车险营销策略中，本文提出：差异化配置佣金方案；创新产品；新营销渠道建设；创新服务是实施差异化的关键环节。并对如何实施这四个创新策略结合研究对象的目标市场进行了阐述。

# 2 车险营销概述及相关理论

## 2.1 机动车辆保险概述

### 2.1.1 机动车辆保险的基本概念

车险：我国广泛开展的一项险种，是以汽车、电车、电瓶车、摩托车、拖拉机等机动车辆作为汽车保险标的的一种保险。车辆保险具体可分商业险和交强险。商业险又包括车辆主险和附加险两个部分。

交强险：全称机动车交通事故责任强制保险，是我国首个由国家法律规定实行的强制保险制度。《机动车交通事故责任强制保险条例》规定：交强险是由保险公司对被保险机动车发生道路交通事故造成受害人（不包括本车人员和被保险人）的人身伤亡、财产损失，在责任限额内予以赔偿的强制性责任保险。

车辆损失险：是指保险车辆遭受保险责任范围内的自然灾害（不包括地震）或意外事故，造成保险车辆本身损失，保险人依据保险合同的规定给予赔偿。

第三者责任险：保险期间内，被保险人或其允许的驾驶人在使用被保险机动车过程中发生意外事故，致使第三者遭受人身伤亡或财产直接损毁，依法应当对第三者承担的损害赔偿责任，且不属于免除保险人责任的范围，保险人依照本保险合同的约定，对于超过机动车交通事故责任强制保险各分项赔偿限额的部分负责赔偿。

全车盗抢险：盗抢险全称为机动车辆全车盗抢险。机动车辆全车盗抢险的保险责任为全车被盗窃、被抢劫、被抢夺造成的车辆损失，以及在被盗窃、被抢劫、被抢夺期间受到损坏或车上零部件、附属设备丢失需要修复的合理费用。

车上责任险：保险期间内，被保险人或其允许的驾驶人在使用被保险机动车过程中发生意外事故，致使车上人员遭受人身伤亡，且不属于免除保险人责任的范围，依法应当对车上人员承担的损害赔偿责任，保险人依照本保险合同的约定负责赔偿。

费改后附加险有11个：玻璃单独破碎险；自燃损失险；新增加设备损失险；车身划痕损失险；发动机涉水损失险；修理期间费用补偿险；车上货物责任险；精神损害抚慰金责任险；不计免赔率险；机动车损失保险无法找到第三方特约险；指定修理厂险。常用的附加险主要为：

（1）玻璃单独破碎险：保险期间内，被保险机动车风挡玻璃或车窗玻璃的单独破碎，保险人按实际损失金额赔偿。

（2）自燃损失险：保险期间内，指在没有外界火源的情况下，由于本车电器、线路、供油系统、供气系统等被保险机动车自身原因或所载货物自身原因起火燃烧造成本车的损失；发生保险事故时，被保险人为防止或者减少被保险机动车的损失所支付的必要的、合理的施救费用，由保险人承担；施救费用数额在被保险机动车损失赔偿金额以外另行计算，最高不超过本附加险保险金额的数额。

（3）车身划痕损失险：保险期间内，投保了本附加险的机动车在被保险人或其允许的驾驶人使用过程中，发生无明显碰撞痕迹的车身划痕损失，保险人按照保险合同约定负责赔偿。

（4）发动机涉水损失险：保险期间内，投保了本附加险的被保险机动车在使用过程中，因发动机进水后导致的发动机的直接损毁，保险人负责赔偿。

（5）不计免赔率险：保险事故发生后，按照对应投保的险种约定的免赔率计算的、应当由被保险人自行承担的免赔金额部分，保险人负责赔偿。

（6）机动车损失保险无法找到第三方特约险：投保了本附加险后，对于被保险机动车损失应当由第三方负责赔偿，但因无法找到第三方而增加的由被保险人自行承担的免赔金额，保险人负责赔偿。

### 2.1.2 我国机动车辆保险发展的基本情况

（1）萌芽时期。国内汽车保险发展历经曲折，最初是在清末，但是由于当时我国贫穷落后，整个市场被外国公司垄断，民族企业地位极低，作用不大。

（2）试办时期。新中国成立后，我国成立了自己的保险企业：中国人保。但由于思想局限，认为保险是帝国主义的东西，颇受争议。认为保险为肇事者赔偿会鼓励事故多发，再加之国内环境变化，没办多久就停办了。直到20世纪70年代，为驻外使节服务才重新开张。

（3）发展时期。改革开放之初，伴随着国内企事业单位需求，以及国内道路的完善，我国恢复了保险业的经营和发展，但是规模都不大，产品覆盖范围也相对较小，但是车辆保险业务仍占据70%比例。

（4）完善时期。随着我国居民水平的不断提高，汽车逐渐走入千家万户，成为普通家庭的必需品。车辆保险也迅速发展。1988年，汽车保费市场规模超过20亿元，首次超越企业财产险。从此后，汽车保险一直保持高速增长，特别是2009年以后，年平均增长率增长率近乎每年16%以上，远超过GDP增长水平。截至2014年年底，我国已成为全球第二大汽车市场。2009~2015年我国车险保费收入走势如图1所示。

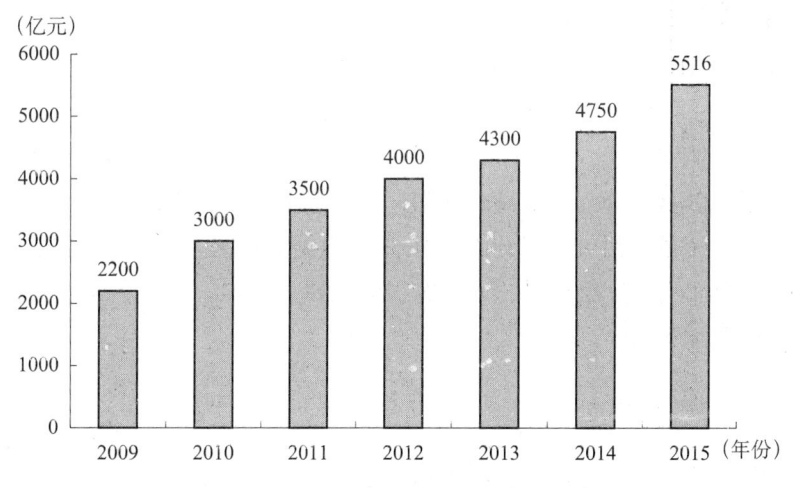

**图1 2009~2015年我国车险保费收入走势**

资料来源：中保协。

时至今日，我国国民保险意识不断提高，相关行业管理、费率及车辆保险条款不断完善，对车险市场发展和规范有积极促进作用。特别是2015年中国保监会开始试点实行的费率改革，更加强了费率市场的竞争，对促进行业健康、有序、规范发展有极大的帮助和深远意义。

## 2.2 车险服务营销内涵

### 2.2.1 车险营销的特点

车险营销以车险为载体，该商品具有特殊性、无形性，是虚拟的、以转嫁客户的风险为中心，保险公司通过营销运作等方式，实现商品售出，达成保险公司经营和市场目标的手段。具体来说，车险产品的销售就是保险公司综合设计、费率制定、促销、理赔售后服务的一系列服务的计划和执行，满足客户风险需求，实现企业利润的互换过程。

（1）车险营销是交易双方的保险人和投保人为达成各自目的进行的互换过程。

（2）车险营销并非仅仅是车险产品的营销，而是指包括车险营销在内的整套管理过程。

（3）车险营销作为虚拟产品的销售出发点是找出客户内心潜在需求，结束点是满足其需求。产品的售出是服务的开始，周而复始。

（4）车险营销不以扩大客户需求实现利润，只通过满足客户需求实现利润。

### 2.2.2 车险营销的特殊性

车险产品特别注重营销：由于车险产品及其消费的特殊性，在行业内流行着一句老话，这就是"车险产品必须靠营销"。因此，加强车险营销的管理，就成为车险营销特殊性的要求。

（1）车险商品的无形性。车险产品无法像实物商品一样，能够立即满足客户的某种需求，作为一种保障，它好比人行天桥上两侧的扶手，不去使用的时候，没有人去关注扶手的属性和特征。正是因为这样的特性，顾客只能通过保险顾问或者身边亲朋好友的介绍，以及保险公司本身声誉和宣传了解车险产品的特性。

（2）车险需求的滞后性。客户在投保或者购买车险之前并不一定知道自己的实际使用情况，只有当事故出现时，才有客观的认知和直观的了解。故需专业的人员对客户需求进行唤醒和探寻。

### 2.2.3 车险营销的内涵

针对车险特性，车险营销的内涵包括：

（1）车险营销的服务性。车险产品本身的特性决定了车险营销的服务性原则，它表现为：在投保前，买卖双方的信息不对称性，客户需要专业的车险服务人员为其设计方案并做推荐，并且在客户需求变化或者新产品出现时对客户方案进行及时的调整，确保客户利益。更体现在一旦客户出现理赔服务时，是否能够顺利的理赔等。总而言之，服务的好坏决定车险公司产品和自身的口碑是市场营销能否成功的重要原因。

（2）车险营销的专业性。正如前面我们所讲，车险营销和产品的特殊性，决定了车险营销需要综合性的高素质人才，他们不仅要在本身业务水平上具备相应的专业知识素养，还要求在社会、生活的其他方面具备不同领域的知识，以便在为客户服务的过程中，最大限度地满足客户保障的需求，发现潜在风险。同时，有利于在日常维护和拜访过程中，获得新的客户资源，为展业打下坚实基础。

## 2.3 市场营销相关理论

### 2.3.1 STP 理论

市场细分（market segmentation）的观点，最早是美国营销学家文德尔·史密斯（Wended Smith）于20世纪50年代最早提出的，此后，美国营销学家菲利浦·科特勒进一步发展和完善了温德尔·史密斯的理论，并最终形成了成熟的STP理论——市场细分（segmentation）、目标市场选择（targeting）和市场定位（positioning）。它是战略营销的核心内容。

STP整个理论的目的在于帮助市场分层，使得参与企业精准地找到目标。或称市场定位理论。该理论指出，人的需求是多样化的，整个市场是各种需求的交叉集合，一种产品只能或多或少满足买方的几个需求，产品的提供方只得根据消费者的不同需求、文化背景和购买力等因子把大的市场分成几块，也就是碎片化。这就是市场细分。然后企业根据自身发展情况结合产品以及中长期战略，选择出适合自己发展的目标客户、目标地域作为市场营销活动的目标。进而，配套有一系列的研发、设计跟进等，并通过不断的市场宣传，为既定目标客户传达信息，从而让该部分客户潜意识里感受到，该产品就是我所需要的。

STP市场细分理论是指市场产品的提供方在已有市场的基础上，发现锁定自己匹配的市场，最终实现自己产品和服务在目标市场的精确结合与销售。具体而言，如下：

（1）市场细分同时也是因客户不同需求，倒逼企业将自身产品和服务逐步适应市场，从而将原有市场精耕细耘的一个过程。

（2）目标市场是指各个市场参与企业根据市场实际，结合自身战略和自身优势确定的即将进入的市场。

（3）而市场定位则为整个过程中将企业产品和服务有效结合，确定在目标市场的某一位置，以确保日后竞争中，有先发制人的优势地位。也叫"竞争性定位"。

经过多年的发展，STP营销已成为当代市场营销理论的焦点。

### 2.3.2 7Ps 理论

营销专家杰罗姆·麦卡锡教授提出"4P"策略组合：产品（product）、价格（price）、渠道（place）和促销（promotion）。随着社会经济和理论的发展，又出现7P营销组合，即在传统的4P基础上学者们又根据外部营销环境的变化又增加了"3P"。它们分别是人员（people）、有形展示（physical evidence）和过程管理（process management）。

(1) product——产品策略。

产品是企业参与社会分工的载体。产品的优劣、多样性以及在市场中被消费者的接受度、认可度决定了企业的竞争力。企业的一切生产营销活动都围绕产品进行，因此，产品策略是整个理论的核心，其余策略都围绕产品策略开展。企业制定产品策略时应考虑客户实际需求结合自身目标与特点，形成有效方案，从而在市场竞争中取得优势。

(2) price——价格策略。

价格既是影响营销效果的关键因素之一，也是营销组合中的十分重要的环节。价格因素从某种程度上决定了产品在市场交易中的成败。企业的定价策略是为了增加销量、扩大利润、实现经营目标，科学地定价应充分考虑到产品质量、市场现状、客户的接受度、竞争者政策等因素，准确精细地进行定价。

(3) place——渠道策略。

渠道策略也称为分销策略，是该营销理论的重要组成部分。它决定了企业产品的投放地点，企业选择直接渠道或者间接渠道都决定了企业生产经营成本，而这又直接体现在产品价格上。随着社会的进步以及市场的变化，企业应当及时调整自身渠道策略，适应形势发展。

(4) promotion——促销策略。

促销策略是指产品的生产提供方通过采取如广告、价格等手段，促使目标客户在指定时间或者限定时段决定自己购买行为，从而提高产品销量，实现业务增长的手段。各式的企业广告、大型活动赞助以及营销人员面对面的销售都是具体表现。现代企业应打造和提供适合产品销售的多手段成体系的促销模式。

(5) people——人本策略。

员工为本和客户为本是人本策略的内容。员工为本要求员工所在企业拥有良好的培训制度和晋升制度、激励制度。做到正确地培养员工，选拔有潜质的员工，激励有贡献的员工，让员工找到归属感，为企业营销提供最大动力，创造持续利润；客户为本是指时刻注重关注客户的感受和体验，员工通过提供细微差别的高质量服务，给客户带来良好感受和认同感。有助于提高客户的忠诚度，增进沟通的机会，加深了解客户需求，创造和提高营销的机会和成功率。通过客户为本为企业扩大优质忠诚客户群体，实现为企业不断获得利润的目标。

(6) physical evidence——有形展示策略。

营销的过程中，将自己的服务从无形变为有形展示给目标客户称为有形展示。包括：服务人员有形化、服务产品有形化、服务内容有形化等。具体来说，包括三个方面：首先，有企业标识设计、企业环境设计、员工着装等方面称为物质环境有形化。其次，企业产品通过价格为外在表现，是服务的有形化展示中的价格有形化，价格有形化应当增强价格透明度，对应相关价值的关联度和匹配性，使得商品的本身和服务展示贴近客户的需要，帮助客户找到关联的线索，认同所提供的服务质量。最后，信息沟通有形化需要关联及强调服务相关的有形物，达到目的和效果。总的来说，把无法触及的东西变为有形的服务就是最佳的服务。

（7）process——过程控制策略。

企业应对营销过程进行管理、调控和关注，以应对随时因外部市场环境变化随之产生的新情况，从而实现营销目标和取得预期效果。大体来说，其分为事前计划、过程中调控和总体规划。总的来说，过程是获取商品所经历的必需阶段，它很大程度上决定客户体验和感受。假设客户获得商品前要排队，那服务中时间因素是客户对产品印象的重要决定因素。

# 3 LB保险公司车险营销现状及存在的问题分析

## 3.1 LB保险公司概述

### 3.1.1 LB保险公司基本情况

总部坐落在马萨诸塞州波士顿的LB互助保险集团，距今有百年历史，成立于1912年，是国际性保险集团，目前在世界各地设有900多家机构，有大约50000名员工。按2013年直接保费收入，是美国第三大财产保险公司。截至2014年年底，整个LB互助保险集团的总资产达到了1243亿美元，总收入达396亿美元，并获标准普尔"A"级（强）评定、穆迪"A2"级（好）评定、A. M. Best"A"级（优秀）评定。在2015年《财富》500强中排名78位，在《财富》世界500强中排名286位。

LB保险有限公司是LB互助保险集团在中国的全资子公司。

1996年，LB互助保险进入中国设立办事处。

2003年，在中国重庆设立分公司，成为第1家进入中国西部的外资保险公司。

2007年，LB重庆分公司升级为全资子公司，并正式更名为LB保险有限公司，成为第1家将中国总部设在重庆的世界500强公司。

从2009年起，LB保险相继在北京、浙江、广东、山东成立分公司，持续向中国更多市场快速稳健地引进外资保险服务。

2015年，四川分公司成立，开辟了LB保险公司西部第二家分公司。

凭借广泛的销售渠道和多样化的保险产品，LB保险将为更多客户提供优质创新的专业化服务，以秉承历经百年的企业使命"帮助人们生活得更安全，更稳定"。

LB保险公司经过近十年的发展，已成为本地市场排名前十，外资排名第一的财产险保险公司。

组织架构是企业的流程运转、部门设置及职能规划等最基本的结构依据；如何有效地对工作任务进行分工、分组和协调合作，是整个管理系统的"框架"。组织结构是为了有效管理内外部事物，根据职务类别、职能，有效明确责、权、利的协作分工体系结构，具有动态性可调整的特点，其本质是为了实现企业的战略目标。

LB 保险公司组织架构主要依据为销售序列和非销售序列。销售序列下含 8 种业务部门（见图2），其中车商业务部门 3 个，主要合作方为重庆各大 4S 店；代理业务部门 3 个，业务主要来源为担保贷款车业务；非车险业务部门 2 个，主要业务来源为企业综合险和家庭财产险。

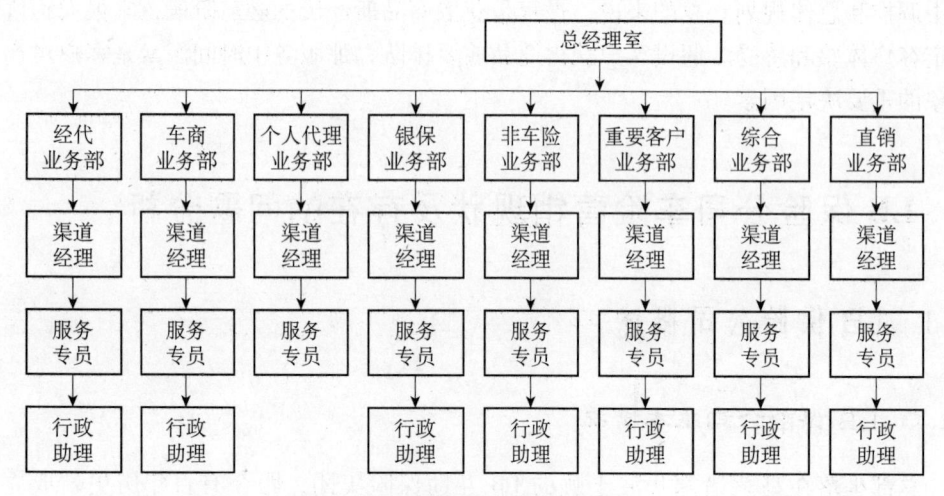

**图 2　LB 保险公司销售序列架构**

非销售序列又称后援序列，其主要职能为：为销售一线部门提供后援综合支持，其下设 9 个部门，其中最主要的职能部门为销售支持部、理赔部、核保部、市场管理部。非销售序列架构如图 3 所示。

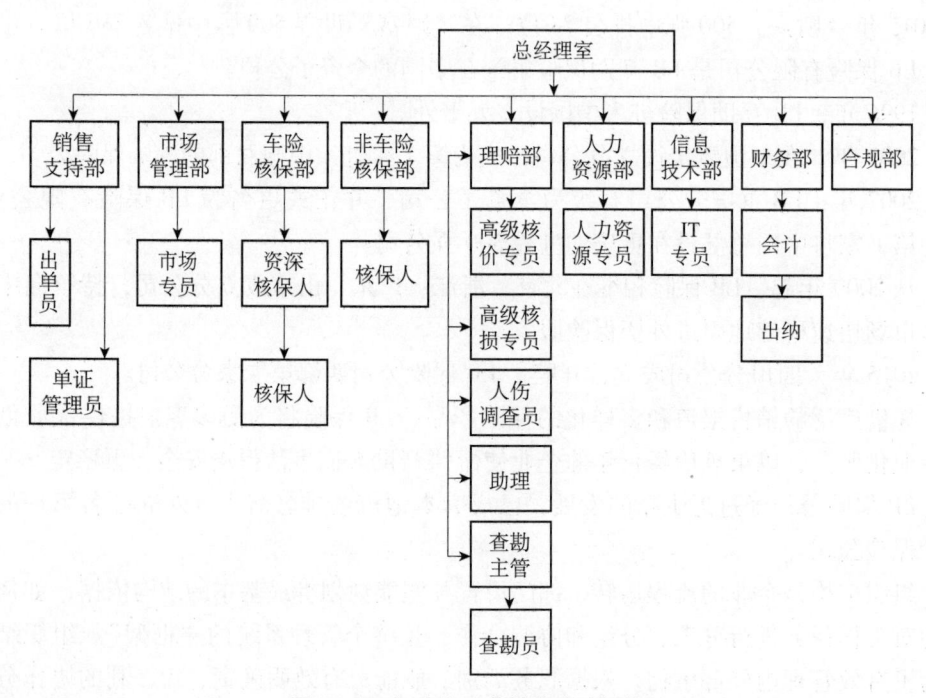

**图 3　LB 保险公司非销售序列架构**

LB 保险公司的销售组织类别及业务定义如表 1 所示。

表1　　　　　　　LB 保险公司销售组织类别及渠道业务边界定义

| 销售组织类别 | 核心业务渠道来源 | 核心业务定义 | 非核心业务定义 |
|---|---|---|---|
| 车商业务部 | 车商渠道 | 由 4S 店、有送修需求且保费规模较大的一类、二类修理厂 | 由 4S 店、有送修需求且保费规模较大的一类、二类修理厂以外渠道产出的业务 |
| 经代业务部 | 经纪、代理渠道 | 经由保险专业代理公司、保险经纪公司、除车商渠道/金融渠道以外的兼业代理公司所产出的业务 | 经由保险专业代理公司、保险经纪公司、兼业代理公司（车商渠道、金融渠道除外）以外渠道所产出的业务 |
| 个人代理业务部 | 个人代理渠道 | 来源于个人代理人的相关业务 | 来源于个人代理人以外的相关业务 |
| 银保业务部 | 银保渠道 | 金融机构代理销售的保险业务；金融机构自有财产、金融资产、员工保险业务；金融机构保险采购招标业务；金融机构带来的信用保证险业务；其他来源于金融机构或其他客户的再开发业务 | 银保渠道人员除上述业务之外的本人自有业务 |
| 非车险业务部 | 非车险业务为主 | 非车险业务 | 其他业务 |
| 重客业务部 | 以重点项目、重点客户及重点板块业务的开发、拓展及维护为主，并通过该类业务向其客户提供专业性综合保险服务 | 针对重点客户；再保分入业务；特殊风险行业的客户，主要包括大型能源、化工、电力、核电、城市交通、远洋船舶、航空航天等行业客户；特定行业统保客户；符合大客户特性，由当地政府部门或公共事业部门主导的业务；列入重点客户渠道年度预算计划的业务 | 通过维护本渠道间接获取的其他业务，以及重点客户渠道人员自身的非大客户渠道业务 |
| 综合业务部 | 非专业渠道销售组织，混合渠道 | — | — |
| 直销业务部 | 电网销渠道、Affinity 渠道以及其他由公司员工直接向客户进行营销 | — | — |

### 3.1.2　LB 保险公司车险业务情况

LB 保险有限公司，作为唯一一家将总部设在重庆的世界 500 强企业，2003 年开始发展，十年磨一剑，历经深耕，如今已位列本地外资第一，且总规模排名前十，特别是车险业务排名较好的财产险保险公司。2015 年，LB 保险公司实现盈利 2545 万元，基本情况如表 2 所示。

表2　　　　　　　　LB 保险有限公司 2015 年经营情况

| 项目 | 实际(1) | 财务计划(2) | 实际与计划之差(3) = (1) - (2) | 完成率(4) = (1) ÷ (2) | 2014 年完成(5) | 与 2014 年完成之差(6) = (1) - (5) | 增长率(7) = (6) ÷ (5) |
|---|---|---|---|---|---|---|---|
| 总保费收入（万元） | 32706 | 34156 | -1450 | 96% | 34232 | -1526 | -4% |
| 总车险保费（万元） | 25617 | 31654 | -6037 | 81% | 28288 | -2617 | -9% |

续表

| 项目 | 实际<br>(1) | 财务计划<br>(2) | 实际与<br>计划之差<br>(3) =<br>(1) - (2) | 完成率<br>(4) =<br>(1) ÷ (2) | 2014 年<br>完成<br>(5) | 与2014年<br>完成之差<br>(6) =<br>(1) - (5) | 增长率<br>(7) =<br>(6) ÷ (5) |
|---|---|---|---|---|---|---|---|
| 总净保费（万元） | 28145 | 29488 | -1343 | 95% | 28927 | -782 | -3% |
| 承保利润（万元） | 2545 | 339 | 2206 | 751% | -949 | 3494 | 368% |
| 综合赔付率（%） | 50.8 | 60.7 | -10.0 | | 63.5 | -12.7 | |
| 承保费用率（%） | 10.2 | 9.1 | 1.0 | | 9.2 | 1.0 | |
| 佣金（%） | 23.6 | 22.9 | 0.8 | | 24.4 | -0.8 | |
| 税金（%） | 5.8 | 6.2 | -0.3 | | 6.2 | -0.4 | |
| 综合成本率（%） | 90.4 | 98.9 | -8.5 | | 103.3 | -12.9 | |
| IOR（Incl. HO）（%） | 107.8 | 113.9 | -6.1 | | 117.0 | -9.2 | |

资料来源：LB 保险公司。

车险业务是 LB 保险公司的主要业务来源，其占比达到 83% 左右，是其经营的核心，一方面凸显了公司在非车险领域有待加强，另一方面也表现出 LB 保险公司专注车险的专业化经营方针。就车险来讲，LB 保险公司的车险业务有以下特征：

（1）日益优化业务结构，锁定目标市场，推动有效益发展。

近年来，随着我国居民经济水平的不断提高，高端品牌轿车普及率不断提高，轿跑车、2 门跑车等个性车型销量提升，LB 保险公司也承保了大量该车型。但是随后发现类似车型赔付率高，且维修点单一，LB 保险公司根据实际情况，主动剔除了部分非优质业务，对轿跑车、跑车的车型承保条件更加苛刻，保证了公司承保业务的结构合理性。

（2）良好的渠道开拓维护，设置专员跟进服务，加强有效的沟通与定期交流，为长期合作发展奠定基础。

4S 店因能够第一时间接触客户，拥有大量客户资源，因此成为车险行业营销开拓和发展当仁不让的前沿阵地，是各个开展车险业务保险公司关注的焦点，LB 保险公司在与 4S 店的合作过程中，实施良好有效的资源配置，积极应对日益激烈的 4S 店业务的竞争。

LB 保险公司成立了针对 4S 店业务发展的车商事业部，设置了渠道经理及服务专员岗位，从事与之相关的专业化营销发展。车商事业部配合合作单位，开展有效工作，通过努力，加深了合作的密度和宽度，取得良好的成绩。

LB 保险公司个人代理部门积极主动与各个寿险公司联系，主要目标为业务规模大或暂无财产险牌照经营车险的寿险公司，通过与中美大都会、新华人寿、太平人寿等寿险公司营销团队的合作，目前相关业务已逐步走向正轨，获得可喜成绩，有效地实现了寿产险联动的目标。

伴随着外部市场营销环境的变化，客户对网购和电话销售的接受度不断提高，未来车险营销中，网络和电话销售的车险占比将不断提高，也会成为重要的平台。这种趋势得到了 LB 保险公司的高度关注，并且与总部客户中心联动，设法获得了相关数据，逐步开展外呼业务。

（3）制定因地制宜地各项激励和政策。

为了推动业务发展，提高各个渠道产能，创造营销比赛你追我赶的竞争氛围，加强营销队伍内部向心力和士气，LB 保险公司定期开展了内容丰富、形式多样的营销竞赛活动，取得满意成果。各营销方案的设计都充分考虑不同渠道的类型且结合重庆本地车险市场特点，受到合作伙伴一致好评。

LB 保险公司率先在本地市场实施 LB 尊客会服务，金卡客户享受上门代办年审路桥服务，给客户节省时间，解决实际问题。同时，促进了车险续保业务的开展，有助于提高客户满意度，从而提升保有客户的续保率。经过多年对续保工作的摸索和经验总结，LB 保险公司形成具有自身特点的续保办法，续保率处于较好水平，部分渠道达 70% 水平。

（4）实施定损、核赔分离监管，严控流程，升级理赔服务。

车险理赔人员团队建设和理赔人员梯队储备完善。实施理赔定损、核赔分离制度，有效杜绝理赔"猫腻"。并且理赔团队结案效率不断提高，相比 2014 年 99% 结案率，2015 年，结案率①平均达 103%（见图 4）。有效地提高了赔付的及时性，提高了出险客户满意度，提升企业形象。

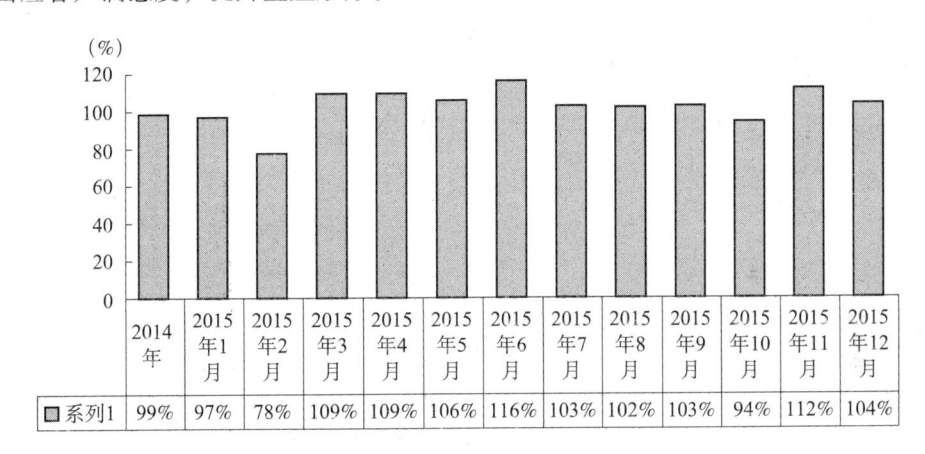

| | 2014年 | 2015年1月 | 2015年2月 | 2015年3月 | 2015年4月 | 2015年5月 | 2015年6月 | 2015年7月 | 2015年8月 | 2015年9月 | 2015年10月 | 2015年11月 | 2015年12月 |
|---|---|---|---|---|---|---|---|---|---|---|---|---|---|
| 系列1 | 99% | 97% | 78% | 109% | 109% | 106% | 116% | 103% | 102% | 103% | 94% | 112% | 104% |

**图 4　2015 年 LB 保险公司结案率**

资料来源：LB 保险公司理赔部。

（5）贯彻企业传统价值理念，提高认同感基础，强化合规意识。

文化是企业之魂。LB 保险公司是有着百年历史的文化和底蕴公司，HR 人力资源部定期发送企业文化邮件，并将其作为内部培训流程和品牌，成功推行了"我们的文化和历史"系列文化产品，讲述公司发展历程和价值观。通过全体员工对企业文化的学习，增进了大家对公司的了解和认可度，有助于统一团队价值观。另外，作为一家外资企业，守法合规经营尤为重要，公司由总经理牵头，定期开展相关法律及行

---

① 结案率 = 当期已结案/当期发生案。

业合规学习，有效地提高了全体员工合规意识，规避了经营风险。

## 3.2 LB保险公司车险营销存在的问题分析

### 3.2.1 LB保险公司车险营销存在的问题

（1）业务规模负增长。

2015年，重庆市GDP在面临全国经济下滑压力，转型的大背景下，交出了良好的答卷增长10%，而重庆保险市场，特别是车辆保险市场更是一枝独秀，保持了13.05%的高速增长，整个市场从大环境下看呈现繁荣趋势，中国人民保险、平安保险、太平洋保险也同样保持了高速增长的局面（见表3）。其中中国人民保险增长9.69%，平安保险增长21.9%，太平洋保险增长10.84%，但是在行业内大部分保险公司保持增长的市场环境下，LB保险公司从2014年的2.82亿元规模，缩小至2.56亿元，尽管实现了盈利，但是这样的答卷无法让人满意。

表3　　　　　　　　2014~2015年重庆车险市场各公司数据占比

| 公司名称 | 2014年（万元） | | | 2015年（万元） | | | 增长率（%） | | |
| --- | --- | --- | --- | --- | --- | --- | --- | --- | --- |
| | 交强险 | 商业险 | 合计 | 交强险 | 商业险 | 合计 | 交强险 | 商业险 | 合计 |
| 人保渝分 | 88497.21 | 286061.59 | 374558.80 | 95046 | 315812 | 410858 | 7.40 | 10.40 | 9.69 |
| 平安渝分 | 58342.90 | 198251.85 | 256594.75 | 71120 | 241669 | 312789 | 21.90 | 21.90 | 21.90 |
| 太保渝分 | 42304.92 | 149761.82 | 192066.74 | 48143 | 164738 | 212881 | 13.80 | 10.00 | 10.84 |
| 安诚 | 6599.50 | 21287.25 | 27886.75 | 7860 | 25715 | 33575 | 19.10 | 20.80 | 20.40 |
| 阳光 | 10788.75 | 33504.10 | 44292.85 | 11695 | 36754 | 48449 | 8.40 | 9.70 | 9.38 |
| 国寿财 | 10878.34 | 34010.30 | 44888.64 | 11803 | 39622 | 51425 | 8.50 | 16.50 | 14.56 |
| 大地 | 6729.07 | 21241.52 | 27970.59 | 8842 | 25681 | 34523 | 31.40 | 20.90 | 23.43 |
| 中华 | 7422.28 | 23586.11 | 31008.40 | 7927 | 25473 | 33400 | 6.80 | 8.00 | 7.71 |
| 天安 | 5751.67 | 19033.11 | 24784.78 | 6045 | 20118 | 26163 | 5.10 | 5.70 | 5.56 |
| LB互助 | 4167.82 | 24120.63 | 28288.45 | 4222 | 21395 | 25617 | 1.30 | -11.30 | -9.44 |
| 太平 | 5607.66 | 15041.23 | 20648.88 | 5860 | 17147 | 23007 | 4.50 | 14.00 | 11.42 |
| 天平 | 3821.46 | 12185.81 | 16007.26 | 4452 | 15281 | 19733 | 16.50 | 25.40 | 23.28 |
| 永安 | 1627.48 | 5280.03 | 6907.52 | 2049 | 6241 | 8290 | 25.90 | 18.20 | 20.01 |
| 华安 | 1311.79 | 4379.64 | 5691.42 | 1380 | 5076 | 6456 | 5.20 | 15.90 | 13.43 |
| 永诚 | 1134.74 | 3842.61 | 4977.35 | 1398 | 5249 | 6647 | 23.20 | 36.60 | 33.55 |
| 富邦 | 1658.54 | 7354.53 | 9013.07 | 1564 | 6244 | 7808 | -5.70 | -15.10 | -13.37 |
| 都邦 | 1377.11 | 4661.23 | 6038.34 | 1552 | 4857 | 6409 | 12.70 | 4.20 | 6.14 |
| 民安 | 1017.94 | 2230.29 | 3248.23 | 1759 | 3961 | 5720 | 72.80 | 77.60 | 76.10 |
| 信达 | 1742.17 | 5591.28 | 7333.44 | 1223 | 3461 | 4684 | -29.80 | -38.10 | -36.13 |
| 渤海 | 913.72 | 2263.31 | 3177.03 | 1292 | 3232 | 4524 | 41.40 | 42.80 | 42.40 |
| 华泰 | 373.19 | 1306.29 | 1679.48 | 671 | 2367 | 3038 | 79.80 | 81.20 | 80.89 |
| 安邦 | 1362.88 | 3127.06 | 4489.94 | 1307 | 3224 | 4531 | -4.10 | 3.10 | 0.91 |
| 合计 | 263431.12 | 878121.59 | 1141552.71 | 297210 | 993317 | 1290527 | | | 13.05 |

资料来源：重庆保险行业协会。

(2) 业务渠道发展不均。

LB 保险公司目前的营销渠道主要包括：经纪及专业代理部、车商部、个人代理部、区域发展部等。根据表 4 显示，2015 年 LB 保险公司各个不同业务类型渠道保费占比分布呈现不平衡特点。从 2015 年公司保费经营数据看，LB 保险公司保费业务的 53% 来源于经纪及专业代理部，超过排名第二的车商部近 17%，而个人代理部、区域部和其他业务来源总占比合计仅为 10% 左右。充分表明了业务渠道发展不平衡特点，如果长期维持类似的局面，会不利于其他业务渠道成长，也不利于 LB 保险公司业务结构稳定和健康发展。

表 4　　2015 年 LB 保险公司重庆分公司车险渠道占比

| 渠道来源 | 保费（万元） | 占比（%） | 赔付率（%） | 佣金率（%） | 赔付率+佣金率（%） |
| --- | --- | --- | --- | --- | --- |
| 经纪及专业代理 | 135645 | 53.30 | 53.90 | 23.60 | 77.50 |
| 车商 | 93281 | 36.60 | 54.90 | 20.80 | 75.70 |
| 个人代理 | 8706 | 3.40 | 53.90 | 19.80 | 73.70 |
| 区域发展 | 10837 | 4.30 | 56.90 | 22.80 | 79.80 |
| 其他 | 6248 | 2.50 | 49.90 | 18.00 | 67.90 |
| 总计 | 254718 | 100.00 | 53.80 | 22.10 | 75.90 |

另外，从保费年度达成计划方面分析，除经纪及专业代理渠道达成年度计划以外，车商渠道年度保费达成率仅为 80%。这一方面凸显出经纪及专业代理渠道拥有良好规模和发展潜力；另一方面，也深刻表明其余渠道在业务发展方面存在困难和问题，需要大家群策群力，克服困难，找到解决办法。

(3) 营销网络建设不全。

因 LB 保险公司是美资企业，属于金融领域。在进入中国市场时，因不熟悉本地市场，无法实现理想布局。导致在布局方面先天落后于中资企业，在营销网络的布局上只能逐步建设，优先选择经济条件和市场保有量大的地区进行布局和发展。当前，LB 保险公司仅在主城 9 区以及合川、永川、璧山、万州拥有一级营销网点，如按重庆约 40 个区县算，覆盖率仅为 30%，营销网络建设的滞后制约了 LB 保险公司营销的扩张。

(4) 非销售序列员工服务意识淡薄。

LB 保险公司中有部分非销售序列员工，服务意识淡漠，本位主义严重，本着多一事不如少一事的办事原则，刻板做事，未设身处地地体会销售序列员工所遇的困难，推脱、回避甚至拒绝销售序列员工所提问题的情况普遍存在，未主动变通想办法去解决问题，严格执行死板的核保、理赔或者报销条例。未起到服务作用，严重背离了公司"后勤服务销售一线"的支撑理念，服务意识和工作水平还有很大的改进空间。

### 3.2.2 LB 保险公司车险营销问题的形成原因

LB 保险公司业务规模负增长意味着保费收入的减少，表明在营销环节出现了问题，形成的原因主要是由于当前车险营销目标不够清晰，存在广撒网、盲目跟风现象。车险产品在竞争中同一化程度高，缺乏自身特色和品牌。价格厘定不太合理，与市场实际情况和客户需求脱节。并且促销方式简单、缺乏有效资源组合的综合原因导致业务规模缩小；业务渠道发展不均既有外部市场环境的原因，也有 LB 保险公司自身的原因，即渠道管理存在不足，未形成合理有效的渠道管理方案；缺乏有资源的营销管理人才是制约 LB 保险公司营销网络建设的主要原因。最后，相应考核制度缺乏责任心导致非销售序列员工服务意识淡薄。

## 4 LB 保险公司营销环境分析

### 4.1 PEST 分析

#### 4.1.1 政治因素分析

国家的政治体制、法律制度、税收体系、贸易规定、监管政策等构成了财产保险市场的政治、法律环境。随着经济体制改革的进行，中国的保险市场在各方和监管当局的共同努力下，已逐步形成规范，并且稳定发展，其中监管当局的努力和各项政策起到突出作用。

中国保监会成立于 1998 年，是我国保险业分业监管机构。作为国务院的直属事业单位，其通过一系列的立法，规定保险企业的经营准则，表现为直接的实体监管。从监管内容看，保险业实施市场准入限制，并且经营范围不允许兼业兼营。新《保险法》六十八条规定，新开办保险公司注册资本，不得低于 2 亿元，注册资本最低限额为实缴资本。超过发达国家相关要求，也超过国内其他行业要求。人员准入上看，2013 年实施的《保险销售人员管理办法》中最低学历要求也由原来的初中文化要求变为大专学历，违者处以 3 万元罚款。

为了在我国经济新常态下对保险行业进行改革，匹配适应我国经济社会发展需要，国务院于 2014 年 8 月发布了《加快发展现代保险服务业的若干意见》，业内称为"新国十条"。新意见对保险行业的发展与监管做了全面部署，无论在目标和细节以及内容方面都给予了保险业新的历史地位。提出发展现代保险服务业并纳入国民经济的总体规划中进行部署，这一安排是"新版国十条"的重要命题。"新国十条"确定了保险业在国民经济发展中的特殊作用和地位，是现代经济社会和重要产业的风险调节器，并且提出要将我国从保险大国转变为保险强国，到 2020 年，基本建立功能完善、保障齐备的现代保险服务业。

能否取得新的发展，对保险业来说或许机遇与挑战共存。在我国，政策的引导与推动是一股巨大的力量，但政策的边际效应也将有某种程度的递减。"只有充分认识到决定和影响保险业发展的种种要素以及它们之间的高度关联性，才能充分有效地发挥政策的激励作用，实现保险业平衡包容发展。"

毋庸置疑，政府的态度已经非常明确，要剥离行政管理职责。

"新国十条"勾画了保险行业发展的美好蓝图，要将各项政策红利和改革要求落到实处，最大的挑战还是来源于行业本身。为全方面提高行业发展水平，推进保险行业开展创新和改革，机动车商业险费率化改革作为落实"新国十条"的重要工作于2015年在全国试点开展实施。费改是国内车险市场重要的政策安排。费率自由化是车险市场发展的高级阶段，是必然的趋势。它将有效促进车险市场公平竞争，给予消费者更多选择权，标志着我国车险市场从此步入新的历史阶段。

### 4.1.2 经济因素分析

（1）改革深化带来的机遇。

2013年11月，党的十八届三中全会明确提出"推进经济结构战略性调整、提高城镇化质量"，这给我国经济带来新一轮的发展机遇，随着城镇化的不断推进，势必带来建筑业、工程业、道路运输业、客运业等相关及衍生产业的发展，也会带动和帮助更多的人致富，从而带来对汽车、私家车、营运车辆等的需求，进而给车险市场带来新的发展机会。

（2）汽车行业本身的结构调整和升级。

随着我国经济转型，淘汰落后产能和新技术的实现应用，和多个诸如天津、杭州、深圳对私家车进行限购和限行，汽车生产商也迎来了新的机遇和挑战，原来排放和能耗高的车型将逐步淘汰，而市场对清洁节能的车型有更大的需求，而大中型城市的新车需求会逐步走低，未来新车市场的主要战场会在二三线城市展开。从2015年10月1日起，1.6（含）升以下车型购置税减免政策的实施加剧了这种趋势。市场竞争的不断演化，单纯依靠新车市场的营销模式将难以为继，势必加剧续保老客户保有量的争夺。

（3）重庆作为一个年轻的直辖市，在2015年全国省区市的经济排名中毫不逊色，甚至是引人注目。

就拿经济指标中非常重要的工业增加值来说，重庆市规模工业增加值增长11.1%，增幅居全国第2位；更为重要的GDP增长，2015年达到了11%，这个增长在全国排名第一位。在2015年上半年，重庆汽车制造业生产汽车155.5万辆，增长21.9%，汽车产量增幅高于全国19.3个百分点，全国销量前10名的轿车和SUV，重庆造占据5席。全国每8辆汽车有1辆是重庆造。汽车产业对重庆工业增长的贡献率达29.7%。良好的经济指标给车险市场的发展提供了更多的机遇①。

---

① 资料来源：笔者收集整理新浪、腾讯等网站资料。

### 4.1.3 社会因素分析

由于人们对车险的需求是为购买汽车后有效降低汽车在发生事故中的财产人身损失而出现的需求,所以车险的需求与人们的生产生活活动以及社会文化息息相关。

(1) 社会进步带来的影响。

随着我国国民经济的发展,人们生活水平不断提高,人们消费的观念和意识都在不断发生变化和进步,例如之前人们在对待消费贷款的态度上,认为汽车是消费品不保值,汽车贷款被认为是奢侈的。而近几年大家在有能力全款购车的情况下也会选择汽车贷款,把多余的钱用于资金周转或者理财投资。同样,汽车保险方面,之前人们认为保险是消费,自己开车小心点,保险买的越少越好,保费越便宜越好,以至于使得国家在2006年出台相关政策,车辆上路必须购买交强险。而今,随着国民经济水平的提高,以及社会消费主体人群的转换,"70后""80后"成为社会主要消费群体,他们大多接受良好的高等教育,保障意识比较强,认为保险是保障,在车险投保时会主动寻求最佳方案。

我国保险行业特别是财产险、车险市场,在保持近20年的高速增长后,2014年全国车险市场达到5500亿元规模,是规模世界第二的车险市场。2014年底全国机动车保有量,约为2.65亿辆,汽车保有量约1.5亿辆。全国各个财产险公司共承保近1.2亿辆,投保率达到80%。近几年,国民购车刚需增加,汽车在机动车占比增大,达到57%,且在2014年保有量净增1707万辆,达到历史最高水平。全国每百户家庭平均拥有25辆汽车。未来市场发展潜力巨大。

保险密度和保险深度都不断加大,表明消费者自我风险意识随着经济发展的不断提高也呈正比增长(见表5、表6)。2015年全国GDP产值约64万亿元,全国原保费收入约2.4万亿元,保险深度约3.76%,保险密度1776元,分别上涨0.58%和317元。

表5　　　　　　　　　　2015年我国保险深度排名　　　　　　　　　　单位:%

| 排名 | 地区 | 保险深度 | 排名 | 地区 | 保险深度 |
|---|---|---|---|---|---|
| 1 | 北京 | 6.48 | 17 | 辽宁 | 3.48 |
| 2 | 山西 | 5.03 | 18 | 重庆 | 3.47 |
| 3 | 上海 | 4.70 | 19 | 安徽 | 3.43 |
| 4 | 新疆 | 4.39 | 20 | 江西 | 3.36 |
| 5 | 四川 | 4.30 | 21 | 海南 | 3.22 |
| 6 | 甘肃 | 4.26 | 22 | 湖北 | 3.15 |
| 7 | 河北 | 4.14 | 23 | 山东 | 2.96 |
| 8 | 广东 | 4.00 | 24 | 江苏 | 2.95 |
| 9 | 宁夏 | 3.94 | 25 | 广西 | 2.77 |
| 10 | 黑龙江 | 3.81 | 26 | 贵州 | 2.72 |
| 11 | 云南 | 3.72 | 27 | 湖南 | 2.66 |
| 12 | 吉林 | 3.71 | 28 | 青海 | 2.62 |
| 13 | 浙江 | 3.64 | 29 | 内蒙古 | 2.49 |
| 14 | 福建 | 3.62 | 30 | 天津 | 2.42 |
| 15 | 陕西 | 3.56 | 31 | 西藏 | 1.75 |
| 16 | 河南 | 3.53 | 全国平均 | | 3.76 |

注:数据不含港澳台地区。

表6　　　　　　　　　2015年我国保险密度排名　　　　　　　单位：元

| 排名 | 地区 | 保险密度 | 排名 | 地区 | 保险密度 |
|---|---|---|---|---|---|
| 1 | 北京 | 6539 | 17 | 黑龙江 | 1567 |
| 2 | 上海 | 4638 | 18 | 四川 | 1566 |
| 3 | 天津 | 3952 | 19 | 陕西 | 1554 |
| 4 | 广东 | 2632 | 20 | 湖北 | 1481 |
| 5 | 浙江 | 2626 | 21 | 海南 | 1414 |
| 6 | 江苏 | 2533 | 22 | 河南 | 1347 |
| 7 | 辽宁 | 2158 | 23 | 江西 | 1147 |
| 8 | 福建 | 2097 | 24 | 青海 | 1080 |
| 9 | 山东 | 1886 | 25 | 湖南 | 1075 |
| 10 | 宁夏 | 1827 | 26 | 安徽 | 1031 |
| 11 | 重庆 | 1752 | 27 | 甘肃 | 1019 |
| 12 | 新疆 | 1680 | 28 | 云南 | 942 |
| 13 | 山西 | 1664 | 29 | 贵州 | 745 |
| 14 | 吉林 | 1629 | 30 | 广西 | 730 |
| 15 | 河北 | 1610 | 31 | 西藏 | 591 |
| 16 | 内蒙古 | 1608 | 全国平均 | | 1797 |

注：数据不含港澳台地区。

（2）地域因素。

中国国土幅员辽阔，所以不同地域的人群青睐的车型也不一样，北方地区地势平坦，一线城市路况较好，车型保有量和购买目标主要以轿车为主。而西部地区或山地丘陵地区城市，如重庆地区，消费者更偏好SUV车型。且随着国民经济发展，家庭收入水平的提高，家庭添购第二辆车也多以SUV车型为目标，以便节假日全家出游时行驶国道及坑洼路面。

### 4.1.4 技术因素分析

近几年随着电脑，网络以及智能手机的普及，互联网给中国的千家万户带来了颠覆的改变，移动互联网、云计算、大数据技术成为关注以及发展的热点。

（1）大数据的应用。

保险业对数据具有与生俱来的敏感性，任何一个行业都可能忽视大数据，但保险业不能。保险业基于大数法则、以精算为核心，保险的意义在于抵御风险带来的损失，风险发生概率有多高，损失有多少，这是最直观的数据。除了这些外，保险承保对象的任何信息都是数据，不管是人的因素还是外在的因素，经过整合，看似八竿子打不着的数据，都是影响保险业的潜在因子。此外，大数据的应用与发展提高了保险公司在获取数据方面的能力，帮助其分析相关信息，提高营销策略，总而言之，增强了保险公司的综合能力，以便更好地服务客户。

（2）互联网技术的普及和应用。

伴随电脑的普及，互联网也联入千家万户，改变了人们生活的方方面面。它作为一种通用普及性技术和百年前的工业革命、电力革命一样，对社会经济发展产生深远影响。它加强人与人之间的沟通，同时降低了企业与客户沟通的成本，大大增加了企业与客户沟通的机会。改变了原来线下的交易模式,交易的方式变得更加简单、快捷、人性化,交易的成功率大为提高。

另外,智能手机的普及应用,各类手机 APP 的运营使用,这使得保险营销人员有机会随时随地了解客户需求,使用更便捷的工具如微信、微博、支付宝、手机银行为客户进行更好的服务和体验,真正提供个性化服务。

### 4.1.5 总评

通过 PEST 工具对 LB 保险有限公司所处营销环境分析,不难发现其呈现以下特点:行业监管上呈现"宽严有度"的特点,行业准入高,行业从业人员素质要求加强等;政策上,整个行业属于国家重点发展领域,并出台相关政策办法促进良好健康增长;此外,国家和地区经济发展态势良好,相关产业转型升级;社会进步、人口素质提高、收入增加和各种新技术包括大数据、互联网革命及微信、支付宝、手机银行普及都形成了良好发展的宏观外在环境和巨大机会。

## 4.2 SWOT 分析

### 4.2.1 LB 保险公司优势分析

(1) 不断提升的经营能力。

近几年,LB 保险公司紧密联系一线员工,紧密关注市场。制定了灵活的多样化的员工管理激励制度,深耕企业文化,为各级员工制定合理的职业目标的生涯发展规划。同时密切关注市场风云变化,及时有效地制定各种市场政策,优化保费结构及赔付指标,提高自身盈利能力。

LB 保险公司作为一家百年老店,有着深厚的管理经营能力,对保费风险市场有较好的精算能力和全球各地不同文化背景的管理经验和人才储备。

2012 年起,公司制定了新的 10 年发展规划,重新更换了 CEO,并对公司组织机构进行优化和精选,且在 15 年财报中盈利,相信在未来会有更好的发展和壮大。

(2) 不断优化的业务的结构品质。

因受公司前期严格的核保政策、理赔精算政策的影响,特别是 2015 年重庆实施费改以后,报案量环比下降约 30%,单月赔付率仅 40%,同比下降约 10 个百分点,达到历史最低,使得公司赔付率仅为 53%,处于行业领先,远低于"老三家"[①] 的综合赔付率 65% 的水平。

因为综合成本率 = 赔付率 + 佣金率 + 费用率(固定 + 变动),所以在其他费用不变的情况下,LB 保险公司有能力用较有优势的佣金率,在市场竞争中获取优势。

---

① 老三家指中国人民保险公司、平安保险公司、太平洋保险公司。

图 5 和图 6 是 LB 保险公司车险折扣和佣金手续费。车行新车 2~5 月折扣为 0.89 折,为全年最高的几个月,代理渠道同样为 2~5 月折扣高于全年其他月份,车行折扣高于代理渠道,也从侧方面印证了 4S 新车保险贵的说法。与折扣一一对应的是佣金手续费,按月份分布,无论是 LB 保险公司还是其他财产险公司,也是在 2~5 月维持了较高的返点。从另一个角度说明在传统淡季时,各个渠道都是用较高的折扣换取单车高手续费,保证淡季经营的利润,并且因为 2015 年 6 月进行费改,各公司都在 6 月之前提前准备争取最大限度占据市场份额,更加加剧了这一趋势。而在重庆市年度旺季的国际车展 6 月以后的月份,随着交车量的增大对应的是手续和折扣逐渐走低,即薄利多销原则。

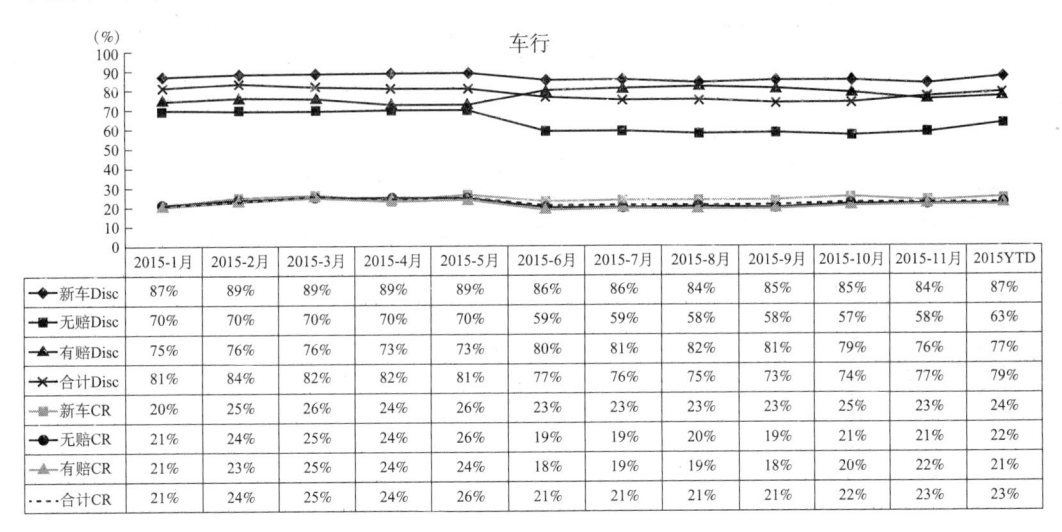

| 车行 | 2015-1月 | 2015-2月 | 2015-3月 | 2015-4月 | 2015-5月 | 2015-6月 | 2015-7月 | 2015-8月 | 2015-9月 | 2015-10月 | 2015-11月 | 2015YTD |
|---|---|---|---|---|---|---|---|---|---|---|---|---|
| 新车Disc | 87% | 89% | 89% | 89% | 89% | 86% | 86% | 84% | 85% | 85% | 84% | 87% |
| 无赔Disc | 70% | 70% | 70% | 70% | 70% | 59% | 59% | 58% | 58% | 57% | 58% | 63% |
| 有赔Disc | 75% | 76% | 76% | 73% | 73% | 80% | 81% | 82% | 81% | 79% | 76% | 77% |
| 合计Disc | 81% | 84% | 82% | 82% | 81% | 77% | 76% | 75% | 73% | 74% | 77% | 79% |
| 新车CR | 20% | 25% | 26% | 24% | 26% | 23% | 23% | 23% | 23% | 25% | 23% | 24% |
| 无赔CR | 21% | 24% | 25% | 24% | 26% | 19% | 19% | 20% | 19% | 21% | 21% | 22% |
| 有赔CR | 21% | 23% | 25% | 24% | 24% | 18% | 19% | 19% | 18% | 20% | 22% | 21% |
| 合计CR | 21% | 24% | 25% | 24% | 26% | 21% | 21% | 21% | 21% | 22% | 23% | 23% |

**图 5　2015 年 LB 保险公司车行各月折扣佣金走势**

资料来源:LB 公司核保部。

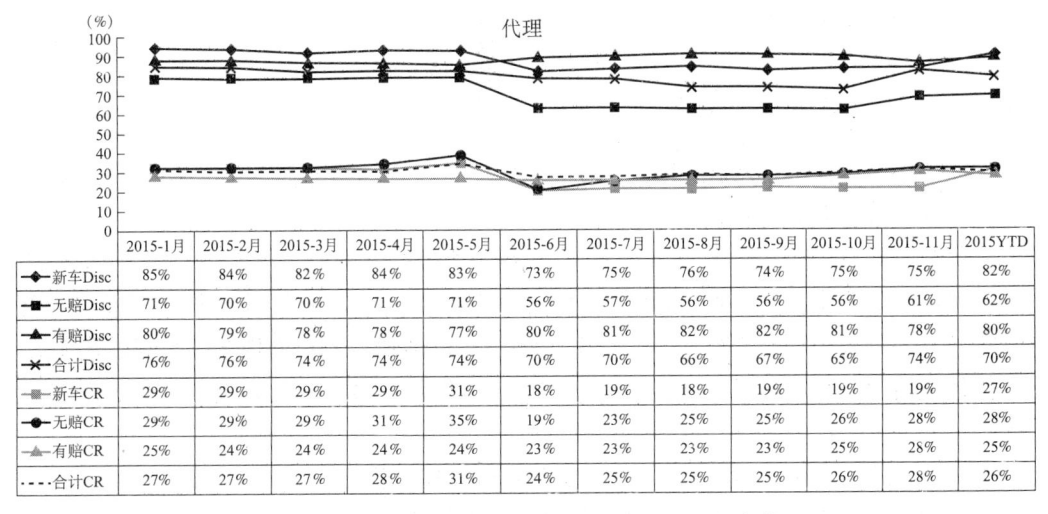

| 代理 | 2015-1月 | 2015-2月 | 2015-3月 | 2015-4月 | 2015-5月 | 2015-6月 | 2015-7月 | 2015-8月 | 2015-9月 | 2015-10月 | 2015-11月 | 2015YTD |
|---|---|---|---|---|---|---|---|---|---|---|---|---|
| 新车Disc | 85% | 84% | 82% | 84% | 83% | 73% | 75% | 76% | 74% | 75% | 75% | 82% |
| 无赔Disc | 71% | 70% | 70% | 71% | 71% | 56% | 57% | 56% | 56% | 56% | 61% | 62% |
| 有赔Disc | 80% | 79% | 78% | 78% | 77% | 80% | 81% | 82% | 82% | 81% | 78% | 80% |
| 合计Disc | 76% | 76% | 74% | 74% | 74% | 70% | 70% | 66% | 67% | 65% | 74% | 70% |
| 新车CR | 29% | 29% | 29% | 29% | 31% | 18% | 19% | 18% | 19% | 19% | 19% | 27% |
| 无赔CR | 29% | 29% | 29% | 31% | 35% | 19% | 23% | 25% | 25% | 26% | 28% | 28% |
| 有赔CR | 25% | 24% | 24% | 24% | 24% | 23% | 23% | 23% | 23% | 25% | 28% | 25% |
| 合计CR | 27% | 27% | 27% | 28% | 31% | 24% | 25% | 25% | 25% | 26% | 28% | 26% |

**图 6　2015 年 LB 保险公司代理各月折扣佣金走势**

资料来源:LB 公司核保部。

图 7 和图 8 是 2015 年各月同行业其他竞争对手之间的比较。对比人保车行全年佣金平均 16%，代理渠道佣金平均 25%，平安车行佣金全年平均 17%，代理渠道全年佣金平均 23%，太平洋车行全年佣金平均 20%，代理渠道全年平均 22% 的佣金，LB 保险有限公司车行佣金平均 23% 和代理 28% 的佣金，远高于"老三家"水平。由此可见，无论是车行还是代理渠道，LB 财险公司都远高于"老三家"佣金水平，同业中处于优势地位，为展业提供良好的条件。

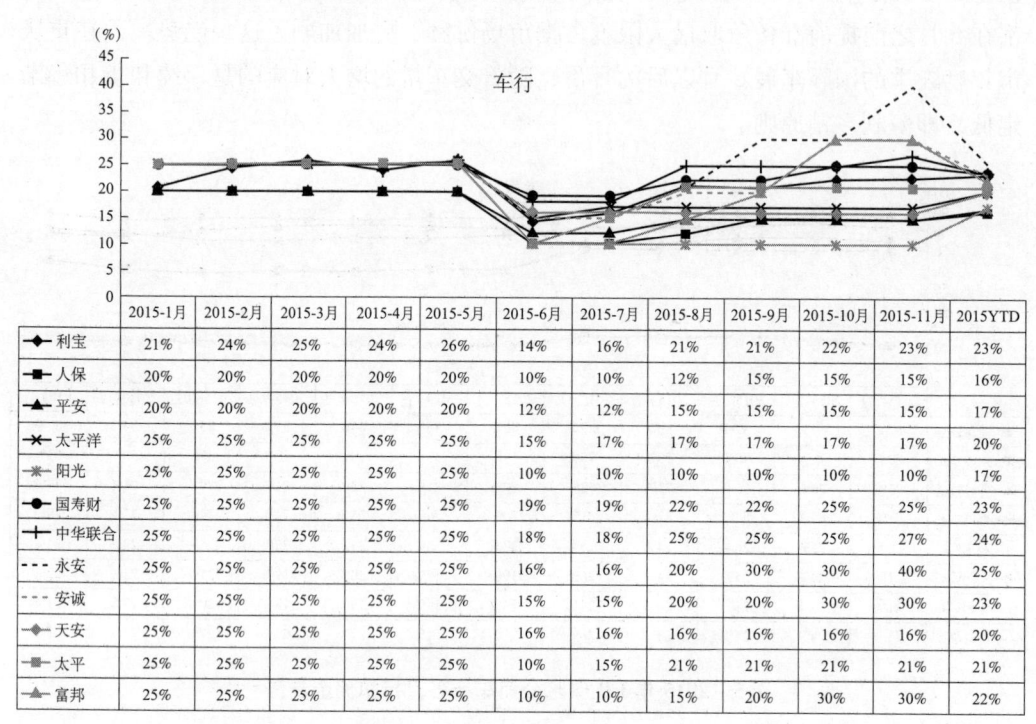

| | 2015-1月 | 2015-2月 | 2015-3月 | 2015-4月 | 2015-5月 | 2015-6月 | 2015-7月 | 2015-8月 | 2015-9月 | 2015-10月 | 2015-11月 | 2015YTD |
|---|---|---|---|---|---|---|---|---|---|---|---|---|
| 利宝 | 21% | 24% | 25% | 24% | 26% | 14% | 16% | 21% | 21% | 22% | 23% | 23% |
| 人保 | 20% | 20% | 20% | 20% | 20% | 10% | 10% | 12% | 15% | 15% | 15% | 16% |
| 平安 | 20% | 20% | 20% | 20% | 20% | 12% | 12% | 15% | 15% | 15% | 15% | 17% |
| 太平洋 | 25% | 25% | 25% | 25% | 25% | 15% | 17% | 17% | 17% | 17% | 17% | 20% |
| 阳光 | 25% | 25% | 25% | 25% | 25% | 10% | 10% | 10% | 10% | 10% | 10% | 17% |
| 国寿财 | 25% | 25% | 25% | 25% | 25% | 19% | 19% | 22% | 22% | 25% | 25% | 23% |
| 中华联合 | 25% | 25% | 25% | 25% | 25% | 18% | 18% | 25% | 25% | 25% | 27% | 24% |
| 永安 | 25% | 25% | 25% | 25% | 25% | 16% | 16% | 20% | 30% | 30% | 40% | 25% |
| 安诚 | 25% | 25% | 25% | 25% | 25% | 15% | 15% | 20% | 20% | 30% | 30% | 23% |
| 天安 | 25% | 25% | 25% | 25% | 25% | 16% | 16% | 16% | 16% | 16% | 16% | 20% |
| 太平 | 25% | 25% | 25% | 25% | 25% | 10% | 15% | 21% | 21% | 21% | 21% | 21% |
| 富邦 | 25% | 25% | 25% | 25% | 25% | 10% | 10% | 15% | 20% | 30% | 30% | 22% |

**图 7　2015 年重庆各保险公司车行各月佣金走势及对比**

资料来源：LB 公司核保部。

#### 4.2.2　LB 保险公司劣势分析

LB 保险公司作为外资企业参与到本地市场竞争，历经发展，但是在面对未来的竞争，其劣势主要表现在：

（1）理赔服务质量存在差异。针对大部分理赔案件赔款金额较小，而赔款金额较大案件数量不多这一特点，LB 保险公司对于小案件主要采取不出现场的照片定损方式，大部分公司理赔人员在市区查勘定损，一旦出现需要查勘现场的大案件出险在区县地区情况，只能通过公估定损方式解决，难以保障客户享受到统一优质的理赔服务，某种程度上影响了区县客户的口碑。

（2）知名度相对不高，作为一家百年老店，在外国虽然有较好的知名度以及市场份额。但是在本土却知名度不高，加之宣传上采用口口相传方式，同传统大型中资保险公司比较，名气存在不足。在参与事业单位、党政团体为主体的大型项目的招投

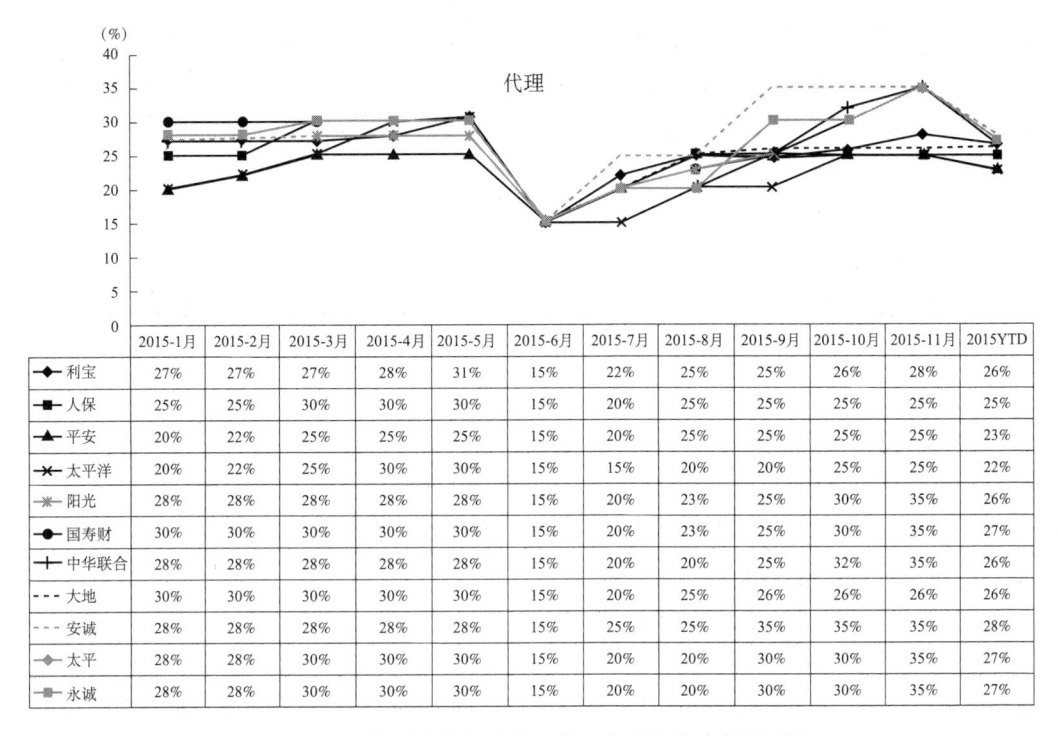

| | 2015-1月 | 2015-2月 | 2015-3月 | 2015-4月 | 2015-5月 | 2015-6月 | 2015-7月 | 2015-8月 | 2015-9月 | 2015-10月 | 2015-11月 | 2015YTD |
|---|---|---|---|---|---|---|---|---|---|---|---|---|
| 利宝 | 27% | 27% | 27% | 28% | 31% | 15% | 22% | 25% | 25% | 26% | 28% | 26% |
| 人保 | 25% | 25% | 30% | 30% | 30% | 15% | 20% | 25% | 25% | 25% | 25% | 25% |
| 平安 | 20% | 22% | 25% | 25% | 25% | 15% | 20% | 25% | 25% | 25% | 25% | 23% |
| 太平洋 | 20% | 22% | 25% | 30% | 30% | 15% | 15% | 20% | 25% | 25% | 25% | 22% |
| 阳光 | 28% | 28% | 28% | 28% | 28% | 15% | 20% | 23% | 25% | 30% | 35% | 26% |
| 国寿财 | 30% | 30% | 30% | 30% | 30% | 15% | 20% | 23% | 25% | 30% | 35% | 27% |
| 中华联合 | 28% | 28% | 28% | 28% | 28% | 15% | 20% | 20% | 25% | 32% | 35% | 26% |
| 大地 | 30% | 30% | 30% | 30% | 30% | 15% | 20% | 25% | 26% | 26% | 26% | 26% |
| 安诚 | 28% | 28% | 28% | 28% | 28% | 15% | 25% | 25% | 35% | 35% | 35% | 28% |
| 太平 | 28% | 28% | 30% | 30% | 30% | 15% | 20% | 20% | 30% | 30% | 30% | 27% |
| 永诚 | 28% | 28% | 30% | 30% | 30% | 15% | 20% | 20% | 30% | 30% | 35% | 27% |

**图 8　2015 年重庆各保险公司代理各月佣金走势及对比**

资料来源：LB 公司核保部。

标以及重点大客户的开发与合作中，LB 保险公司在品牌、市场规模、再分保能力上与中资保险公司相比有较大差距。

（3）分支机构数量较少，因存在"先天不足"，LB 保险公司分支机构少，已经建成的分支机构还需要日后的长期建设和发展，短时期内难见起色，影响了经营规模。

### 4.2.3　LB 保险公司机遇分析

（1）2014 年 8 月出台的"新国十条"明确提出了保险业发展的具体数量指标和目标完成时间点，即"到 2020 年，保险深度达到 5%，保险密度达到 3500 元/人"。而 2015 年我国保险深度为 3.76%，保险密度为 1797 元/人。5 年时间，保险深度需增加 0.33 倍，保险密度需增加 0.95 倍。若未来 5 年 GDP 年均增长率为 7% 左右，那么，保费收入年均增长率将达到 13% 左右，大约是 GDP 年均增长率的 2 倍；若未来 5 年 GDP 年均增长率为 7% 左右，那么保费收入年均增长率将达到 14.2% 左右，同样大约是 GDP 年均增长率的 2 倍。

（2）2015 年 9 月 29 日，财政部、国家税务总局发布通知称，自 2015 年 10 月 1 日起至 2016 年 12 月 31 日止，对购置 1.6 升及以下排量乘用车减按 5% 的税率征收车辆购置税。这无疑对全国的汽车市场是一剂利好消息，加之上次国家发布购置税优惠而导致车市火爆的时间 2009 年、2010 年已经时隔 5 年，大部分车辆也到了换车的时间。短期内对车险市场的新车保费会是一个大的机遇。

（3）2015年3月，中国保监会发布《关于深化商业车险条款费率管理制度改革的意见》，2015年6月，重庆作为首批试点城市进行机动车商业险费率改革。费改的目的在于建立更加公平的市场竞争环境，给予保险公司产品定价权，给予客户产品的选择权，改变原来高保低赔等不合理现象。依据市场成熟度，让保险公司逐步形成费率调整的系数和标准。费改后，出险次数多和未出险客户，在保费价格上存在很大差异，低风险客户将获得更多优惠。从实际上看，费改实施半年来，报案率平均下降30%，许多损失金额不大的事故，客户选择延迟报案或者不报案。这降低了保险公司的赔付率，给了保险公司充实保费机会。同时费改放开了原有统一指导原则，赋予保险公司更多的自主权。

（4）互联网技术带来的机遇。互联网带来的机遇不仅仅是销售方面，更多的是机遇大数据环境下的保费差异化，可以适当增加此方面的内容，它在给传统行业带来冲击的同时也带来新的机遇，保险行业也不例外。2014年，国内33家财产保险公司经营销售互联网保险，互联网财产保险保费收入累计达505.7亿元，约占财产保险公司保费收入的6.7%，达到7544.4亿元。其中，互联网机动车保险保费收入483.4亿元，在互联网财产保险业务中的占比为95.58%，在机动车保险业务中的占比为8.76%。

伴随移动互联网越来越多地融入日常生活，网络销售保险以其沟通方便、成本低、方式灵活等特点被人们所接受。与此同时，在产品整体感受上，移动互联网产品较传统互联网产品更便捷、高效，具备良好的客户体验。未来，网络车险的范围将不断延伸。

### 4.2.4 LB保险公司威胁分析

（1）目前，国内车险市场竞争激烈，从事车险业务经营的保险公司约50家，但是，整个市场处于高度垄断局面，从近三年保监会相关数据来看，排名前三的依然是中国人民保险、平安保险、太平洋保险，占据约2/3的市场份额，规模在100亿元以上的保险公司共占据85%的市场份额，而其余的几十家中外资保险公司总共市场份额之和仅为15%。

（2）新进入的竞争者，随着车险市场开放程度的提高，行业内不断有新进入的车险公司想要从中分得一份"蛋糕"。众所周知，竞争战略中提到，为了在新入的市场内站稳脚跟，新入者为了获得优质的客户资源和保费，会采取低价优惠方式吸引客户投保，进而加剧市场竞争。而市场内原有保险公司为留住客户，保住已有市场份额，只得被动采取跟进策略。新进入者会造成渠道维护费用不断上升，运营成本居高不下的局面。

（3）从最近几年行业数据来看，大多数行业内中小保险公司承保亏损，仅有少数几家市场主体地位的大保险公司盈利，行业的持续健康发展面临严峻考验。

### 4.2.5 总评

通过分析，我们看出 LB 保险有限公司有着良好的国际经验和对保险风险良好的把控和精算能力以及人才储备，并且通过数年的管理和努力，有着良好的业务品质结构，得益于此，LB 保险有限公司实现盈利，综合成本和赔付率低于市场平均，使得 LB 保险有限公司拥有具有市场竞争力的佣金率优势。同时，LB 保险有限公司存在知名度不高、理赔网络服务不一致、分支机构数量较少的劣势。面对国家促进保险业发展的"新国十条"、汽车购置税优惠、车辆商业险费改和互联网技术革命带来的机会时，LB 保险有限公司应当利用机遇，搭建网络销售平台，并充分利用新技术促进综合成本及赔付率低的优势扩大，同时用好佣金手续费高的优势扩大市场规模；有效应对行业内"老三家"垄断、行业新进者的竞争威胁和行业内其他中小保险公司亏损所带来的威胁。具体而言，目标市场细分，产品创新，渠道创新，服务创新，在同一化市场竞争中实施差异化竞争策略是最优选择。

## 5 提升 LB 保险公司车险的营销策略

### 5.1 LB 保险公司车险营销 STP 分析

#### 5.1.1 车险业务细分

市场细分即根据客户的潜在需要、购买偏好、使用习惯等因素，通过市场调研等手段将某种产品的市场整体细化为若干差别市场的过程。各个差别市场都是由拥有类似需求倾向的客户组成。

企业通过做市场细分有助于其发现开拓新的市场、合理配置资源、制定和调整营销策略，从而提高营销过程中的效率，最终实现获取利润的目标。

（1）人口细分。

2014 年重庆户籍总人口 3375.20 万人，常住人口 2991.40 万人。其中，城镇人口 1783.01 万人，城镇化率 59.6%。在全市常住人口中，0～14 岁人口占 16.43%；15～64 岁人口占 71.56%；65 岁及以上人口占 12.01%。

该数据表明，重庆市中青年占人口总数的大多数，呈菱形状态，利于社会经济的可持续发展，且在未来有良好的消费基础和能力。

（2）地理细分。

都市功能核心区（渝中区全域和江北区、南岸区、九龙坡区、大渡口区、沙坪坝区 5 区处于内环以内的区域，约 294 平方公里）：城镇化率 99.85%，常住人口 367.76 万人，占全市常住人口的 12.3%。

都市功能拓展区（包括江北区、南岸区、九龙坡区、大渡口区、沙坪坝区处于内环以外的区域以及巴南区全域、渝北区、北碚区，约 5179 平方公里）：城镇化率 78.70%，常住人口 451.22 万人，比 2013 年增长 2.2%，占全市常住人口的 15.1%。

从地理分布上看，重庆主城及周边区域常住人口达近 800 万人，其中都市核心区城镇化率较高，通常来说，城镇化率与经济发达程度成正比，代表该区域商业繁荣，进而会产生规避风险需求，有较好的保险意识。

（3）消费者心理细分。

据 2014 年重庆统计年鉴，每 10 万人中受教育程度人数：大专及以上人数为 8478 人。随着"80 后""90 后"步入社会并逐渐成为社会建设的中坚力量，全社会消费意识和消费心理都处于先进地位，与此同时随着收入逐年提高，在国内 36 个大中型城市居民生活质量排名上重庆位居前列。

支付宝账单数据显示，重庆 2014 年人均支付金额为 15954 元，排名第 10。2015 年重庆人均网上支付金额 38465 元，在全国省市排名第 14。2015 年重庆移动支付笔数占整体比例高达 65%。2014 年这个数字是 49.3%，比上年增长 15.8 个百分点。

在领先的消费观念的指引下，重庆市民的消费行为也可以用"爱吃、敢穿、品住、乐行、疯玩"来概括其特征。

（4）行为细分。

伴随重庆市政府积极推进以保障和改善民生为重点的社会建设，民生政策惠及面逐步扩大，社会保障制度和相关政策逐步完善，由物价、房价等引起的生活压力得到了很大程度的缓解，居民生活品质取得了稳步改善，消费结构出现明显变化，食品、住房、医疗类消费占比下滑，交通（汽车）、其他商品服务、休闲娱乐消费占比出现明显提升，居民在休闲、享受类消费比重逐年增加（见表 7）。数据显示，在重庆市主城居民家庭日常消费中，2014 年食品、居住、交通（汽车）和衣着服装类消费是居民的三大主要开支，其占比分别为 34.5%、19.26%、10.99%、10.27%。休闲娱乐服务支出稳步增长，旅游消费占文化娱乐服务消费的比重越来越大。

表 7　　2013~2014 年重庆市居民可支配收入及消费结构

| 项目 | 2014 年 | | 2013 年 | |
| --- | --- | --- | --- | --- |
| | 1~4 季度（元） | 所占比重（%） | 1~4 季度（元） | 所占比重（%） |
| 人均可支配收入 | 25147 | | 22968 | |
| 人均生活消费支出 | 18279 | | 17814 | |
| 食品烟酒 | 6308 | 34.5 | 7245 | 40.67 |
| 衣着 | 1878 | 10.27 | 2334 | 13.1 |
| 居住 | 3521 | 19.26 | 1376 | 7.72 |
| 生活用品及服务 | 1293 | 7.07 | 1326 | 7.44 |
| 交通通信 | 2010 | 10.99 | 1976 | 11.09 |
| 教育文化娱乐 | 1714 | 9.37 | 1723 | 9.67 |
| 医疗保健 | 1188 | 6.47 | 1245 | 6.98 |
| 其他用品和服务 | 369 | 2.01 | 589 | 3.3 |

资料来源：重庆市统计局。

(5) 自身业务结构分析。

按新车购置价格分类，如表 8 数据显示，2015 年 LB 保险有限公司已有签单标的车辆 46636 件，平均佣金 25%，平均赔付 45%，其中 10 万～15 万元，15 万～20 万元，20 万～30 万元 3 个购置价区间件数占比接近 50%，并且保费贡献占比近 40%，赔付率都在 45% 左右，加之边际成本最低，其中又以 20 万～30 万元区间的车辆签单保费相对贡献最大。综合签单占比和签单保费贡献占比，尽管购置价 5 万～10 万元标的车辆，签单占比辆为 24.5%，但是其保费签单贡献占比略低，所以，LB 保险公司应优选标的价值 10 万～15 万元，15 万～20 万元，20 万～30 万元车辆的市场细分目标。

按车型品牌分类，我国汽车市场已由最初的简单、选择面少的卖方市场，逐步转为市场供应充足、选择面多而广、国产合资进口品牌多样化、竞争白热化的成熟市场。由于不同车型品牌的受众群体有着不同的年龄、教育、生活、工作背景，所以造就了不同的客户购买动机、决策心理。进而又形成了各个车型品牌车主不同的用车和驾驶习惯，导致各个车型品牌的不近相同的赔付和佣金政策。通过对表 9 的分析，发现表中字体加粗的品牌车型，其赔付加佣金综合成本率相对较为理想，低于 70% 标准，并且单一品牌市场保有量都相对较大，车主对 LB 保险公司接受度高，各对应品牌 LB 保险公司承保台数都大于 1000 台，为进一步市场细分目标打下基础。

### 5.1.2 车险业务目标市场选择与定位

在多年的一线销售与渠道服务中我们深知客户服务与客户需求对车险营销的重要性，同时该准则也对公司制定各项核保、理赔及激励政策有较大的影响及作用。车险业务在销售过程中一定要准确地弄清客户需求，才能找出最适合的投保组合方案，同时发现最适合企业发展的目标客户。

从上述市场细分可以看出，重庆主城及周边区域城镇化率高，商业经济发达，拥有消费能力的适龄群体占比大，交通消费在居民日常消费中排名第三。另外，随着全民受高等教育的普及率普遍提高，特别是 20 世纪 90 年代高考扩招后受益的"80 后""90 后"步入社会，逐渐成为我国经济及社会建设的中坚力量，他们的消费习惯有较大改变，有较为领先的消费意识和消费行为，不再认可传统原有的陈旧的观念，对新的消费模式接受度高，重视客户体验，认可网络营销、电话营销、在线支付等方式，这为 LB 保险公司车险营销目标市场指明了方向。

因此，LB 保险公司车险营销主要的人群目标市场为：主城区及周边拥有私家车的"80 后""90 后"消费者，细分到标的物购置价又为 10 万～15 万元、15 万～20 万元、20 万～30 万元的目标（见表 8），品牌为别克、奥迪、丰田、福特、进口奔驰、吉普等车型（表 9 中加粗部分数据）。综合本文对公司发展环境的分析，将 LB 保险公司车险营销的定位确定为：以先进的国际理念结合本地实际情况，凭借 LB 保险互助集团百年历史和传承的国际品牌，充分利用公司的领先的网络系统平台及各种资源，以主城区及周边拥有私家车的"80 后""90 后"年轻车主为主，重点对车型为

表8 2015年LB保险公司承保保型车型分布

| 新车购置价分段(元) | 再保前已赚保费(元) | 折扣率(%) | 单车均价(元) | 险种签单数(件) | 赔款金额(元) | 佣金率(%) | 赔案件数(件) | 出险频度(%) | 案均赔款(元) | 赔付率(%) | 单车均保费(元) | 边际成本(%) | 签单数量占比(%) | 签单保费贡献占比(%) |
|---|---|---|---|---|---|---|---|---|---|---|---|---|---|---|
| 0~5万 | 6246633 | 69.54 | 35833 | 3425 | 2727215 | 27.26 | 893 | 32.35 | 3054 | 43.66 | 2143 | 70.92 | 7.34 | 2.79 |
| 5万~10万 | 30885544 | 73.02 | 72072 | 11434 | 14026709 | 25.99 | 4575 | 44.59 | 3066 | 45.42 | 2870 | 71.40 | 24.51 | 13.80 |
| 10万~15万 | 42632817 | 75.21 | 113578 | 11878 | 18815497 | 25.24 | 6097 | 54.10 | 3086 | 44.13 | 3605 | 69.37 | 25.46 | 19.05 |
| 15万~20万 | 22178655 | 73.70 | 160659 | 5338 | 9856796 | 25.92 | 2704 | 52.88 | 3645 | 44.44 | 4110 | 70.37 | 11.44 | 9.91 |
| 20万~30万 | 30567303 | 73.90 | 217576 | 5957 | 13462104 | 25.60 | 2921 | 50.94 | 4609 | 44.04 | 5012 | 69.64 | 12.77 | 13.66 |
| 30万~40万 | 21725945 | 74.74 | 315609 | 3412 | 12071584 | 25.10 | 1654 | 53.34 | 7298 | 55.56 | 6703 | 80.67 | 7.31 | 9.71 |
| 40万~50万 | 15515477 | 74.61 | 367472 | 1484 | 7887601 | 25.41 | 988 | 54.74 | 7983 | 50.84 | 7593 | 76.25 | 3.18 | 6.93 |
| 50万~60万 | 7548681 | 74.24 | 474050 | 794 | 3751178 | 26.05 | 398 | 51.23 | 9425 | 49.69 | 8828 | 75.75 | 1.70 | 3.37 |
| 60万~80万 | 18243745 | 71.87 | 610261 | 1523 | 9467052 | 26.00 | 798 | 49.30 | 11863 | 51.89 | 10315 | 77.89 | 3.26 | 8.15 |
| 80万~100万 | 13162525 | 72.30 | 757821 | 847 | 6110341 | 26.25 | 494 | 53.66 | 12369 | 46.42 | 12723 | 72.67 | 1.82 | 5.88 |
| 100万~150万 | 11271242 | 74.55 | 1041485 | 440 | 3116431 | 27.24 | 304 | 52.21 | 10251 | 27.65 | 17350 | 54.89 | 0.94 | 5.04 |
| 150万~200万 | 3100567 | 71.79 | 1306192 | 104 | 479717 | 26.81 | 43 | 34.63 | 11156 | 15.47 | 20949 | 42.28 | 0.22 | 1.39 |
| 合计 | 223079134 | 73.73 | 193414 | 46636 | 101772225 | 25.77 | 21869 | 49.61 | 4653 | 45.46 | 4559 | 71.24 | | |

资料来源：LB公司市场部。

表9　2015年LB保险公司各品牌承保车型综合成本

| 车型 | 签单数（件） | 保费收入（元） | 单车均价（元） | INCLOSS | 赔案数（件） | Severity | Comm Ratio（%） | 折扣率（%） | Loss Ratio（%） | 综合赔付率（%） | Comm Ratio + Loss Ratio（%） |
|---|---|---|---|---|---|---|---|---|---|---|---|
| 合资车 | | | | | | | | | | | |
| 奥迪 | 2854 | 9783863 | 297969 | 5235440 | 1026 | 5103 | 21.2 | 74.1 | 46.4 | 47.5 | 67.6 |
| 宝马 | 1838 | 7904048 | 313109 | 4606721 | 598 | 7704 | 22.6 | 79.9 | 58.7 | 60.5 | 81.3 |
| 本田 | 3335 | 7575228 | 151967 | 4302105 | 947 | 4543 | 19.3 | 73.6 | 61.9 | 64.4 | 81.2 |
| 标致 | 1183 | 2340137 | 100219 | 1236427 | 484 | 2555 | 20.8 | 74.3 | 45.6 | 46.1 | 66.3 |
| 别克 | 3686 | 8687458 | 154506 | 4233285 | 1566 | 2703 | 21.0 | 75.6 | 39.2 | 39.9 | 60.2 |
| 大众 | 7592 | 17194416 | 138867 | 6217744 | 2158 | 2881 | 21.3 | 75.6 | 36.3 | 38.0 | 57.5 |
| 菲亚特 | 2455 | 5873038 | 113147 | 2800723 | 1222 | 2292 | 16.4 | 80.9 | 45.3 | 47.0 | 61.7 |
| 丰田 | 3118 | 7846416 | 18618 | 3163301 | 933 | 3390 | 21.7 | 74.0 | 42.2 | 43.7 | 63.9 |
| 福特 | 5873 | 13369659 | 128553 | 5645835 | 1986 | 2843 | 21.4 | 76.0 | 41.8 | 43.5 | 63.2 |
| 铃木 | 569 | 911546 | 64262 | 475386 | 178 | 2671 | 19.8 | 72.4 | 42.9 | 44.6 | 62.7 |
| 马自达 | 1886 | 4394925 | 131016 | 1852839 | 632 | 2932 | 21.7 | 77.6 | 48.6 | 51.9 | 70.3 |
| 梅赛德斯 | 1294 | 5350471 | 314390 | 4353597 | 488 | 8921 | 21.8 | 77.8 | 73.6 | 74.2 | 95.3 |
| 起亚 | 2404 | 5001917 | 107925 | 2766602 | 696 | 3975 | 20.8 | 75.4 | 56.7 | 58.2 | 77.4 |
| 日产 | 2470 | 5470187 | 139917 | 1574862 | 568 | 2773 | 21.6 | 73.1 | 35.5 | 37.9 | 57.0 |
| 三菱 | 931 | 2480048 | 155297 | 1491447 | 291 | 5125 | 16.9 | 79.8 | 67.4 | 72.7 | 84.3 |
| 斯柯达 | 1450 | 3397065 | 119503 | 1312049 | 397 | 3305 | 21.5 | 80.6 | 48.1 | 51.7 | 69.6 |
| 现代 | 3625 | 8330450 | 119039 | 4433675 | 1200 | 3695 | 21.4 | 78.5 | 52.4 | 54.7 | 73.8 |
| 雪佛兰 | 1990 | 4068667 | 106823 | 2223406 | 613 | 3627 | 20.3 | 74.8 | 54.5 | 55.4 | 74.8 |
| 雪铁龙 | 1607 | 3428348 | 114188 | 2298757 | 532 | 4321 | 19.6 | 77.1 | 65.9 | 67.4 | 85.5 |
| 小计 | 50160 | 123407887 | 157178 | 60224201 | 16515 | 3663 | 20.9 | 76.3 | 48.1 | 49.9 | 69.1 |

续表

| 车型 | 签单数（件） | 保费收入（元） | 单车均价（元） | INCLOSS | 赔案数（件） | Severity | Comm Ratio (%) | 折扣率 (%) | Loss Ratio (%) | 综合赔付率 (%) | Comm Ratio + Loss Ratio (%) |
|---|---|---|---|---|---|---|---|---|---|---|---|
| 进口车 | | | | | | | | | | | |
| 奥迪 | 688 | 3584194 | 576767 | 2292802 | 227 | 10100 | 22.7 | 72.0 | 53.1 | 53.5 | 75.8 |
| 宝马 | 2255 | 11208092 | 517748 | 7247230 | 695 | 10428 | 24.2 | 74.1 | 56.4 | 56.8 | 80.6 |
| 保时捷 | 965 | 7480361 | 862302 | 4589883 | 350 | 13114 | 24.0 | 74.2 | 48.8 | 49.3 | 72.9 |
| 大众 | 1346 | 4974304 | 364590 | 3316344 | 390 | 8503 | 22.6 | 72.2 | 59.8 | 60.0 | 82.4 |
| 丰田 | 689 | 3146616 | 425327 | 1352914 | 187 | 7235 | 25.8 | 77.6 | 40.1 | 40.7 | 65.9 |
| 吉普 | 1184 | 4575391 | 312639 | 1811413 | 336 | 5391 | 23.3 | 76.4 | 34.8 | 37.7 | 58.1 |
| 雷克萨斯 | 1285 | 5498627 | 424591 | 2403473 | 434 | 5538 | 20.9 | 74.6 | 50.0 | 51.5 | 70.9 |
| 路虎 | 1058 | 6450018 | 682407 | 2953825 | 368 | 8027 | 25.6 | 71.7 | 33.2 | 32.6 | 58.8 |
| 梅赛德斯 | 1977 | 12222026 | 663855 | 4336636 | 525 | 8260 | 24.4 | 73.6 | 33.2 | 33.1 | 57.6 |
| 起亚 | 523 | 1568281 | 212509 | 525908 | 151 | 3483 | 19.8 | 77.6 | 35.5 | 37.8 | 55.4 |
| 英菲尼迪 | 824 | 3719623 | 407804 | 2797643 | 335 | 8351 | 22.9 | 76.2 | 60.5 | 61.8 | 83.5 |
| 合计 | 12794 | 64425733 | 473754 | 33628071 | 3998 | 8022 | 23.6 | 74.0 | 46.2 | 46.9 | 69.9 |

资料来源：LB 公司市场部。

10万~15万元、15万~20万元、20万~30万元的目标客户群,开发个性化产品,树立产品品牌形象,稳扎稳打,确保公司在本地车险市场已有地位,并且不断扩大车险市场份额。

## 5.2 LB保险公司车险营销的7PS

### 5.2.1 车险业务产品的策略

保险公司产品是虚拟的,它是公司市场定位、精算、理赔、技术能力,服务保障的综合体现,反映了保险公司的综合实力也体现了该区域市场化的程度。因此,良好的产品以及良好的产品品牌,既是提升保险公司竞争力的重要因素,也是提高保费收入的前提。LB保险公司应着手做好产品创新、推动品牌建设和产品混搭方面的工作。

产品创新是保险业务的起源,竞争者的加入类似产品和替代产品的迅速涌现,加剧了竞争的白热化,使得市场同一化加深,同时也使机动车保险产品的生命周期缩短,要想在激烈的市场竞争中保持领先甚至扩大份额,财产险公司必须进行产品创新。有效的金融产品开发和产品创新是保险公司生存和发展的基石。LB保险公司可以充分利用我国当前数字化、信息化、大数据浪潮给我们日常生活中带来的便利,着手考虑充分发挥互联网革命,依托物联网和车联网,搭建平台。尝试里程保险的试水,即根据客户每年实际行驶的里程数推出综合类似现有条款中车损、三者、盗抢等险种的综合保险产品,满足不同客户需求,做到开多远的里程,花多少钱的保费。

产品品牌建设方面,目前国内保险市场中的保险产品琳琅满目,但是为市场和客户接受及为其公司创造持续利润的产品不多。保险产品缺乏有效性和针对性。财产保险公司的主要关注和竞争,仍然集中在车险产品上。

LB保险公司经过数十年发展,取得一定成就,良好的服务和外资背景使得公司在车险市场上有一定的口碑和声誉,但相比中资财险公司仍有一定不足,但是可以通过差异化竞争战略实现。产品品牌差异化竞争,可弥补一定不足,异军突起。当前,在国内寿险市场中,已经有诸如:平安人寿的"平安福"、新华人寿的"安心宝贝"等寿险产品,形成了一定品牌和口碑,类似产品通过品牌的差异化和针对性吸引客户。但是在财险市场特别是车险市场上,尚未见到有特色的品牌产品。

通过对有不同需求的客户群体,针对其需求对车险产品中的一个或多个特点,在营销过程中对其宣传引导,找到契合点,使客户接受,形成口碑;并且推动其他相关的车险品牌建设工作的进行,最终形成车险品牌。这样,就能够有效改变目前保险代理人在竞争中使用返佣、变相打折等简单粗放的杀价模式,发展出新的良性竞争路线。LB保险公司应紧盯目标客户和市场,做好客户引导工作,避免恶性的低价竞争,区别其他车险产品,加速公司业务健康发展。

最后,LB保险公司应推动产品的混搭。凯文·凯利在《必然》中提到:对已有事物的重新利用和排列，创造出新事物。LB保险公司也需要梳理产品线，将已有的产品进行混搭，提升现有车险产品的竞争力。将公司非车险产品商旅无忧和新推出的乘坐补充险安行天下，与车险产品进行搭配，提升竞争力。产品混搭能够取长补短，有效解决目前车险产品中乘坐险保障额度低，以及费用厘定不太合理的的问题。

### 5.2.2 车险业务价格的策略

2015年6月起在重庆试行车险费改，使用新的车险计费政策，新政策的关键计费标准是以出现理赔的次数决定保费的价格。新政的优势在于，开车安全且无理赔记录的车主将获得更多折扣实惠，但是对于大多数车主来说，理赔在所难免。也就是说新政将对出险次数多的车加大上浮比例，特别是对于占大多数的每年出险在1~2次的车主来说，相比费改后新政策，价格会有所增加。但是这改变了过去有赔与无赔车主在续保时保费差距不大的情况。新政策目的其实是在于提高车主安全意识，同时间接提高有赔车主的续保保费，给财产险保险公司提供保费充足的机会。其具体计算公式如下：

$$商业车险保费 = 基准纯风险保费 / (1 - 附加费用率) \times NCD系数 \times 自主核保系数 \times 自主渠道系数$$

（1）"基准纯风险保费"改革后由中国保险行业协会统一制定、颁布并定期更新，不同保险公司间没有差异。

（2）"附加费用率"由各保险公司自主报送，原则上应根据各公司最近三年商业车险实际费用水平各自确定，但同一公司的各试点机构报送的附加费用率需一致。

（3）自主核保系数和自主渠道系数均由各保险公司自主报送给中保协，取值范围均为0.85~1.15。

（4）NCD系数即"无赔款优待"系数，根据标的车辆往年商业险出险次数，由行业平台自动返回数值（见表10），保险公司据实使用，无法调整，取值范围0.6~2.0。

表10　　　　　　　　　　NCD（上年无赔）优待系数

| | | |
|---|---|---|
| 上年理赔次数及上浮比例 | 1次 | 25% |
| | 2次 | 50% |
| | 3次 | 75% |
| | 4次 | 100% |
| | 5次 | 125% |
| 无赔年限及折扣 | 上年无理赔 | 85折 |
| | 连续两年未出险 | 7折 |
| | 连续两年未出险 | 6折 |

具体来说，例如，某客户在LB保险公司投保，如果连续两年未出险理赔，保费折扣系数最低可低至5折，连续三年未出险保费可低至4.3折（见表11）。反之如果1年出现1次，次年续保时，已无法享受保费打折优惠。

**表 11　LB 保险公司费改后各等级佣金折扣组合**

| C1 0.9 | 地板价佣金15%（简称A） | | | A+1% | | A+2% | | A+3% | | A+4% | | A+5% | | A+6% | | A+7% | | A+8% | | A+9% | |
|---|---|---|---|---|---|---|---|---|---|---|---|---|---|---|---|---|---|---|---|---|---|
| 业务类型 | 核保系数 | NCD | 渠道系数 | 三者乘积 | 渠道系数 | 三者乘积 | 渠道系数 | 三者乘积 | 渠道系数 | 三者乘积 | 渠道系数 | 三者乘积 | 渠道系数 | 三者乘积 | 渠道系数 | 三者乘积 | 渠道系数 | 三者乘积 | 渠道系数 | 三者乘积 | 渠道系数 | 三者乘积 |
| 新车 | 0.85 | 0.00 | 0.85 | 0.72 | 0.87 | 0.74 | 0.90 | 0.77 | 0.93 | 0.79 | 0.95 | 0.81 | 0.98 | 0.83 | 1.01 | 0.86 | 1.04 | 0.88 | 1.06 | 0.90 | 1.08 | 0.92 |
| 过户车 | 1.15 | 0.00 | 0.85 | 0.98 | 0.87 | 1.00 | 0.90 | 1.04 | 0.93 | 1.07 | 0.95 | 1.09 | 0.98 | 1.13 | 1.01 | 1.16 | 1.04 | 1.20 | 1.06 | 1.22 | 1.08 | 1.24 |
| 脱保车 | 1.15 | 0.00 | 0.85 | 0.98 | 0.87 | 1.00 | 0.90 | 1.04 | 0.93 | 1.07 | 0.95 | 1.09 | 0.98 | 1.13 | 1.01 | 1.16 | 1.04 | 1.20 | 1.06 | 1.22 | 1.08 | 1.24 |
| 出险1次 | 0.85 | 0.00 | 0.85 | 0.72 | 0.87 | 0.74 | 0.90 | 0.77 | 0.93 | 0.79 | 0.95 | 0.81 | 0.98 | 0.83 | 1.01 | 0.86 | 1.04 | 0.88 | 1.06 | 0.90 | 1.08 | 0.92 |
| 出险2次 | 0.85 | 1.25 | 0.85 | 0.90 | 0.87 | 0.92 | 0.90 | 0.96 | 0.93 | 0.99 | 0.95 | 1.01 | 0.98 | 1.04 | 1.01 | 1.07 | 1.04 | 1.11 | 1.06 | 1.13 | 1.08 | 1.15 |
| 出险3次 | 0.85 | 1.50 | 0.85 | 1.08 | 0.87 | 1.11 | 0.90 | 1.15 | 0.93 | 1.19 | 0.95 | 1.21 | 0.98 | 1.25 | 1.01 | 1.29 | 1.04 | 1.33 | 1.06 | 1.35 | 1.08 | 1.38 |
| 出险4次 | 0.85 | 0.75 | 0.85 | 1.26 | 0.87 | 1.29 | 0.90 | 1.34 | 0.93 | 1.38 | 0.95 | 1.41 | 0.98 | 1.46 | 1.01 | 1.50 | 1.04 | 1.55 | 1.06 | 1.58 | 1.08 | 1.61 |
| 出险5次及以上 | 0.85 | 2.00 | 0.85 | 1.45 | 0.87 | 1.48 | 0.90 | 1.53 | 0.93 | 1.58 | 0.95 | 1.62 | 0.98 | 1.67 | 1.01 | 1.72 | 1.04 | 1.77 | 1.06 | 1.80 | 1.08 | 1.84 |
| 上年无理赔 | 0.85 | 0.85 | 0.85 | 0.61 | 0.87 | 0.63 | 0.90 | 0.65 | 0.93 | 0.67 | 0.95 | 0.69 | 0.98 | 0.71 | 1.01 | 0.73 | 1.04 | 0.75 | 1.06 | 0.77 | 1.08 | 0.78 |
| 连续两年无理赔 | 0.85 | 0.70 | 0.85 | 0.51 | 0.87 | 0.52 | 0.90 | 0.54 | 0.93 | 0.55 | 0.95 | 0.57 | 0.98 | 0.58 | 1.01 | 0.60 | 1.04 | 0.62 | 1.06 | 0.63 | 1.08 | 0.64 |
| 连续三年无理赔 | 0.85 | 0.60 | 0.85 | 0.43 | 0.87 | 0.44 | 0.90 | 0.46 | 0.93 | 0.47 | 0.95 | 0.48 | 0.98 | 0.50 | 1.01 | 0.52 | 1.04 | 0.53 | 1.06 | 0.54 | 1.08 | 0.55 |
| 其他 | 0.85 | 1.00 | 0.85 | 0.72 | 0.87 | 0.74 | 0.90 | 0.77 | 0.93 | 0.79 | 0.95 | 0.81 | 0.98 | 0.83 | 1.01 | 0.86 | 1.04 | 0.88 | 1.06 | 0.90 | 1.08 | 0.92 |
| 总计 | | 0.00 | 0.85 | 0.00 | 0.87 | 0.00 | 0.90 | 0.00 | 0.93 | 0.00 | 0.95 | 0.00 | 0.98 | 0.00 | 1.01 | 0.00 | 1.04 | 0.00 | 1.06 | 0.00 | 1.08 | 0.00 |

因此，费改后保费折扣优待系数及费率不再由行业协会统一指导，而需要保险公司根据自身经营情况以及客户出险记录和车型基准纯风险保费、渠道系数等诸多因子共同决定。这对各个财险公司的精算能力提出了更高的要求，其一，保险公司在选择客户时应选择赔付较好车型以及有良好驾驶记录的车辆。其二，客户在选择保险公司的时候也会出现之前没有的情况，如自己习惯投保的保险公司不一定是价格最便宜的那家，而能够提供最优服务的保险公司不一定是价格最贵的。从而促进市场由单一的价格战向多元化竞争转型，促进良性市场循环。

随着费改的进一步深入，车险市场对保险公司价格厘定要求会越来越高，LB保险公司应学习借鉴欧美车险市场发展经验，综合考虑多种定价因素，逐步推行价格从人的制定原则，对车主驾驶经验、违章记录、学历高低、年龄大小、车辆用途、结婚与否、居住区域、职业特点等影响开车风险的重要指标的分析，厘定多样化的自主核保系数，配置相应的折扣系数以及佣金政策，匹配市场细分目标，从价格上吸引优质客户，保障公司盈利目标，同时扩大保费收入。

### 5.2.3 车险业务渠道的策略

营销渠道是指能够实现产品最终实现销售的终端组织和机构，但却不是产品的原始提供方，具有不同的职能，它们是相互依存的利益共同体。在保险行业，渠道一般经营一个或者多个保险公司产品，提供综合性的保险服务。营销渠道的选择决定保险公司类型，是保险公司管理者重要的决策。同理，营销渠道的多寡、优劣决定了保险公司在市场竞争中的地位和同业竞争中的领先与否。简而言之，谁有更多更好的渠道，谁获得渠道的支持力度更大，谁就是竞争的胜出者。即行业中常说的"渠道为王"。

LB保险公司当前保费来源的渠道主要有：专业代理及经纪渠道、车商渠道、个人代理渠道、银保渠道以及担保渠道。如本文之前所叙述的LB保险公司的保费占比结构，专业代理及经纪渠道是公司目前保费来源的重点机构；其次车商部是传统阵地。而网络和电话销售渠道作为快速发展的营销渠道以及未来趋势，对实现公司未来发展和稳定有重要贡献。故重点讨论以下三种营销渠道的建设问题。

（1）继续保持和维护代理和担保渠道保费的稳定。

专业代理及经纪渠道是指保险公司将开发的产品委托专业保险经纪公司和保险代理公司进行销售的渠道。近几年汽车按揭消费方式被人们接受，各类银行及担保公司如同雨后春笋般地出现在市场上参与市场竞争，因客户资质的不同，各担保公司在承接客户担保业务时各显神通，对客户的投保公司有绝对话语权，而决定这一因素的就是佣金费用，公司可充分利用灵活多变的竞争策略和中小保险公司相对经营成本较低的优势，在担保业务市场上获取更大份额。另外代理渠道也是佣金为王的市场，同样可采取佣金优势获取保费来源，以此保障相应市场份额。

（2）加强深化车商渠道合作深度和广度，实现共赢。

车商渠道的出现是伴随着社会经济不断发展以及国内商品车销售体系的特有模式

出现的。伴随销售的 4S 店数量不断增加，同时 4S 店经过多年的经营和服务提升，已经成为车辆销售的重要渠道。4S 店凭借规模优势，店面占地较大，给予客户资金可靠、信赖度高的感觉，其次内部设施较好，特别是豪华车品牌的全国统一服务的标准，给到店客户奢华舒适的感觉，满足我国客户面子消费心理。另外，4S 提供综合服务，汽车的维修、保养完成方便快捷。一旦发生保险事故，还可由 4S 店代办保险索赔。4S 经销商接受对应品牌厂家全国统一的管理标准，提供一致的标准高水平维修和服务，加之社会综合修理厂暂时落后的维修服务水平，导致大部分客户愿意在 4S 店对自己的爱车实现综合全套的消费服务。随着近年来 4S 店间竞争越发激烈，单纯的销售汽车的利润逐年下降，为了锁定维修车辆返厂，增加保费佣金收入的需求，给保险公司提供了很好的契机。同时，4S 店经销商为了二次销售和续保，成立了车友俱乐部，掌握大量客户资料的信息库。4S 经销商渠道发展车险业务已成为共识，在未来还将是一种重要的渠道和手段。从现状上看，车商渠道还存在管理方式过于单一、激励政策措施不完备等问题。要想取得长足发展，除了投入人力、物力、财力加大车商开拓力度，增派驻点人员深挖合作深度以外，更关键的是实现质量和产量的平衡发展，实行精细化管理。

4S 经销商以下三项对应利润比为整车销售利润：汽车配件：汽车维修 = 2：1：4，由此可见，维修利润是 4S 店的重要收入来源，很多 4S 店采取了新车保费按占比分配的模式，而占比则取决于上月或者上季度该保险公司对其店的送维修支持力度来决定。具体计算方法如下：假设 A 保险公司送修结算 100 万元，B 保险公司送修产值 70 万元，C 保险公司 30 万元，LB 保险公司送修 50 万元，则 LB 保险公司次月占比为：50/（100 + 70 + 30 + 50）= 20%，即次月如果新车保费为 100 万元，则 LB 保险公司分得保费 20 万元（不含二次购买保险，即续转保），而送投比为 2.5。

针对这一特点，LB 保险公司应该充分利用好自身维修资源，建立起动态的点对点送修机制，摒弃传统粗放的送返修模式，建立专人专线一一对应，加大优质渠道支持力度，淘汰低产高赔付的合作渠道，实现有效益的增长。

（3）全力应对新技术产生的变革对传统模式的冲击，积极开展网络和电话销售渠道建设。

此销售渠道的建设是 LB 保险公司未来几年的重点工作，在未来的 3 ~ 5 年中，逐步实现网络电话销售渠道的保费收入占总保费收入 10% 的目标。伴随智能手机 iPhone、Andriod 终端的普及率迅速上升，以及国内的网络升级提速换代，通过手机移动终端安装淘宝、QQ、sina 微博、微信、支付宝等 App 正逐步颠覆我们的传统生活方式，带来全新的客户体验和全新的购买模式。LB 保险公司除了应将车险产品实现线上销售外，还应开发专门针对网络平台销售的车险产品，并且开发具有比价、购买、报案、索赔与一体的移动应用，抢占市场，锁定目标。

LB 保险公司应当对各个渠道精细化管理，根据渠道年保费规模、赔付率和送投比等综合因素对渠道实施分级。在此过程中，建立完善相关渠道核算制度，依据保费规模、报立案数量、签单数量、业务品质、赔付率等指标对各个渠道承保利润和综合贡献进行核算，然后按照核算情况对其进行分级管理（见表12）。淘汰落后合作渠道，加深优质渠道的合作力度和支持。

表12　　　　　　　　LB 保险公司费改后渠道分级折扣组合

| 渠道类型 | | 渠道类型系数 | 客户代码 | 佣金基准值 | 佣金基准系数 | 逐单佣金系数 |
|---|---|---|---|---|---|---|
| A 类 | A1 | 0.70 | ALL（所有A1） | | 0.85 | 系数2下调0.01；每上升一个点，系数2上涨0.03 |
| | | | | | | 计算逻辑同上 |
| | | | | | | 计算逻辑同上 |
| | | | | | | 计算逻辑同上 |
| | A2 | 0.75 | | | | 计算逻辑同上 |
| | A3 | 0.80 | | | | 计算逻辑同上 |
| | A4 | 0.85 | | | | 计算逻辑同上 |
| | A5 | 0.90 | | | | 计算逻辑同上 |
| B 类 | B1 | 0.80 | ALL（所有B1） | | 0.85 | 计算逻辑同上 |
| | B2 | 0.85 | | | | 计算逻辑同上 |
| | B3 | 0.90 | | | | 计算逻辑同上 |
| | B4 | 0.95 | | | | 计算逻辑同上 |
| | B5 | 1.00 | | | | 计算逻辑同上 |
| C 类 | C1 | 0.90 | ALL（所有C1） | | 0.85 | 计算逻辑同上 |
| | C2 | 0.95 | | | | 计算逻辑同上 |
| | C3 | 1.00 | | | | 计算逻辑同上 |
| | C4 | 1.05 | | | | 计算逻辑同上 |
| | C5 | 1.10 | | | | 计算逻辑同上 |
| D 类 | D1 | 1.00 | ALL（所有D1） | | 0.85 | 计算逻辑同上 |
| | D2 | 1.05 | | | | 计算逻辑同上 |
| | D3 | 1.10 | | | | 计算逻辑同上 |
| | D4 | 1.15 | | | | 计算逻辑同上 |
| | D5 | 1.20 | | | | 计算逻辑同上 |

同时，LB 保险公司因根据不同渠道业务来源，赔付率、佣金率结合送修、送投比等因素，实现差异化配置佣金政策，激励方案（见表13和图9）。

表13　　　　　　　LB 保险公司渠道分级后各渠道调整佣金

| 核保政策 | 商业险赔付（%） | 原佣金率（%） | 调增佣金率（%） |
|---|---|---|---|
| 单三者 | 35 | 25 | 17 |
| 2次出险 | 38 | 25 | 13 |
| 非送修新车 | 48 | 23 | 7 |
| 核心渠道旧车 | 49 | 28 | 2 |
| 担保新车 | 43 | 30 | 7 |
| 重点车行 | 48 | 25 | 8 |
| 其他 | 54 | 25 | |
| 事业部 | 48 | 25 | 7 |

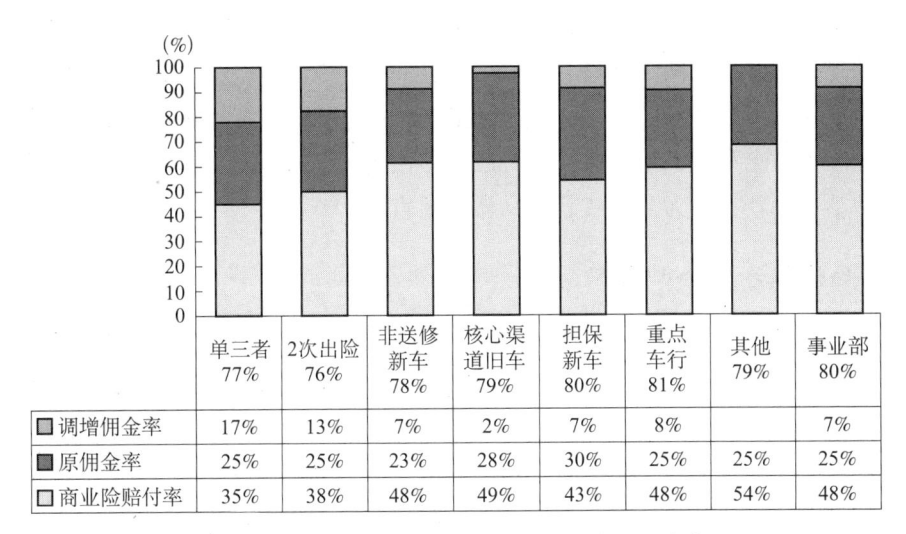

|  | 单三者 77% | 2次出险 76% | 非送修新车 78% | 核心渠道旧车 79% | 担保新车 80% | 重点车行 81% | 其他 79% | 事业部 80% |
|---|---|---|---|---|---|---|---|---|
| 调增佣金率 | 17% | 13% | 7% | 2% | 7% | 8% |  | 7% |
| 原佣金率 | 25% | 25% | 23% | 28% | 30% | 25% | 25% | 25% |
| 商业险赔付率 | 35% | 38% | 48% | 49% | 43% | 48% | 54% | 48% |

图 9　LB 保险公司差异佣金及边际成本配置方案

### 5.2.4　车险业务促销的策略

保险公司促销形式主要为：帮助客户了解保险产品内容，服务内容，差异化细节或者理赔服务特色，传达产品公司局部优势信息，使其形成印象，产生购买欲望从而建立购买预期意识，最终实现保险车险产品的成交。

常见促销有送礼品、送油卡等（见表 14）。最有效手段为整合资源连同渠道一起，特别是4S店渠道为投保客户提供现金保养抵扣卷、四轮定位免费做漆等。

表 14　　　　　　　　　　促销方案示例

| 投保商业险金额 | 赠送油卡金额 |
|---|---|
| 商业险 2000～4000 元 | 油卡 400～1000 元 |
| 商业险 4000～6000 元 | 油卡 800～1500 元 + 工时券 |
| 商业险 6000～8000 元 | 油卡 1200～2000 元 + 保养券 |
| 商业险 8000 元以上 | 油卡 1600 元以上 + 油漆钣金券 |

对新保及续保客户除礼品赠送外，LB 保险公司应大胆开拓、勇于尝试和家庭财产险、人身保险打包促销，甚至联合联银行与理财产品共同销售，满足不同客户需求，形成多样化成体系的促销模式。家庭财产险单均保费虽不大，但是赔付率好，盈利能力强，车险产品普及率广，深度知晓度大，但是赔付参差不齐，利润率不甚理想。将两者结合即能满足利润需求，也同时为客户车辆和房产提供保障安全。而将汽车保险和理财相结合，可将客户在获得车辆保险保障的同时获取理财收益，进而吸引客户提高竞争力，同时搭建新的交流平台为客户创造价值，也为公司创造利润，并产生宣传效应。

另外，促销投放的渠道应优先考虑优质渠道和网电销渠道，在特定时段，如"双十一"购物节时，联合电商平台做促销：秒杀、买一送一等。

广告和公共宣传同样也都是促销手段的一种，如今互联网技术新技术的普及和媒体传播的形式都使得这两种手段有了新的使用形式，2014年巴西世界杯，LB巴西公司入围，成功宣传了公司的形象，而远在巴西的同仁通过微力量（微信、微博）也将公司的服务理念和产品形象进行了二次、多次传播。在未来的发展中，要继续通过一些大型活动和新方法为公司或者产品做传播宣传。

### 5.2.5 车险业务人本的策略

车险营销过程中，人的因素尤为重要。这要求车险行业从业人员具备良好的服务意识和专业的业务水平，以便在车险产品的售前和售后服务中提供专业优质的服务，提高客户满意度和认可度，增加营销的机会。因此，LB保险公司因加强对相关岗位人员的培训，提高各个环节相关人员的综合素质。从内容上看，培训分为专业知识、营销技巧和服务礼仪等。从对象看，分为内部员工和合作渠道员工。

合作渠道因人员流动、自身规模以及成本考核等原因，往往忽视自身员工综合水平的提高。LB保险公司要增进与合作渠道的沟通，加强对其合作，主动做好渠道人员定期培训工作，培训内容主要包括保险基本知识、理赔流程、LB保险公司产品特色等。另外，定期培训可以以茶话会、座谈会等形式开展，增进双方交流，加强情感联络。

内部员工培训则按照员工岗位类别进行分类，如从事个人代理业务的营销人员，其主要面对终端个人客户的销售，培训内容主要为消费者心理、社交礼仪等。而从事车商、银保、重客等业务的营销人员，因其直接面对的是一些大型企业和组织，其培训内容还应该包括商务谈判技巧、案例分析等。

同时，LB保险公司关注人员培训时，也应注重自身员工发展，建立销售人员双向晋级降级通道，做到："能者上，庸者让，懒者下。"定期举办车险业务竞赛，对达到目标的业务团队或个人予以奖励，提升员工的积极性及满意度。

### 5.2.6 车险业务有形展示的策略

任何保险产品都是虚拟的，正是因为这一特征，为了让客户对产品及服务特征有直观的感受，保险公司需要有形展示将自身的产品特性通过不同方式表现出来，促进保险产品的销售。除此之外，保险公司有形展示还应包括自身的各个方面，如内部装饰、员工着装、周边景象，大到企业LOGO，小到信封、便签都必须重视。如果办公地点在繁华商业街、高档写字楼，内部有宽敞、明亮、整洁的办公场所，并悬挂各种公司理念等，会给客户带来良好的感受。LB保险公司在成立之初，就选择在当时重庆地标建筑全球连锁酒店HILTON设立办公总部，树立了良好的企业形象。

人们会自然而然地根据自己看到有形的展示推断无形的产品。随之认为无形的产品也会很不错。有形的展示虽然无法立即促成客户的购买行为，但是可以吸引客户，唤起客户兴趣，培养潜在客户。有形展示想要实现吸引客户，勾起联想随之促成交易。LB 保险公司应在公司前台或客户休息区做车险理赔案例展示并关联特色产品的宣传,如某客户现身说法,以亲身经历说明用较少合理保费换取巨大回报,证明买该车险产品是理财是保障凸显未雨绸缪,并且突出客户的感激之情以及大额赔偿后的喜悦。办公场地内,设有舒适的客户休息区、高档的办公用具等。诸如此类会给客户形成该保险公司实力可靠的感觉,坚信一旦事故发生保险公司能够支付赔款值得信赖。从感情上容易接受保险公司提供的产品。

LB 保险公司应加大有形展示力度,可将自己的特色客户服务和理赔、尊客会介绍转变为有形展示做成亮点,通过营销人员的宣传户外展示等途径,引起客户注意,发展培养潜在客户,促成销售,同时提升公司形象(见图 10 和图 11)。

图 10　LB 保险公司尊客会有形展示示例

图 11　LB 保险公司理赔直赔中心有形展示

### 5.2.7　车险业务过程控制的策略

利用领先的 IT 系统，为各个渠道合作单位或终端客户提供高效、准确的计费投保系统，并指派专人与公司客服专员进行对接，做好渠道服务。设置专门的渠道经理，负责参与到无形的业务流程中，对整个业务过程进行管控，分为售前和售后两部分。

在接到渠道出单的信息后，通过 QQ 或微信的现代化沟通方式，进行险种确认→报价→再次确认→出单的流程（见图 12），整个过程不应超过 27 分钟。保障时效性，及时高效地完成投保及保单生效，并形成 LB 保险公司出单便捷的口碑，确保渠道和终端客户满意，提升竞争力。

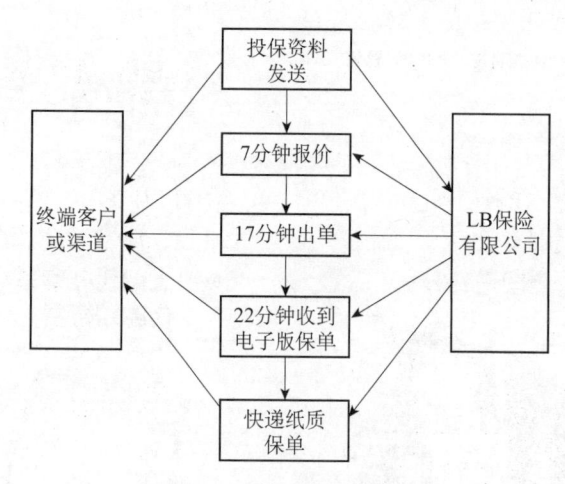

图 12　LB 保险公司出单流程

售后理赔方面：接到客户出险报案电话后，主要由客户呼叫中心参与和引导。确保实施以下流程：小事故无须理赔人员到现场定损，实行照片定损，或者直接引导客户开车到 LB 保险公司直赔中心，到直赔中心现场后，直接领取事故赔款（见图13）。

大事故流程：接到客户报案──确认客户损失──联系理赔定损人员──推荐修理厂──到店──修车──取车──交资料──领取赔款──结案。另外，整个理赔过程中，实行大案件拆分索赔：客户事故案件中既有车辆受损又有人员受伤，索赔过程中车辆先修好，客户先领取车辆赔款。人员受伤先医治好后，客户领取人伤赔款，整个大案可拆分，减缓客户垫资压力。

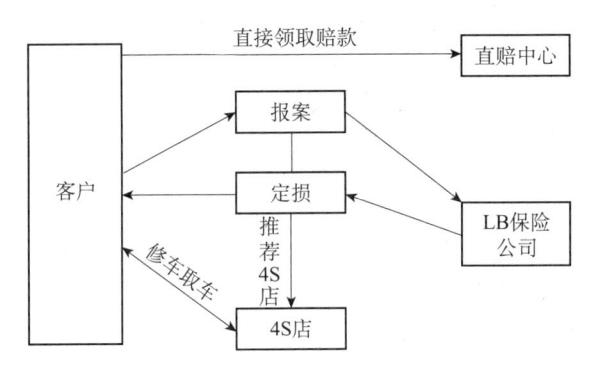

图 13 LB 保险公司简易理赔流程

与传统模式相比，无论是保险出单流程还是售后理赔流程都具备极大优势，它最大限度地减少了客户获取服务的时间。另外，理赔服务的大案件拆分有效减缓客户垫资压力，设身处地为客户着想，提升了 LB 保险公司的综合竞争力，配合市场细分目标的实施。

# 6 结论及展望

本文通过对 LB 保险公司营销现状及问题分析，结合营销环境统筹考虑，得出提升 LB 保险公司的车险营销策略，即做好市场细分和定位以及配合营销的 7PS 策略。与此同时 LB 保险公司还需明确自身的发展思路：转化经营思路，紧盯目标市场，创新管理，优化组织架构及公司流程，加强团队建设及人才引进，最终实现利润和规模的同步增长！采取差异化的竞争，使用并非单一的、多样化的、根据市场行情及内部态势变化及时调整并实现最佳效果的营销策略。

着眼未来，随着我国居民生活水平的提高、汽车产业发展壮大及国家相关利好政策的支持，未来车险市场无疑且必定是吸引各财产险公司的一块诱人的巨大的"蛋糕"，而作为市场中每一个具体的车主又有着不同的需求和习惯，而这又必定会导致市场细分的加剧，在新技术和新思维的相互影响和作用下，市场本身会产生新的营销模式和渠道，同时也改变着传统渠道的经营发展模式。因此，LB 保险公司要不断提升自身综合竞争力,从而在未来的市场竞争中取得优势,实现企业利润和规模目标。

**参考文献**

[1] 张艳辉. 中国保险业产业组织研究 [M]. 上海:华东理工大学出版社,2005.

[2] 吴小平. 保险原理与实务 [M]. 北京:中国金融出版社,2005.

[3] 方芳. 中国保险业的对外开放与竞争力分析 [M]. 北京:中国金融出版社,2005.

[4] 江生忠. 中国保险业改革与发展前沿问题 [M]. 北京:机械工业出版社,2006:188-189.

[5] 刘璞. 战略管理咨询实务 [M]. 北京:机械工业出版社,2003:141-142.

[6] 陈嘉一. 中国人保财险山东省分公司竞争战略研究 [D]. 广西大学硕士学位论文,2007.

[7] 迈克尔·希特等. 战略管理:竞争与全球化 [M]. 北京:机械工业出版社,2005.

[8] (美) 戈登·沃克. 现代竞争战略 [M]. 北京:中国人民大学出版社,2006:33-34.

[9] 夏琴. 中资财产保险公司如何取得竞争优势 [D]. 清华大学硕士学位论文,2003.

[10] 杨鹏. 保险公司对车险业务进行结构调控的必要性与方法探讨 [J]. 海南金融,2009 (6).

[11] 刘宝璋. 我国保险监管制度研究 [D]. 山东大学硕士学位论文,2005.

[12] 徐明. 第三方支付的法律风险与监管 [J]. 金融与经济,2010 (2).

[13] 弋佳,对企业市场细分的思考 [J]. 产业与科技论坛,2009.

[14] 赵大伟. 互联网思维"独孤九剑" [M]. 北京:机械工业出版社,2014.

[15] 罗振宇. 罗辑思维 [M]. 北京:长江文艺出版社,2014.

[16] 刘锦璩. 我国保险营销的现状及发展思路 [J]. 企业研究,2011 (2):52-53.

[17] 斯特恩. 市场营销渠道第五版 [M]. 北京:清华大学出版社,2001.

[18] 王帅华. 中国农业银行宁夏分行大客户业务经营策略分析 [D]. 宁夏大学,2013.

[19] 曹志远. 合众保险产品营销策略研究 [D]. 华东师范大学硕士学位论文,2011.

[20] 韦永军. 中资保险公司车险产品市场营销创新探析 [D]. 复旦大学硕士学位论文,2008.

[21] 夏梅风. 保险创新能力是保险公司的核心竞争力 [J]. 天津财经学院学报,2005 (2).

[22] 张兰英. 论机动车辆保险费率市场化营销模式的创新 [J]. 青海师范大学学报,2014 (1).

[23] 张春海. 财产保险产品市场需求的理论及实证研究——以山东省财险市场为例 [D]. 中国海洋大学硕士论文,2010.

[24] 刘国伦. 论服务经济到体验经济的演进及营销模式变革 [J]. 商业时代,2010 (34).

[25] 孙晶. 论保险业的服务营销观念 [J]. 中国保险,2006,11 (227):31-32.

[26] 范妍. 保险营销存在的问题及对策 [J]. 中国管理信息化,2015.

[27] 官梦蝶. ××公司车险营销策略 [D]. 陕西师范大学硕士学位论文,2014.

[28] 王洪涛. 车险的大数据营销 [J]. 新引擎,2013.

[29] 田吉生,赵萍. 保险电子商务推广研究 [J]. 中国保险,2007,2 (230):36-37.

[30] 彭守一. 浅谈信息技术在保险业中的应用 [J]. 中国保险报,2007-3-2.

[31] 王佳来. 车险市场全流程网络营销初探 [J]. 世界经济情况,2008 (7):55-57.

[32] 孙尧. 银行销售车险可行性研究 [J]. 上海保险,2010 (1).

[33] 朱波. 店销:车险营销渠道创新的新尝试 [J]. 中国保险,2012.

[34] 范跃. 商业车险市场化改革对中小险企不是"利空" [J]. 中国保险报,2015.

[35] 王钰娜. 车险改革:还"两权"于市场 [J]. 金融博览,2015 (6).

［36］金丽昆．浅谈车险费率市场化改革对我们的影响［J］．时代金融，2015（4）．

［37］梁国权．如何安全蹚过商业车险改革的"深水区"［J］．中国保险报，2014（10）．

［38］屈海文．商业车险市场化改革：中小险企应对之策［J］．中国保险报，2015（3）．

［39］刘新全．商车改革将倒逼车险经营内涵发展［J］．中保网，2015（10）．

［40］慈中阳．汽车保险发展历程与现状浅析［J］．经济与管理，2006（2）．

［41］周唤雄．浅谈我国汽车保险发展历程与现状［J］．黑龙江科技信息，2011（32）．

［42］宋佳伟．汽车保险方案的设计［J］．无线互联科技，2014（2）．

［43］周小勇．"量体裁衣"购车险［J］．卓越理财，2010（8）．

［44］Harold D. Skipper Jr.．*International Risk and Insurance：An Environmental-Management Approach*［M］．McGraw-Hiii, Inc. 1998, 440 – 441.

［45］Kessig, Lawrence. *Code and Other Laws of Cyberspace*［M］．New York, Basic Books, 1999：26 – 31.

［46］Philip Kotler. *Marketing Management*［M］．Ninth Edition, New York. Prentice Hall, 1997：9 – 10.

［47］John EFranzis, CPCU. The use of the internet and electronic commerce within the property and casualty insurance industry［J］．CPCU, 2000.

［48］Julie. Freestone, Janet. Brusse. 电话营销基础［M］．彭福永译．上海：上海财经大学出版社，2001．

［49］Drucker P. R.．*Post Capital Society*［M］．New York, HarPer Collins, 1993.

［50］Varadarajan, &, Yadav, M. S.. Marketing strategy in an internet-enabled environment：A retrospective on the first ten years of JIM and a prospective on the Next Ten Years［J］．*Journal of Interaefive Marketing*, 2009.

［51］James R. Garven. On the implications of the internet for insurance markets and institutions［J］．*Risk Management and Insurance Review*, 2002.

［52］Kolter P.．*Marketing Management：Analysis, Planning Implementation and Control*［M］．New Jersey, Prentice Hall International Inc, 1998.

［53］Parasuraman. *Marketing Research*［M］．北京：中国市场出版社，2009．

# 重庆 DJ 集团车桥公司发展战略研究

陈 飞 饶扬德

**摘 要：** 从2008年4万亿元投资、天量信贷投放与十一大产业振兴的拉动，对工程机械的巨大需求给重车桥行业带来了飞速的发展；到后来的后金融危机、欧债危机等相继出现，中国经济发展"新常态"下，工程机械行业面临"去产能、去库存"的巨大压力，国内重车桥企业经营情况随之急转直下，企业的生存和发展面临严峻的考验。

重庆 DJ 集团车桥公司是一家以生产重型汽车桥为主的专业车桥生产企业，与国内绝大多数重车桥企业一样，存在研发能力不足、基础材料及工艺技术设备落后等问题，企业缺乏核心竞争力。在当前中国经济发展"新常态"下，面对产能严重过剩、产品同质化严重、市场竞争无序、行业总体利润持续下滑的严峻形势，研究制定适合自身发展的战略，实施企业的变革调整、转型升级，提升企业核心竞争力，最终走出困境，实现可持续发展成为当前亟待破解的一道难题。

本文以重庆 DJ 集团车桥公司为研究对象。首先，对论文研究的背景做了一个简要的介绍，明确提出了研究的目的及意义。然后，依据相关的企业战略理论，借助 PEST 分析模型、波特五力模型等战略研究工具，对重庆 DJ 集团车桥公司宏观环境和行业环境进行分析，提出了重庆 DJ 集团车桥公司面临的机会与威胁。接下来，通过对重庆 DJ 集团车桥公司内部环境进行分析，明确了重庆 DJ 集团车桥公司发展的优势和劣势；在 SWOT 分析的基础上，确定了重庆 DJ 集团车桥公司采用差异化的基本竞争战略，制定了"外部市场采用密集型战略，通过在产品和市场方面的潜力来维持企业市场规模；内部采用紧缩战略，通过内部的挖潜降低企业运行成本"的防御型调整战略作为企业的总体发展战略，并进一步明确提出了战略的总目标、定性目标及定量目标。最后，本文从市场营销、技术研发、生产管理、供应链管理、质量管理、人力资源管理等方面提出了战略实施的保障措施。

本文较系统地研究制定了重庆 DJ 集团车桥公司发展战略，希望能对重庆 DJ 集团车桥公司未来的发展提供指导，帮助企业实现可持续健康发展；同时，也希望能为我国其他的车桥企业（特别是重车桥企业）的战略研究及制定提供借鉴和参考。

**关键词：** 重车桥行业；发展战略；差异化战略；战略实施

# 1 绪论

## 1.1 研究背景及研究意义

### 1.1.1 研究背景

重庆 DJ 集团车桥公司是一家以生产重型汽车桥为主的专业车桥生产企业，隶属重庆 DJ 集团，实行的是事业部制管控模式。公司现有在册员工近 1100 人，固定资产 3.5 亿元，具有年产重型汽车桥 60000 套、车用齿轮 25 万件和传动轴 4 万套的生产能力。公司生产区占地面积 22 万平方米、生产性建筑面积 6 万平方米，产品是在德国奔驰技术基础上根据中国国情不断自行研制生产的。承载着振兴民族工业的使命，从 20 世纪 80 年代最初的年产 62 台，经过近 40 年的发展，车桥的年产量逐年小幅增长，于 2002 年突破年产 1000 根车桥大关，2004 年产量突破 2000 根，之后车桥发展突飞猛进，到 2010 年月产量达 800～1000 根，车桥迎来了快速发展的鼎盛时期。目前，产品主要分为 ABCKL 五大系列平台共 1000 余品种，产品覆盖了汽车起重机、公路自卸车、轮式装甲车、宽体矿用自卸车、军用特种车、客车、机场摆渡车、湿式制动及民用特种车等领域。

重庆 DJ 集团车桥公司前身是一家军工企业，始建于 1964 年，根据 1979 年党中央提出的"军民结合、平战结合、以军为主、以民养军"的十六字方针，公司于 1980 年开始实施军转民。1981 年，从测绘西德"奔驰"汽车公司购进的 2026 型汽车三桥（前、中、后桥）及传动轴起，公司开始了 SC2030 载重汽车三桥及传动轴的研制开发工作，逐步走上了生产重型车桥的专业桥厂之路。经历了搬迁、兼并、重组、债转股、政策性破产的艰辛历程，于 1999 年九厂合一并入重庆 DJ 集团公司，后几易其名，于 2008 年正式更名为车桥公司。经过近 40 年的发展，重庆 DJ 集团车桥公司成长为西南地区最大的重车桥生产基地，积累了重车桥研发设计、生产制造的丰富经验和加工制造能力，先后通过了 ISO9001：2000、GJB9001A—2001、ISO/TS16949：2002 标准的质量体系认证。秉承军工技术优势，凭借卓越的质量和敏捷的售后服务，重庆 DJ 集团车桥公司在业内享有广泛的知名度和美誉度。车桥和传动轴产品曾多次荣获"全国用户满意产品""重庆市名牌产品"荣誉称号。"迈克""渝齿"被评为"重庆市著名商标"，公司先后荣获"第五届全国百佳汽车零部件供应商"，济南重汽"十佳优秀供应商"，荣膺"优秀成长型企业供应商"等称号。目前，公司已有 46 项技术荣获国家专利。

伴随 2008 年 4 万亿元投资、天量信贷投放与十一大产业振兴的拉动，巨量资金涌入相关产业，重车桥行业迎来了"爆发式"增长，作为重庆 DJ 集团"十二五"三大支柱产业之一的重车桥也随着这一波的政策红利踏上了飞速发展的快车道。然而，自 2011 年下半年以来，后金融危机、欧债危机等相继出现，随着国际国内政治、经济、社会及技术环境的变化，受产业大环境影响，车桥公司产品销售收入、利润大幅下降，曾经辉煌一时的企业也步入了亏损的行列，任务连年完成不理想、连续几年未完成年初的预定目标。尽管重庆 DJ 集团车桥公司持续推进了产品转型升级，内部积极进行深化改革调整，但产品、技术能力与同行业相比差距依然较大、基础管理还需进一步健全完善、管理机制不够灵活高效、风险防控依然形势严峻成了企业的"短板"。企业发展方向不清、发展愿景不明、发展定位不准，加上宏观经济形势不利的影响，导致了产销规模和经营利润的加速下滑。"十三五"规划在即，在中国经济发展"新常态"下，面对产能严重过剩、产品同质化严重、市场竞争无序，行业总体利润持续下滑的严峻形势，在《中国制造 2025 计划》、"一带一路"等国家发展战略背景下，如何厘清发展思路、明晰发展愿景、准确发展定位，及时遏制产销规模和经营利润急剧下滑的不利局面，使企业重新走上持续健康发展之道成为摆在重庆 DJ 集团车桥公司面前的一个课题。因此，研究制定重庆 DJ 集团车桥公司的发展战略就显得非常紧迫和重要。

### 1.1.2 研究的目的和意义

在当代企业管理环节中，企业战略显得非常重要，经过广泛的研究及运用，对企业的发展起到了举足轻重的作用：通过企业战略研究，不仅可对企业战略的价值与合理性进行有效评估，还可为企业探寻合理的业务发展区域提供指导，让企业将有限的资源投向最具投资价值的地方，实现资源的最佳布局和匹配；另外，通过企业战略研究，可促进企业提高管理的效率与水平，实现决策方法的改进及组织结构的优化等，最终增强企业核心竞争力，促进企业实现持续健康的发展。

因此，本文拟通过对重庆 DJ 集团车桥公司的内外部环境和经营状况的系统分析，把握发展面临的外部环境机会，充分利用其自身存在的优势，克服自身的劣势及应对好外部环境的威胁，来解决重庆 DJ 集团车桥公司在发展愿景、发展目标、发展定位及战略实施等方面存在的问题，重新研究和定位重庆 DJ 集团车桥公司未来发展战略。通过对重庆 DJ 集团车桥公司发展现状和存在的问题的系统科学的分析，找准重庆 DJ 集团车桥公司未来发展方向和定位，制定出其发展战略，对公司面临的问题和未来发展问题有针对性地解决，最终指导企业更好地适应外部市场经济环境的变化，实现可持续健康发展。同时，也为我国其他车桥企业（特别是重车桥企业）进行发展问题的分析和战略研究的时候提供一定的参考。

## 1.2 文献综述及理论基础

### 1.2.1 文献综述

西方学者较早地开展了发展战略的研究，并取得了丰硕的研究成果。美国学者阿尔伯特·赫希曼（1958）开创性地提出了发展战略的概念，并将发展战略定义为企业战略管理的一个方面；同时，他还从技术、竞争、营销、品牌等多个层面对企业的发展战略进行了定义。安索夫（1965）在此定义的基础上，强调了企业发展战略是企业能否发展壮大的关键性因素[1]。明茨伯格（1987）则提出了精雕战略的概念，他认为制定企业的发展战略应该结合企业面临的内部及外部环境。20世纪80年代初期，波特提出了五力模型，提出了成本领先、差异化及集中化三种企业的基本竞争发展战略。普拉哈拉德和哈默尔（1990）则提出了企业资源观发展战略理论，认为企业的发展必须依赖能源的不断配置和积累，企业应该培养自己的核心竞争力以便在竞争中获得优势[2]。布格尔曼和葛洛夫（1996）则指出，由于在制定和实施过程中会出现偏差，企业发展战略会出现矛盾并因此而受阻。面对这样的情形，企业应从矛盾中汲取必要的信息，并将发展战略分为认知和转型两个阶段来执行，在不断探索中向前发展。金旺哥（Chinwag，2004）在研究中发现，大部分在发展过程中实施先发战略或者差异化追随战略的企业会比较灵活地促进企业业绩的提升，而那些实施成本追随策略的企业在提高业绩的过程中却表现出更多的呆板和墨守成规。

我国学者对于企业发展战略的研究与西方学者比起来则明显滞后，企业发展战略的管理理念是从20世纪80年代开始进入我国的。刘则渊（1988）将发展战略定性为某系统为了谋得自身的最大发展而制订的一系列计划、策略、任务和行动指南[3]。李德才（1990）研究发现了内外部环境对企业发展的影响，指出企业的发展应该遵循一定的战略原则，并且在制定该战略的同时充分评估内外部环境的影响[4]。杨泉（2005）等学者则研究发现了人力资源对企业发展的影响，指出企业发展战略应包含团体协作、技术优先、双赢等多个层面的策略内容，策略的实现要依靠人力资源管理中的激励与薪酬机制、发展与学习型组织等多方面理论的支撑。吴秋生（2012）认为，企业内部控制的终极任务就是制定完善的发展战略，这将对企业的风险系数和控制活动产生很大的影响[5]。罗珉（2012）认为企业应该形成动态的战略能力，由于企业面临的环境处在不断的变化之中，企业在根据其制定发展战略的时候就应该拥有一定的灵活性[6]。

### 1.2.2 理论基础

#### 1.2.2.1 企业战略管理定义

关于企业管理战略的定义和认识，在学术界并没有达成一个完全一致的认识，目前来看，大家普遍认可的观点有两种。一种观点认为，企业的战略管理是指企业根据自身发展理念，根据所处环境的优劣制定的长时间发展目标，依靠企业本身具备的各项资源和条件来逐步实现这一目标，确保目标在执行过程中能够被真正落到实处并且接受评估的过程[7]。另一种观点认为，企业的战略管理就是企业从制定到落实发展目标的动态过程，这一过程由企业战略的分析制定、实施控制和选择评价三个阶段构成：一是分析制定阶段，在这个阶段企业对外进行宏观环境和行业发展环境分析，对内进行自身资源及能力分析，经过综合分析，制定出多个发展目标，并最终确立执行目标；二是实施控制阶段，在这个阶段企业通过制定各项规章制度、实施激励与奖励机制、合理分配企业资源等方式，来保证发展目标的落实；三是选择评价的过程，这个阶段企业对所实施战略的成效、成败进行科学的判断，并根据实际情况进行修正[8]。战略管理的范畴很广，除上所述外，企业文化、经营机制等内容也都在战略管理的范畴之列。

企业战略管理作为在现代企业生存与发展过程中面临的重大问题，对企业在竞争中的发展进行分析与评估时，应充分注意其全局性和长远性。因此，企业发展战略的确定是企业高层领导应该行使的重大责任，这既是现代企业管理中的核心环节，也是决定企业生存及发展的关键性因素。

#### 1.2.2.2 企业战略的特征

（1）指导性。企业战略对企业的经营方向、远景目标进行了界定，也进一步对企业的经营方针和行动指南进行了明确，并且对实现目标的发展轨迹及指导性的措施、对策进行了详细的筹划，在企业经营管理活动中起着导向的作用。

（2）全局性。企业战略立足于未来，通过深入分析国际、国内的政治、经济、文化及行业等经营环境，结合自身资源，系统地对企业的发展战略进行全面的规划。

（3）长远性。将短期利益纳入考虑的范畴，企业的发展战略应该充分考虑其长远的发展，并在此基础上制定远景目标，逐步探索和开拓实现该目标的方式和策略。为了达成这一远景目标，企业必须要经历一个长期和艰苦的过程，并及时根据环境的变化对其进行修正和完善，因此该战略一旦确定，就具有很强的稳定性，不能轻易更改。

（4）竞争性。战略在企业运营中的重要地位是由竞争决定的。企业必须要深入分析自己所处的环境和拥有的资源，制定科学的发展战略，增强综合实力，形成核心竞争力，才能在竞争中立于不败之地。

（5）系统性。企业一旦确立了长远的战略目标，就要根据这个总体目标制定出不同阶段的分期目标并逐一进行落实，这些短期目标环环相扣，最终形成一个完整的战略体系。

（6）风险性。战略决策跟所有的决策一样，也存在一定的风险和不确定性。因此，企业在制定决策的时候，一定要对市场和竞争环境进行系统、深入的分析，对行业的发展进行准确的预测，并合理调配各项资源促进各个近期目标的达成，最终保证战略目标的顺利实现，企业走上正常的发展道路。

#### 1.2.2.3 战略管理过程

战略管理是对一个企业的未来发展方向制定决策和实施这些决策的动态管理过程。一个规范性的、全面的战略管理过程可大体分为三个阶段，即战略分析阶段、战略选择及评价阶段、战略实施及控制阶段。在进行战略分析之前，首先要确立或审视企业的使命。战略管理过程可用图1来表示。

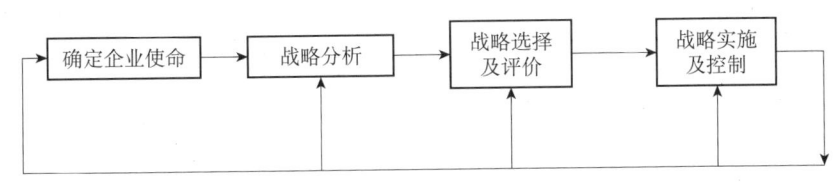

```
确定企业使命 → 战略分析 → 战略选择及评价 → 战略实施及控制
```

图1 战略管理过程

（1）战略分析。战略分析是指在对企业所处的战略环境进行分析和评价的基础上，预测整体环境的变化方向，并对这些变化可能给企业发展产生的影响进行预测及评估。一般情况下，我们认为企业的战略环境分为外部环境和内部环境两部分。企业的外部环境包括政府和法律的规定、经济大环境、社会环境、企业在竞争中所处的环境。对企业外部环境进行分析，是为了寻找企业发展的有力机遇，并力求在制定发展战略的时候能够充分规避外部环境的威胁。企业的内部环境也就是企业本身的实力，也可以说是企业本身的条件，它主要包含设备、技术、员工、财务、营销、管理能力等。通过对企业的内部环境进行分析，可以准确发现企业自身的优势和劣势，在制定企业发展战略的时候就可以充分利用自己的优势资源，扬长避短。

（2）战略选择及评价。战略选择和评价是一个对决策进行分析与探讨并最终选择的一个决策过程。一个跨行业经营的企业想要做出正确的战略决策，首先应该解决两个问题：一是明确企业的经营范畴和战略范畴，即弄清楚企业从事的行业以及生产的产品或者服务；二是企业在某一个特定经营领域内的优势，也即是要确定该企业提供的产品或服务以什么为基础来超越竞争对手。

（3）战略实施及控制。企业的战略方针一旦确定之后，只有及时付诸行动，才可能最终实现这个总体的目标。通常想要执行一个战略方案，需要做好以下几个方面：第一，确定包括生产、研发、营销、财务等多个方面的职能策略，并且在这些策略中对战略的实施步骤、执行方式、完成时间等内容进行安排；第二，组建并完善企业的组织构成，并且保证建造的组织能够为战略的实施提供有利条件和良好环境；第三，确保企业领导人的能力和素质能够胜任整个战略的执行和推动，也就是甄选优秀的领导人才来负责战略实施。在战略实施的过程中，还应该将具体取得的成效与之前的预期进行比对，如果发现二者之间出现了明显的不同步，就要及时进行纠正和完善。如果是由于之前的分析和判断有误，或者是现实环境发生了不可控制的变化，那就要根据新的环境和情况重新制定新的发展战略和新的战略管理过程。

### 1.2.3 战略研究的基本工具

#### 1.2.3.1 PEST分析模型

PEST分析是指对宏观环境的分析，是指各种对一切行业和企业产生影响的宏观因素。在对一个行业和企业的宏观环境分析的时候，通常从政治（politics）、经济

(economy)、社会（society）和技术（technology）四大环境因素来分析：政治法律环境（P），包括政治制度与体制、政局、政府的态度及政府制定的法律、法规等；经济环境（E）包括 GDP、利率水平、财政货币政策、通货膨胀、失业率水平、居民可支配收入水平、汇率、能源供给成本、市场机制、市场需求等；社会环境（S）主要包括人口规模、年龄结构、人口分布、种族结构以及收入分布等因素；技术环境（T），主要包括发明，以及出现的与市场有关的新技术、新工艺、新材料、发展趋势和应用背景等。

1.2.3.2　波特五力模型

20 世纪 80 年代，迈克尔·波特（Michael Porter）就提出了决定行业竞争规模和程度的五种力量，对客户的竞争环境进行分析，对企业战略制定产生了深远的影响。五种力量：一是供应商的议价能力，指供方影响行业中现有企业的盈利能力与产品竞争力取决于其提高投入要素价格与降低单位价值质量的能力；二是购买者的议价能力，指购买者影响行业中现有企业的盈利能力取决于其压价与要求提供较高的产品或服务质量的能力；三是潜在竞争者进入的能力，指竞争性进入威胁的严重程度取决于进入新领域的障碍大小和预期现有企业对于进入者的反应情况等两方面的因素；四是替代品的替代能力，指替代品质量越好、价格越低、用户能以较低的成本进行转换，其竞争力就强；五是行业内竞争者现有的竞争能力受行业进入障碍高低、竞争参与者范围大小、市场成熟与否、产品需求增长快慢、竞争者提供产品或服务的相似性及退出障碍高低等多种因素影响。

1.2.3.3　SWOT 分析

SWOT 即竞争优势（strengths）、竞争劣势（weaknesses）、机会（opportunities）和威胁（threats）的英文缩写，SWOT 分析是通过对企业外部和内部条件的综合分析和概括，进而得出组织面临的机会和威胁、自身的优劣势的一种方法。它是公司外部环境、内部资源与公司战略的有机结合。其中，机遇和威胁分析将注意力主要放在外部环境的变化及对企业的可能影响上，而优劣势分析主要是着眼于企业自身的实力及其与竞争对手的比较上。做 SWOT 分析有利于公司扬长避短、趋利避害，将挑战转换为机遇，将劣势转换为优势，从而指导公司正确面对商机，降低经营和投资风险。可见，SWOT 分析是一种十分重要的指导战略制定与选择的工具，在制定公司未来发展战略上，它有着至关重要的意义。

通过矩阵排列，即可产生 SO、ST、WO 与 WT 四大方案，以帮助经营者将得出的内、外部环境信息逐对进行匹配，分析制定 SO 战略（增长型战略）、WO 战略（扭转型战略）、ST 战略（多种经营战略）和 WT 战略（防御型战略）四类战略，并最终从中选择最适合企业实际情况的战略[10]。

1.2.3.4　SCP 分析

SCP 即结构（structure）、行为（conduct）和绩效（performance）的英文缩写，

SCP 分析以实证研究为手段，按结构、行为、绩效对产业进行分析，构架了系统化的市场结构、市场行为、市场绩效的分析框架。SCP 分析对于研究产业内部市场结构、主体市场行为及整个产业的市场绩效有现实的指导意义，影响企业战略调整及行为变化。SCP 分析认为市场结构是决定市场行为和市场绩效的因素，市场结构决定企业在市场中的行为，企业市场行为又决定经营绩效。市场结构主要是指外部各种环境的变化对企业所在行业可能的影响，包括行业竞争的变化、产品需求的变化、细分市场的变化、营销模型的变化等；市场行为主要是指企业针对外部的冲击和行业结构的变化，有可能采取的应对措施，包括企业方面对相关业务单元的整合、业务的扩张与收缩、营运方式的转变、管理的变革等一系列变动；市场绩效主要是指在外部环境方面发生变化的情况下，企业在经营利润、产品成本、市场份额等方面的变化趋势。

## 1.3 研究内容和研究方法

### 1.3.1 研究内容

本文在综合国内外学者对相关问题的研究成果的基础上，对重庆 DJ 集团车桥公司的内外部环境进行分析，总结出公司发展面临的机遇和挑战，及其自身存在的优势和劣势，为重庆 DJ 集团车桥公司制定发展战略。全文主要有六个部分：

（1）绪论。对本文的研究背景及目的意义进行阐述，参考国内外学者对于企业战略管理研究的相关文献和理论，对研究方法及内容进行阐述。

（2）重庆 DJ 集团车桥公司发展的外部环境分析。从宏观环境分析和行业环境等两个方面分别进行了分析，总结提出了重庆 DJ 集团车桥公司发展面临的机遇和威胁。

（3）重庆 DJ 集团车桥公司发展的内部环境分析。从有形资源、无形资源等两个方面进行公司资源分析，接着又从公司研究开发、市场及营销、盈利、资产运营及发展等五个方面的能力分别进行简要的分析，提出了重庆 DJ 集团车桥公司发展中的优势与劣势。

（4）重庆 DJ 集团车桥公司发展战略选择。利用 SWOT 分析模型，对重庆 DJ 集团车桥公司进行战略方案策划，并根据企业的实际情况进行战略选择和战略制定。

（5）重庆 DJ 集团车桥公司发展战略保障。根据制定的发展战略，实施坚持产品差异化、强化核心竞争力、建立多样化销售渠道、加强品牌建设及建立高效的营销管理机制和营销团队等策略，从市场营销、技术研发、生产管理、供应链管理、质量管理、人力资源管理等几方面建立战略实施的保障措施。

（6）对整篇文章的研究内容做出结论，并对未来的研究方向进行展望。

### 1.3.2 研究方法

（1）文献研究法。本文通过图书馆收集整理了大量的参考文献资料，翻阅了有关档案资料，也认真研读了大量的相关专业书籍，还通过对大量电子网络资源的甄别，对相关学术论文的阅读，总结分析出了研究现状的不足，对重庆 DJ 集团车桥公司进行了一次较深入、系统的发展战略研究。

（2）实地调查研究法。笔者深入重庆 DJ 集团车桥公司开展工作调研，与公司相关高层、中层及普通管理人员及一线员工深入交谈，同时也翻阅了公司大量的档案资料，也对现场进行了观察，收集整理了大量与公司相关的技术研发、市场营销、盈利能力、资产运营能力、发展能力等方面的资料和信息，为后面对重庆 DJ 集团车桥公司进行战略分析和研究奠定了坚实的基础。

（3）理论分析法。本文主要运用了 PEST 分析法、波特五力模型和 SWOT 分析法等战略研究工具，对重庆 DJ 集团车桥公司战略环境进行较为系统的分析。

## 1.4 研究技术路线

本文研究技术路线如图 2 所示。

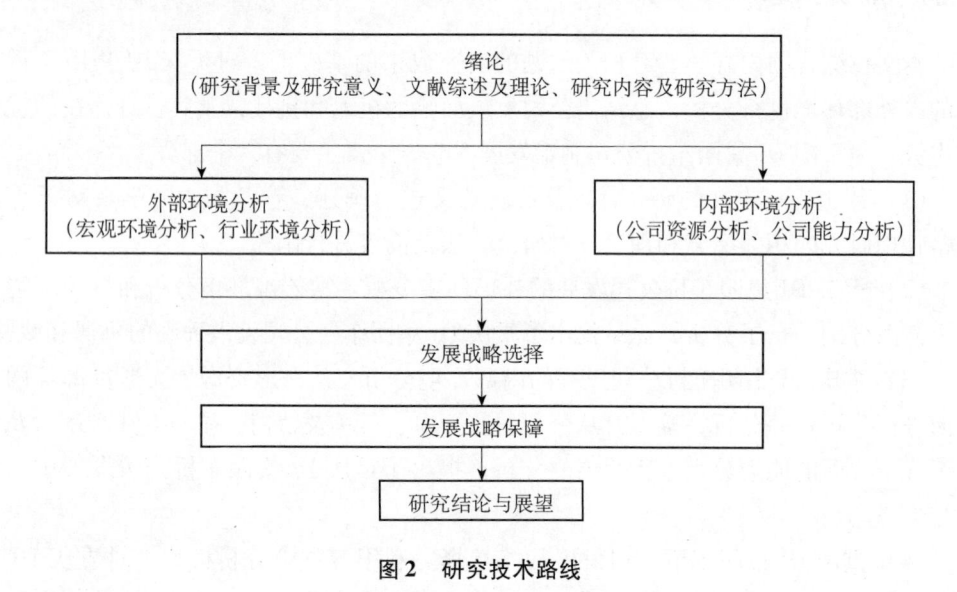

```
            绪论
（研究背景及研究意义、文献综述及理论、研究内容及研究方法）

   外部环境分析                    内部环境分析
（宏观环境分析、行业环境分析）   （公司资源分析、公司能力分析）

            发展战略选择

            发展战略保障

            研究结论与展望
```

**图 2　研究技术路线**

## 1.5 可能的创新点

结合国内重车桥行业的具体情况及对行业未来发展方向、趋势的研判，冷静分析和认清重庆 DJ 集团车桥公司发展形势，进一步丰富和完善重庆 DJ 集团车桥公司现有发展战略，从战略高度集中优势资源，从产品、市场、技术、质量、生产以及人、财、物等全方位地打造企业战略执行力和执行能力，促进企业适应新形势的需求，在竞争中健康、持续发展。

# 2 重庆 DJ 集团车桥公司发展的外部环境分析

## 2.1 宏观环境分析

伴随 2008 年 4 万亿元投资、天量信贷投放与十一大产业振兴的拉动，巨量资金涌入相关产业，重车桥行业迎来了"爆发式"增长，重庆 DJ 集团车桥公司也随着这一波的政策红利踏上了飞速发展的快车道。然而，自 2011 年下半年以来，后金融危机、欧债危机等相继出现，随着国际国内政治、经济、社会及技术环境的变化，重庆 DJ 集团车桥公司发展的外部宏观环境也发生了巨大的变化。本章采用 PEST 环境分析法，对重庆 DJ 集团车桥公司面临的宏观环境进行详细的分析。

### 2.1.1 政治、法律环境（P）

#### 2.1.1.1 "一带一路"发展倡议给重车桥企业带来新的发展机遇

中国"一带一路"的发展倡议构想旨在通过基础设施、资源能源、投资贸易等方面的深度融合，促进沿线国家经济发展、产业结构调整，加快构建利益共享的区域资源保障体系和产业分工体系，涵盖了能源、金融、铁路、电力、港口等多行业、宽领域的合作。据有关专家分析，"一带一路"倡议将带动我国的装备产业"出海"，为外贸企业和基础设施及其建设装备企业带来结构性机会，具备优势的工程机械等行业也将受益，重车桥企业也将因此获得新的发展机遇。

#### 2.1.1.2 城镇化建设为重车桥企业带来了发展契机

《国家新型城镇化规划（2014~2020 年）》提到，到 2020 年，将有 1 亿农业人口要转移到城镇。李克强总理强调，在推进新型城镇化建设的过程中，要切实解决好"三个 1 亿人"问题[11]，即约 1 亿农业人口要到城镇落户、约 1 亿人居住的城中村及城镇棚户区要改造、约 1 亿人要引导就近在中西部地区城镇化，由此形成农村包围城市的现状，这势必加快推进中西部地区的能源、市政、水利、交通等基础设施的建设，随着新型城镇化规划的落实，将会给工程机械的发展带来一定的促进作用。

#### 2.1.1.3 国家环保及产业政策促使重车桥企业转型升级

党的十八大报告，将环境保护提升到了前所未有的高度，首次单篇论述生态文明，提出了"美丽中国"的宏伟目标[12]，这势必引起国家及各级政府对环境保护、资源循环利用、节能减排等相关领域的强烈关注。国家也相继出台了节能减排、绿色环保方面的政策法规，在国家大力倡导节能减排、低碳环保的大背景下，汽车轻量化对国家实施"节能减排"战略起着重大作用，"轻量化"已成为汽车制造业转型升级的必然发展方向，更是企业义不容辞的社会责任。同时，工信部产业政策司要求：自

2014年9月1日起,新生产的危险品货物运输车和半挂牵引车、新生产的总质量大于12000kg的货车和专项作业车、新生产的总质量大于10000kg的挂车等均应安装防抱死自动装置(即ABS系统)[13]。重车桥向轻量化发展及安装ABS防抱死系统是技术升级的必然选择。

### 2.1.2 经济环境(E)

#### 2.1.2.1 经济增长动力机制转变使重车桥企业发展迎来新常态

在加入WTO之前的几十年里,中国经济都是投资驱动;加入WTO后,民间大规模投资转向出口产业。2008年,出现全球性金融危机,国内民间投资急剧减少。为扭转世界金融危机对国内产业造成的巨大冲击,中国政府出台了"四万亿"的投资刺激政策,虽然短期内市场状态表现良好,但是政府投资的同时却导致了传统行业的产能过剩,影响了相关企业的生产、消费和投资,这在工程机械行业表现得尤为突出。中共十八届三中全会决定,让市场经济在资源配置中起决定作用,政府退出经济活动,将经济由投资驱动向由消费和创新驱动转变[14],这表示政府会容忍更低的增长速度而不会进行强烈刺激。虽然这在短期内可能使经济放缓,但这种增长方式的转变,将使经济增长朝着更加依赖内生动力、更具包容性方向发展,这已经是个"新常态"问题。

而经历超过十年"爆发式"增长的工程机械行业也将迎来行业"新常态",随着中国经济进入换挡期,人口红利下降、劳动力成本上升,中国经济由依靠投资、廉价劳动力向依靠创新驱动、体制机制改革转变,据有关专家预测,"十三五"期间,中国经济GDP的增速将维持在6.5%左右,投资增速也将由以前的高投资转为中速增长的"新常态",这势必造成工程机械由以前的高速增长下调到中速增长,从而导致市场对重车桥的需求增长也会减缓,重车桥企业发展的将放缓。

#### 2.1.2.2 行业面临巨大调整压力,重车桥企业将面临过渡调整期

从宏观层面看,《中国制造2025计划》、"一带一路"等国家发展倡议,以交通基础设施、绿色制造、制造业国际化等为突破口,为外贸企业和基础设施及其建设装备带来结构性机会[15]。信息技术、生物技术、新能源技术、新材料技术、数字技术等交叉融合正在引发新一轮科技革命和产业革命。"互联网+"、数字制造、再生能源、3D打印、再制造、生命科技、信息科技和纳米技术的广泛应用,创造了新的巨大需求和市场,为企业发展提供了良好机遇。

但同时,从行业形势看,面临的调整仍很巨大。在国内重型商用车零部件领域,车桥行业竞争比较激烈,全国车桥企业约有220家,分布在各大型汽车集团和各地区,形成服务于汽车行业、相互依存的企业群体。国内车桥产业体系已经比较健全,"重、中、轻、微"桥全面发展,产品结构也有自己的特色。随着"十二五"时期政策红利的消失,以及高铁、城镇建设等步伐的放缓,整个行业从2012年开始直线下

滑，市场持续低迷。过剩的产能与疲软的国内市场需求给汽车起重机行业造成了前所未有的发展阻力。从国内形势看，我国经济经过30余年的高速发展，一系列红利已基本释放，预计今后几年GDP的增速将维持在6.5%左右，整体市场需求不断降低。从行业形势看，工程机械、煤炭、重卡等行业产能过剩问题凸显，行业仍处于低位，回暖迹象并不明显，预计未来几年仍将是行业过渡调整期。

#### 2.1.2.3 传统行业"去产能、去库存"的难度大，重车桥市场复苏的过程将加长

2014年，煤炭、钢材、有色金属等大宗原材料价格持续下滑。统计显示，2014年上半年中国重点钢厂的销售结算价格降至3212元/吨，相当于每斤1.6元，与市场上的白菜价格相差无几，这一现象反映出中国实体经济在传统行业的产能过剩问题仍然比较突出。据钢铁协会不完全统计数据，中国钢材的产能超过10亿吨，但是现在需求量在7亿~8亿吨。由于有一些固定成本需要分摊，钢铁等一部分行业虽然产能过剩，但是仍在继续生产，所以"去产能、去库存"的难度比以前大，持续的时间比以前长。这一点在工程机械行业表现仍然突出。据有关资料显示，截至2014年年底，国内三大主要起重机制造商——徐州重工、中联重科和三一重工的库存量分别达到近5000辆、1800辆和200辆，预计整个起重机行业库存合计超过8000辆，接近年销售量的60%。重车桥企业面临"去产能、去库存"的严峻形势，市场复苏的过程将延长。

#### 2.1.2.4 以低成本为动力的经济增长已经出现减速的迹象，重车桥企业提升自动化生产能力是必然趋势

"中国制造"的竞争力的背后，其实是传统的低成本生产方式。逐年来，中国制造行业随着成本不断上涨，竞争日益激烈，以低成本为动力的经济增长已开始出现减速的迹象。从2006年至今，中国的劳动力成本已上升了130%；煤、天然气与石油成本也在增加，在2010~2015年内分别上升了106%、102%和40%，这些无疑都大大加大了企业的制造成本，降低了产品的市场竞争能力，企业提升自动化生产能力是必然趋势。

### 2.1.3 社会文化环境（S）

工程机械行业受社会环境方面因素的影响较大，这些因素不仅包括宗教信仰、环保观念、文化习惯和消费习惯，还包括社会结构、社会风格等。工程机械社会总需求量主要受制于政府的投资计划，工程建设带来工程机械的消费。工程承包商购买工程机械来满足工程质量和进度的需求，因为工程施工的季节性及工程进度的要求，会对工程机械提供商提出准确的交货期要求，延误交货将会直接影响到工程的进度。

当前，人类社会发展受到能源危机、环境污染等问题越来越多的困扰，人类对制造业提出了新的更高的要求：节能、环保、绿色[16]。中国作为一个负责任的国家，与美国、欧盟等发达国家一样，对工程机械等产品陆续制定了分阶段限制的法规，要

求工程机械等产品要有更低的噪声、更高的排放及能耗标准,这将促进相关制造企业在产品质量提升等方面积极作为。

由上述可见,工程机械行业主要受消费习惯和环保观念的影响,而受社会结构、社会风格、文化习惯和宗教信仰等因素影响较少,对车桥产品的交货也会越来越严格,产品将向低噪声、轻量化、长寿命方向发展。

### 2.1.4 技术环境(T)

#### 2.1.4.1 国内车桥技术现状

按照结构划分,我国重型车桥主要有带轮边减速器的双级减速驱动桥和单级减速驱动桥两种。带轮边减速器的双级减速驱动桥主要技术是20世纪80年代引进的STEYR技术;单级减速驱动桥的主要技术是日产柴技术,其代表有解放457系列车桥和东风153、460等系列车桥。近年来,随着大功率发动机技术的发展,以德国Benz和Man技术为代表的双级减速器轮减桥和450、469、485等适合大扭矩、大功率发动机的车桥产品技术在国内车桥行业逐渐被接受和快速的推广应用。

目前,在国内重型商用汽车市场中,单级减速驱动桥市场份额占到了约4成,双级减速驱动桥市场份额占到了约6成。其中,一汽解放、东风汽车以单级桥为主,北方奔驰、上汽红岩依维柯以及中国重汽、陕汽重卡等以双级桥为主。按照现目前技术情况,综观汽车底盘平台主要零部件,最有可能达到国际先进水平的,车桥总成是首选。目前,国内商用车车桥企业有上百家,但普遍实力不强、水平不高,规模也较小,真正具有一定实力、水平和规模的车桥企业也只有10余家。国内重型商务车桥的使用寿命基本上只有80万公里,与国外企业先进的车桥能够保修100万公里甚至150万公里比较起来,差距非常明显[17]。这与国内车桥企业工艺水平普遍较低、加工设备落后等息息相关,在生产过程控制方面也表现出能力较弱,产品试制、试验、监测及分析技术落后,造成产品质量稳定性差,漏油、漏气、齿轮噪声高,产品早期失效现象也较常见,等等,一系列的质量问题也未能得到根本妥善的解决。

要解决上述问题,一方面要加强对车桥知识产权的保护力度,避免行业内的相互抄袭;另一方面要在多年技术积淀的基础上,结合主机厂的要求,自主研发适合市场需求的产品;此外还要加强人才引进及研发人才储备,做好预研产品储备。

#### 2.1.4.2 重型车桥产品技术发展的趋势

(1)车桥结构方面,中重型将向单级减速方向发展。随着我国公路条件的改善,物流业也对车辆性能提出了新的要求,向单级化发展重型卡车驱动桥技术已成为必然。据有关专家预测,未来我国单级减速驱动桥将占到重型车桥产品中的75%。目前,双级减速桥在中重型卡车中应用比例保持在60%左右,主要是双级减速桥在中重型卡车中有较明显的优势:双级减速桥的主减速器减速速比小,总成相对单级减速桥较小,保证了较大离地间隙,车辆通过性好。但是,单级驱动桥结构简单、易损件少、省油、噪声小、机械传动效率高等优点也是非常突出的。过去，通过性较差是由于单级桥的桥包尺寸大所致，产品的应用范围相对较小；随着公路条件的不断改善，单级减速桥的优势凸显，而双级减速桥的缺点也变得越来越突出。有关资料表明，欧美重型卡车已由过去采用双级减速结构的车桥产品快速转为使用单级减速桥，日本采用双级减速结构的产品更少，由此推断：双级减速桥在我国重型卡车上的应用将会不断下降。未来的重型卡车所需桥总成，将会形成工程、港口等用车以10T级以上双级减速驱动桥为主，公路运输10T级以上以单级减速驱动桥、承载轴为主的格局。随着公路运输车辆向大吨位、大功率和多轴化的发展趋势，传动效率高的单级减速驱动桥总成也成为发展方向，并且会带动如转向前轴和承载轴等非驱动桥的增长，而在工程车辆市场方面，以斯太尔、奔驰产品为主的双级减速驱动桥将会继续占领原有市场。

从产品结构类型和应用市场方面来看，目前重庆DJ集团车桥公司产品仍然以奔驰的2030和3030系列双级减速桥为主，在轮式工程机械领域、轮式军用车辆领域、特种作业车辆领域进行开发和拓展，主要覆盖中重型特种车桥，轻型、超重型车桥、单级减速车桥将会是下一步产品大力研发的方向。

（2）由于节能、环保、安全及舒适等方面的需求，车桥将向轻量化、低噪声方向发展，对重型车桥也提出了轻量化、高效率、低噪声、大扭矩、宽速比、长寿命的要求，同时还要求较低的生产成本。

轻量化。随着科学技术的发展，车桥在设计及制造方面的技术也得到了发展，材料、淬火和热处理等相关基础技术也取得了长足的进步，为车桥减轻自重、减少材料应用而同时具备更佳的性能提供了保障。

低噪声。由于齿轮加工精度不够，造成了国内车桥噪声较高。当前车桥齿轮的发展方向是高精度、高强度，齿轮的高精度制造技术包括合理选材、高精度淬火技术和从动齿轮压力淬火技术等，齿轮的高强度化制造技术关键在于高强度齿轮钢的开发和齿轮强化技术的应用。

高效率。在今后的一个较长期的时间里，市场将会对高机械效率的车桥提出持续的需求，"德纳"双速车桥可提供两种速比，满载时大转矩、大速比，空载时采用小速比，可以实现较好的省油。

舒适、安全。整体性能更舒适、更安全的重型车桥总成是发展方向，在车桥总成上，ABS防抱死装置、中央充放气系统、空气悬挂、自动间隙调整臂等都将得到应用[18]。

综合上述分析和目前的车桥结构形式，尽管汽车科技得到了迅速的发展，但在目前的状态下，车桥结构变化不大，车桥技术主要进展方向有四个。一是提高制造效率，从改变桥壳的制造工艺入手；二是提高车辆行驶安全性，从增加车桥附件的技术含量入手；三是提高车桥的使用寿命，从提高车桥的自润滑能力入手；四是方便人工操纵、提高服务质量、降低维修费用和车桥成本、提高车桥的竞争力，从电子技术在车桥上的应用入手，最大限度地满足车桥高速、重载、智能发展的需要。目前，从技术能力来看，公司对轻量化、低噪声核心技术还未掌控，桥壳仍主要采用铸造工艺桥壳（部分实施的轻量化的桥壳主要通过社会资源实现），齿轮的加工工艺和设备、热处理设备相对落后和陈旧，造成目前齿轮噪声偏高；研发能力在硬件和软件方面均落后于主流国内车桥生产厂家，相关内部设计校核、技术分析能力及匹配软件较弱，样品试验验证依靠第三方台架试验，获取的数据结合实际较少，较多的是依靠市场验证来实现产品的改进和优化，未在设计阶段规避后期问题。

## 2.2 行业环境分析

### 2.2.1 重车桥行业状况

当前，在宏观经济形势下行，"去产能、去库存"的经济大背景下，主机厂业务量大幅缩减，库存巨大，产销量急剧下滑，重车桥行业也面临着产能过剩的巨大调整压力，行业发展增速降低并趋向回落。

#### 2.2.1.1 市场发展态势

（1）起重机市场。工程机械行业是我国重点产业，随着国家在相关领域的重点投入与部署，起重机行业规模不断扩大，形成了一个比较健全的产品制造体系，市场集中度与成熟度都较高，已培育了徐工集团、中联重科、三一重工、京城重工、安徽柳工等一批极具实力的起重机制造企业；我国工程机械行业将由粗放型、模仿型、数量型向科技创新型、质量型和效益型转变，向制造强国转变，也因此带动了重车桥等关键零部件的发展[19]。在车桥等关键零部件方面，国内高端产品仍大量依赖进口，进口的产品都是高参数产品，技术含量较高，要参与国际市场竞争，还需培育自己的核心竞争力，在产品性能、一致性、可靠性、耐久性和使用寿命上达到替代进口产品要求。

当前，在"去产能、去库存"的经济大背景下，工程起重机各主机厂业务量大幅缩减，库存巨大，产销量急剧下滑，中国汽车起重机行业开始走上了调整收缩之路。

（2）矿用车市场。矿用车行业趋势向大吨位车型发展，其中100吨以下以钢性机械传动方式为主，100吨以上因矿区条件和车型机械性能的原因采用电动驱动轮和油气悬挂方式为主。但矿用自卸车产品出现较晚，"十二五"期间因其自身适应性和经济性而具有广阔的市场前景与需求；但其生产资质门槛低、进入障碍小，包括重卡和工程机械生产厂家在内的众多厂家和一些小规模民营私企纷纷进入，形成了群雄逐鹿的局面。随着经济结构的调整与转型升级，矿用车行业的市场集中度会进一步提高，用户的选择也逐渐趋于理性，更看重于整车厂的研究开发等综合实力、轻量化、安全性能、价格、产品品质和服务。

自2011年下半年以来，后金融危机、欧债危机、国家宏观政策主动收缩，加之维稳与环保要求等影响,煤、非煤安全生产准入门槛提高;矿山资源开发和铁路、公路、房地产等基础设施开发和建设步伐放缓,重卡和工程机械市场需求呈现大幅下滑趋势;房地产、高铁、水利建设等项目放缓和停工,吊装行业业务量锐减,各主机厂库存巨大,产销量急剧下滑。

（3）工程自卸车市场。工程自卸车作为各重卡企业的主流车型,一汽、二汽、陕汽、重汽、上汽、欧曼、柳汽、华菱、资阳南骏等各大整车企业,在国家"十二五"期间均投入巨资采取新建、合资合作或者兼并重组的方式扩能上量,市场产能严重过剩。

目前,市场处于急剧萎缩状态。

（4）特种车市场。"十二五"期间,我国政府加大了基础建设投资力度,大力发展农田水利建设,在很大程度上推动了国产轮式挖掘机市场的需求,拉动了湿式制动系列产品（如轮式挖掘机桥、井下作业车桥、喷湿机桥）的研制及市场需求;西部石油与煤气资源的开发、核电工业与大型化工设备的更新改造以及千吨级以上轧机设备需求量的持续上升,进出口货物量的高速增长,也带动大型固井车、钻井车、生活车、修井车、沙漠车等的需求随之增加,带来油田修井桥、沙漠运输车桥等需求;对大件牵引运输车的需求也在不断提高;大物流要求用半挂车进行甩挂运输来提高运输效率,港口牵引车的需求不断增加,机场的扩建和新建,拉动了国产机场摆渡车市场的需求。

据有关专家预测,随着社会的发展,对特种车辆的需求在未来的几年里仍将保持持续的增长态势。

#### 2.2.1.2 产品研发及其趋势

与发达国家相比,国内重车桥技术含量和产品质量偏低,同质化现象非常严重,产品结构不合理。虽然产品基本上能满足 80%~90% 的市场需求,但技术含量高的高端产品短缺,仍需依赖进口,主要缘于研发能力差异、基础材料及加工技术的差异、试验设备的差异;为适应市场需求,各重车桥生产厂家产品向宽系列全产品线方向发展。

（1）研发能力差异。因国内知识产权保护力度不够,行业抄袭成风,研发先驱者往往成为先烈,大量投入研发的意愿性很低。一是因为封闭的集团内部桥厂缺乏市场竞争、缺乏危机意识与忧患意识,多数中重型车桥企业不愿意在研发上有过多的投入;二是因为没有充分的技术积淀和足够的研发人才储备,多数中重型车桥企业没有研发投入能力,只能靠引进、仿制、局部改进等方式来扩充产品线。因此,国内真正具备研发能力、系统开展产品研发设计的车桥厂家较少。

（2）基础材料及加工技术的差异。主要体现在驱动桥齿轮加工技术和热处理能力上,原材料技术落后,难以满足产品设计的要求,致使车桥的性能和质量受到影响;淬火、热处理、油漆等工艺技术的欠缺,导致产品的性能和质量达不到设计要求;噪声大、舒适性差,产品质量一致性差、承载能力和使用寿命低;同时,由于模具、油漆等工艺技术的不足，导致产品的外观质量差。

（3）试验设备的差异。国外先进的重车桥实验设备能够模拟各种实际工况，通过早期试验对产品进行模拟验证，掌握基础数据并进行前瞻性预防，在缩短研发周期前提下还能确保产品的适应性与一致性；而国内大多厂家缺乏足够的试验设备，现有的也仅能做基本的模拟。

（4）未来产品发展方向。适应用户超载需求，重车桥行业早已经模糊了传统单减桥厂家和轮减桥厂家的边界，各大重车桥厂在拥有单级减速桥、斯太尔双级桥减速技术基础上又开始了大规模奔驰技术仿制，各厂家都向宽系列全产品线方向发展，未来重卡车桥将向高承载、大吨位、大输出扭矩方向演变；受制于交通法规，工程、港口等用车以10T级以上双级减速驱动桥为主，公路运输10T级以上以单级减速驱动桥、承载轴为主。

#### 2.2.1.3 世界行业巨头已经开始在国内市场布局

随着国内基建、能源、交通与水利工程项目的发展，必然导致工程机械运输市场需求，给重车桥市场带来新的发展机遇，吸引着普利适优迪车桥有限公司、美国车桥国际控股有限公司（AAM）、德纳、德国塞夫（SAF）、BPW、ZF集团等在中国纷纷落户。这些外资企业凭借强大的基础研发与技术实力，以及雄厚的资本优势与国内车桥展开新一轮的竞争。随着外资公司由合资到独资的进程有所加快，欧美车桥企业AAM和阿文美驰进一步将战略重心由欧美向亚洲特别是中国市场转移。在外资车桥企业加快布局中国的背景下，国内企业丧失了价格优势，面临日益萎缩的市场，只有不断提升产品质量，在激烈的市场竞争中得到提升，否则就只有继续拼价格直至被市场淘汰出局，国内企业面临市场空心化的危机。

### 2.2.2 SCP分析

#### 2.2.2.1 基本情况的供给方面特性

（1）重车桥的可获得性。当前，在宏观经济形势下行、经济增长处于"新常态"下，起重机、矿用车、工程自卸车等市场需求呈现大幅下滑趋势，在"去产能、去库存"的经济大背景下，主机厂业务量大幅缩减，库存巨大，市场产能严重过剩；但特种车桥随着特种车需求的不断增加而显现出需求增长的趋势。

（2）重车桥的技术水平。我国重型车桥主要技术来源有两个：一个是以重汽引进的斯太尔系列车桥为代表，另一个是以一汽和东风早先引进的重卡车桥为代表。中国车桥行业要整体提升，需要通过消化美驰、德纳、欧曼、斯太尔或日本技术，加上自主创新形成新的专利技术才行。重车桥要发展，就要对行业技术资源进行整合，同时对配套采购市场进行规范，加大配套产业链的优胜劣汰。今天，重卡正向高速、重载、减速方式多元化方向发展，传统单减桥和轮减桥厂家的界限已不再像以前那样清晰，比如，汉德、东风都同时生产单减桥和轮减桥，向宽系列全产品线方向发展成了现在各厂家共同的选择[20]。

国内车桥厂绝大多数缺少设计和研发能力，一些厂家仅仅停留在组装阶段，目前，有研发能力的车桥厂家不多。与国际同类知名企业比较，国内还不具备体系化的研发能力、精密加工能力以及在加工过程中的纪律性、库存管理、成品率等制造管理方面，同国外巨头相比，还有相当差距，这就要求车桥总成和零部件企业要联合设计、联合实验、统一标准，统一实验方法，统一售后服务标准。同时，新工艺、新技术快速演进，随着不断加强的国际竞争，缺乏独立研发能力成了国内车桥企业发展的短板，现在不仅要求大吨位、大马力、多轴化，也对节能、环保、舒适等方面提出了更高的要求，同时也对重型车桥轻量化、低噪声、大扭矩、长寿命、宽速比和低生产成本也提出了明确的要求，整机企业要求零部件企业与主机厂保持同步设计、同步开发，按系统集成技术实行模块化方式提供产品，国内企业由于研究开发能力不足，面临产品空心化危机。

目前，起重机、矿用车、工程自卸车与特种专用车车桥市场板块的高端产品主要依赖进口，国内技术与国际先进水平尚有较大的差距。近年来，随着国内汉德、东风德纳、徐州美驰通过技术引进、消化、吸收等再创新后，与国际先进水平的差别逐步缩小。特种车桥市场在研发能力、特种底盘、产品结构、特种装置的开发能力与制造水平等方面要求都很高，国内技术与国际先进水平的差别较大。

（3）重车桥的产品特性。在重车市场上，要求匹配可靠性质量高、承载能力强、传动平稳、噪声低、长寿命、低故障率的车桥产品，因此，影响该行业产品特性的关键要素主要有产品质量性能、备件保供能力、综合服务能力水平、价格竞争力、交付准时率、市场整体快速响应能力等。起重机板块市场上，用户要求驱动桥的数量和品种都要有较大余地的选择，而且也对产品的成套性有较强的要求，同时还需具备价格竞争优势，质量的稳定可靠性和服务及时性要求高，特别要求其在产品可靠性、一致性、耐用性和使用寿命等方面都能达到从国外进口产品的质量水平；随着矿用车桥终端用户选择日趋理性，他们更看中整车厂的研发、轻量化、安全性能、价格、产品品质和服务，用户对实际使用工况的输入设计能力要求很高；工程自卸车车桥方面，对产品的适应性、质量改进、成本与服务体系能力要求高；特种车桥市场上，对产品结构、行业集中度、特种装置的开发能力和制造水平要求很高。

2.2.2.2 基本情况的需求方面特性

（1）价格弹性。车桥产品价格高低决定主机厂的整车毛利、整车市场竞争力、用户的购买意愿，但各板块市场也有区别。起重机市场上，质量的稳定可靠性和服务及时性是其必备条件，价格是影响中、小吨位起重机市场营销成功的关键，价格敏感性高，产品价格弹性较强；但在起重机高端市场，实际工况的输入设计能力、产品的一致性与可靠性等要求很高，价格弹性相对很低。矿用车市场上，进入障碍低，产能过剩，竞争对手崛起，在市场份额的争夺战中，价格渐趋敏感、价格弹性渐趋走高。工程自卸车车桥市场上，产能严重过剩，属完全竞争市场，价格弹性高，是市场价的接受者。在军品、油田车、沙漠车等特种车桥方面，因竞争者少，需求稳定持续而价格弹性低，属于价格制定者。

（2）需求成长率。我国工程机械行业有的主机产品已与国际前沿水平相近，在基础条件和功能部件的研发体系与制造体系上都取得了长足的进步，主要产品的各项指标能够与国际平均的先进技术水平相当，我国工程机械产业也逐步摆脱了模仿型、数量型、粗放型的发展方式，渐渐走向了质量型、科技创新型和效益型企业发展之路。多样化的产品形式、日趋合理的产品结构，随着产业市场需求的变化，需求结构也正相应地发生着变化。目前，从产品生命周期来看，在起重机与工程自卸车车桥市场上，中低端产品已经进入成熟期，而高端车桥产品方面还处于成长期，但产品暂时还无法完全替代进口；矿用车生产能力严重过剩，技术大量被模仿，市场增长率严重下降，处于成熟期末期，且有向衰退期发展的趋势；特种车桥市场上，半挂车进行甩挂运输来提高运输效率，港口牵引车的需求不断增加；机场的扩建和新建，拉动了国产机场摆渡车市场的需求。

2.2.2.3 基于基本状况的影响，市场结构特征及其市场行为

（1）市场竞争状态。主要桥厂均为配套整车企业的关联方成为中国重车桥行业独特的市场格局，而独立车桥企业要抢占市场有相当难度。国际车桥行业集中度极高，基本上由德纳、美国车桥、美驰三家美国公司以及欧洲最大的 ZF、BPW 与 KESSLER 等集团提供，均独立于主机厂，独立研发、创新与改进的意愿和能力都很强，凭借体系优势与规模效应获取丰厚利润。

近年来，国内重车桥低水平重复建设而致产能严重过剩，车桥和整车匹配性欠佳，产品同质化严重，市场竞争无序而致内耗严重，阻碍产品质量提升，行业总体利润不高并呈显著下滑趋势；面对外资品牌入驻我国市场，国内行业未形成合力。随着整车厂的产品扩展，重车桥企业跨区域、多品种发展，企业产业链面临上下挤压的市场集中度问题；随着重型车市场的转型升级，重车桥企业将出现更激烈、更正面的竞争与整合。

因此，在各个板块市场上，受技术研发平台等限制，行业内高端产品尚不具备竞争力，中低端产品的竞争力逐渐被削弱，"产品空心化"的风险在加剧；中国重车桥行业独特的市场格局，产能严重过剩与竞争对手崛起并重，相对市场份额不高将逐步被蚕食，"市场空心化"的风险在放大；"产品空心化"风险与"市场空心化"风险共振，重车桥行业面临生存危机。

（2）进入障碍。汉德紧随国际行业步伐，两次独家引进先进技术以保持行业领先；徐州美驰凭索玛技术位居国内第一；安凯车桥以德国曼—斯太尔产能与技术强势入驻市场；鹏翔与青特等快速仿制研发与市场响应能力很强。这些产品的产品线丰富，品种齐全，存在一定的规模经济效应优势，行业产能过剩而竞争激烈，新厂商进入重车桥的障碍较高。

因此，如何识别客户需求的关键要素，较好地满足客户的个性化需求，并且对整

个价值链加强整合管理，塑造核心竞争力，不得不引起行业的深度思考。打价格战是不得已的短期竞争手段，现有企业必须提升产品的系统规划能力与新产品开发能力，以增强其产品竞争力；强化成本控制能力与客户关系管理能力，加强市场研究，构建以营销战略运作竞争能力、营销变革适应竞争能力、营销学习推进竞争能力、营销文化支撑竞争能力四大系统的持续营销能力，使之转化为独特的竞争实力才是重车桥企业中长期发展策略。

（3）成本结构。由于厂房、生产线等设备的固定成本占据相当大的比例，产能过剩，在内外需求持续下滑时，容易引起厂家间的短期价格竞争异常激烈。

（4）纵向整合程度。基于目前的市场结构与市场态势，在产品同质化日趋严重、行业平均利润不高、市场需求及利润持续下滑的态势下，重车桥企业再度综合整合前向一体化与后向一体化的优势不明显。

#### 2.2.2.4 市场行为的最终结果决定了市场的总体行为

（1）行业的成长和获利。行业内产能大幅度提升，受当前宏观环境因素等影响，销售量持续大幅下降，行业增长放缓；因生产要素成本全面上升、交易成本居高不下，行业利润渐趋薄弱甚至亏损。

（2）绩效模式。目前，产能过剩是整个行业不争的事实，产业结构和产品结构布局也不合理成了行业面临的现实；企业可以结合实际情况，通过产品定位和组合，强调对顾客价值的解析能力、创造能力、体验能力、创新能力和竞争能力；以国内外市场系统的、整体的开拓能力与规划布局能力提高绩效，在高附加值产品、进口与出口替代的高端产品市场方面存在一定的发展潜力。

（3）技术创新。因知识产权保护的力度不够，规模企业在生产设备等硬件方面投入较大而产能旺盛；产品质量有一定程度的改进，但投入到研发、工艺创新方面相对不足，行业内抄袭成风，绝大多数企业自主研发能力不强。

### 2.2.3 波特五力模型

根据波特五力模型，对重庆 DJ 集团车桥公司目前客户（消费者）、供应商、竞争对手、潜在竞争者和替代品进行研究，明确公司所处的竞争环境，为制定公司战略提供依据。

#### 2.2.3.1 客户（消费者）分析

（1）起重机板块：消费者对车桥产品要求质量稳定可靠，要求输入输出扭矩大，产品轻量化，噪声低，价格更便宜，售后服务速度要求苛刻，供货周期短。由于起重机板块三大主机厂都是上市公司，目前车桥产品市场竞争非常激烈。

（2）矿用车板块：消费者对车桥产品要求产品超载能力强，售后服务快速，价格低廉，供货周期短。目前由于产品市场下滑幅度极大，具有生产能力的企业陆续关闭或转产，市场供应远远大于需求。

(3) 特种车板块（石油、机场）：消费者对车桥产品的成本越来越重视，产品交货期要求越来越短，质量稳定性越来越高，由于该行业目前进入企业较少，且开发周期长、投入大。

(4) 军品（轮式装甲车、工程舟桥部队运输车）：质量要求严格，稳定，可靠。交货期要求严格，价格稳定，基本不发生变化。

#### 2.2.3.2 供应商分析

目前与重庆DJ集团车桥公司保持供货的合格供应商总计约200家，而稳定供货厂商约130家。其中：铸造物资供应厂商21家，锻造物资供应厂商23家，材料成品供应与外购部件成品厂商40家，橡胶件紧固件物资供应厂商37家，其他类约10家。主要供应商合作情况如表1所示。

表1　主要供应商合作情况

| 供应商 | 供应品种 | 年交易金额（万元） | 合作时间（年） | 谈价议价能力 | 在该行业的地位 | 主要问题处置方式 | 有否考虑要更换 |
|---|---|---|---|---|---|---|---|
| 南川永兴 | 铸造桥壳 | 1800 | 10 | 一般 | 低 | 协商处理 | 寻第二家为补充供应商 |
| 五龙洪洋 | 转向节 | 1000 | 8 | 一般 | 低 | 协商处理 | |
| 重庆宝阳 | 制动器 | 920 | 8 | 一般 | 低 | 协商处理 | |
| 三河精益 | 冲焊桥壳 | 750 | 6 | 一般 | 低 | 协商处理 | |

由于车桥公司产品存在"多品种，小批量"的特点，导致供应商生产成本较高，供货积极性差，常常需要现款现货。其中，最大的风险还在于对瓶颈物资、紧缺资源的掌控能力不足，未真正形成AB制供货资源，一旦某个供应商出现供货中断问题，生产将面临中断的风险。

#### 2.2.3.3 竞争对手分析

(1) 竞争格局、态势及关键因素。随着近年来国内重车桥低水平重复建设而致产能严重过剩，产品同质化严重，市场竞争无序而致内耗严重，行业总体利润不高并呈显著下滑趋势。

国内主要桥厂均为配套整车企业的关联方，这种现象成为我国重车桥行业独特的市场格局，在这种市场格局下独立车桥企业要抢占市场有相当难度。因知识产权保护的力度不够，在研发、工艺创新方面投入相对不足，自主研发能力普遍不强，行业内抄袭成风，因此，行业成功的关键主要在于质量、价格、交期和服务保障能力等方面。国内重车桥主要生产企业如表2所示。

表2　国内重车桥主要生产企业

| 企业 | 桥型技术 | 主供厂家 |
|---|---|---|
| 陕西汉德 | 斯太尔 | 自产自用、外供 |
| 徐州美驰车桥公司 | 索马桥 | 徐重、中联、上海汇众 |
| 一汽山东汽车改装厂 | 457桥 | 一汽解放、一汽青岛 |
| 济南美驰车桥公司 | 斯太尔 | 自产自用、外供 |

续表

| 企业 | 桥型技术 | 主供厂家 |
|---|---|---|
| 重庆重汽集团 | 斯太尔 | 自产自用、红岩桥 |
| 北方奔驰公司 | 奔驰 | 自产自用 |
| 湖北襄桥厂 | 日产桥 | 二汽集团 |

（2）主要竞争对手基本情况。主要竞争对手有徐州美驰、陕西汉德、山东蓬翔、东风德纳、青特集团、一汽解放等，它们在中、重型车桥领域占据了90%的市场份额。其中，徐州美驰公司是我国最大的专业化生产、销售各类工程机械及特种车辆用车桥的公司，它技术平台引进了先进的索玛（SOMA）车桥制造技术，具有较强的技术竞争力。主要竞争对手发展动向如表3所示。

表3　　　　　　　　　主要竞争对手发展动向

| 主要竞争对手 | 产品开发动向 | 市场开拓动向 | 其他动向 | 对本企业的影响 |
|---|---|---|---|---|
| 美驰车桥 | 于2014年4月成功开发了P600系列特种车辆用重载行星传动车桥 | 下一步重点将放在配置主减技术，更新桥壳技术，拓展国内卡车业务，提高起重机桥在中国的出口业务等方面 | 2014年4月获得3项实用新型专利授权，截至目前专利授权27项，其中实用新型专利24项，外观设计专利3项 | 将对公司现有产品市场形成强烈的冲击 |
| 汉德车桥 | 向产品谱系全面覆盖化，单桥承载向高吨位、轻量化、低噪声方向发展 | 较好的市场口碑和较低的成本强势进军工程起重机车桥行业和特种车桥行业 | 目前正在准备实施PDM系统完善产品全生命周期管理，在工艺设计方面实施了CAPP系统，在工艺编制方面更加便捷 | 公司在起重机车桥和特种车桥板块的市场占有率将会有所下降 |
| 山东蓬翔车桥 | 向矿山宽体自卸车产品系列化拓展 | 除一汽集团外的其他自卸车市场拓展 | | 在矿用车桥领域成为竞争对手 |

#### 2.2.3.4　潜在竞争者分析

重车桥行业的进入壁垒体现在资金、技术、质量保证等方面，主机厂要求供应商具备持续保证能力，进入门槛相对较高。因此，重车桥行业新进入者较少，更多的潜在竞争对手来自重卡、公路运输、工程机械类车桥企业的渗透介入。

#### 2.2.3.5　替代品分析

国际市场目前流行低碳、环保车辆，国内正在逐步向低碳、环保方向发展，尤其在城市用公交、机场用地勤车类，有向更加环保的电驱动轮边车桥方向发展的趋势，对公司目前提供的燃油（气）驱动（非驱动）车桥有较大的影响。

## 2.3　机遇与威胁

### 2.3.1　机遇

（1）"一带一路"国家发展倡议带来新的发展机遇。"一带一路"国家重点发展倡议以交通基础设施为突破口，为外贸企业和基础设施及其建设装备带来结构性机会，具备优势的工程机械等行业也将受益，重车桥企业也将获得新的发展机遇。

（2）新型城镇化建设带来新的发展契机。随着《国家新型城镇化规划（2014~2020年）》的贯彻落实，新型城镇化建设的推进将有利于城市基础设施建设的提速，工程机械市场的强力需求将会对工程机械的发展带来一定的促进作用，车桥企业也将会因此而获得新的发展机会。尽管目前市场较低迷，但对于具有较高知名度的专业车桥生产厂，还拥有部分忠实的用户群体，还有部分订单维持运转，为下一步在激烈的市场竞争中实现转型升级赢得时间，获得新的发展契机。

（3）国家环保及产业政策带来新的机遇。国家环保及产业政策推动重车桥企业转型升级，随着社会的发展对特种车桥越来越旺盛的需求，这对拥有较强的研发能力、具备一定技术优势、具有多品种适应市场需求和有较多特种车桥产品品种储备的车桥企业发展将带来新的机遇。

### 2.3.2 威胁

（1）世界行业巨头在国内市场的布局，国内重车桥生产企业产品价格优势逐步丧失，有面临"市场空心化"的危机。

（2）国内重车桥厂与国外优势进驻重车桥公司的设计和研发能力差异，使国内重车桥企业面临"产品空心化"趋势。

（3）经济新常态下，工程机械行业"去产能、去库存"的压力巨大，部分重车桥产品的需求急剧减少，未来几年面临过渡调整时期。

（4）由于国内重车及特种车辆需求总体下降，重车桥行业表现出产能严重过剩，中国重车桥企业面临重新"洗牌"的挑战。

（5）劳动力等生产要素成本的增长加大了企业生产成本，降低了企业的盈利能力，影响企业投入和发展。

## 3 重庆DJ集团车桥公司发展的内部环境分析

### 3.1 公司资源分析

#### 3.1.1 有形资源

（1）资金资源。公司资金处于集团统一管理模式下，资金来源主要依靠产品货款回收和DJ集团借款支持，资金成本较高，经营活动净现金流长期呈现负数，收不抵支，资金缺口较大，规模效益不足以支撑公司持续增长需求。

（2）土地、厂房资源。土地面积800亩（其中生活用地300亩），厂房建筑面为60000余平方米。近三年公司生产规模逐年萎缩，未能有效发挥资产效益，资产使用效率较低，土地、厂房闲置较多，资源浪费较大。

（3）设备资源。有各种金切设备1600余台（其中部分设备通过了技改更新），机械加工门类较齐全，建立了桥壳大、小差壳新线、前轴线、桥总成装配线、桥芯装配A/B线、喷漆新线等8条现代化生产线；改造了转向节线、支架线、杂桥线、桥壳线、螺伞线等7条精益生产线；拥有先进的三坐标测量仪、齿轮检测中心、进口花键冷轧机等高精设备，但是普通设备较为落后，整个公司设备设施整体匹配实力还不强。设备资源总体上在生产制造柔性化组织生产方式能力上有一定的适应性，有较快速的应变及集成能力，基本上能保证满足顾客多样化需求。

（4）专业人才储备资源。公司现有高级工以上技能人才481人，中级职称以上技术管理人才93人（其中：公司级技术、技能及管理专家58人），人才总量占比超过50%。多年军工精神的陶冶与历练，造就了一支技术精湛、懂管理、作风过硬的员工队伍；员工队伍忠诚度高、凝聚力强。但从人力资源视角，劳动生产率较低，员工结构仍不甚合理，生产工人比例偏低，辅助、管理岗位比例偏高，工程技术人员不足，缺乏行业领军人物，成熟及高端人才缺乏，整体技术水平竞争力还不强。

### 3.1.2 无形资源

（1）技术平台资源。公司注意学习借鉴、消化吸收奔驰车桥技术、特雷克斯矿用车桥技术、开斯兰（kessler）车桥技术、国际车桥（axletech）技术、德纳（DANA）车桥技术及ZF车桥技术等先进的车桥技术，目前，在驱动转向技术、独立悬挂车桥技术、制动技术和差速技术等方面的应用处于国内较高水平。

（2）客户资源及营销渠道。公司拥有客户资源100余家，其中保持长期合作的约有60家，90%以上属于国营企业，建立起了友好互信、紧密融洽的关系；同时，通过高层互访、日常沟通等，维护了良好的合作伙伴关系，保持了长期而较稳定的合作。经过几十年的沉淀，目前，车桥公司建立了以大客户营销管理为主线，直销和经销商分销结合的较为完善、运行稳定、分布全国的营销网络和渠道。

（3）品牌资源。DJ"迈克"品牌为重庆市名牌商标，秉承军工技术优势和卓越的产品质量、及时周到的售后服务，DJ"迈克"车桥在行业内享有较广泛的知名度和美誉度。

（4）企业文化。近40年的车桥发展历程中，公司传承了"吃苦耐劳、不畏艰险、突破自我、挑战极限、积极进取、不断赶超"的"三线"人传统的军工文化，秉承了"艰苦奋斗、敢于拼搏、创新求变、勇往直前"的企业精神，形成了"团结协作、创业创新、严谨细致、追求卓越"的组织文化，奠定了公司坚实的发展基础。

## 3.2 公司能力分析

### 3.2.1 研究开发能力

DJ车桥产品技术源于仿德国奔驰2626、2628车桥产品，经过近40年的技术与历史沉淀，在二次开发和全新设计基础上的拓展，技术更加成熟和完善，产品具有五个双级驱动桥平台。先后成功开发了用于替代国外进口的高端车桥，如全路面起重机车桥、越野轮胎吊、湿式制动桥等；采用工艺攻关和技术改造，提升车桥主减速器机械半自动化装配能力，产品质量和生产效率得到提高；在关键技术研究方面，钢板焊接式桥壳技术应用，为深化多品种、小批量的技术优势奠定基础；35°非垂直轴交线螺伞技术的应用，开发出了替代进口的Z型客车车桥。但同时，公司也面临没有主机厂，缺乏维持公司生产经营的稳定、批量产品，每月生产品种经常变化，多品种多、小批量、战线长、缺乏后劲且价格没有竞争力；产品质量控制水平不高，散差较大，一致性和稳定性较差；缺乏强大的供应配套体系支撑和柔性生产线的支持，产品加工、制造能力缺少明显优势等不利局面。

### 3.2.2 市场营销能力

（1）起重机市场方面。重庆DJ集团车桥公司进入该板块市场较早，产品谱系齐全，涵盖国内12~100吨的所有车型，质量稳定、性能可靠，市场反应较好，产品知名度高，是用户开发起重机的首选供应商之一。新产品研发处于领先，大吨位和正在研发生产的25~55吨的越野轮胎吊、全地面起重机车桥和盘式制动起重机车桥将取代进口车桥成为各重点主机厂的主导供应商。但在产品质量改进和市场反应速度、服务体系、保供能力方面与标杆企业美驰和汉德还存在较大差距。

（2）矿用车市场方面。重庆DJ集团车桥公司是进入该板块市场较早厂家之一，大速比矿用自卸车桥技术处于国内领先地位，具有较高的知名度，是用户开发矿用车的首选供应商之一。公司自建服务体系，针对矿区自建服务站和中心库满足服务及时性需要，逐渐获得了用户的认可，在行业中具有一定的影响力，但服务和备件的有效性还需进一步提高；同时，通过深耕终端服务营销能力，与经销商和用户建立了较好的关系，为产品与市场的拓展奠定了基础。但产品不具备价格竞争力且市场整体反应速度较慢，在产品质量稳定性方面也存在较大差距，有逐步被市场边缘化的风险。

（3）工程自卸车市场方面。重庆DJ集团车桥公司是较早将奔驰轮减铸钢桥引入该板块市场替代斯太尔冲焊桥的厂家之一，为北奔铁马、一汽解放、东风柳汽、华菱重卡、资阳南骏等主机厂工程自卸车标配，产品在市场有一定的影响力。目前，公司产品品种单一，对产品使用工况等输入条件与竞争对手的产品研究不足，价格不具备竞争力；市场整体规划、布局的能力较弱，对用户苛刻的要求无法适应，掌控三包索赔风险的能力较弱；持续的质量改进能力和公司整体响应市场的快速能力尚不能满足用户需求。

（4）特种车市场方面。独立悬挂车桥、沙漠车桥、油田特种车桥、机场摆渡车桥、驱动前桥等特种车桥领域起步早，在市场上有较高的知名度；产品研发、变型设计能力较强，生产制造线、技术基础和采购体系一直延续和适应了柔性化采购、生产和营销方式，能满足用户特种差异化需求。但同时也存在对特种车桥市场需求研究与重视程度不够，很多细分市场所需产品开发不足的问题。因多品种、小批量需求，设计专用件开模等交货期较难满足用户需求；另外，新的竞争对手参与市场角逐，挤占了部分市场份额。

（5）营销团队能力打造方面。市场营销和服务管理"条块分割"、缺乏有机整合，优势未凸显；立体式服务营销整体观念认知不强，未完全达到板块市场分工与协作管理及把握行业整体市场的预期效果；营销人员整体年龄偏大，文化程度偏低，公司系统性培训不足，进入与退出机制不具备，营销工程师极少；立体式服务营销能力不强，市场与产品组合的整体思考力、规划布局能力、快速响应能力还很弱，战略导向的竞争情报体系尚未构建，持续营销的匹配能力不佳。

### 3.2.3 盈利能力

近年来，销售收入锐减致使公司规模效益不能实现，利润大幅下滑，公司产品整体定位特点是多品种、小批量的特种车桥，配套资源组织困难、采购价格不占优势、生产组织困难、生产效率低、人工成本高等成本劣势，使得公司的系列产品价格明显高于市场同类产品价格，单位产品的制造成本大大高于同类竞争企业，受市场需求严重不足的影响，持续出现订单不足、销量下降情况，特别是矿用车桥与工程自卸车桥产品需求出现大幅萎缩，难以消化各种固定费用，加上因产品的可靠性和工况的适应性存在不足和市场的不规范，"三包"索赔费用巨大，导致产品毛利率逐年下降，盈利情况恶化，利润由盈转亏，盈利能力在行业中处于较低水平。2012～2015年主要经济指标完成情况如表4所示。

表4　　　重庆DJ集团车桥公司2012～2015年主要经济指标完成情况　　　单位:%

| 指标 | 2012年 | 2013年 | 2014年 | 2015年 |
|---|---|---|---|---|
| 毛利率 | 11.58 | 11.5 | -3.19 | 3.68 |
| 销售利润率 | 4.13 | 3.15 | -18.65 | -7.99 |
| 成本费用利润率 | 3.96 | 2.91 | -14.76 | -4.74 |
| 总资产报酬率 | 4.09 | 1.68 | -7.27 | -3.35 |
| 净资产利润率 | 6.5 | 2.61 | -11.09 | -10.11 |

资料来源：摘录于DJ集团内部资料。

### 3.2.4 资产运营能力

公司2013～2015年的总资产、应收账款和存货周转率都呈下降走势，与行业标准存在较大差距,流动资产占用较高,资产闲置较多(公司资产总量是按年产20000辆车配置,目前经营规模只有年产4000辆车左右),资产利用效率低下,资产保值增值能力较弱。2012~2015年资产运营能力指标完成情况如表5所示。

表5　重庆DJ集团车桥公司2012~2015年主要资产运营能力指标完成情况　单位:次

| 指标 | 2012年 | 2013年 | 2014年 | 2015年 |
| --- | --- | --- | --- | --- |
| 应收账款周转率 | 6.29 | 3.03 | 1.88 | 1.01 |
| 总资产周转率 | 0.99 | 0.53 | 0.39 | 0.25 |
| 产成品周转率 | 13.32 | 7.20 | 5.26 | 3.48 |

资料来源:摘录于DJ集团内部资料。

#### 3.2.5　发展能力

销售增长率、利润增长率、总资产增长率从2013年开始呈持续大幅下降态势,公司现有的市场板块逐渐萎缩。公司主导产品是奔驰3030和2030平台的各类变形产品,此类产品经过逐年降价,产品附加值越来越低,不足以维持公司持续发展。为改变此现状,公司自2013年以来新开发了全路面起重机桥、越野轮胎起重机桥、湿式制动工程机械桥等系列产品,但尚未形成量产,导致公司发展后劲明显不足。2012~2015年发展能力指标完成情况如表6所示。

表6　重庆DJ集团车桥公司2012~2015年主要发展能力指标完成情况　单位:%

| 指标 | 2012年 | 2013年 | 2014年 | 2015年 |
| --- | --- | --- | --- | --- |
| 销售增长率 | 7.64 | -44.94 | -34.22 | -24.12 |
| 总资产增长率 | 10.65 | -5.57 | -14.37 | -8.35 |
| 三年销售平均增长率 | 11.20 | -15 | -26.95 | -15.05 |
| 三年利润平均增长率 | 91.55 | -12.29 | -22.5 | -13.5 |

资料来源:摘录于DJ集团内部资料。

### 3.3　公司发展的优势与劣势

#### 3.3.1　优势

##### 3.3.1.1　产品与市场的组合优势

生产制造经验丰富、产品谱系齐全,驱动前桥、独立悬挂车桥、大速比矿用自卸车桥、越野轮胎吊车桥、全地面起重机桥等技术处于国内领先地位,与国内重点主机厂建立了较好的合作配套关系,随整车产品实现了出口。

(1)起重机市场方面:产品知名度高,品种齐全,大吨位和正在研发生产的25~55吨的越野轮胎吊、全地面起重机车桥和盘式制动起重机车桥将取代进口车桥,成为各重点主机厂的主导供应商。

(2)矿用车市场方面:进入该板块市场较早,大速比矿用自卸车桥技术处于国内领先地位，具有较高的知名度，自建服务体系在行业中具有一定的影响力。

（3）工程自卸车市场方面：较早将奔驰轮减铸钢桥引入替代斯太尔冲焊桥，为多家主机厂工程自卸车标配，产品在市场具有一定的影响力。

（4）特种车市场方面：有较高的知名度，产品研发、变型设计能力较强，生产制造线、技术基础和采购体系柔性化，能满足用户差异化需求。

#### 3.3.1.2 公司软实力优势

较强的研究开发能力，能满足客户新产品开发需求；优良的客户资源、较为完善的营销渠道、良好的品牌资源和独特的军工企业文化能较好地支撑企业发展。

#### 3.3.1.3 设备及人力资源优势

机械加工门类较齐全，生产制造柔性化组织生产方式能力较强，有一定的快速应变及集成能力，能不断满足顾客多样化需求；有一支忠诚度高、作风过硬、技术精湛、懂管理、凝聚力强的员工队伍。

### 3.3.2 劣势

#### 3.3.2.1 市场订单不足

当前市场订单不能有效维持公司的生存与发展的需要，公司需要在有限的市场需求中抢夺订单，解决当前"吃饭"问题；需要在后期的市场资源重新配置和市场竞争中捕捉机遇，解决发展问题。

#### 3.3.2.2 没有主机厂

缺乏稳定、批量的产品，不能形成大批量生产，形成不了规模效益。

#### 3.3.2.3 未形成核心竞争能力

多品种、小批量、生产线长导致生产组织难度大，质量控制一致性、稳定性较差，公司盈利能力、资产运营能力和发展能力不强，市场响应、服务保障等方面也存在明显的不足，企业核心竞争力欠缺，在激烈的市场竞争中有被淘汰的风险。

（1）起重机市场。在产品质量改进和市场反应速度、服务体系、保供能力方面与标杆企业差距较大。

（2）矿用车市场。产品不具备价格竞争力且市场整体反应速度慢，在产品质量稳定性方面存在较大差距，有逐步被市场边缘化的风险。

（3）工程自卸车市场。产品品种单一，对产品使用工况等输入条件与竞争对手的产品研究不足，价格不具备竞争力；市场整体规划、布局的能力较弱，对用户苛刻的要求还不能适应，掌控"三包"索赔风险的能力较弱；持续的质量改进能力和公司整体响应市场的快速能力远不能满足用户需求。

（4）特种车桥市场。对特种车桥市场需求研究与重视程度不够，很多细分市场所需产品还待进一步开发。一方面，因多品种、小批量需求，设计专用件开模等交货期很难满足用户需求；另一方面，新的竞争对手参与市场角逐，挤占公司市场份额。

# 4 重庆 DJ 集团车桥公司发展战略选择

## 4.1 公司发展愿景与宗旨

### 4.1.1 发展愿景

综合前文对重庆 DJ 集团车桥行业内外部环境及行业发展现状分析，提出重庆 DJ 集团车桥公司的战略愿景为：成长为全国领先的特种车桥供应商。

经过了近 40 年的发展，重庆 DJ 集团车桥公司在重车桥设计、生产制造方面积累了较丰富的经验，目前产品形成了三大系列四大领域五大平台近 1000 余种产品，拥有了较强的柔性加工制造能力，在国内重车桥领域享有一定声望，是国内几家市场影响力较大的专业重车桥生产厂家之一，而且在特种车桥领域占有较高的市场份额。在重车桥行业面临严峻的市场形势和市场同质化严重威胁的形势下，重庆 DJ 集团车桥公司应专注于特种车桥的研制，始终保持国内特种车桥的领先地位，引领国内特种车桥发展；同时，研制替代国内进口车桥的产品和满足国内整车出口国际市场的车桥产品，始终坚持产品创新和服务创新，形成独特的核心竞争力，占据国内特种车桥市场的主导地位，产品同时向全球化方向发展，成为国内差异化特种车桥主流供应商、国内进口车桥替代供应商和出口国外特种车桥供应商。

### 4.1.2 发展宗旨

在发展愿景的基础上，重庆 DJ 集团车桥公司的战略宗旨为：为用户创造价值，为公司和员工带来回报。

随着社会的进步和行业的发展，对产品的需求将越来越趋向于多元化和差异化。因此，重庆 DJ 集团车桥公司应始终坚持以满足客户需求为出发点，生产出质量优良的产品的同时，向客户提供完善的服务，新产品研发始终保持与主机厂新品研发同步，积极跟踪服务主机厂研制现场，保证产品及时改进和投放市场后及时的服务保障。在发展中，公司持续、健康地壮大，员工队伍的整体素质得到提升，员工职业平稳发展，收入稳步增长，员工个人价值得以充分体现，员工个人幸福指数持续提高。

## 4.2 SWOT 分析及其战略选择

### 4.2.1 SWOT 分析矩阵

根据上述对重庆 DJ 集团车桥公司内外部环境分析结果，构建重庆 DJ 集团车桥公司 SWOT 分析矩阵，如图 3 所示。

| 优势（S） | 劣势（W） |
|---|---|
| S1 产品与市场的组合优势<br>S2 公司软实力优势<br>S3 设备及人力资源优势 | W1 市场订单不足<br>W2 没有主机厂，形不成规模效应<br>W3 未形成核心竞争力 |
| 机遇（O） | 威胁（T） |
| O1 "一带一路"国家重点发展倡议带来新的发展机遇<br>O2 新型城镇化建设带来新的发展契机<br>O3 国家环保及产业政策带来新的机遇 | T1 国内企业面临市场空心化危机<br>T2 国内车桥厂面临产品空心化趋势危机<br>T3 重车桥企业面临过渡调整时期<br>T4 企业面临重新"洗牌"的挑战<br>T5 企业生产成本的增加影响企业发展 |

图 3　重庆 DJ 集团车桥公司的 SWOT 分析矩阵

#### 4.2.2　战略选择

一般来说，企业面对内外部环境有四种解决方案，重庆 DJ 集团车桥公司 SWOT 分析矩阵图可以得出该公司可供选择的发展战略方案有四种，如图 4 所示。

| SO 组合<br>（增长型战略） | WO 组合<br>（扭转型战略） |
|---|---|
| ST 组合<br>（多种经营战略） | WT 组合<br>（防御型战略） |

图 4　战略方案

下面将通过对以上四种战略方案的比对分析，结合重庆 DJ 集团重车桥所面临的外部环境和内部现状进行选择。

##### 4.2.2.1　SO 战略（即增长型战略）

这是一种企业充分发挥企业内部优势来把握好外部机会的最佳战略模式。企业在现有的战略基础水平上向更高一级的目标发展时采取这种战略。发展作为增长型战略的核心内容，引导企业加强新产品开发和新市场开拓，采取新的生产方式和管理方式来不断扩大企业的产销规模、提高竞争地位，不断增强企业的竞争实力。此战略是否对企业适用，企业必须从宏观经济景气度和产业经济状况分析战略规划，企业实施增长型战略的前提条件是必须能从环境中取得较充足的资源，如果未来阶段宏观环境和行业微观环境好，则企业比较容易就可以获得这些资源，实施该战略成本的降低就能得到有效的保障[21]。

基于前文进行 PEST 分析以及 SWOT 分析来看，当前，宏观经济形势下行，重车桥主机厂业务量大幅缩减，库存巨大，产销量急剧下滑，重车桥行业也面临行业发展速度急剧下滑、产能过剩的巨大调整压力，如何生存下来是各重车桥企业的当务之急。因此，目前重庆 DJ 集团车桥公司并不具备该战略方案实施的外部环境，该方案予以放弃。

#### 4.2.2.2 ST 战略（即多种经营战略）

这是一种企业通过利用优势资源来应对外部威胁和影响的战略。一般来说，实施该战略的企业，应具有一定的内部优势，但外部环境存在威胁，应采取多种经营，利用自己的优势，在多样化经营上，寻找长期发展的机会。

重庆 DJ 集团车桥公司作为一个长期单一从事重车桥生产的机械加工型企业，寻找具有相关技术、相似的价值链活动、同样的销售渠道、共同的顾客的业务非常困难；同时，从前文可以看出重庆 DJ 集团车桥公司目前的经营情况并不乐观，在宏观经济环境下行的背景下将有限的资源投入无法预计的新业务中风险太大，不是明智之举。因此，目前重庆 DJ 集团车桥公司并不具备该战略方案实施的内部优势，该方案予以放弃。

#### 4.2.2.3 WO 战略（即扭转型战略）

这是一种企业通过利用外部机会来对内部的薄弱环节进行弥补，从而使企业通过克服劣势转而获取优势的战略。一般来说，实施该战略的企业，面临巨大的外部机会，却受到内部劣势的限制，才应采取扭转型战略，充分利用外部环境带来的机会克服劣势。

从前文进行 PEST 分析以及 SWOT 分析来看，目前重庆 DJ 集团车桥公司所面临的不是内部薄弱环节的限制，而是缺少巨大的外部环境机会，行业发展不是增速，而是急剧下滑，市场蛋糕急剧萎缩。因此，目前重庆 DJ 集团车桥公司并不具备该战略方案实施的外部环境，该方案予以放弃。

#### 4.2.2.4 WT 战略（即防御型战略）

这是一种以克服内部弱点、减少外部威胁影响的战略。防御型战略的目的与发展型战略相反，它是通过调整来缩减企业的经营规模，并不寻求企业规模的扩张。一般情况下，只有在经济不景气、资源紧缩、产品滞销、周转内部冲突、财务状况恶化以及原来的经营领域处于不利竞争地位时才采用这种战略。这时，它是企业对外部威胁做出的反应。

从前文进行 PEST 分析以及 SWOT 分析来看，目前重庆 DJ 集团车桥公司所面临的宏观经济形势下行，市场急剧萎缩，产品滞销，财务状况恶化，采取 WT 战略是目前重庆 DJ 集团车桥公司面临巨大外部威胁所做出的适当反应。

防御型战略是一个整体战略概念，它一般包括抽资转向转略、调整战略、放弃战略和清算战略等几种战略。

（1）抽资转向转略（harvesting strategy）。企业在现有经营领域不能完全完成原有产销规模和市场规模，而不得不缩小时，此战略可以得到采用。当企业有了新的发展机会，便会采取对原有领域的投资进行压缩的方式，控制成本支出，改善现金流，这样来为其他业务领域提供资金时也会采用此种战略。另外，在发生物价上涨导致成本上升或需要降低财务周转的情况下，企业在财务状况下降时也有必要采取抽资转向战略。

（2）调整战略（turnaround strategy）。该战略的目的是在公司财务状况欠佳时扭转局面、提高运营效率，让公司能顺利渡过危机，等待情况在未来发生变化时，再根据实际情况采用新的战略。

（3）放弃战略（divestment strategy）。当前两种战略均失效时，通常就只有采用这种战略，即指卖掉公司的一个主要部门：或者是一个战略经营单位，或者是一条生产线，又或者是一个事业部。

（4）清算战略。这种战略是通过拍卖资产或停止全部经营业务来结束公司的存在，对任何公司的管理者来说，这种战略是最无吸引力的，只有当其他所有的战略全部失灵后才加以采用。

目前，重庆DJ集团车桥公司仍拥有较为稳定的客户源，能够获取一定的市场订单，产品仍然具有一定的毛利率，技术研发能力在重车桥市场中仍名列前茅，只是随着宏观经济环境下行，市场蛋糕急剧萎缩而规模、利润下滑，而且现在并没有更好的其他优质新业务需要投入。因此，目前重庆DJ集团车桥公司没有选择抽资转向战略、放弃战略、清算战略的必要，选择调整战略是最好的。可以通过加强市场开发、削减开支、减少人员、加强库存控制、催收应收账款等措施，扭转公司财务状况欠佳的局面，提高运营效率，使公司能平稳渡过危机，期望将来情况发生变化时再采用新的战略。

综上所述，通过对上述四种战略方案的比对分析，结合目前重庆DJ集团车桥公司所面临的外部环境和内部实际，笔者认为重庆DJ集团车桥发展应该选择构建WT战略中的调整战略。

## 4.3 重庆DJ集团车桥公司发展战略

### 4.3.1 基本竞争战略

迈克尔·波特提出了三种可供采用的一般竞争战略，即成本领先战略、差异化战略和集中化战略。

#### 4.3.1.1 成本领先战略

又称低成本战略，即使企业的全部成本低于竞争对手的成本，甚至在同行业中是最低的成本。它实施的理论基石是规模效益（即单位产品成本随生产规模增大而下降）和经验效益（即单位产品成本随累积产量增加而下降），它要求产品必须有较高的市场占有率。

根据前述优劣势分析，重庆DJ集团车桥公司产品没有主机厂，产品生产呈小批量、多品种的特点，缺乏稳定、批量的产品，不能形成大批量生产，形成不了规模效益，故成本领先战略明显不适合作为公司基本战略选择。

#### 4.3.1.2 差异化战略

这种战略是企业使自身的产品或服务于竞争对手的产品和服务与众不同。采用此战略，企业需要具备下列条件：一是研究人员思维要有一定的前瞻性，具备相应的创造能力，企业的研究与开发能力很强；二是企业在行业内具有较高的声望，企业的产品质量或技术研发实力在市场上有很强的影响力；三是企业在行业中有悠久的历史，或者有很强的学习创新能力，能通过学习、借鉴，吸取其他企业的技能并加以创新运用，形成自己独特的能力；四是企业在市场营销方面的能力也要很强；五是企业的协调性很强，特别是在研究与开发、产品开发以及市场营销等职能部门之间，能够高效的沟通、积极的配合；六是企业的物质设施优良，对高级研究人员、创造性人才和高技能职员有较高的吸引能力。

根据前文中对重庆 DJ 集团车桥公司资源及能力分析，该公司有较强的研究开发能力和优异的技术、产品、管理创新能力，良好的品牌资源和独特的军工企业文化、优良的客户资源及较为完善的营销渠道，行业中一定的知名度和影响力，基本具备的物质基础条件，可考虑将差异化战略作为基本战略备选。

#### 4.3.1.3 集中化战略

这是指企业的经营活动集中于某一特定的购买者集团、产品线的某一部分、某一地域上的市场的一种战略。

重庆 DJ 集团车桥公司的产品客户资源多达 100 多个，且保持长期合作的有约 60 家，分布在全国多个不同的地方，对产品也都有各自不同的需求，显然不满足集中化战略的市场、产品、地域等条件，故集中化战略也不适合作为公司的基本战略。

综上所述，根据前面 SWOT 分析和企业基本竞争战略对照分析，选取差异化战略作为基本竞争战略更有利于企业未来的发展，故企业的基本竞争战略选定为差异化战略。

### 4.3.2 总体发展战略

根据 SWOT 分析，重庆 DJ 集团车桥公司总体发展战略应定为防御型调整战略，即外部市场采用密集型战略，通过在产品和市场方面的潜力来维持企业市场规模；内部采用紧缩战略，通过内部的挖潜降低企业运行成本。

以中国特种车桥第一品牌为发展基点，以产品和市场为双核驱动，逐步构建独特的持续营销能力体系和打造高端引领、重点跨越、适应顾客差异化需求的研发设计能力体系，引领特种车桥行业发展；通过特种差异化品牌优势，重点围绕产品核心价值和特定系列的工程起重机桥、矿用车桥、工程自卸车桥、军用车桥、工程机械车桥和其他特种车桥系列采取市场开发战略、市场渗透战略、产品开发战略等拓展，逐渐形成特种差异化的品牌优势，维持现有市场规模。以提升价值链的整合能力为主导，逐步构造组织高效与加工精益的制造体系能力和供应链伙伴关系能力等，以卓越的管理体系和集成式管理能力驱动公司成本降低并持续发展。

#### 4.3.3 战略定位

（1）行业定位。成为国内特种车桥行业的第一品牌，引领特种车桥行业发展，成为重车桥知名品牌。

（2）市场定位。将"DJ迈克"品牌知名度、美誉度、市场占有率、行业影响力上升到一个全新的高度，成为国内差异化特种车桥主流供应商、替代国外进口车桥供应商以及出口国外特种车桥供应商。

（3）技术定位。以中、重型特种车双级减速桥为主，以单级减速桥、承载轴、空气悬架桥为辅，结合传动系统集成匹配技术，在国内中高端特种车桥产品、替代国外进口车桥产品、出口国外特种车桥产品方面成为技术主流。

（4）产品定位。按"特种差异化，品牌专业化"的产品发展思路，打造满足客户需求的各种行走式作业类机械用桥，重点发展转向驱动桥、独立悬架轮边桥和湿式制动桥等优势产品。

#### 4.3.4 战略目标

##### 4.3.4.1 总目标

坚持"特种差异化，品牌专业化"产品发展思路，坚持以产品和市场为双核驱动，逐步构建独特的持续营销能力体系和打造高端引领、重点跨越的研发设计能力体系，引领特种车桥行业发展。重点围绕产品核心价值和特定系列的工程起重机桥、矿用车桥、工程自卸车桥、军用车桥、工程机械车桥和其他特种车桥系列拓展，形成特种差异化的品牌优势和核心竞争力；同时，以市场、产品、技术和质量"四位一体"转型升级为驱动，夯实DJ车桥可持续发展的基础，真正成为特种车桥行业的知名品牌，形成一个管理科学、结构合理、技术领先、素养一流，在同行业中独具核心竞争力的特种车桥企业，让"DJ迈克"车桥在国内特种车桥行业内成为知名品牌，实现中国特种车桥第一品牌的目标。

##### 4.3.4.2 定性目标

将"DJ迈克"车桥打造成谱系完善、技术领先、品质卓越、行业一流的知名品牌，重庆DJ集团车桥公司成为同行业中独具核心竞争力的特种车桥企业。

##### 4.3.4.3 定量目标

持续调整产品结构，提升产品市场占有率，降低成本，提升企业的赢利能力，企业实现扭亏为盈，到"十三五"末实现年销售收入4亿元、利润2000万元的目标。2016~2020年重庆DJ集团车桥公司发展目标如表7所示。

表7　　　　　　　　2016~2020年重庆DJ集团车桥公司发展目标

| 年份 | 销售收入（亿元） | 利润（万元） |
|---|---|---|
| 2015 | 2.5 | -1000 |
| 2016 | 2.8 | -500 |
| 2017 | 3.0 | 0 |
| 2018 | 3.3 | 500 |
| 2019 | 3.6 | 1000 |
| 2020 | 4.0 | 2000 |

# 5　重庆DJ集团车桥公司发展战略保障

## 5.1　战略实施策略

国内重车桥企业普遍存在研究开发能力弱、加工设备技术落后、工艺水平较低、过程控制能力较弱，试制、试验、监测及分析技术落后等问题，导致产品质量不稳定，适应市场需求能力不足，产品同质化严重，这也是国内重车桥企业与国际先进重车桥企业之间的差距。重庆DJ集团车桥公司欲在竞争严酷的市场中立足，实现企业战略目标，应从以下几个方面实施发展策略。

### 5.1.1　坚持产品差异化

重庆DJ集团车桥公司拥有较强的差异化新产品研究开发能力、柔性化生产组织能力，产品谱系较齐全，驱动前桥、独立悬挂车桥、大速比矿用自卸车桥、越野轮胎吊车桥、全地面起重机桥等特种车桥技术处于国内领先地位。企业应坚持走产品差异化发展道路，适应市场的特殊需求，提升产品的市场定价能力，真正实现与其他竞争品的有效区隔，提高产品的市场竞争力，避免同质化竞争陷阱，避免打价格战，在激烈的市场竞争中坚持走产品特色化的道路。

### 5.1.2　建立核心竞争力

随着工程技术人才的流失，重庆DJ集团车桥公司工程技术人才队伍数量不足，整体技术水平竞争力不强的问题变得比较突出。为打造一支能支撑公司发展战略的科技人才队伍，公司应持续加大研发人才引进与培养，在坚持工程技术人员引进和加强学习借鉴吸收世界先进车桥技术的同时，特别注重引进一批成熟、高端人才甚至行业领军人物，不断充实现有工程技术人员队伍，提高工程技术人员队伍数量和质量，提升公司研发创新能力，形成企业的核心竞争力。

### 5.1.3　构筑多样化销售渠道

重庆DJ集团车桥公司建立了以大客户营销管理为主线，直销和经销商分销结合的营销网络和渠道。目前，产品备件采取的是经销商分销模式，车桥产品还主要采取的是直销模式。为了降低商品存货，减少库存成本，提高资金运行效率，应逐步建立产品分销模式，对现有产品进行合理定价，寻找代理商对公司产品实施分销，进一步加强销售渠道建设。

### 5.1.4 加强品牌建设

品牌代表着产品对市场需求的满足程度，是产品具有核心竞争力的一种强有力的表现形式。重庆DJ集团车桥公司要在残酷的市场竞争中生存、发展，实现企业的战略目标，应从产品质量和品牌传播两方面着力，进一步加强既有的"DJ迈克"车桥品牌建设。产品质量是品牌的生命线，通过强化质量管理，保证产品质量的一致性、稳定性，保证产品的可靠性。同时，可通过参加业内具有影响力的行业展会、加入行业协会、利用行业期刊广告、邀请客户到公司实地考察、搞好媒体关系等，多渠道进行品牌宣传。打造卓越品质，提升品牌影响力，真正将"DJ迈克"车桥打造成中国特种车桥第一品牌。

### 5.1.5 建立高效的营销管理机制和营销团队

随着社会的发展，市场竞争变得越来越激烈，市场运作要求也越来越精细化，在提供高质量的产品和优质服务的同时，应建立高效的营销管理体制，打造一支高水准的营销团队，大力开拓客户市场，提升企业的竞争力。重庆DJ集团车桥公司应把建立一支强有力的营销队伍以及建立高效的营销机制作为企业当前的一项重点工作。建立营销队伍时，根据公司的实际情况可适当引进1~2名营销职业经理人，打造高效的营销管理机制和营销团队，提升企业营销实力。

## 5.2 战略实施保障措施

根据制定的发展战略，从市场营销、技术研发、生产制造、供应链管理、质量管理、人力资源管理这几方面建立战略实施的保障措施。

### 5.2.1 完善市场营销体系

按照"重点突破，全面推进"的市场开拓策略，不断巩固老市场，拓展国内、国际新市场，至"十三五"末力争达到市场结构稳定、占有率高、知名度高、影响力大，在同行业中处于领先地位的效果。

#### 5.2.1.1 采用差异化的市场竞争策略

在分析各市场板块及主要竞争对手的基础上，有针对性地制定目标、措施，如表8所示。

表8　重庆DJ集团车桥公司市场竞争策略

| 项目市场 | 主要竞争对手 | 目标及措施 |
| --- | --- | --- |
| 起重机市场 | 汉德、徐州美驰 | （1）开发大吨位、全路面起重机、越野轮胎起重机桥作为替代进口和出口的高端车桥产品，实现起重机车桥产品全覆盖，成为各主机厂首选或主流供应商，起重机车桥（轮边减速桥）综合市场占有率达40%以上；<br>（2）构建战略性竞争情报以把握未来需求发展趋势，基于用户诉求，完善立体式服务营销能力，建立互惠紧密的价值链整合管理模式，突破关键业务层次，塑造定位鲜明的品牌形象 |
| 矿用车市场 | 汉德、鹏翔、徐州美驰 | （1）实现矿用车桥产品逐渐全覆盖，成为各主机厂50、60、70系列矿用车桥的主流供应商，到2018年，市场占有率提高到30%以上；<br>（2）以梯次追赶策略对产品进行持续改良，提升产品综合竞争力和用户满意度，以求在同质化产品中形成最大限度的差异化；<br>（3）完善客户档案管理，推进客户关系管理 |
| 工程自卸车市场 | 青特、鹏翔、安凯 | 充分研究目标市场，锁定目标市场的关键竞争要素以对目标市场进行整体规划布局，通过营销与服务等创新模式，以坑口自卸车等为突破口，对产品研发和产品线进行系统规划，不断满足用户的差异化需求并逐渐拓展市场 |
| 特种车市场 | 北奔、汉德、美驰、安徽奥泰、德纳 | （1）持续改进驱动前桥、独立悬挂车桥、空气悬挂车桥技术，始终坚守国内领先地位；<br>（2）维持与强化256厂、北奔等军品市场，争取并布局617、618、6410厂及东风二汽等市场；<br>（3）在工程机械车桥、油田与沙漠桥等特种车桥方面，调整产品结构、逐步突破现有特种车桥总成装置的研发和制造能力"瓶颈"，定位于中高档产品，突出替代进口和出口的先锋形象，成为该领域的国内标杆企业 |

### 5.2.1.2 市场整体规划布局

在2020年前完成各板块市场规划布局，在行业内处于领先地位，保持主导供应商地位，稳定或者逐渐提高供货比例，实现特种车桥主流供应商地位，彰显特种车桥第一品牌的知名度与美誉度，成为国内差异化特种车桥主流供应商、国内进口车桥替代供应商及出口国外特种车桥供应商。市场整体规划布局如表9所示。

表9　重庆DJ集团车桥公司整体市场规划布局

| 项目市场 | 目标市场 | 具体举措 |
| --- | --- | --- |
| 起重机市场 | 徐重 | （1）恢复40吨、50吨起重机等车桥供货，以市场渗透策略实现产品全覆盖；<br>（2）开发越野轮胎吊、全地面起重机桥新产品并切入试装，在高端车桥方面部分实现进口替代，力争综合供货比例达到25%以上 |
| | 三一重工 | （1）持续提高25吨起重机车桥供货份额，力争达到65%（轮边减速）以上；<br>（2）开发越野轮胎吊、全地面起重机桥新产品并实现小批量供货；<br>（3）50吨及以上大吨位汽车起重机车桥保持主导供货地位 |
| | 中联重工 | （1）保持25吨、50吨起重机桥的主要供货地位；<br>（2）争取80吨、90吨等起重机车桥的供货资格；<br>（3）开发越野轮胎吊、全地面起重机桥新产品并实现小批量供货，以保住在中联重工的供应商地位 |
| | 东风随专、安柳工、京城重工等 | （1）适当降低25~50吨起重机车桥价格，缩小与汉德车桥的差距，阻止或者延缓汉德车桥的批量切换；<br>（2）保持主导供应商地位 |

续表

| 项目市场 | 目标市场 | 具体举措 |
|---|---|---|
| 矿用车市场 | 同力 | (1) 重点针对汉德车桥采取相应的措施拓展西北市场；<br>(2) 以同力市场为重点，争取产品全覆盖，拓展通力、国力、宝鸡华山等西北市场，阻止汉德进入石嘴山青年曼 |
| | 宇通 | 争取成为60、70矿用车桥主力供应商。 |
| | 一汽青岛 | (1) 阻止或者延缓鹏翔车桥、青特车桥的切换进入；<br>(2) 稳固在青年曼、玉柴重工、厦工等市场、适当缩小与鹏翔车桥的差距，控制风险，阻延鹏翔车桥在湖北地区市场的批量进入 |
| | 赵龙汽车 | 批量供货，力争供货比例达65%以上 |
| 工程自卸车市场 | 一汽青岛<br>青年曼<br>长安重汽 | 开发3030基本型自卸车桥产品、优化3030加强型和牵引车桥产品，形成市场竞争能力，产品目标市场全覆盖，开发资阳南骏市场 |
| 特种车市场 | 617厂<br>618厂<br>6410厂<br>东风公司 | 坚守驱动前桥、独立悬挂车桥、空气悬挂车桥等技术在国内的领先地位，重点开发驱动前桥、独立悬挂、轮边市场，争取在617、618、6410厂及东风公司等市场实施布局 |
| 海外市场 | 外贸市场 | 拓展L桥、俄罗斯桥、印尼桥、独立悬挂桥、轮边等外贸市场，实现小批量直接出口 |

#### 5.2.1.3 营销规划及策略

（1）营销规划。

重庆DJ集团车桥公司在驱动前桥、独立悬挂桥、轮边等特种车桥、大速比矿用车桥、起重机车桥，特别是大吨位起重机车桥、越野轮胎吊等产品技术目前处于国内领先地位，已实现与国内知名企业配套合作，应重点开发、拓展以上产品和市场，迅速提高公司市场占有率。

工程自卸车市场就目前而言，市场竞争能力还不强，无论是从想做大市场还是经济运行效果，均存在较大市场阻力和风险，应首先重点在产品的优化设计、降低成本等方面练好内功，提高市场竞争能力，逐步切入市场。

越野轮胎吊、全地面起重机、湿式制动系列等公司战略新产品，作为替代进口车桥产品和国内特种车桥出口产品，应从产品的可靠性着手，加快研发速度，进行充分试验验证后，逐步稳妥推向市场。2015~2020年营销规划如表10所示。

表10    重庆DJ集团车桥公司2015~2020年营销规划    单位：万元

| 产品类别 | 2015年 | 2016年 | 2017年 | 2018年 | 2019年 | 2020年 |
|---|---|---|---|---|---|---|
| 起重机桥 | 8000 | 9000 | 9000 | 10000 | 11000 | 12000 |
| 矿用自卸车桥 | 5500 | 5500 | 5500 | 5500 | 5500 | 5500 |
| 特种车桥 | 6900 | 8900 | 10900 | 12900 | 14900 | 17900 |
| 工程自卸车桥 | 4200 | 4200 | 4200 | 4200 | 4200 | 4200 |
| 其他 | 400 | 400 | 400 | 400 | 400 | 400 |
| 合计 | 25000 | 28000 | 30000 | 33000 | 36000 | 40000 |

（2）市场营销组合。

根据产品和市场特征制定市场差别策略，如表11所示。

表11　　　　　　　　　重庆DJ集团车桥公司市场差别策略

| 产品 | 价格策略 | 产品开发策略 | 促销与分销策略 |
|---|---|---|---|
| 起重机桥 | （1）在徐重、中联、三一重点主机厂20～70吨中、小吨位起重机采取与竞争对手相同、略高或者优于竞争对手的价格以争取更大的市场份额；<br>（2）在大吨位、越野轮胎吊和全地面起重机采取高质量高价格策略 | （1）强化产品设计的可靠性与一致性以提高产品质量，增加供货品种，实现产品全覆盖；<br>（2）通过市场精心研究，开发新的主机市场 | （1）在重点主机厂采取量价促销返利策略；<br>（2）精耕细作终端，培养金牌经销商和用户，进行终端推广 |
| 矿用车桥 | （1）对于同力、宇通、青年曼、通力、洛托、厦工等存在激烈竞争的市场，采取与蓬翔、汉德公司接近的价格；<br>（2）通过共同开发新品和价格靠齐市场价格等营销策略及时调整，迅速开发新的主机市场 | （1）同力、洛拖、通力、厦工产品50、60、70等全覆盖，增加供货品种和比例；<br>（2）比照竞争对手开发大吨位新产品矿用车桥产品，同步切入市场 | （1）终端促销；<br>（2）举行产品推介会、对市场精耕细作终端，点装返利促销等；<br>（3）主机厂促销：重点主机厂量价返利策略；<br>（4）联合开发：重点市场免费试装验证共同开发，取得抢占市场先机 |
| 工程自卸车桥 | 优化成本，提高竞争能力 | （1）改进3030基本型（运输工程自卸车）车桥；<br>（2）优化BQZ5类加强型（工程自卸车）车桥；<br>（3）开发30、40坑口自卸车桥，将"双曲线贯通式"中桥进行市场化推广，形成新的产品平台和市场 | （1）强有力的精耕细作终端措施，扩大市场份额；<br>（2）以及时有效的服务和备件满足用户需求；<br>（3）通过点装，突破一汽青岛（含成都分厂）普通自卸车和牵引车市场，拓展长安重汽供货份额，稳固青年曼独家供货地位 |
| 特种车桥 | 对农耕机驱动前桥市场，采取降价让利等手段重新开发市场，争取占有市场的一定份额 | 开发湿式制动系列新产品拓展装载机、轮式挖掘机、井下作业车等工程机械类车桥市场 | （1）采取与研究院所联合开发的方式，切入主机厂配套供货；<br>（2）拓展驱动前桥和独立悬挂军用市场，覆盖617厂等独立轮边市场 |

（3）渠道建设。

目前公司产品备件采取的是经销商分销模式，车桥产品采取的是直销模式。按照构建多样化销售渠道的策略，在"十三五"期间，应逐步建立车桥公司产品分销模式，即对现有产品进行合理定价，寻找代理商对公司产品实施分销模式。经销商分销模式工作进度计划见表12。

表 12　　　　　　　重庆 DJ 集团车桥公司经销商分销模式工作进度计划

| 时间 | 工作内容 |
| --- | --- |
| 2016 年 | 完成对重车桥市场分销商的调研工作 |
| 2017 年 | 依据调研结果，选择实力雄厚、信誉度高的分销商签订分销协议，建立分销店，并对部分产品实施分销 |
| 2018 年 | 建立分销连锁店，逐步扩大销售份额 |
| 2019～2020 年 | 全面实现重车桥分销模式 |

#### 5.2.2　提升技术研发能力

技术研发重点向具有核心价值的三大系列（特种作业车桥、军品车桥和工程机械车桥）四大板块（特种车桥板块、起重机板块、军品车桥板块和矿用车板块）产品拓展，逐渐形成特种差异化的品牌优势；同时，围绕国内公路自卸车桥、中高端特种车桥、替代国内进口车桥、出口国外特种车桥等产品加大技术研发力度，着力将 DJ "迈克" 车桥打造成中国特种车桥第一品牌。

##### 5.2.2.1　产品技术平台和先进技术的运用

按照技术定位思路，建立桥、桥芯、轮边、制动器系列化平台，建立完善相关设计数据库，在为用户设计方案时就可优化配置，提高设计效率，降低风险。先进技术应用上加快推进三维设计，为后续校核、分析打下坚实的基础。产品技术平台如表 13 所示。

表 13　　　　　　　　重庆 DJ 集团车桥公司产品技术平台

| 产品类别 | 技术平台 |
| --- | --- |
| 矿用车、自卸车车桥类 | 奔驰车桥技术 + 特雷克斯矿用车桥技术 |
| 起重机车桥类 | 奔驰车桥技术 + 开斯兰（kessler）桥技术 + 国际车桥（Axletech）技术 |
| 工程机械类车桥 | 德纳（DANA）桥技术 + ZF 桥技术 |

##### 5.2.2.2　研发人才引进与培养

（1）高端人才引进计划：整车匹配专家和悬架系统专家各 1～2 名。

（2）工程技术人员引进：每年坚持引进 10 名以上工程技术人员，建立一支强大的研发队伍。具体引进规划如表 14 所示。

表 14　　　　重庆 DJ 集团车桥公司技术中心工程技术人员引进规划　　　　单位：人

| 部门 | 学历 | 2016 年 | 2017 年 | 2018 年 | 2019 年 | 2020 年 |
| --- | --- | --- | --- | --- | --- | --- |
| 研发所 | 硕士 | A：2 B：1 | A：3 | A：3 | A：3 | A：3 |
| | 本科 | A：4 | A：4 | A：3 | A：3 | A：3 |
| 产品所 | 本科 | A：4 | A：4 | A：4 | A：4 | A：4 |
| 工艺所 | 本科 | C：4 | C：4 | C：3 D：2 | C：4 D：1 | C：3 E：1 F：1 |
| 合计 | | 15 | 15 | 15 | 15 | 15 |

注：A 代表车辆工程专业，B 代表材料力学专业，C 代表自动控制专业，D 热处理专业，E 喷涂专业，F 表面处理专业。

(3) 对现有进厂 3~5 年的骨干技术人员加强培养，力争尽快成长为能独立进行项目总体研发设计的主管设计师。

#### 5.2.2.3 构建协同研发体系

加强与当地院校、院所合作，合力构建研发体系，快速提升公司研发能力。协同研发体系如表 15 所示。

表 15　　重庆 DJ 集团车桥公司协同研发体系

| 协同单位 | 协同研发项目 |
| --- | --- |
| 重庆理工大学 | 重车桥齿轮设计与可靠性保障系统 |
| 重庆大学 | 重车桥数字样机设计平台 |
| 中国汽车工程研究院 | 重车桥桥芯试验联合实验室 |
| 重庆大学 | 特种重型车悬架匹配解决方案基地 |

力争在 3~5 年内打造一支致力于高端技术和高端产品研发，能高效快速设计出用户满意产品的创新技术队伍，同时建立一个具有一流设计开发管理流程的产品专业细分体系和院校协同开发体系。

#### 5.2.2.4 构建数字化虚拟样机

加大研发能力建设投入，用概念设计、多学科优化、设计验证、并行设计等方法和原理，打造具有自主知识产权、面向制造和工程的重型车车桥设计、数字模拟仿真及支撑软件平台，提升企业自主研发设计核心竞争力，构建重型车桥设计数字化虚拟样机。

### 5.2.3 提高生产管理水平

主要通过生产组织管理和生产线改造，提升生产制造能力和管理水平。

#### 5.2.3.1 生产组织管理

从计划管理、设备管理、生产管理等方面加强生产组织管理，计划管理下达到生产线提升计划的执行力，关重设备实行预防性维修提升设备的生产保障能力，生产管理达到柔性生产，实现敏捷制造。

#### 5.2.3.2 生产线改造

"十三五"期间重点解决好齿轮及结构件机加设备陈旧落后、冲焊桥壳生产线缺失、物流成本高等影响产能、质量及产品交付的问题，适当进行技术改造，提升产能和生产制造质量保证能力。"十三五"技术改造主要项目及投资额度计划如表 16 所示。

表 16　　重庆 DJ 集团车桥公司"十三五"技术改造主要项目及投资额度计划

| 项目名称 | 主要内容 | 单位 | 数量 | 投入费用（万元） | 时间安排 |
| --- | --- | --- | --- | --- | --- |
| 新增冲焊桥壳生产线 | | 条 | 1 | 1650 | 2016 年 |
| 新建桥总成喷漆线 | | 条 | 1 | 500 | 2016 年 |

续表

| 项目名称 | 主要内容 | 单位 | 数量 | 投入费用（万元） | 时间安排 |
|---|---|---|---|---|---|
| 大速比桥壳线钻孔设备更新 |  | 台 | 3 | 450 | 2017年 |
| 102车间小件生产设备更新 | 购置加工中心，替换现有普通设备（推力支座、板簧、半轴等）；对臂类、支架类进行设备更新；设计贯通轴端齿加工专机 | 台 | 8 | 260 | 2018年 |
| 合计 |  |  |  | 2860 |  |

#### 5.2.4 打造供应链管理体系

根据多品种、小批量及淡旺季等特点，构建反应敏捷、适应性强、协调一致、保障有力的柔性化供应链物资保障体系；构建成本结构合理、互惠互利的采购成本架构；构建需求导向、准确及时、库存合理、信息畅通的高效配送物流体系。

##### 5.2.4.1 供应链伙伴关系构建

系统分析供应链体系的薄弱环节，合理规划采购环节相关资源：关重物资（如铸钢桥壳、主减壳、框托架、推力支座和支架等）采购周期规划、主要瓶颈资源（如推力支座、框架、气室支架和冲焊桥壳等）供应商开发规划、对关重物资的核心供应商进行规划、对拟选定的瓶颈物资重点供应商进行规划。

同时，确定供应商参与新产品开发的层次结构，为供应商早期参与研发创造条件。

##### 5.2.4.2 构建柔性化采购

（1）应充分考虑路程、生产能力、设备柔性、管理机制等多方面综合因素。在管理上设立供应商的订单的柔性处理能力、产品生产交付能力和信息处理能力等评价指标，建立竞争机制，促使供应商升级设备和提升组织能力。

一是模块化采购：制动器总成、框架总成、主轴总成，差速器总成。

二是组合模块采购：由杂件、小件和轮毂或框架或壳体等相组合，"贯通轴+凸缘"和"臂类零件打包"。

三是成品、半成品采购：逐渐减少工序协作，将采购状态定位在半成品和成品状态。

四是产品和工艺同类的集中采购：对加工工艺类似的物资进行归类，重点在于培养这方面的专业生产供应商，并建立合作伙伴关系。

五是优化供应商数量，提高采购的集中度：对于战略供应商，根据供应量确定科学的供应商数量；对于正常采购物资，实行AB制或ABC制。

（2）柔性化采购措施。

一是设立安全库存量。针对关键物资和瓶颈物资，根据市场情况和生产情况分品种科学地制定安全库存，设立库存指标；库存分为供应商库存和公司自己库存两个部分，做好相应的沟通与协调关系。

二是付款方式差异化。针对不同种类的物资，采取差异化的付款方式。

三是信息互通。梳理信息沟通渠道，实现信息及时互通。

四是建立应急机制。主要从制定应急处理预案入手，在质量、进度等方面出现紧急情况时采取灵活的采购方式及特殊措施。

五是建立潜在供应商储备资源库。主要任务是收集行业供应资源，建立公司潜在供应商资源的信息库。

### 5.2.4.3 建立供应链成本优化方案

（1）内部计划的控制。设立采购订单的内部流程，利用部门职责来控制采购成本。

（2）分析管理模型的建立。将采购部门和技术研发部门在通用化、标准化、模块化方面以及研发设计功能分析、性价比等方面进行融会贯通，共同优化供应链的成本。

（3）用目标成本法管理采购成本。实行有目标的定价采购，有效降低采购成本。

（4）建立自制外购评审机制。主要是针对零部件是自制还是利用社会资源外购，要建立一套评审流程，科学评审，使采购付出代价最低化。

### 5.2.4.4 制定物流管理规划

实现物流管理体系化、物流设备与资源整合管理和物流运作整合及运作模式专业化、一体化。具体规划如表17所示。

表17　　　　　重庆DJ集团车桥公司"十三五"物流规划

| 时间 | 目标 |
|---|---|
| 2015~2016年 | 仓储管理，配送管理，作业路径管理，库房管理，物流设备管理 |
| 2016~2017年 | 运作专业化，零部件运输集成化，零部件配送模块化，零部件供应准时化 |
| 2017~2020年 | 物流作业监控实时化，人员专业化，物流标准化，物流设施规划，物流管理信息化、物流管理体系建设规范化 |

### 5.2.5 强化质量管理

系统提升质量管理工作，把"满足顾客期望和使用户满意"作为质量管理基点，把有效运行质量管理体系作为提升工作质量的保障，把开展过程质量控制能力研究作为提高产品实物质量的有效途径，系统提升产品可靠性设计能力，充分利用质量设计工具，有效识别质量特性和风险评估，提高产品适应水平。

（1）提高产品设计质量。设计人员在产品研发过程中充分考虑客户需求（设计输入含工况及环境），严格执行设计研发程序，加强FMEA、QFD、FTA、DOE等先进设计质量分析工具在设计中的运用，从源头提升产品设计质量。

（2）注重产品制造质量。积极开展学习培训，提升员工质量意识和技能员工素质，定期开展人、机、料、法、环、测等各方面的工序质量分析，找到影响产品实物质量的薄弱环节，对重点工艺进行优化，提升关键工艺控制能力。同时，大力开展质量攻关、质量诊断等活动，及时破解质量难题，保证产品一致性、稳定性，延长产品使用寿命，提高产品的可靠性。

（3）控制产品过程质量。积极识别各工序控制要素，倡导"第一次就做正确"的质量理念，全面落实工位质量责任制，推行"不接收不合格品，不制造不合格品，不流出不合格品"的"三不"方针，加强首检和巡检，减少成品分选；同时，培养品质管理人员统计分析技术的应用能力、完善产品性能/功能试验设施、改善检验器具与设备，从以成品检验控制为主转变为以工序过程控制为主的质量保证模式，提高产品质量风险的识别、控制能力，提高生产过程质量。

（4）管控外购外协质量。加强分供方的管理，建立完善供方质量档案和供方考核、评价办法，提高供方准入条件，逐年淘汰不合格供应商；每年按计划开展对供方的二方审核，帮助、支持供方提升技术和质量管理水平；对外购外协质量问题，积极推进质量改进、问题闭环管理，避免质量问题重复发生。

（5）跟踪产品售后质量。建设完善售后服务体系，及时提供售后质量服务，积极反馈售后质量信息，为产品质量改进提供切入点，持续提升产品实物质量。

### 5.2.6 加强人力资源管理

以公司发展战略为牵引，坚持"超越领先，人才先行"的理念，以"进一步调整、完善人员结构，搭建薪酬分配体系和骨干人员任职资格体系"为主线，努力构建基于战略、面向未来、满足需要的人力资源管理新机制。

#### 5.2.6.1 三支人才队伍打造

一方面，按照"企业发展需要什么就重点培训什么"和"干什么学什么、缺什么补什么"的原则，坚持培训与考核、培训与使用、培训与绩效相结合，整合培训资源，多形式、多途径、多层次开展培训，切实增强培训效果，提高员工队伍素质；另一方面，实行收入分配向关重骨干人员倾斜，同时加大核心骨干及成熟人才的培养、引进、管理，提升企业人才实力。

（1）管理人才队伍建设。一是重点针对检验、营销、售后、生产计划、供应链、精益等管理人员推进公司层面适应性和针对性培训，并且从部门层面职责、业务技术、流程执行等方面完善培训考核机制，进一步提升企业综合管理能力；二是根据公司实际情况引进营销职业经理人等高级管理人才1~2名，提升企业营销实力。

（2）专业技术人才队伍建设。一是引进整车匹配专家、车桥实验专家、悬架系统专家、底盘专家等高端专业技术人才和汽车及零部件制造、机械设计等有关行业领军人才、成熟人才、本科及研究生以上的工程技术人员，持续优化工程技术人才队伍，打造核心研发能力；二是结合技术研发、工艺设计、关重设备、重大技改项目的需要,开展专业技术人员的内培及送外培训,加强对在职攻读工程硕士学位研究生学员的引导管理,加大技术人员的送外进修工作力度,组织学术主题活动,提升专业水平,提高公司研发设计能力,提升产品核心竞争力。

(3) 技能型人才队伍建设。以技能大师工作室带动、职业技能鉴定、多能工培养和技师带徒以及送派进修学习、交流考察学习等多种方式,持续抓好技能工人的岗位培训,以及人员结构调整过程中的转岗、上岗培训。通过内部技能生产工人的岗位培养、培养选拔一批高级技能师、高级技能大师及技能带头人,打造一支爱岗敬业、技能精湛的产业技术工人队伍。

#### 5.2.6.2 持续优化人员结构

通过人才引进和培养,淘汰不适应公司发展的人员,实施"提升高端、增强中端、减少低端"的人员素质优化方针;按公司业务需要实施定编定岗定员管理,实施技术改造、业务外包等方式减少辅助人员,提高科研开发、工艺技术和一线操作技能人员比例,控制管理和辅助人员比例,持续实施人员结构优化。积极畅通人员退出通道,通过协商解除、依法终止劳动合同及加强用工管理、鼓励长病人员退出等多种方式,畅通员工正常退出通道。到 2020 年,从业人员人数控制在 900 人以内,基本生产工人比例接近 60%,工程技术人员比例超过 20%,各类人员比例持续优化。人力资源结构调整计划具体如表 18 所示。

表 18　　　　2015~2020 年重庆 DJ 集团车桥公司人力资源结构调整计划　　　　单位:人

| 人员分类 | 2015 年 | 2016 年 | 2017 年 | 2018 年 | 2019 年 | 2020 年 |
| --- | --- | --- | --- | --- | --- | --- |
| 技能工人 | 615 | 515 | 480 | 500 | 510 | 520 |
| 工程技术 | 130 | 145 | 160 | 175 | 190 | 205 |
| 经营管理 | 160 | 120 | 85 | 85 | 90 | 90 |
| 其他 | 180 | 130 | 85 | 85 | 85 | 85 |
| 合计 | 1085 | 910 | 810 | 845 | 875 | 900 |

#### 5.2.6.3 员工收入逐步提升

推行工资总额预算管理,体现价值导向推行多元化分配方式,强化全员绩效管理,收入适度向骨干人员倾斜,留住关键员工,构建"员工工资收入与企业经济效益、劳动效率同步提高"的正常增长机制。建立市场化的用工制度,根据经济规模对人员结构持续动态化调整,以稳步提升劳动生产率,确保员工收入逐年提升,让员工能够分享企业发展的成果,到 2020 年,员工人均工资收入达到 7 万元。薪酬水平规划如表 19 所示。

表 19　　　　2015~2020 年重庆 DJ 集团车桥公司薪酬水平规划

| 年份 | 2015 | 2016 | 2017 | 2018 | 2019 | 2020 |
| --- | --- | --- | --- | --- | --- | --- |
| 人均工资（元） | 42000 | 46000 | 50000 | 56000 | 63000 | 70000 |
| 增幅 | 1.1 | 1.1 | 1.1 | 1.12 | 1.12 | 1.12 |

# 6 研究结论与展望

## 6.1 研究结论

在当前中国经济"新常态"下，工程机械行业面临"去产能、去库存"的巨大压力，传统重车桥企业面对市场需求急剧下滑的不利局面，如何应对经济"寒冬"，度过艰难的调整期是当前国内重车桥企业不容回避的现实问题。重庆DJ集团车桥公司应审时度势，充分利用自身近40年沉淀积累的产品和市场组合优势、较强的新产品研究开发能力、良好的品牌资源和行业较高的知名度，运用差异化的竞争战略，将整体发展战略定为防御型调整战略，坚持以产品和市场为双核驱动，逐步构建独特的持续营销能力体系和打造高端引领、重点跨越、适应顾客差异化需求的研发设计能力体系，引领特种车桥行业发展，打造特种差异化的品牌优势，实现企业的可持续健康发展。

## 6.2 研究展望

展望我国重车桥企业的未来发展，面临"一带一路"国家发展倡议、新型城镇化建设、社会发展对特种车辆的增长需求和国家环保及产业政策带来新的发展机遇，同时也面对国内重车桥需求总体下降、行业产能严重过剩面临"去产能、去库存"的巨大压力及"产品空心化""市场空心化"的威胁，国内具有一定的科研开发实力，拥有良好的行业声望和能快速适应市场需求变换的企业仍有一定的生存和发展空间。面临严峻的形势，重庆DJ集团车轿公司必须认清形势，迎难而上，按"特种差异化，品牌专业化"的产品发展思路，打造满足客户需求的各种行走式作业类机械用桥，重点发展转向驱动桥、独立悬架轮边桥和湿式制动桥等优势产品，外部市场采用密集型战略（即通过在产品和市场方面的潜力来维持企业市场规模）、内部采用紧缩战略（即通过内部的挖潜降低企业运行成本）来扭转公司财务状况欠佳的局面，提高运营效率，使公司能渡过危机，待行业及市场情况发生转机，及时调整采用新的战略，最终实现成长为全国领先的特种车桥供应商，成长为中国特种车桥第一品牌的目标。

本文运用先进的现代管理理论，运用PEST分析法、波特五力模型等战略研究工具，对重庆DJ集团车轿公司战略发展的内外部环境进行了分析，明确了企业发展面临的机会和威胁；运用SWOT分析法对重庆DJ集团车轿公司发展的机会、威胁以及公司自身的优势、劣势进行具体的分析，明确了基本竞争战略和总体发展战略，确定了重庆DJ集团车轿公司战略发展目标，拟定了坚持产品差异化、强化核心竞争力、建立多样化销售渠道、加强品牌建设及建立高效的营销管理机制和营销团队等实施策略，并从完善市场营销体系、提升技术研发能力、提高生产管理水平、打造供应链管理体系、强化质量管理、加强人力资源管理等方面提出了战略实施的保障措施。希望能对重庆 DJ 集团车轿公司及其同类企业的发展提供指导和借鉴性帮助，但在重车桥这个行业总体市场及各细分市场情况、竞争对手情况等数据收集和分析、企业投融资能力及方案分析等方面还存在一定缺失，也未就组织机构设置、企业文化、企业领导人的能力和素质等方面进行深入讨论，这些都将是未来进一步研究的方向。

受篇幅、本人研究水平等方面的限制，本文难免还有疏漏和不严谨之处，特此说明，并欢迎就此提出宝贵意见和建议。

**参考文献**

[1] 刘则渊. 发展战略学 [M]. 杭州：浙江教育出版社，1988.
[2] 李德才. 论战略管理研究 [J]. 工业技术经济，1990 (6)：1-3.
[3] 吴秋生. 论企业发展战略与内部控制的关系 [J]. 企业经济，2012 (10)：5-9.
[4] 罗珉. 战略选择论的起源、发展与复杂性范式 [J]. 外国经济与管理，2006，28 (1)：9-16.
[5] 迈克尔·T. 麦特森等. 管理与组织行为经典文选 [M]. 北京：机械工业出版社，2000.
[6] 杨锡怀. 企业战略管理 [M]. 北京：高等教育出版社，2001.
[7] 王勇. NF 集团摩托车发展战略研究 [D]. 重庆理工大学，2014：9-10.
[8] 郑风田. 如何解决好"三个 1 亿人"问题 [J]. 中国党政干部论坛，2015 (3)：78-79.
[9] 王晓广. 生态文明视域下的美丽中国建设 [J]. 北京师范大学学报（社会科学版），2013 (2)：19-25.
[10] 钟军. 2014 年 9 月 1 日起部分专项作业车等 4 类车型强制安装 ABS [J]. 商用汽车，2014 (16)：54-54.
[11] 张占斌. 中国城镇化转型与新兴经济体间的服务业合作 [J]. 经济体制改革，2015 (1)：17-18.
[12] 王思雨. "中国制造 2025" 计划投资机会分析 [J]. 决策探索月刊，2015 (14)：44-45.
[13] 刘义亮，颜函，徐守军. 工程机械产品设计中的节能与环保 [J]. 商品与质量，2015 (16).
[14] 常曙光. 我国齿轮行业新材料新工艺的创新 [J]. 金属加工：热加工，2010 (17)：9-11.
[15] 辛木. 卡车车桥行业现状及产品发展动向 [J]. 物流技术与应用：货运车辆，2008 (6)：70-72.
[16] 赵东，苏娜. 工程机械单位党支部生活吸引力建设 [J]. 交通世界：建养机械，2014 (7)：65-66.
[17] 魏正业，罗礼培，龚改民等. 重卡车桥现状及新技术发展趋势 [J]. 汽车与配件，2014 (25)：54-58.
[18] 王方华，吕巍，陈洁. 企业战略管理 [M]. 北京：高等教育出版社，2001.
[19] 彭莉科著，战略远见 [M]. 北京：机械工业出版社，2003.
[20] 黄溶冰，李玉辉. 基于坐标法的 SWOT 定量测度模型及应用研究 [J]. 科研管理，2008，29 (1)：179-187.
[21] 王欣，陈丽珍. 基于 AHP 方法的 SWOT 定量模型的构建及应用 [J]. 科技管理研究，2010 (1)：242-245.

[22] 魏光兴. 企业核心能力与多元化经营的结合模式 [J]. 经济师, 2003 (5): 18–22.

[23] 谢智勇. 中联集团车桥公司发展战略研究 [D]. 湖南大学, 2006.

[24] 徐孟林. 华通集团发展战略和规划研究 [D]. 南开大学, 2009.

[25] 江杰. 祥和集团发展战略研究 [D]. 合肥工业大学, 2011.

[26] 张慧. GS 公司发展战略研究 [D]. 中南大学, 2010.

[27] 凡超. 广州万科地产"2006—2008 发展战略"案例评价 [D]. 中山大学, 2010.

[28] 夏丹. 广州 HR 独立学院发展战略研究 [D]. 兰州大学, 2010.

[29] 谷航. 车桥分公司发展战略研究 [D]. 吉林大学, 2006.

[30] 康岩涛. 南航飞机维修业产业化发展战略研究 [D]. 西南交通大学, 2010.

[31] 申健. 汽车服务业整合发展战略研究 [D]. 东北师范大学, 2010.

[32] 周利. 北京 A 车桥公司发展战略研究 [D]. 北京大学, 2013.

[33] 李开. SYTF 公司发展战略研究 [D]. 华南理工大学, 2013.

[34] 刘玉英. LC 水务集团发展战略研究 [D]. 山东大学, 2013.

[35] 付亚和, 许玉林. 绩效管理 [M]. 上海: 复旦大学出版社, 2007.

[36] 许玉林. 组织设计与管理 [M]. 上海: 复旦大学出版社, 2003.

[37] 文跃然. 薪酬管理原理 [M]. 上海: 复旦大学出版社, 2004.

[38] 斯蒂芬·P. 罗宾斯著, 孙健敏等译. 组织行为学 [M]. 北京: 中国人民大学出版社, 2005.

[39] Ansoff H. I.. *Corporate Strategy: An Analytic Approach to Business Policy for Growth and Expansion.* New York: McGaw-Hill, 1965.

[40] Prahalad C. K., Hamel C.. The core competence of the corporation [J]. *Harvard Business Review*, 1990 (5): 79–91.

[41] Edward De Bono. *Sur/Petition* [M]. Swtizerland: Profile Business, 1995.

[42] Johannessen J. A.. Aspects of innovation theory based on knowledge-management [J]. *International Journal of Information Management*, 1999, 19 (2).

[43] Prahalad, C. K. and Hamel, C.. The core competence of the corporation [J]. *Harvard Business Review*, 1990: 66.

[44] Davenport, T. H.. Successful knowledge management projects [J]. *Sloan Management Review*, 1998, 39 (2).

[45] Andrew Campbell and Marcus Alexander. What's wrong with strategy? [J]. *Harvard Business Review*, Nov-Dee, 1997 (42).

# 四川航空营销策略研究

胡炜 周莉

**摘 要：** 中国民航运输业是国民经济的支柱型产业，其特点为资本投入大、技术要求高，且易受政治、经济、社会文化、技术等外界环境的影响。当今世界经济一体化进程加速，受全球经济疲软影响，我国经济增速也明显放缓，2012～2015年GDP增速较2011年以前呈现下降趋势。民航业的发展受国内经济环境的影响，面临较大的不确定性，加之行业准入壁垒的逐渐打开，使得民航业内部竞争日趋激烈。国航、南航、东航三大航空集团的并购重组，更是给行业内的中、小型航空公司带来很大的竞争压力。

四川航空股份有限公司（下称"川航"）是立足于我国西南成都的一家地方性航空公司。从建立至今二十余年，发展势头良好，近年来持续赢利。但在新的宏观形势下，川航面临国内经济增速放缓所致的消费增长下降、全国高铁大面积建成通车形成代替等威胁，以及行业内的激烈竞争，现有的营销策略已不能适应新的市场竞争环境。因此，及时对公司的内外部环境进行深入剖析，优化和创新公司的营销策略来应对市场环境的变化，从而使川航更加稳定和健康地发展，显得非常重要和十分紧迫。

本文通过对国内外相关文献以及PEST宏观环境分析法、SWOT矩阵分析模型、迈克尔·波特五力分析模型和7Ps营销组合策略的理论进行阐述，结合川航的具体情况，整合以上理论和分析方法，分析了目前川航的内外部环境及竞争环境，总结得出川航所面临的优势、劣势、机遇和威胁，从而对川航现有的营销策略提出可能的优化和创新建议。并且针对新营销策略实施的措施提出建议，从战略管理、企业文化、人力资源等方面的建设带动全公司各部门共同投入新营销策略的实施中。希望本文的研究对川航未来的营销活动和经营发展具有一定的指导和借鉴意义。

**关键词：** 四川航空；营销策略；环境分析；策略优化

# 1　导论

## 1.1　研究的背景

改革开放以来,我国政治环境稳定,经济飞速发展,各类技术不断进步革新。在整体环境的推动下,我国的民用航空运输业也取得了飞速的发展,航空公司的航线发展速度、客运量以及机队规模都不断的提升。同时,伴随着经济的快速稳健增长,我国人民的生活水平及可支配收入也逐年提高,人们跨市、跨省,甚至国际上的活动交流明显增多,对于探亲访友、度假旅游的需求也日益增加。民航业迎来了高速发展的黄金时期,中国民航年运输总周转量、旅客运输量从 2007 年开始连续 5 年排世界第二位,成为仅次于美国的全球第二大航空运输系统。

然而,航空公司同时也面临巨大的挑战:其一,航空运输业与社会政治经济环境有着密不可分的联系,在经济发展迅速的环境下航空运输业发展迅猛,在经济出现减退或减速的环境下航空运输业也将受到较大的打击。我国进入 2015 年后经济发展速度明显减缓,受此影响,航空运输业自然也进入了一个低增长周期。其二,全国高铁大面积的建成通车,又在短线商务客运上成为航空运输业的强有力的替代竞争者,航空公司短线客源比重明显下降。其三,政府对航空市场的管制逐渐放松,更多的民营资本投入开办民营航空公司,进入市场参加竞争,市场竞争不断加剧。其四,"70 后""80 后"逐渐成为社会的中坚力量,这部分旅客的需求弹性增高,对价格的敏感度增强,个性化需求增加。旅客对便捷性、高效性、高品质的要求进一步提升,航空公司的产品和服务提供面临更高质量的挑战。

四川航空股份有限公司从 1986 年成立起,"咬定青山不放松",本着"真善美爱,义信智礼"的公司理念,至今(2015 年)已安全飞行 29 年。公司连续 14 年持续盈利,享受了经济迅速发展的成果,如今已成为一个拥有 106 架全空客机队的深受西南区域主流市场欢迎的地方性中型航空公司。但是,就在公司"十二五"规划即将顺利完成,大步迈向"十三五"规划的关键时刻,国家社会政治经济大环境和居民需求的变化日益显现,公司传统的营销策略受到极大的挑战。为了能够保持公司稳定良好的发展,及时掌握航空客运市场的特性及其变化规律,通过调查分析深入了解航空旅客的真正需求,从而重新评估和优化调整公司的营销策略成为一项重要而有意义的工作。

本文正是在这一背景下,通过研习相关文献和理论知识,分析川航的内外竞争环境,达到优化创新当前营销策略的目的,并对新营销策略的实施提出建议,以期在一定程度上为川航在新环境下的营销策略及实施提供理论支持和方法指引。

## 1.2 研究的目的和意义

从以上的背景分析，我们可以看出，从理论和实证的角度，探求如何通过调查分析深入了解航空旅客的真正需求，从而重新评估和优化调整公司的营销策略，是本论文的研究意义所在。

本文将理论研习深入应用于实践中，拟通过对目前川航外部环境、市场竞争环境分析以及内部环境分析，结合川航之前营销策略的经验教训，研究制定出适合川航现阶段发展需要的营销组合策略，并对产品组合策略、定价策略、渠道策略、促销策略、服务营销策略等方面分别进行详细的论述，为川航进行营销策略优化和创新提供参考和借鉴，进而希望可以推广，使之成为目前国内类似川航的各中型航空公司在现阶段市场环境下可以广泛借鉴的一套营销策略。

## 1.3 研究方法

本论文的研究采用以下几种方法。

（1）比较分析法。

通过借鉴国内外营销及竞争管理相关成熟的理论、文献查阅、互联网检索等，应用比较分析、归纳推理等多种方法，对论文所需讨论课题具有了较为全面的了解，并试图找出相关理论之间的内在逻辑关系，为本文的写作铺下坚实的理论基础。

（2）案例分析法。

通过对航空公司实践活动中的具体情况，进行归纳、总结和分析，使之具体化、理论化，成为可以运用的实践经验。

（3）定量分析与定性分析相结合的方法。

本文并不局限于对营销策略的研究作出定性的分析，还通过采用图表、模型等定量分析，使分析更为清晰明确。

## 1.4 研究的主要内容

多年来，川航作为一个国企性质的航空公司，公司改革的重心主要偏重于制度改革，在营销策略上局限于小规模的战术创新，经常出现临时寻找市场应对策略的尴尬局面。而今，面对国内外大型航空公司、航空联盟以及小型低成本航空公司的联合冲击，显得有些力不从心。因此，结合川航当前内外部环境，优化和创新现有营销策略，总结出适合川航现阶段发展的新型营销策略势在必行。

本文第 1 部分对论文的研究背景及意义进行了阐述，提出了此研究需要解决的问题；第 2 部分介绍了本文研究涉及的部分理论，为论文接下来的研究提供了理论依据，并对本文涉及的参考文献进行了综述；第 3 部分通过对川航内、外部环境以及竞争环境的分析，列出目前公司在市场中的优、劣势，并明确公司目前面临的机遇与威胁；第 4 部分针对前一部分分析得出的结论，提出川航营销策略的优化和创新方案；第 5 部分提出优化后的新营销策略的实施建议；第 6 部分得出本论文研究的结论和展望。

## 2 文献综述和理论基础

### 2.1 文献综述

#### 2.1.1 国外文献综述

国外学者对于营销策略已有较为成熟的理论和研究，主要集中在渠道策略、价格策略等方面。对于航空新兴的营销策略方面的研究，主要是针对某一具体的策略或具体的产品推广案例。

（1）渠道策略。

营销渠道是一种贸易渠道，是指某种货物或劳务从生产者向消费者移动时，取得这种货物或劳务所有权或帮助转移其所有权的所有企业或个人。国外对于营销渠道方面的研究，主要集中在渠道结构、渠道行为、渠道关系三个方面。

渠道结构的研究主要以效率和效益为重点，康佛斯·胡基（1940）、奥德逊（1954）等利用经济理论进行渠道结构的分析，认为经济效率标准是影响渠道设计和演进的主要因素；渠道行为的研究主要以权力和冲突为重点，德瓦耶（1981）、葛雷玛（1987）等国外学者通过对权利和冲突关系的研究，认为渠道是成员间既有合作又有竞争的联合体，成员行为会影响整个渠道的运行效率。斯特恩（2006）则认为渠道关系的建立中成员的依存和承诺是关键；渠道关系的研究，主要注重渠道成员之间的合作关系，提出渠道联盟的观点，以达成渠道的各方及整体均获益的效果。

目前国外关于航空公司营销渠道方面的研究，已经集合以上渠道结构、行为和关系三方面提出渠道一体化等管理方案，采取电子商务直销与旅行社分销相结合的模式解决航空公司的渠道权力和冲突问题，国外的航空公司也更加注重渠道联盟的作用。

（2）价格战略。

尽管航空运输业是技术密集型和资本密集型行业，投入非常大，相应的运营成本较高，但低成本航空运营模式已在全球范围内遍地开花，尤以美国低成本航空历史最为悠久，已发展进入成熟期，形成稳定的低成本航空公司寡头竞争格局，而亚洲低成本航空运营模式尚处于最初的创新阶段。

在"机队一致性如何影响低成本航空公司的运营"一文中，亚历山大·布鲁根和莱文·克洛斯研究了机队的统一性对于低成本航空公司经营表现的影响，为低成本航空公司的机型配置指明了方向。约西普·米库利克（2006）、达可·普莱布扎克（2006）在"旅客对于传统以及低成本航空公司忠诚的动因"中指出，票价的波动、航班的安全性是低成本航空公司旅客关注的指标，应在保证航班安全的前提下以"低成本＋低票价"为核心进行运营。

（3）国外营销策略案例。

德赖弗（Driver，2009）讨论了国外航空公司在市场实践中普遍采用的一些营销策略，以及这些策略随着市场变化的发展创新。怀特（Whyte，2012）阐述了澳洲捷星航空的双品牌营销策略，并认为这种营销策略在全球中小型航空公司中值得普遍推广。梅森（Mason，2014）通过对低成本航空公司如何吸引商务旅客的营销策略的研究，指出普通游客并不是低成本航空公司的唯一目标市场，一些在乎成本的商务旅客同样应当作为目标客户考虑，这对于中小型航空公司具有很高的参考价值。

（4）国外文献评述。

从以上研究结果可以看出，国外文献关于营销策略的研究已经比较成熟，并且对于不同类型的航空公司，在不同的环境中都能找到适合自己的营销策略和创新，但是总体对于航空公司营销策略组合的研究较少。国内航企正面临国内外环境的巨大变化给传统的营销模式带来的冲击，单一的产品创新或只是针对某一方面的营销策略创新已不足以应对市场。如何在目前如此复杂而多变的航空竞争环境下提升航空公司的综合竞争力，才是国内航空公司营销发展的趋势，因此需要研究制定更全面、更完善的整体营销组合策略。

### 2.1.2 国内文献综述

中国的航空公司经过国家政策的改变而多次合并、重组后，目前形成了以国航、南航、东航为代表的国企大型航空公司；以海航、山航、川航、厦航为代表的中型航空公司；以春秋航空、华夏航空、奥凯航空为代表的小型民营航空公司三大阵营。近年来，对于不同类型航空公司的营销策略研究也如雨后春笋。

王景成（2011）通过深入了解并运用了大量的数据对航空旅客的需求进行分析，研究制定出一套适合当前国内大型航空公司的营销策略，主要从服务营销入手，为不同类型的旅客提供细致化的细分服务，通过常旅客计划，培养旅客忠诚度，以保证获得稳定的市场和收益。

孙瑞霖（2014）通过对山东航空自身条件和所处环境的研究，提出了新常态下大力发展电子商务的营销策略。通过新兴网络产业的支持，渠道建设重心向电子商务转移，牢牢抓住以"70后""80后"为中间力量的新一代消费群体，对国内中型航空公司有很大的借鉴意义。

伊庆（2007）针对春秋航空兴起的低价机票促销风潮，研究了低成本航空的由来和发展趋势，以及各种营销策略、促销手段等。针对中国民航业平均客座率不高的现状，对不同航空公司的定价策略在不同的客座率情况下的客票总收入做了比较。最后得出结论：对于小型低成本航空公司来说，低价机票竞争将是保证较高的客座率和提高航空公司票价总收入的有效营销策略。

倪海云（2012）对于如何将社交媒体一体化引入常旅客忠诚度项目的建议，徐炳强（2012）关于顾客忠诚度优劣关系对于行业常旅客生存发展的影响的观点，都充分阐述了常旅客营销对航空公司持续发展的重要意义。邢蕾（2011）提出定价策略中心理因素的影响及其应用分析。王平（2015）提出差异化定价策略在新型航空市场中的实用性；而陈立（2008）则提出航空公司可通过服务营销来超越价格战。

国内文献评述：国内学者大部分的分析研究都能结合所针对航企的具体情况，对其市场营销策略提出非常有价值的参考意见，但在具体实施的方法上，却比较缺乏详细的论述。在目前的国际国内日趋激烈的竞争环境下，航空公司上下不能思想一致地投入营销策略的实施中去，是无法达到理想的效果的，这也是本文亟须重点解决的问题。

## 2.2 研究理论基础

### 2.2.1 PEST 宏观环境分析法

PEST 宏观环境分析法是对战略外部环境进行分析的基本工具，可以分析行业所处的外部宏观环境对企业自身战略的影响。PEST 是四大类企业主要的外部环境因素的英文缩写，分别为政治（political）、经济（economic）、社会（social）和技术（technological）外部环境因素。通过对这四个因素的分析，进而从总体上把握宏观环境，评价其对行业内部战略目标及制定策略的影响。PEST 宏观环境的四要素如图 1 所示。

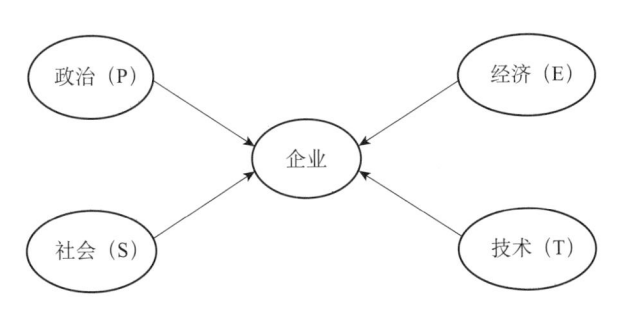

图 1　PEST 宏观环境四要素

政治因素决定了营销策略的政策偏好性，确保企业的营销策略必须符合法律法规、相关行政政策的条令下才可以进行。现实市场中，往往因区域政策的差异会产生与预期营销效果截然不同的局面，因此应好好对于政治要素进行研究。政治因素在一定意义上与政府的行为相联系,即是指对组织经营活动具有实际及潜在影响的政治力量和有关法律、法规等因素。政治环境是指企业所在国的政治体制、执政党政治主张、政局态势等因素,政治局势变动会影响经济走势,进而影响企业生存发展的大环境,相关法律法规因素关系着行业发展环境的规范性和安全性。

经济要素是指一个国家的经济制度、经济结构、产业布局、资源状况、经济发展水平以及未来的经济走势等。构成经济环境的关键要素包括 GDP 的变化发展趋势、利率水平、通货膨胀程度及趋势、失业率、居民可支配收入水平、汇率水平等。经济环境包括宏观和微观两个方面,宏观的经济环境是指国家层面的各种经济指标组成的总体环境,为企业的发展提供各种资源和条件,对企业起间接性的影响;微观经济环境是企业所在地区或目标市场的有关消费者和能够直接影响企业经营的经济环境,其直接影响着企业目标市场的容量、市场定位等营销目标的设立,企业应该在关注宏观环境的背景下把握微观环境的变化。

社会因素是指组织所在社会中成员的民族特征、文化传统、价值观念、宗教信仰、教育水平以及风俗习惯等因素。社会文化环境包括一个国家或地区的风俗习惯、价值观念、居民教育程度和文化水平、宗教信仰、审美观点等。社会文化环境因地理位置和历史文化的不同而各有差异,深刻地影响人们的价值观和审美观,进而影响消费者对企业产品和服务的认同,影响着营销活动在市场中的推广。

技术因素不仅仅包括那些引起革命性变化的发明,还包括与企业生产有关的新技术、新工艺、新材料的出现和发展趋势以及应用前景。技术是推动社会历史发展的重要动力,生产技术的突破和革新都将促使社会分工的演变,缩短产品投放市场的时间。技术环境指与企业生产经营相关的领域新技术、新方法、新工艺或新材料等的出现,也包括会引起革命性的变化的新发明。技术发展的趋势有时影响着消费者的需求结构变化,当企业比竞争对手更快地掌握新技术,并将其应用于生产经营,便能获得独特的竞争优势。

### 2.2.2 迈克尔·波特五力分析模型

迈克尔·波特(Michael Porter)五力分析模型通常用于分析客户的竞争环境,以提供企业战略制定所需要的相关信息,由波特于 20 世纪 80 年代初提出。他认为在行业中,存在着决定竞争规模和程度的五种力量,这五种力量综合起来会影响企业的吸引力,决定了某个产业中的企业获取超过资本成本的平均投资报酬率的能力,它对企业战略的制定产生了重大的影响。迈克尔·波特五力分析模型要素如图 2 所示。

(1)供应商议价能力。

企业供应商的议价能力显然影响其成本,来自供应商的威胁主要有两类,一类是提高供应品的价格;另一类是降低供应品的质量,这两类威胁都可以使下游行业的利润下降。企业可以对商业信息进行良好保护,避免被供应商过度牵制。如果必须依赖,可以在战略上与供应商达成长期双赢策略。

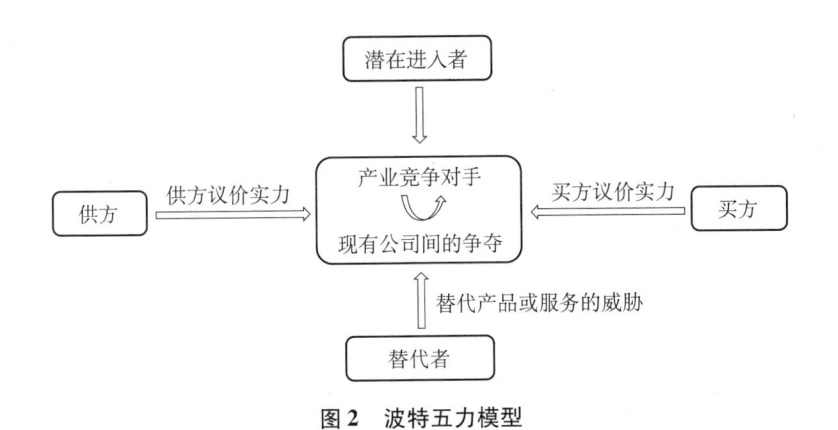

```
          潜在进入者
              ↓
供方 →供方议价实力→ 产业竞争对手    ←买方议价实力← 买方
                   现有公司间的争夺
              ↑
         替代产品或服务的威胁
              替代者
```

**图 2　波特五力模型**

（2）购买者的议价能力。

购买者可能会要求降低产品的价格、提高产品的质量或获得更优质的服务，其结果会使得企业面临的环境更加艰巨，导致企业利润下降。购买者的议价能力恰好与供应商的议价能力相反，在以下情况下，购买者会具有较强的议价能力。其一，购买者从企业购买的产品占企业销售量的比例很大；其二，企业的产品对购买者的生产经营不是很重要，而且该产品不具有唯一性；其三，购买者所购买的产品占其成本的比例很高。

（3）潜在竞争者的进入能力。

这部分与政府对行业的市场准入政策有关。潜在竞争者越容易进入某个行业，当前行业内企业的盈利能力就越容易被削弱。潜在竞争者的竞争能力很大程度上取决于各种进入壁垒的高度和行业的吸引力。在规模经济和行业集中度高的行业，潜在竞争者进入行业的难度较大，而且其经营风险较高，因此进入能力偏低。而在某个高速增长率的行业，行业的吸引力强，市场需求大于供给，潜在竞争者容易进入并具有较强的竞争力。

（4）替代品的替代能力。

由于替代品的存在，企业现有产品的价格和获利能力的提高会受到限制，如果替代品是客户容易接受的，这种限制会更明显。随着替代品的入侵，现有企业要么通过提升产品质量，要么通过削减成本来降低价格，要么通过改造产品使其更具有特色，否则其销售量和利润将会遭受不利影响。

（5）同业竞争者的竞争能力。

同业竞争者的竞争能力取决于以下三大因素，即竞争者的数量、行业的固定成本、退出壁垒。行业中竞争者的数量越多，企业面临的对手也就越多，其竞争能力就越弱，因此同业竞争者的竞争能力就越强；行业的固定成本越高，只能通过增加产量来降低单位产品的固定成本，导致规模效应、价格战、成本战上演，结果就是导致企业间的竞争加强，并且可能带来恶性竞争；如果行业中的企业退出成本较高，企业只能在行业内厮杀，就会加大行业的竞争强度。

### 2.2.3 SWOT 矩阵分析模型

SWOT 分析法即态势分析法，经常用于企业战略制定、竞争对手分析等，是由旧金山大学的管理学教授海因茨·韦里克（Heinz Weihrich）于 20 世纪 80 年代初提出来的。

SWOT 分析方法应用性较强的属麦肯锡咨询公司的 SWOT 分析，它包括分析企业的优势（strengths）、劣势（weaknesses）、机会（opportunities）和威胁（threats）。其中 S 和 W 主要用来分析内部的自身条件，O 和 T 主要用来分析外部环境条件。依据这四要素，导出四种策略，即 SO 策略、WO 策略、ST 策略、WT 策略。通过对企业自身特点的分析，合理运用四种策略，可以帮助企业把资源和行动聚集在自己的强项和机会最多的地方，并让企业的战略变得清晰。SWOT 矩阵如图 3 所示。

|  | 机会（O） | 威胁（T） |
| --- | --- | --- |
| 优势（S） | SO 策略 | ST 策略 |
| 劣势（W） | WO 策略 | WT 策略 |

**图 3　SWOT 矩阵**

优劣势分析主要是关注于企业自身的实力及其与竞争对手，而机会和威胁分析将关注外部环境的变化。在分析时，应把所有的内部因素（即优劣势）集中在一起，然后用外部的力量来对这些因素进行评估。

### 2.2.4 7Ps 营销组合策略

营销组合的概念最早是由尼尔·鲍顿（N. H. Borden）教授（1964）提出来的，并总结出 12 个营销要素，但更为普遍和适用的是由美国密歇根州立大学教授杰罗姆·麦卡锡（1960）提出的"4Ps"理论。他认为企业可以从产品（product）、价格（price）、渠道（place）、促销（promotion）四个方面采取措施进行营销推广。这一理论是在物资短缺的 20 世纪 60 年代所提出，体现了当时以生产为导向的营销观念，消费者的需求并未得到重视。

1981 年布姆斯（Booms）和比特纳（Bitner）在 4Ps 理论的基础上提出了 7Ps 理论，即增加了三个"服务性的 P"，即：人员（people）、服务过程（process）、有形展示（physical evidence）。人是指交易过程中，与消费者有直接接触的企业各个部门的工作人员，服务过程是指企业与客户接触时的服务流程，有形展示是指通过营销人员的引导和展示，让商品和服务的特性更加贴近顾客，让顾客体验到真实的服务质量。

7Ps 理论开始从消费者的角度出发，关注顾客在消费过程中的心理体验。消费者的购买决策不仅受到产品本身的影响，往往也受到交易过程中企业所提供的服务影响。更深层次的，7Ps 被广泛应用于服务业中，构成服务营销的基本框架。服务营销理论不仅是传统营销理论在服务领域的运用,更是在其基础上的发展和演化,更加突出过程和人的作用。

在如今的互联网信息时代,由产品、价格、渠道和促销四个要素构成的传统的市场营销组合(4Ps),已难以解决服务营销中面临的问题了。服务是一项活动和一个过程,这使得人员对服务质量有着不可避免的影响,员工与顾客之间的互动成为服务生产过程中不可缺少的环节。同时,服务的无形及不可感知性,使得顾客在消费服务时感觉风险更大,促使顾客寻找有形证据来帮助自己识别服务。因此,人员、有形展示和过程便成为与传统的"4Ps"结合在一起的服务营销组合,即"7Ps",如表1所示。

表1  7Ps服务营销组合策略

| 7Ps | 内容 |
| --- | --- |
| 产品(product) | 质量、品牌、服务领域、服务保证、售后服务等 |
| 价格(price) | 折扣、付款方式和信用、顾客谁知价值、质量价格比、差异化等 |
| 渠道(place) | 服务场所位置、可及性、分销渠道、分销范围等 |
| 促销(promotion) | 广告、人员推销、宣传、公关、形象促销、营业推广等 |
| 人员(people) | 仪表、态度与行为、可靠性、沟通、顾客参与等 |
| 过程(process) | 设备设施、环境设计等 |
| 有形展示(physical evidence) | 活动流程、顾客参与度、员工决断权等 |

## 3 川航营销环境分析

### 3.1 川航概况

川航前身四川航空公司成立于1986年9月19日,1988年7月14日正式开航营运。2002年8月29日,公司股份制改造后,四川航空股份有限公司成立,股东为四川航空集团有限责任公司(40%)、中国南方航空股份有限公司(39%)、上海航空股份有限公司(10%)、山东航空股份有限公司(10%)和成都银杏餐饮有限公司(1%)。2015年5月22日,川航迎来公司第100架空客飞机,机型A321,编号B-1663。至此,川航共拥有A320系列飞机93架,A330系列飞机7架,成为目前国内最大的全空客机队航空公司。

川航2014年全年执行航班55000余班次,承运旅客1900余万人次,平均客座率86%,运输总收入188亿元,实现利润约2亿元。截至2014年年底,公司机队规模96架,其中宽体客机A330占5架。2015年全年截至目前执行航班59000余班次,承运旅客2000余万人次,平均客座率85%,运输总收入192亿元,实现利润1.8亿元。

截至 2015 年年底公司机队规模 106 架，其中宽体客机 A330 占 7 架。

从以上数据可见，近两年来川航机队规模持续扩大，承运能力不断提升，两年的客座率基本持平，运输总收入增长，公司规模不断扩大，但在利润率上并没有实质性的突破。想要保持利润率的持续增长，追求市场利润最大化，实现公司的战略目标，必须有针对性地对当前川航当前营销环境的变化进行分析，从而找到新的利润突破点。

## 3.2 宏观环境分析

宏观环境是航空运输业的重要外部营销环境。因此，本文首先运用 PEST 宏观分析方法进行川航外部营销环境的分析。

### 3.2.1 政治环境分析

中国经济地区发展不平衡，政府致力于促进全面发展，一系列区域发展政策出台实施，使国内民航业的发展走向多极化。国家民航局对西藏、新疆等地区的扶植政策，也对整个西部地区航空市场产生了拉动效应。具体关于国内航空业的发展政策，主要表现在市场化程度增加、鼓励市场竞争方面。国内航权方面，航权基本全部开放并实现国内全部航线航班的登记管理，使更多的航空公司可以自由进入已有机场进行运营。定价方面，进一步放开价格改革，国家民航局 2014 年出台的《民航国内航空运输价格改革方案》，允许航空运输企业在基准运价的基础上对机票价格进行一定范围内的上下浮动申报，自主定价的放宽使航企可以更好地满足消费者的不同需求，有效刺激市场需求，并且形成良好的市场竞争环境。

地方政策方面，各地政府助力推进发展民航事业，促进地区经济发展的扶植政策陆续出台，为政企合作搭建了更广阔的平台。就西部地区而言，如四川省的重要战略目标为建设我国西部航空枢纽；重庆市则陆续与民航局签订加快重庆民航发展的"三项协议"；云南省政府则一向对航空事业持开放、重视的态度，民航业的发展已成为其建设面向东南亚"桥头堡"战略的重要组成部分。

这些利好的政治环境使立足于西南的川航可以争取更多的政策支持和资金补贴，川航已与重庆市、云南省、青海省、绵阳市等政府签订了一系列的战略合作框架协议，开启与政府广泛合作的新局面，从而为川航的中长期发展创造良好的政治与经济条件。

### 3.2.2 经济环境分析

航空运输业是资本密集型和技术密集型产业，受经济环境影响十分明显，目前我国经济呈现增速放缓的发展迹象，如图 4 所示。

目前的经济环境给民航业的发展带来了不确定性，竞争的加剧，可能会造成不是

图4　我国GDP增长率趋势

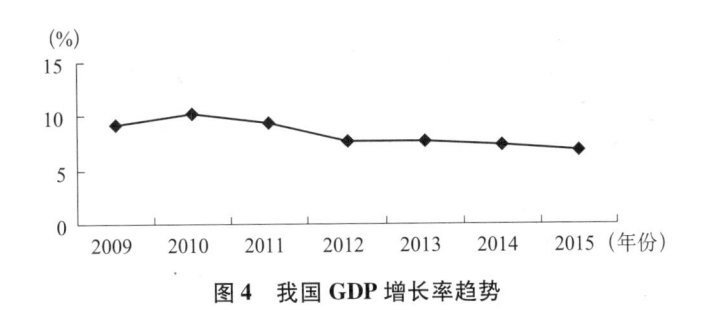

所有的航企都可以享受该行业的快速增长成果。虽然经济增速放缓并不意味着民航业从此失去了发展的动力，但民航业的发展也面临着严峻的挑战。

一方面，中国经济增长虽然放缓，但仍有较好的增长率，这种持续增长为民航业的发展提供着足够的动力，航空客流量仍将随着国内人均GDP的提升而增长。国际货币基金组织的相关研究报告指出，一国的人均GDP超过1万美元以后，航空需求趋于饱和，而在1万美元以下时，人均GDP与航空客运流量的关系呈正相关关系。我国2009～2015年人均GDP如表2所示。

表2　2009～2015年我国人均GDP变化情况

| 年份 | 人均GDP（美元） |
| --- | --- |
| 2009 | 3711 |
| 2010 | 4361 |
| 2011 | 5414 |
| 2012 | 6100 |
| 2013 | 6767 |
| 2014 | 7575 |
| 2015 | 8016 |

由此可以看出，我国目前人均GDP还远未达到1万美元，并逐年保持增长趋势。因此，航空旅客市场还有较大的潜力可挖掘，但随着旅客流量的不断增长，航空旅行开始走向大众消费。

另一方面，经济放缓也使民航业中的航企面临更严峻的挑战。我国正处在改革攻坚、促进经济结构调整的关键阶段。国内经济放缓，整个民航业面临市场增长空间的压缩，行业内部航企之间的厮杀将日趋激烈，价格战将导致成本上升而经营利润下滑。加之通货膨胀现象的出现，国家采取紧缩的货币政策，这对川航的融资环境、融资成本以及目标顾客消费能力都会带来负面的影响。

### 3.2.3　社会文化环境分析

社会文化环境对航企的发展经营具有内在的影响，特别是旅客消费观念和消费模式的变化。

(1) 消费观念的变化。人们的日常生活工作竞争越来越激烈，时间价值提升，越来越多的人对时间的价值观念增强，快捷的航空客运是满足这种需求的有效方式，因此受到人们的青睐，有利于航空客运的发展；"80后""90后"逐渐走上社会的舞台，他们的消费观念与先辈们有较大差异，注重个性追求、表现自我的价值观，对民航业将产生相当的影响，有利于航空公司开发差异化产品和服务，促进行业的健康竞争。

(2) 消费模式的改变。家庭的收入升高，食物的支出消费比例就相对下降，而对于娱乐、教育、旅游等消费的支出比例相应增加，人们消费模式发生改变。消费模式改变体现在航空旅客的出行消费升级、出境旅游呈现暴发式增长，这大大地刺激了航空客运的需求；城乡一体化的发展，农村居民的收入和消费水平近年来大幅度提高，消费模式向城镇居民靠拢，由于我国农村地区比重较大，所以这种趋势将为航空客运提供广阔的潜在发展空间，航空公司应采取有效的措施抓住发展机遇。

### 3.2.4 技术环境分析

航空运输业是技术密集型产业，技术环境对航空运输业的发展显得非常重要。首先，飞机制造技术的提高，有效地提升了飞机的飞行安全性、舒适性和稳健性，促使航空公司服务升级。例如，南方航空2008年预购的5架空客A380飞机，合理有效地采用了高新技术，成为目前全球载客量最多的客机。我国目前已经拥有完全自制一架飞机的技术，并且航空电子设备、技术等高科技的设备制造技术也在良好发展中，这将有效降低国内航空飞行器的成本，同时成为全球航空业低成本生产线的供应商，增强我国航空公司的国际竞争能力，有利于降低成本，扩大潜在市场。其次，"互联网+"思维已经深入人心，信息化与工业化的联合势不可当。信息技术、计算机、互联网科学技术等在航空公司的运营中得到广泛运用，有效地提高了劳动生产率。例如客户信息系统的建立有利于进行客户关系管理，从而有针对性地满足客户的不同需求并提升客户满意度，为公司带来稳定的客户资源和利润。收益管理系统则使航空公司可以最大限度地提高其销售额，从而增加公司盈利。手机二维条形码技术、网上购票大大提高了旅客出行的便捷性，并且可以享受价格优惠等增值服务。这些信息化技术的广泛应用既能刺激航空旅客消费，又对航空产品和服务提出更高的要求，刺激航空公司之间的差异化竞争。

总之，科技创新，节能减排，已经成为民航业近年来发展的新特点。这对于川航的发展提供了机遇，当然也提出了挑战。

### 3.2.5 宏观环境总结

从以上PEST分析可以看出，目前川航发展面临的宏观环境较为复杂，有利好也有挑战，宏观环境的分析总结如表3所示。

表 3　　　　　　　　　　　宏观环境总结

| 宏观环境 | 利好 | 挑战 |
|---|---|---|
| 政治环境 | 政策、资金支持；地方政府的资源支持 | 航权开放；定价市场化 |
| 经济环境 | GDP 仍保持增长，行业存在发展空间 | 竞争加剧；成本上升 |
| 社会文化环境 | 消费观念、消费模式转变，需求增加 | 个性化需求增加；服务要求提高 |
| 技术环境 | 制造技术、互联网技术进步，生产率提高，突破地域限制，刺激消费 | 新兴技术的开发和利用需要新的资金投入 |

## 3.3 微观环境分析

微观环境是企业生存与发展的具体环境，相较于宏观环境，微观环境可以更直接地为企业提供信息，也更容易为企业所掌握运用。微观环境主要包括市场需求、竞争环境和资源环境，鉴于民航业的资本密集型和技术密集型特性，本文针对行业内部的竞争环境进行分析。

国内航企中实力雄厚的国航、东航以及南航，三大集团占据了民航大部分的运力及航线资源，处于行业的主导地位，行业竞争明显呈现大集团的垄断趋势。其中国航主要兼并了西南航空、深圳航空等，形成了以北京为枢纽，以长江三角洲、珠江三角洲、成渝经济带为依托，连接国内干线、支线，对国际航线形成全面支持。东方航空主要兼并了西北航空和云南航空，形成了围绕上海、北京、广州三大中心，以华东地区为腹地，以西安、昆明为两翼，拓展西北和西南市场，在国际和地区航线上和国内外大型航空公司竞争。南方航空主要兼并了北方航空和新疆航空，成为国内飞行基地最多、直属服务机构最多的航空公司[9]。

川航作为一家地方性中型航空公司，身处三大集团之外，面临三大集团的垄断挤压，同时也面临具有成本优势的小型低成本航空公司的竞争。

面对激烈的竞争环境，川航要制定自身的竞争战略，首先必须对于行业内部竞争环境有清晰的认识。波特五力模型是企业分析竞争环境的有效工具，航空公司之间的竞争是动态的博弈竞争，如何找到川航自身的竞争优势并予以保持及提升，做到知己知彼是本文亟须解决的问题。

### 3.3.1 潜在进入者的威胁

行业的进入壁垒对潜在进入者有很大的影响程度，根据航空运输业的行业特性和背景，航空业的进入壁垒可分为制度性进入壁垒、经济性进入壁垒、战略性进入壁垒和产业特性进入壁垒[17]。

（1）制度性进入壁垒。航空运输业关系公众安全，市场经济运行中会存在市场失灵或缺陷，需要政府进行干预解决市场失灵和推动产业结构升级，因此航空运输业属于国家管制行业。在政府干预活动中采取的政策和法律手段就形成了制度性进入壁垒，新的航空公司进入与否主要受国家政策的影响，在飞机的引进、飞行从业人员、航线资源使用等方面均需达到国家规定的标准，并受国家控制，实行授权经营。2004年，我国开始降低民航业的进入门槛，鼓励和支持国内投资主体投资民用航空业，并且审批成立了奥凯航空、春秋航空和鹰联航空三家民营航空公司。但是制度性进入壁垒仍然是新的航空公司能否进入该行业的重要因素，具体表现在资金规模和技术水平、航线、投资主体、资源利用、区域准入等多方面的限制，三大航空集团以及包括各省、自治区、直辖市、重要城市政府所在地机场均需保持国有或者国有控股，民营资本的投资依然受到很大的限制。

（2）经济性进入壁垒。经济性进入壁垒是厂商在利润最大化的经营过程中自然所产生的。航空运输业为资本密集型，投资额巨大，并且风险高，进入行业的成本非常高，必须要求航空公司达到一定的规模，才能获得成本优势，进而提高市场的占有率，取得竞争力。我国社会主义市场经济改革进程中，一系列的市场化改革措施还没有很好地落实和运行，但在不断推进放开市场化，三大航空集团的重组，就是充分利用了机队规模、航线网络和营销网络的规模经济性，并且三大集团享有航线经营权、航班时刻和专业人才等方面的特殊资源优势。因此，我国航空运输业的经济性进入壁垒相对较高，新的航空公司进入困难。

（3）战略性进入壁垒。目前国内各航空公司都致力于构建战略性进入壁垒，通过市场扩张和并购，创建分公司和航空基地，取得重要机场的经营权，航空基地的建设是航空公司构建战略性进入壁垒的重要资源。目前北京、上海等重要城市的航空基地已处于饱和状态，已有的航空公司形成了较高的战略性进入壁垒，对想新进入该行业的企业和资本构成挑战。

（4）产业特性进入壁垒。航空运输业发展的稳定性差，与国内外的政治、经济、社会等环境的关系密切，易受外部环境的干扰，受油价的影响较大，自我成本控制程度低，企业经营的波动幅度大、风险性高，并且要求很高的安全性，构成了航空运输产业的特定进入性壁垒。

总体来说，随着我国经济持续发展，民航业的市场需求持续增加，国家鼓励实体经济投资民航产业，我国航空运输业的制度性进入壁垒已有所下降。而随着国内现有航企逐渐加大国内主要城市的基地建设力度，逐步对一些重要城市机场进行资本控股，战略性进入壁垒和产业特性进入壁垒势必持续上升。市场虽然正在逐步放开，行业的进入门槛逐渐降低，但进入后的市场资源相对匮乏、经营风险和安全风险的居高不下还是让部分潜在的进入者望而却步。

### 3.3.2 替代品的威胁

航空公司产品的替代品主要是公路、铁路、水陆运输产品服务。近年来，国家为促进全面发展，开发打造综合交通运输体系，其他交通方式特别是高速铁路的快速发展，已开始对民航业的区域市场构成一定的威胁。

高速铁路具有不小的竞争力,将对民航的中、短航线业务造成强烈的冲击,影响到航空客运 58% 的市场。由于航空票价相对高铁票价较高,基本只有经济舱的票价可以与高铁二等座的票价进行竞争,而航空出行的快捷方面也因高铁在中、短线上的突出表现而不再具有优势,航空客运 500 公里以下的航线市场已经受到颠覆性的影响,800~1200 公里的航线是航空客运与高铁客运争夺的焦点,对 1500 公里以上的航线目前冲击力较小,航空客运仍然占据市场。

虽然其他代替性交通方式对航空公司产生了不小的冲击,但川航立足于成都,应该利用西南多山地区相对铁路开发困难的特点,开发不可替代的产品和服务,满足市场需求,进而扩大市场份额。在华东、华北等平原地区,还可以开发空铁联运产品,利用高铁网络广、到达点多的优势,丰富自身航线网络。

### 3.3.3 供应商的议价能力

航线运行的基础是航权和时刻,好的航权和时刻是决定一条航线赢利的关键。因此,掌握航权审批权的民航管理局和拥有时刻决定权的机场是航空公司重要的供应商,具有非常强的议价能力。普通意义上的航空公司供应商,主要还包括航空器制造商、航油供应商、资本和劳动力的供应商。

(1) 民航管理局。国内航空公司统一受民航管理局管理监督,民航管理局拥有对各航空公司的航权审批权,航空公司没有议价能力,只能遵守民用航空局的政策与规则。对于航权的分配,民用航空局采用航空公司"五率"加权积分考核排名进行确定航权的优先权,"五率"分别为公司原因事故征候万时率、公司原因航班不正常率、旅客投诉万人率、正班执行率、基金缴纳率,"五率"对航空运输公司提出了综合性要求,要想取得航权,航空公司必须在各方面加强管理,努力提高"五率"得分。

(2) 民用机场。航班时刻分配政策和原则由民航局负责制定,地区管理局负责具体时刻的协调和分配工作,航空公司的航班时刻安排权掌握在机场手中。截至 2015 年年底,我国共有颁证运输机场 206 个,2015 年新增机场 7 个,其中吞吐量 3000 万级机场 8 个,1000 万级机场 25 个。北、上、广、深等国内一线城市的机场时刻已经达到饱和或接近饱和的状态,且具有区位优势,盈利相对较好,与大型航空运输公司的合作长期稳定,议价能力较高。中小机场的议价能力相对于一线机场来说要弱,地方政府也会出台各种优惠政策吸引航企落户。中小航企可以根据自身的定位、地区特点、资源条件和航班网络,转向与二线机场进行合作,争取较高的议价能力,从而加强网络建设,寻找持续的盈利点。

(3) 飞机制造商、中航油、飞行员等。航企高度依赖制造商且没有替代品,对制造商的议价能力处于弱势;国内航企对于航油供应商更无议价能力,但随着机场属地化改革的推进,中国航空油料集团公司的议价能力也相对变弱,这对航空公司是利好信息;由于民航飞行员需要具有非常好的身体素质与心理素质,以及在职业素养、安全意识、操作能力等各方面有很高的要求，国内飞行员人力资源稀缺，呈现供不应求的状态，因此飞行员也有很高的议价能力，而经验丰富、素养偏高的飞行员更是难求。

### 3.3.4 购买者的议价能力

航空公司产品的主要购买者包括直销旅客、代理分销商和包机公司。

（1）直销旅客。公务出行旅客一般更注重时间性、安全性和服务质量等方面，对价格并不敏感，对航空公司的议价能力很低，通常只是选择适合自己的出行时间和偏好的航空公司品牌；旅游出行旅客普遍对价格比较敏感，对航空公司的议价较高，通常是选择低价产品出行。

（2）代理分销商。代理人对航空公司的议价能力日趋减弱。虽然部分规模较大的代理人机票销售量在航空公司的销售业务中所占比重很大，有一定的议价能力，但是，随着电子商务的兴起，航空公司的直销业务渠道飞速发展，"提直降代"即提高直销比例，降低经销商代理费已成为国内航空公司销售渠道的发展趋势。目前国内主要航空公司均已将国内机票前返代理费调整为0，代理商的议价能力呈下降趋势。

（3）包机公司。此类购买者靠的买断航空公司某航班全部或部分座位经营权组织销售，航权、时刻、运力资源均需要航空公司提供，依靠性太强，议价能力极低。

### 3.3.5 现有竞争者的竞争力

作为川航的直接竞争者，国内外各类航空公司在经营方面都有适合自身特色的营销策略，并取得了良好的效果。了解并分析国内外其他航空公司的营销策略，既有助于川航进行优势借鉴，也有利于川航在竞争中做出有效的应对策略。因此本文选取国有大型航空公司、地方性中型航空公司、小型廉价航空公司和具有代表性的国外航空公司进行营销策略和竞争力的分析。

（1）国有大型航空公司。

东方航空的营销策略改变以往的商业模式，从服务板块上开始探索，在服务产品价值链的延伸和深度上进行转型，创造新的利润增长点。具体来说，东航逐步构建服务要素平台新商业模式，整合板块资源，全面实现航空主业板块与相关产业板块的联动发展，发挥板块的集群和协同效应，基于盈利路径和创意服务的设计出发，通过持续不断的技术创新、管理创新、模式创新和充分利用航空创意服务产业链，创造出更符合客户价值诉求的服务集成平台，从根本上改变单纯靠价格、靠航班时刻等方式去竞争的方法。

南方航空机队规模居世界前六，依托其规模，南航的营销策略主要通过针对南航的内部分析来制定，内部分析主要包括对其区域市场业务结构分析、经营状况、人力资源分析、销售费用和公司内部营销组合策略分析等。

(2) 地方性中型航空公司。

山东航空的营销策略注重航线网络布局、定价精细化、渠道创新和顾客关系管理等方面。在具体营销策略方面，山航运用 STP 营销理论并结合服务营销 7Ps 组合策略，按地区、旅客可支配收入等因素进行市场细分，结合山航的具体情况，对于公司集人财物优势的山东市场、北上广深及东部经济发达地区市场、西部旅游地区市场、中部地区市场和东北地区市场进行合理的运力投放比例分配，以山东和东部市场为主，坚持立足于山东省，同时加大厦门和重庆基地的投放，构建山东、厦门、重庆"大三角"航线网络布局。市场定位上锁定公商务旅客和休闲旅客，在休闲旅游航线上提供安全、便利、经济、标准化和规模化服务的低成本航线以保证基础利润的获得，在公商务航线上提供快捷、合适、正点、个性化和差异化服务的精品航线以实现较高收益。

(3) 小型廉价航空公司。

春秋航空公司是一家真正意义上定位于低成本的航空公司，2005 年 7 月投放商业运行。春秋航空公司成立时发展前景不被看好，但却保持着持续的盈利，低成本战略在实践中是成功的。春秋航空公司的竞争优势明显：第一，具有清晰的企业低成本竞争战略；第二，背靠春秋国际旅行社的独特优势；第三，民营资本设立，没有国有航空公司的历史包袱；第四，形成了独具特色的低成本文化；第五，总部位于上海，具有区位优势。

春秋航空公司的低成本战略决策是通过对国外航空业的发展趋势进行研究，并结合中国航空市场的实际情况，根据企业自身的条件所制定的。具体来说，根据公司的航线规划及市场布局，选择合适的机型，降低公司的运行成本，是低成本战略的基础，春秋航空经过科学的比较，选择了 A320 飞机。在低成本战略的实施方面，主要是提高客座率、降低营销和管理费用、提供单一的机型和舱位、控制可控成本、推出"旅游+航空"模式。

东航捷星香港有限公司也是以低成本运营模式经营的航空公司，是东航对低成本航空领域的一次试水。东航期以与捷星合作的方式吸收捷星航空的成本战略优势，并且利用香港作为国际航空枢纽之一所带来的地域及运营优势。

(4) 国外航空公司。

在跨地区跨国界的经营中最大困难莫过于文化的融合，亚洲航空公司建立了全方位的营销体系，采用跨文化营销模式及手段，在中国的运营也取得了成功。亚洲航空公司在华的营销策略具体实施主要表现在其非常注重本土化，基于运营所在地的文化、消费观念等的调查，将目标受众主要锁定在消费观念新、喜欢旅游的"背包客"，挑选旅游目的地城市通航，来开发适应客户群体特点的产品和服务，并通过网络营销加速文化融合。

亚洲航空在华运营的价格营销方面的典型策略是"廉价航空"，也是其成功的根本要素。这与其经营动作理念和对主流顾客全体的定位相符。渠道营销策略方面，亚洲航空公司充分利用互联网技术的进步和电子商务的蓬勃发展，网络营销作为渠道营销的主阵地，推行无纸化空中旅行系统，还有常态化的大优惠促销刺激消费，航点多、服务优质、飞机舒适等优势也是亚洲航空的卖点。

#### 3.3.6 微观环境总结

以上运用波特五力模型进行分析，总体来说，川航面临航空运输业潜在进入者的威胁增加；高速铁路和其他运输方式等的替代品也对航空运输业构成较大的威胁；供应商的议价能力相对较高，购买者的议价能力相对较低。现有的行业内部竞争方面，国内的大型国有航空公司、地方中型航空公司、小型廉价航空公司和国外航空公司都能根据自身情况进行优化，不乏成功的典型。因此，川航也需要进行营销策略的调整和优化，微观环境总结如图5所示。

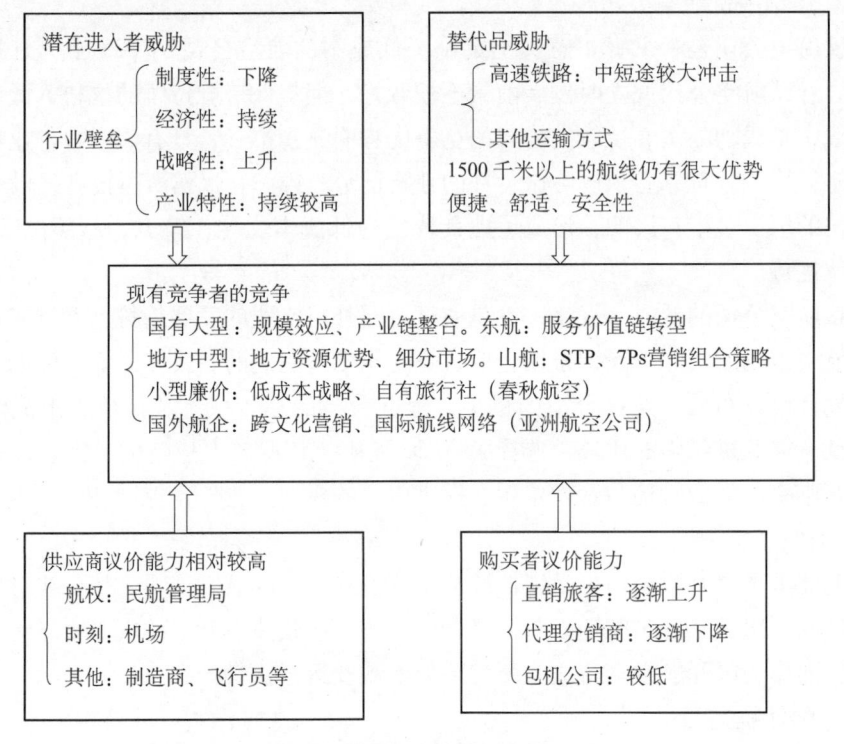

```
潜在进入者威胁                      替代品威胁
         ┌ 制度性：下降              ┌ 高速铁路：中短途较大冲击
  行业壁垒 │ 经济性：持续             │
         │ 战略性：上升              └ 其他运输方式
         └ 产业特性：持续较高        1500千米以上的航线仍有很大优势
                                    便捷、舒适、安全性

现有竞争者的竞争
  ┌ 国有大型：规模效应、产业链整合。东航：服务价值链转型
  │ 地方中型：地方资源优势、细分市场。山航：STP、7Ps营销组合策略
  │ 小型廉价：低成本战略、自有旅行社（春秋航空）
  └ 国外航企：跨文化营销、国际航线网络（亚洲航空公司）

供应商议价能力相对较高              购买者议价能力
  ┌ 航权：民航管理局                ┌ 直销旅客：逐渐上升
  │ 时刻：机场                     │ 代理分销商：逐渐下降
  └ 其他：制造商、飞行员等           └ 包机公司：较低
```

图5 微观环境波特五力分析

### 3.4 川航内部环境分析

川航作为国内地方性中型航空公司，拥有较为完整规范的组织架构。经过了29年的安全飞行和发展，逐渐建立起了自身的核心竞争力。

#### 3.4.1 组织结构

川航组织结构可分为公司领导、一级部门、二级部门，拥有员工10000多人。川航的组织架构如图 6 所示。

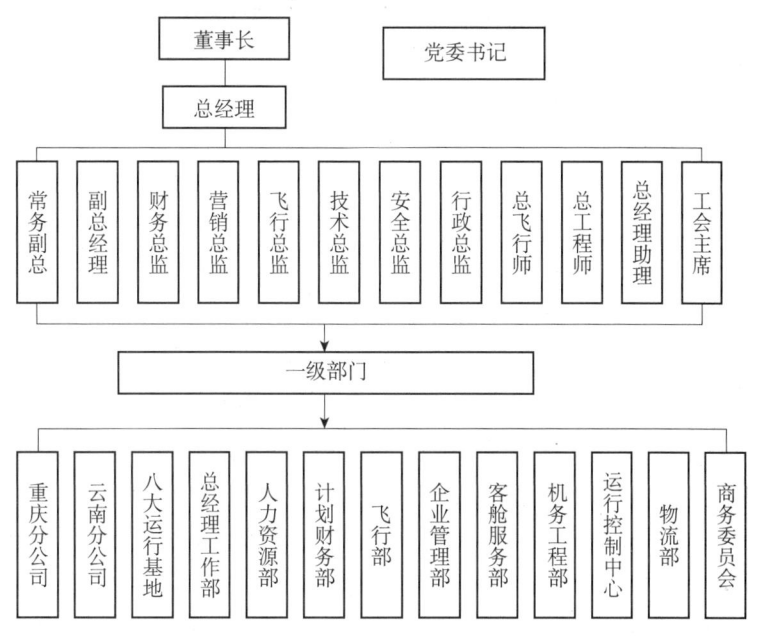

**图 6　四川航空股份有限公司组织机构**

商务委员会是负责制定营销策略的独立一级部门，其组织结构如图 7 所示。

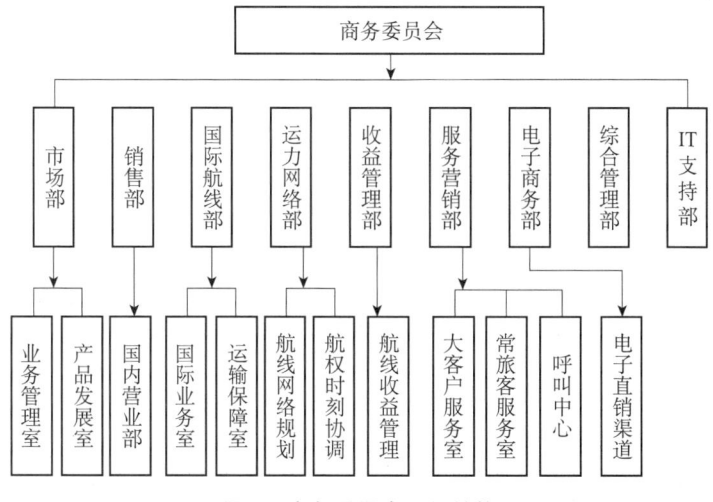

**图 7　商务委员会组织结构**

### 3.4.2　核心竞争力

川航以安全为品牌核心价值，企业文化的核心内容具体而可操作，创新品牌文化，创造更加具有"中国元素，四川味道"的特色服务品牌。在目前国内航空市场竞争加剧的情况下，川航一直保持着较高的增长速度，并且实现连续赢利 14 年，具有自身独特的核心竞争力。公司的战略目标是成为最受西南区域主流市场欢迎、全国最具特色化服务竞争优势、员工热爱的航空公司并最终实现"中国百强""世界五百强"。

（1）在资源方面的竞争力。在人力资源方面，川航拥有员工 10000 余人，其中 82% 以上是具有大专及以上文化程度的专业技术人员和管理人员。生产运行保障队伍和管理人才队伍作风过硬、技术精湛、责任心强，这也保证了川航 29 年的安全运行。在飞行器资源方面，川航机型先进，截至 2015 年年底，川航的机队规模达到 107 架，包括 100 架空客 A320 系列和 7 架空客 A330 系列，成为我国目前最大的全空客机队航空公司。在航线网络方面，川航立足于成都，以四川双流国际机场为第一基地，重庆分公司所在地重庆江北国际机场为第二基地，云南分公司所在地昆明巫家坝国际机场为第三基地。并已在北京首都国际机场、杭州萧山国际机场、三亚凤凰国际机场、哈尔滨太平机场、西安咸阳机场 5 大国内枢纽机场建立飞机过夜运行基地，具有覆盖全国 79 个大中城市的航线网络布局。开通有香港、台湾等地区航线，首尔、马尔代夫、普吉、塞班、新加坡、胡志明、莫斯科、东京、布拉格、澳洲、温哥华、迪拜、加德满都等 30 多条国际航线，日益完善航线网络提高了川航市场竞争力，形成国际地区航线、国内主次干线、支线网络的有机组合。在外部资源方面，川航与四川省、重庆市、云南省等政府实现政企合作，并且实现了与南航、台湾复兴航空、荷兰皇家航空、澳洲维珍航空等国内外航企的航线联营、常旅客计划、票价控制、代码共享、机票互售等全方面合作，进一步拓宽了现有的航线网络。

（2）在技能方面的竞争力。川航注重安全飞行管理，建立了科学完善的安全质量管理体系，维持着卓越的安全记录，具有良好的客户忠诚度和认可度；川航市场定位准确，锁定成、渝、昆金三角地区，重视差异化竞争战略，避开与三大集团的白日化竞争战场；四川航空官方 App 移动客户端已于 2014 年 5 月实现上线，为移动终端用户提供"一站式"航空出行服务，并且提供机票优惠、安全支付、金熊猫会员等增值服务。川航核心竞争力可以总结为表 4。

表 4　　　　　　　　　　　　　　川航核心竞争力

| 核心竞争力 | 表现方面 |
| --- | --- |
| 资源竞争力 | 人力资源相对稳定，作风过硬、技术精湛、责任心强 |
|  | 飞行器资源，机型先进，机队具有相当规模 |
|  | 航线网络资源，三大主基地、五大运行基地，覆盖国内及国际 |
|  | 外部资源，政企合作、国内外航企合作 |
| 技能竞争力 | 安全质量管理体系 |
|  | 准确的市场定位，差异化竞争战略 |
|  | 官方 App |

### 3.4.3　现有的营销策略分析

目前川航的总体营销战略是立足西南，尤其是依托四川及其周边地区的旅游资源，吸引全国乃至世界各地游客来四川旅游，或者从成都中转到周边其他旅游地区。在全国其他主要城市逐步建立飞机过夜运行基地，布局航线网络，覆盖全国，从地方性航空公司向全国性航空公司逐渐转型。具体的营销组合策略分析如下：

(1) 定价策略。

航空公司为获取收益最大化，定价的最终目标是在适当的时间把机票以适当的价格卖给适当的旅客。川航目前正是遵循了这一准则，收益管理中心根据历史同期数据分析，对航班在各个时间段应该销售的价格做出决策。远期低价刺激价格敏感型旅客，中期稍微提高机票价格销售给正常计划出行的旅客，近期进一步提高价格，满足供商务出行的刚需高端旅客需求。春运、暑运、国庆前后等传统旺季控制甚至是取消远期和中期的低价机票销售，其余淡季时间的航班则加大远期低价机票的销售来提高航班客座率。这一定价策略在当今大数据盛行的环境下已基本失去其竞争力，竞争公司同样能轻易地获取历史同期数据，如果航空公司都采用类似的定价策略，在同质化的市场竞争中价格战将在所难免，很难再实现收益最大化的最终目标。

(2) 渠道策略。

川航目前在销售渠道上主要还是以各地机票销售代理商、旅行社为主，官网、服务热线、官方 App 等 B2C 直销渠道，销量占比较低，同携程、途牛、艺龙等较大 OTA 的合作项目也相对较少。在信息化、网络化营销迅猛发展的今天，国内主要航空公司都开始逐渐推行"提直降代"的渠道政策，传统的机票代理销售渠道正面临巨大的危机。川航由于自身直销渠道建设较差，官网、App 功能受限，服务热线座席人员不够，服务水平参差不齐，造成直销渠道销量占比一直没有提升，对机票代理商的依赖程度仍然较大，造成销售渠道上目前进退两难的局面。

(3) 产品策略。

川航现阶段的产品策略主要偏重于针对预期较淡的航班周期设计远期低价产品，提前销售以补充航班客座率。常见的产品类型有机票＋酒店打包价、学生票、自由行产品、团队机票等形式。然而，设计产品不应该是单一为了远期销售铺垫服务，近期高舱旅客，甚至是公务舱、头等舱旅客同样有除机票外的其他消费需求。因此，如果只将设计产品的目的放眼于远期低端客源，忽略了高端旅客需求，往往会丢失更多的利润空间。

(4) 促销策略。

川航现有的促销策略主要是在预计市场情况较淡或很淡的时间段，在超远期进行超低价促销，包括低价团队、特价机票、超值的机票＋酒店打包产品、组织淡季航线宣传推广会并赠送免票等促销手段。在当今航空业竞争日益加剧的环境下，促销也不再单纯地以促销为目的，旺季时促销手段也能作为一种噱头提高航空公司网络曝光率，增加关注度，为淡季销售打好坚实的基础。

(5) 服务营销策略。

航空业作为一个服务性行业，旅客在整个消费过程中的服务体验感受是航空公司获得较好口碑的关键因素。川航目前的服务营销策略主要分为地面服务和机上服务。其中，地面服务主要是由常客中心和大客户中心分别针对川航常旅客和大客户提供累积里程机票兑换、满足条件旅客免费升舱等常规性服务，对深挖旅客消费习惯和需求方面的工作缺乏主动性。机上服务方面，目前川航虽然在行业内口碑已保持领先，但在高端旅客服务方面，有针对性地提供个性需求服务的能力仍有待提升。

## 3.5 SWOT 分析

### 3.5.1 现有的优势

根据前面对川航当前所处环境的全面分析，得出川航以下几方面的现有优势：

（1）基地和枢纽优势。川航已形成成、渝、昆三大主基地，辅以北京首都国际机场、杭州萧山国机场、三亚凤凰国际机场、哈尔滨太平机场、西安咸阳机场 5 大运行基地的全国基地布局。覆盖国内各大、中城市的完善的航线网络和陆续开辟的国际、地区航线，为川航的市场资源占领、运力消化提供重要条件。

（2）外部资源优势。川航与四川省、重庆市、云南省等政府的政企战略合作，以及与南航、东航、复兴航、荷航等其他航空公司的联营战略合作，使川航具有丰富的外部资源，并且享受政府及合作企业的信息、网络等资源。

（3）客户资源优势。川航经过二十几年的发展，从起飞、展翅、奋飞，到腾飞、竞飞，川航的发展一直与公司的战略目标保持一致，发展势态良好，拥有稳定的客户资源。

（4）地理优势。川航立足于我国西南地区经济、政治、文化中心成都，周边具有大量的旅游资源，可以通过公司的全国航线网络把全国各地的游客运输到旅游目的地。川、渝地区自身的经济发展也处于内地城市中的领先水平，居民消费能力较高，消费观念超前，市场具有较大的开发潜力。

### 3.5.2 存在的劣势

从川航近两年的经营数据看，2015 年较 2014 年机队规模净增 10 架，营业收入增幅 4 亿元，但盈利能力不升反降，实现利润从 2014 年的 2 亿元下降为 1.8 亿元。川航发展存在的劣势，归纳起来有以下几个方面。

（1）基础管理薄弱。川航的后援支持保障不能与公司的现代化发展步伐相匹配，如官网建设的基础平台较差，导致大部分外航已经拥有的现代化功能短期内无法实现；人才储备与培养不足，川航虽已拥有一支技能和综合素质较高的员工队伍，但随着时代的飞速发展，人才的竞争必然成为企业竞争的主力之一，人才的储备和培养有一个较长期的过程，目前的人力资源机制还有待完善。

（2）缺乏服务评估考核体系。川航缺乏健全的整个服务流程的评估与考核体系，服务营销缺乏服务理念与服务产品的准确定位，尚未能形成具有川航特色的服务文化。

（3）信息技术运用上的劣势。在信息技术如此重要的当今，川航的信息化建设尚落后于国内其他航空公司。对于互联网信息技术如云计算、大数据等的应用较为缺乏，因此在资源的有效配置方面有所不足，也无法深度挖掘客户的真正需求，对客户没有形成较大的抓力。在当今"互联网+"时代，川航在渠道方面特别是信息化的渠道方面建设仍然较弱，目前对代理分销商的依靠程度仍然较大，代理费成本高居不下，与客户直接联系较少，客户需求契合度也不高。

（4）营销策略传统。川航的营销策略仍停留在传统的4Ps营销组合策略，手段单一。没有注重服务人员、过程、有形展示等服务营销策略的深挖和创新，对公司全部资源没有效利用。

### 3.5.3 可能的机遇

虽然国内航空运输业的市场竞争日趋激烈，但仍有很多内外部环境的变化给川航的发展带来了机遇。

（1）经济总体形势上行。宏观环境来看，中国的经济增长虽然呈放缓趋势，但保持持续增长，国民的人均GDP和可支配收入不断增加，消费需求和消费模式进一步发生改变，旅游、教育等消费需要比重增加，航空运输业的市场需求存在较大潜力。

（2）四纵四横的高铁建设。国家"四纵四横"的高铁网络计划将于2020年全面建成，但其主要集中在东、中部地区。西部地区由于特有的地理环境，高铁的建设成本和时间成本较大，短期内难以形成。因此，航空客运仍然是通往西部地区主要的交通方式。川航立足于四川，锁定成、渝、昆三大主基地，在受到高铁的部分线路冲击的同时，也可以利用高铁快速、便捷的特点，开展空铁联运新模式，挖掘更多航线网络不能覆盖的中、小型城市客源。

（3）地方政策支持。为响应国家宏观政策的号召，地方政府往往对当地航空公司开通国际长航线提供补贴支持。川航可把握机遇开辟更多的国际、地区航线，进一步扩宽公司国际航线网络，搭建公司"十三五"规划中"网络搭台，上山出海"的宏伟蓝图。

（4）居民消费观念和模式的变化。随着经济的发展，城乡居民的消费模式和观念均在发生着变化。首先，农村居民的消费模式正不断向城市靠拢，他们也开始有了旅游出行的需求，我国农村地区人口比重较大，市场潜力同样巨大；其次，"80后""90后"逐渐走上社会的舞台，他们的消费观念与先辈们有较大差异，注重个性追求、表现自我的价值观，设计出符合他们需求的产品和服务，有利于航空公司开发差异化产品和服务，促进行业的健康竞争。

### 3.5.4 面临的威胁

同样,川航的发展也面临一系列的威胁。

(1)潜在进入者威胁增加。随着近年来航空业准入壁垒的综合下降,有能力进入航空业的投资者均具有不凡的实力,特别是国外资本雄厚的航空公司的进入,使川航将面对更多的行业内部竞争。

(2)国内航空公司竞争力不断加强。三大航空集团的整合效应已经显现,规模经济使三大集团具有低成本经营优势。并且国家出台《进一步改革国内航线经营许可和航班管理的办法》,改变行业的竞争格局,虽然放宽了经营许可的管理,但同时也降低了未来三大航主基地所在城市的航线竞争强度,三大航空集团在主运营基地的市场份额得到巩固和提高;海南航空作为地方龙头,也达到了规模效应,在内部管理和盈利能力上已初步具有了与三大航空集团相抗衡的能力;山东航空等地方性中型航空公司也都致力于立足于当地,在当地市场形成较大优势的同时在北、上、广、深以及东部地区市场和西部旅游地区市场也具有相当的市场竞争能力;春秋航空公司是低成本战略的成功案例,廉价航空公司战略定位明确,组织机构精简,执行力强而对市场反应迅速,在低端客户市场对川航构成威胁。

(3)来自OTA的威胁。信息化时代的来临促成了携程、去哪儿、艺龙等大型OTA的发展壮大,航空公司同OTA的合作也日益密切。OTA集机票、酒店、旅游产品于一身的销售模式受到了当今社会中坚力量人群的大力追捧,其已经拥有了相当数量的旅客资源,并且不受限于航空公司的代理费控制,一旦任其发展,势必威胁到航空公司自身的网上直销渠道建设。

从对川航所在的内外部环境的分析来看,优势、劣势、机会与威胁共存,应当尽量避开劣势和威胁,充分利用优势和机遇,对川航的现有资源进行有效配置,完善优化川航现有的营销策略。

### 3.5.5 SWOT矩阵及对应组合策略分析

根据前面部分对川航内外部及竞争环境的分析,总结出了川航现阶段自身的优势和劣势,以及面临的机会和威胁。通过表5所展示的SWOT矩阵分析,总结出以下组合策略:

表5　　　　　　　　　　　川航SWOT组合策略

| 项目 | 优势(S) | 劣势(W) |
| --- | --- | --- |
| 机会(O) | 开发个性化旅游产品<br>发展空铁联运<br>开辟新航线网络 | 完善基础管理制度<br>信息化技术开发和应用<br>优化现有营销策略 |
| 威胁(T) | 加强现有客户资源的维护<br>合理利用OTA<br>加大基地布局力度 | 建立服务评估体系<br>差异化定价策略<br>加强直销渠道建设 |

（1）SO 组合策略。利用现有基地和枢纽运行基地的优势，联合地方政府的优势资源，进一步开辟新航线网络；利用川航所处地理优势，开发易获新兴消费者群体接受个性化旅游产品；利用自身客户资源优势，发展空铁联运，弥补航线网络的不足。

（2）ST 组合策略。利用外部资源优势，获取政府优惠补贴政策，继续加大全国基地布局力度，进一步提高行业的战略性进入壁垒；加强现有客户资源的维护，提高旅客黏性；对 OTA 的利用要有的放矢，加强监督控制。

（3）WO 组合策略。加大资金投入力度，尽快完善基础管理建设，重新打造官网基础平台，完善人力资源机制等；加强信息化技术的开发，通过云计算、大数据等新兴技术的运用深挖客户需求；根据当今"80 后""90 后"占主导的航空消费市场需求，更新客户消费观念和模式，优化现有营销策略。

（4）WT 组合策略。尽快建立服务评估体系，着眼于服务营销的创新和优化，提升旅客体验满意度；加强 B2C 直销渠道的建设，丰富直销产品，避免 OTA 提高议价能力；改变传统定价模式，采用差异化的定价策略；放弃 500 公里以内航线上同高铁的竞争。

根据总结出的上述四类川航营销组合策略，下面将会分析具体的营销策略优化和创新方案，并将营销组合策略中提到的各项措施落实到具体的营销策略优化方案中去。

# 4 川航营销策略优化与创新

川航目前已经具有较稳定的发展根基，但面对当前复杂的内外部环境和日益激烈的竞争环境，川航要想取得长足稳定的发展壮大，应充分考虑川航发展存在的优势、劣势、机遇和威胁，做出相应营销策略优化和创新。从以上的研究中可以发现，宏观经济和政策等优势在行业内部共享，优势利用往往比较容易操作，而在当今内外部形势下，如何弥补劣势和面对威胁更应引起注意。

从川航的 SWOT 分析策略中，弥补信息技术应用方面的劣势和加强线下的服务质量，拓宽渠道建设，加强战略管理、进行差异化定价策略是重点内容，这体现在对目前川航现有营销策略的不足进行优化与创新，7Ps 营销组合策略思想是较好的优化方式。

## 4.1 4Ps 营销组合策略优化建议

### 4.1.1 定价策略优化

在当今日趋激烈的市场竞争环境下，川航现有传统定价策略已经不能形成有效的竞争。同时，三大航空集团的重组，使其具有了显著的规模经济效应，有效降低了成本，给川航带来较大的竞争压力，川航在同质化的竞争中缺乏优势。因此，川航必须以客户需求为导向，制定正确的价格策略，进行市场细分，从而对于不同类型的客户、不同时间段、不同客户的需求进行区别定价处理。川航的客座率近两年保持在85%左右，尚有提升的空间，应当充分发挥收益管理中心的作用，实施差异化定价策略，开发针对不同限制条件的多等级票价定价体系，并且不断对价格策略的结果进行反馈以修正适应市场的价格策略，迎接新的市场挑战。

差异化价格策略必须建立在细分市场的基础上，可以充分利用现有客户资源的优势进行历史数据整理和分析，并结合这期间宏观政治环境、经济环境、社会文化环境、技术环境的变化，分析得出川航客户的特性。在原有细分的基础上，对旅客类别进一步进行细分，并根据每个细分类别旅客的需求制定合适他们的有效运价。

#### 4.1.2 产品策略优化

产品策略是整个营销组合策略的基础。产品设计单一，仅针对远期的促销方案设计中低端旅游产品是川航现有产品策略的不足之处，改变这种不足需要进行产品策略的优化，需从航空产品和非航空产品两个方面入手。

（1）航空产品方面。

航空公司的核心产品主要是旅客安全、准时地实现两地之间的位移，航班密度和航班时刻是该产品的核心竞争力。因此，川航应当时刻关注民航管理局的政策与规则，增强"五率"的提升管理，争取优势航权和时刻，同时加强航班网络的建设，为航空产品的设计打下基础。

（2）非航空产品策略。

如今，单一的航空产品已经不能很好地满足消费者的个性化需求，跨界联营已经成为目前经济发展的趋势。川航目前在非航空产品方面较为薄弱，信息技术的开发和运用不足，导致了没有能力进行大数据的分析和挖掘，对川航现有客户资源和潜在客户资源没有进行很好的整理分析。川航传统的"机票+X"模式的产品设计理念缺乏旅客针对性，主要是为淡季航班远期的低价促销提供中低端产品，往往忽略了针对商务旅客和高端旅客的专属产品设计。因此，川航需要加大投入力度，加快信息化平台的建设步伐，为细分旅客需求的探索提供技术支持，从而设计出不同层次旅客需要的产品。融合不同层次旅客生活方式的产品价值链，从而提升对目标旅客的吸引力和抓取能力。

#### 4.1.3 渠道策略优化

营销渠道是促使产品或服务能有效利用或消费的一整套相互依存的组织。川航目前在销售渠道上主要还是以各地机票销售代理商、旅行社为主，而官网、官方 App、直销服务热线等 B2C 直销渠道销量占比较低，同携程、途牛、艺龙等较大型 OTA 的合作项目也相对较少。在互联网高度发达的今天，单纯传统的营销渠道早已难以应对旅客便捷、快速化的需求，如果没有快便、畅通的营销渠道，航空公司将无法满足旅客的基本需求。因此，优化现有的渠道网络，才能帮助川航在激烈的竞争环境中获得新的优势。具体优化建议如下：

（1）精简并优化间接渠道。

川航的目标是逐步改变目前间接销售渠道为主的渠道策略，减少对机票代理人的依赖，降低机票销售成本。但因短期内不能完全实现营销渠道的转变，所以应该先从对代理人的精简优化入手。首先，通过对代理人自身的管理和资信情况，销售能力和售后服务能力进行考察，筛选优质代理人。对于不符合要求的代理人停止所有销售政策，自行淘汰。其次，加强与优质代理人的沟通和交流，强化代理人对川航的情感归属，使其认同公司的经营理念和营销策略，提高其在销售产品中的积极主动。最后，代理人销售川航的产品和服务，其对所销售产品和服务的熟练程度，对销售业绩和旅客满意度都非常重要。川航应定期对优质代理人进行品质培训和业务培训，使代理人可以更好地展示公司形象和与公司在理念和行动上保持一致。

（2）大力发展直销渠道。

川航目前在销售渠道上对传统代理人的依赖程度高，主要还是因为自身的直销渠道起步晚、基础差、投入少、发展慢。现有的直销渠道如官网、95378 直销服务热线、官方 App 等都存在着较大的问题，旅客体验度较差。直销渠道必须从根本上进行重建和改变，这就要求公司从战略层面上重视川航直销渠道的建设，投入大量的人力和资金进行 B2C 官网、官方 App 系统升级、优化直销网络产品功能、全方位提高 95378 服务直销热线座席整体服务水平，从而全面提升旅客体验度。直销渠道的优化升级需要较长的时间，在此期间，应加大与携程、途牛、艺龙、同程等大型 OTA 的合作力度，将川航的各类机票产品通过 OTA 的平台宣传和销售出去。但在有效利用其平台优势的同时，也需要保护自身直销渠道的不可替代性。

### 4.1.4 促销策略优化

川航目前的促销策略仅是针对预计或是临近的淡季周期推出的低价促销，显得比较单一和被动。由于航空运输的特殊性，旅客对于航空公司的选择很大程度上依赖于航空公司自身的美誉度，长期而稳定的主动促销策略才能提高川航的关注度和旅客认知度，建立旅客忠诚度，从而形成差异化的竞争力。

首先，川航促销策略的制定需充分正确了解到目标旅客的真正需求，并不是所有的促销都是以低价产品取胜。比如针对高端旅客，低价对他们并没有吸引力，他们所关注的是额外的舒适的增值服务，在促销手段上就应当增加附加服务产品而不是简单的降价。其次，促销策略应该有一个全年性的整体规划，淡季要促销，旺季也要促销，只是促销的方式不同，对应的产品设计理念也不同。淡季促销填补航班客座，旺季促销吸引公众眼球，提高川航曝光率，通过微信、微博等公众平台网络增粉，扩大川航的网络关注度。最后，应充分扩展川航的传播渠道，尤其是在高速发展的互联网平台方面，实现针对有效的目标人群而采用合适的传播渠道。传播渠道的扩展，并不是为了促销而促销，必须重视公司品牌形象的塑造。传播渠道建设应当通过有效监测做好数据分析，为产品的精准定向营销提供数据支持。

总体来说，川航应改变优化现有被动、单一的促销策略，综合各种新兴促销方法，在保证经营的稳定性前提下，培养销售文化，制定长期的促销规划，改变促销是克服短期淡季的处理方式思维，将促销策略放在战略层面考虑，形成一套较为稳定长期运行的促销计划并予以常规化实施。

## 4.2 3P扩展服务营销策略创新

川航目前传统的营销组合策略，对服务营销策略方面并没有足够的重视。在当今客户个性化需求越来越高的环境下，传统的营销组合策略已不能满足川航发展的需要。国内大型航空公司具有规模效应和成本优势，但利润率也开始下降，东航已经开始进行服务产品价值链延伸的转型，建设服务要素平台商业模式；中型航空公司如山东航空通过合理投放资源，融合了STP+7Ps营销组合策略；小型廉价航空公司如春秋航空公司有着明确的低成本定位战略，同时培养相应的企业文化，利用春秋旅行社和上海区位等优势取得成功；国外航空公司如亚洲航空公司在中国的经营注重文化融合策略。从以上行业内部竞争者的营销策略来看，各航空公司均开始将营销的重点转向服务营销板块，力求提供更符合客户需求的产品和服务。因此，川航应当迎头赶上，在服务营销策略上加大优化创新力度。

### 4.2.1 服务人员

航空公司工作人员的服务态度、服务技能、服务理念等将对旅客的消费满意度产生重要影响，良好的服务有助于树立良好的公司形象，从而使旅客对航空公司的产品和服务建立起基本的信任。因此，人是其中的关键环节，川航服务展示必须以专业化的服务人员队伍为基础，这就需要建立良好的人力资源管理制度，制定服务人员岗位要求，严格按岗位要求进行服务人员筛选，并且通过选用育留机制为服务人员提供良好的发展平台，保持营销队伍的稳定性。

航空公司为旅客提供服务分为购票、值机、机上服务三个阶段。每一个环节的服务人员除了具备应有的职业技能外，都还应参与到营销工作中去。直属营业部或是直销服务热线的服务人员在旅客的购票过程中需要尽可能地了解旅客的出行习惯，通过与旅客的交流沟通区分旅客的消费层次，从而适当地推荐适合旅客身份的航空增值产品，也为公司对常旅客信息的搜集提供支持；值机柜台的服务人员在完成常规值机服务的同时，也应该注意搜集旅客特别是常旅客的座位选择习惯，力求在旅客再次乘坐川航航班的时候不需要旅客开口就能直接帮助旅客选择其偏好的座位，从而提供旅客整体满意度；机上服务人员是航空公司提供服务的核心，也是旅客最在意的服务体验阶段。空乘人员需要尽可能多地搜集掌握旅客的各种乘机习惯，尤其是针对一些高舱旅客，他们也许是第一次乘坐川航航班，但他们是极有可能发展成为川航常旅客的人群，为其提供此类旅客习惯的服务方式，能从服务上提升旅客黏性。

总体来说，川航要让旅客参与到服务中来，形成客户导向理念，在服务流程中设计旅客参与互动环节，使旅客有主动自由的消费体验，达到服务提供的心理预期。这样更有助于川航精确地分析出旅客真正的心理需求，从而可以更好地针对旅客需求进行产品设计和服务优化，提高客户满意度。

### 4.2.2 有形展示

旅客对服务的满意程度与其自身的心理预期有关，有形展示有助于帮助旅客建立正确的心理预期。有形展示的具体实施措施以核心展示、实体环境、信息沟通为切入点。

（1）核心展示。核心展示需突出川航的品牌形象，川航 LOGO、"真、善、美、爱"的企业文化、安全运行等都是川航的品牌形象。川航需加大投入在出票柜台、值机柜台、航站楼、机舱上进行更细致全面的企业符号展示，使旅客在整个消费过程中都能真切地感受到川航的企业价值。

（2）实体环境。川航在服务过程中的各实体机构必须在保持舒适、明亮、清爽环境的同时，还需要在特色设计上提高标准。例如客舱环境，川航可以根据航班飞往不同的地方，针对当地社会和文化特色进行客舱设计。尤其是一些国际航班，可以借鉴亚航的跨文化营销理念，设计当地特色的座椅靠背、提供当地特色的餐食、发放当地特色的纪念品等。

（3）信息沟通。川航可以进行信息有形化建设，通过微信、微博等公众平台对公司的全方位服务进行展示，鼓励旅客对川航做出有利的口头传播。同时，在广告策略中，也可以有效地利用广告的创造性进行有形展示。

### 4.2.3 服务过程

服务过程概念是一个全方位、连续的概念，越来越多的研究证明，消费者作为服务过程中的服务提供相对者，在购买产品和服务时，过程体验对其购买决策有很大的影响。以上提到的服务人员和有形展示都是服务过程中的重要组成部分。川航要改善服务过程，首先，需要公司上下从思想上予以重视，保持思想一致，将服务过程思想进行宣导和教育，使各层面工作人员均能认识到服务过程是一个全方位、连续的过程，改变各自为营的短视现象；其次，从整体系统的观念出发，设立总体服务标准和各环节的服务标准，并严格执行。对从旅客购票开始的服务流程的各环节全过程进行监督、调节和控制，时时评价服务质量，建立服务质量管理机制，不断提升服务质量。

## 5 川航新营销策略的实施建议

通过优化和创新后的新营销策略怎么实施,如何带动公司各部门共同投入营销策略的实施中去,如何实现全员营销,也是川航亟须解决的问题。在具体营销策略实施过程中,建议从以下四个方面进行开展。

### 5.1 加强战略管理

川航新营销组合策略的实施,必须与企业的经营战略相匹配。市场环境日新月异,在保持相对稳定性的同时,7Ps营销组合策略的具体实施需要考虑结合市场和自身发展情况逐步进行完善。同时,新营销策略实施目的是扩大市场份额,提升川航核心竞争力,最终为企业贡献最大化利润,不是为了营销而营销。因此,我们必须围绕营销工作制定公司级战略和经营级战略,并不断评估新的营销策略为川航市场经营带来的效果。

(1) 制定公司级战略。

首先,新营销策略要放在战略层面考虑。企业的战略重点永远都是围绕营销工作展开的,因为利润才是企业经营的最终目标。虽然对于航空公司来说,航空安全也是企业得以持续发展和生存的重要因素,但航空安全只能是保障性因素,安全飞行可以为航空公司营销策略的实施提供帮助,却不是航空公司运营的最终目的。面对市场环境中的优劣势以及威胁与机遇,川航必须加强战略管理,制定公司级营销战略,管理层要提高市场观念,转变现有经营思路。

(2) 制定经营级战略。

其次,根据公司级营销战略,制定出营销策略的短期目标、中期目标和长期目标。川航新营销策略的实施,是一个漫长而持续的过程,逐步开展、不断调整。可以把经营级营销战略放入公司"十三五"规划中去,配合公司总体规划中的人力资源规划、机队规模规划、航线网络规划等,制定对应阶段计划达到的目标。通过对各个短期目标的完成达到中期目标,最终达到长期目标,全面完成新营销策略的实施规划。

### 5.2 培养企业文化

川航已有的企业文化为川航过去的发展做出了重要的贡献,安全和美丽时尚的传统文化底蕴深入企业员工心中。但在具备这种传统文化底蕴的同时,川航还需要改变员工被动营销的观念,特别对于后台员工队伍,若不能很好地参与到整个新营销策略的实施中，就会使整个营销策略得不到良好的、更全面的支持。川航的7Ps营销策略在服务营销方面进行扩展，尤其需要注重人员方面的主动性。因此，川航必须进行全员营销思想的深入培训，明确新营销策略对川航战略目标实现的重大意义。打破营销只是商务委员会单部门工作任务的传统思想，不管是营销队伍，还是后台员工队伍，从管理层到基层员工，都应对新的营销策略有清晰的认识，使公司上下达成思想上的一致，达到全员营销的最终目标。

全员营销的理念可通过培养企业文化的方式在全公司上下展开推广。"美丽川航、时尚卓越"的企业理念实际上强调的就是服务的高品质，因此，川航需将服务高品质的文化深入全体员工内心。强调营销过程中的高品质服务需要全体员工共同努力去达成：人力资源部负责培训和筛选高素质的服务人员；企管部负责川航名称、LOGO、品牌在各种有形展示场合的高品质形象；计划财务部为服务品质的提高所需费用设立专项预算；客舱部负责在旅客旅行过程中展现川航的高品质服务；飞行部在飞机驾驶的过程中为旅客带来安全、平稳的旅途体验；运控中心通过与机场塔台、空管的有效沟通，尽力提高航班正点率等。全公司各部门都应在企业文化的指导下，高标准、高要求完成自身工作，从而全方位提升川航营销品质。

## 5.3 优化资源配置

新营销策略的实施需要投放较大量资金，而航空公司本身就属于资本密集型企业，资本能否合理分配对川航来说具有决定性的意义。因此，在新的营销策略实施中，必须考虑现有资源如何在新营销策略的各方面进行分配的问题。

首先，根据公司制定的短、中、长期营销战略目标，分解得出具体的资源需求数据指标；其次，对川航的资本运营进行评价，评估目前营销策略的资源利用情况，分析川航可用于实施7Ps营销组合策略的资源总量；再其次，对于川航进行7Ps营销组合策略优化的各个部分所需投放的资本、人力、时间等成本进行预估，并对营销组合的各部分优化效果进行预期；最后，结合川航目前所面临的优劣势、机遇与威胁，在新营销组合策略中找出目前急需而回报较大的项目进行合理的资金和人力投入。

具体来说，由于核心产品和航空业的定价仍较大程度受国家控制，并且有三大航空集团的垄断效应，川航目前已有收益管理中心系统，核心产品对川航的盈利贡献仍然较大，并且属于稳定性的经营依靠，因此对于产品策略和定价策略的大投入收益会较慢且效果不明显。相反，目前"互联网＋"思维深入人心，信息化发展趋势明显。促销推广、自有渠道建设、服务营销等策略的实施，更依赖于信息技术的开发和应用，这也正是川航目前相较于国内其他航空公司的明显劣势之处。因此，在信息化建设上加大主要资源的投入力度会带来事半功倍的成效。

市场瞬息万变，川航新营销策略的实施不能只考虑企业内部的布局，更应关注外部市场的变化。首先，川航所面临的内外部环境在短时间内将保持一定的稳定性，在常规经营中的市场应变能力,就是要利用自身的优势抓住市场发展机遇和抵御市场威胁,避免将自己的劣势暴露于竞争对手;其次,建立突发事件预警和应急体系,并预留一定的资源保障。一旦市场发生突发事件,可以即时启动应急体系,使突发事件的不利影响程度和范围降到最低。

## 5.4 加强人力资源管理

川航新的营销组合策略的实施要收到满意的效果,必须带动公司各部门共同投入,可以通过科学的人力资源管理机制来实现。川航需建立健全科学的人力资源管理制度,加强和完善公司基础管理制度建设。

营销策略的实施离不开员工的行为,人力资源管理的投入也是整个企业运营不可忽视的问题。做好人力资源的选、用、育、留,为员工提供良好的发展平台,提升员工的归属感,这是整个7Ps营销组合策略得以良好实施的基础。首先,制订用人计划和用人要求,进行现有人力资源的整理分析,选择现有人力资源配置调整或引进外部合格人才完成人力资源的合理配置。其次,根据企业战略和新的营销组合策略思想要求,制订常规化的员工培训计划,对员工所需综合素质进行定期培训,使其保持与时俱进,并为员工建立良好的晋升发展平台。最后,以科学的绩效考核体系带动员工的营销意识。

具体措施方面的建议:第一,人力资源部门需从新员工进入川航开始的培训环节就开始强调营销工作在川航的重要性,各部门的新员工都应该轮岗到商务委员会各部门实习,全面了解市场营销的各个重要环节,在以后的工作中才能更好地配合公司营销策略工作的实施。第二,全员薪酬与公司营销目标挂钩,根据每个月市场销售任务的完成率进行绩效考核,发放全员工资。改变现有除营销人员外其他部门员工都是固定薪酬的薪酬发放制度。第三,创建合理的岗位轮换制度,定期将营销岗位和其他岗位上的优秀人才进行轮换交流学习,让公司其他部门的骨干成员充分体验和了解公司的新营销策略,为整体营销工作的开展铺平道路。

# 6 结论与展望

## 6.1 研究结论

(1) 面对当今航空业复杂的宏观、微观环境和日益激烈竞争环境,川航除拥有其自身的优势、劣势外,更面临较大的机遇和威胁。

(2) 经过29年的创业、发展,川航目前正面临利润的"瓶颈"。所以,当前传统的营销组合策略需要进行优化和创新。

（3）身处信息化蓬勃发展的今天，云计算、大数据盛行的时代，加大信息化建设的投入和力度是川航进行营销策略优化的基础。

（4）新兴营销策略的实施需要川航将其放到公司战略的高度上去。合理配置资源，通过人力资源管理来带动全公司上下都投入营销策略的实施中去，为川航积极参与应对市场竞争提供坚实基础，从而提升公司的核心竞争力。

## 6.2 研究展望

营销策略是关系公司战略的重要策略，本文对 PEST、SWOT、波特五力模型和 7Ps 营销组合策略的理论把握可能存在一定的不准确性，对于川航的剖析也不尽准确。

营销组合策略的研究不是一个简单的营销操作层面问题，而是涉及企业经营的多方面，并且营销策略的实施是一个长期持续的工程，由于目前该 7Ps 营销组合策略还未在川航正式实施，未能进行实施的效果评价，有待具体实施后进行不断修正。

由于本文的研究时间紧，作者的能力有限，因此本文的研究尚有很多不足之处，有待在今后的工作和研究中予以弥补和避免。

**参考文献**

[1] 张银莹. 基于 SWORT-PEST 大学生创业环境分析与优化［D］. 西安科技大学，2014.
[2] 陈雪宁. 基于 7Ps 模型的 ZH 证券深圳营业部营销策略研究［D］. 湘潭大学，2014.
[3] 迈克尔·波特. 竞争战略［M］. 北京：华夏出版社，2005.
[4] 科特勒. 市场营销管理［M］. 北京：中国人民大学出版社，2010.
[5] 王景成. 南方航空公司市场营销组合策略研究［D］. 西北大学，2011.
[6] 孙瑞霖. 山东航空公司营销策略分析［D］. 山东师范大学，2014.
[7] 伊庆. 航空客运低价营销策略研究［J］. 上海交通大学学报，2007.
[8] 倪海云. 常旅客项目：航企的"掘金宝库"［J］. 中国民航报，2012（3）.
[9] 徐炳强. 从顾客忠诚度谈航空公司常旅客计划［J］. 空运商务，2012（12）.
[10] 邢蕾. 航空公司心理定价策略运用分析［J］. 科技资讯，2011（14）.
[11] 王平. 航空公司如何玩转价格歧视［J］. 民航资源网，2015.
[12] 陈立. 超出价格战——浅谈航空公司的服务营销［J］. 中国民用航空，2008.
[13] 郑显伟. 中国民航业进入壁垒研究［D］. 上海师范大学，2006.
[14] 杨阳. 航空货运业的替代品威胁和竞争分析［J］. 空运商务，2006（25）.
[15] 刘波. 东方航空公司产品营销策略研究［D］. 西北大学，2011.
[16] 李莹. ××航空公司客运营销渠道调整策略研究［D］. 云南大学，2013.
[17] 李生璋. 电子商务背景下山东航空公司营销渠道策略优化研究［D］. 山东大学，2015.
[18] 张志瑜. 春秋航空低成本战略研究［D］. 上海外国语大学，2013.
[19] 石敏. 我国低成本航空公司的运营模式探索［D］. 上海外国语大学，2014.
[20] 颜莹. 亚洲航空公司在华跨营销策略研究［D］. 西南财经大学，2013.

［21］王春．海南航空营销管理渠道研究［D］．南昌大学，2013．

［22］徐昭敏．东方航空公司战略转型中的营销策略研究［D］．上海外国语大学，2014．

［23］保罗·萨缪尔森，威廉．诺德豪斯．宏观经济学［M］．北京：人民邮电出版社，2004．

［24］廖日光．FH公司战略管理研究［D］．华南理工大学，2013．

［25］王平．基于"互联网+旅客需求"的航司产品转型构想［J］．民航资源网，2016．

［26］赵丽萍．低成本航空公司与机场如何合作才能共赢［J］．民航管理，2016．

［27］欧阳杰．全国机场布局规划和"十三五"建设规划的新思路［J］．民航资源网，2015．

［28］杨波．中国国际航空市场发展中的经验与挑战［J］．中国民用航空，2015．

［29］王疆民．"合作博弈"方可解决新老航企的市场之争［J］．民航资源网，2015．

［30］民航老兵．提直降代走向何方：终结乱象还是两败俱伤［J］．航旅圈，2016．

［31］杨波．中国主要航空集团市场旅客份额变化趋势思考［J］．中国民用航空，2016．

［32］李向伟．航空公司主导在线旅游的商业模式畅想［J］．民航资源网，2015．

［33］罗俊勤．旅行综合服务体系——航企未来的核心竞争力［J］．民航管理，2014．

［34］谢泗薪．4R理论视角下航空公司营销策略创新［J］．航空公司，2012．

［35］杨兴夏．我国航空公司直销渠道研究［J］．现代商贸工业，2009．

［36］程支中．企业营销组合策略研究［J］．中国商贸，2010．

［37］张宗清．我国支线航空运输市场需求预测研究［D］．中国民航大学，2008．

［38］谢罗群．新加坡航空公司如何保持优质服务［J］．市场导航，2011．

# 中石化 JZ 分公司成本控制研究

*逯一飞　李定清*

**摘　要：** 成本控制是以企业生产经营活动中最重要的指标——成本为研究和控制对象，通过系统的研究和分析，制定科学合理的策略，采取一定的措施和方法对其进行管理和控制的过程。通过因地制宜地组织实施成本控制，切实降低企业成本，从而改善企业经营管理，促进企业经营质量的提高。随着市场经济的不断发展，竞争的不断加剧，多数企业已经越来越认识到成本控制的重要性。然而，同时还有很多企业的成本控制意识和观念落后，控制方法和手段单一，已经严重影响了企业的经济效益。在"去产能""降库存"，提倡供给侧改革的今天，企业再不转变观念，降本增效、提质增效，必然会被淘汰。

本文以中石化 JZ 公司目前成本控制的实际情况为对象，通过对企业当前面临的形势、成本的构成、经营效果进行分析，揭示出成本控制中存在的问题和不足，提出了"强化成本控制意识、引入先进的成本控制方法、从战略角度进行成本控制"等改进的建议，并针对性提出了实施"全员成本目标管理"及"模拟利润"两项成本控制策略，对两项策略的理论、具体指标、实施方法及评价机制进行了系统阐述。在此基础上，对所有现代企业在强化成本控制方面提出了"转变全员成本控制理念，提升全员成本管控意识""健全完善经营管理的成本控制管理体系""推行全员参与、全过程全方位覆盖的成本控制管理""完善内控制度"等建设性建议。

通过分析 JZ 公司成本管理现状，认清存在的不足，为扭转该公司目前成本控制状况做好铺垫。针对实际工作中存在的浪费提出具体的成本控制策略，以降低 JZ 公司运营、投资流程等生产经营全过程中的成本，推动中石化长期稳定发展。因此，本文通过对该公司的深入研究，有助于探索有效的石化企业成本控制实施方案。本文提出的观点对中石化市县公司突破成本管理"瓶颈"、解除成本控制症结、实现跨越发展具有实践意义。

**关键词：** 中石化 JZ 分公司；成本控制；策略研究

# 1 绪论

## 1.1 研究背景

从宏观经济形势来看，国际油价低位徘徊，国内经济增速放缓，成品油资源产能过剩，替代能源快速发展，消费增量严重不足，经济发展步入了"新常态"，低油价、低增长、供过于求的市场环境短期内不会改变，给企业的稳增长、提质量带来巨大压力，要求我们转变思路，主动适应新常态，走内涵式发展之路。

现在的新常态从国家层面看，就是从过去的高速发展变为中高速发展，整个经济结构在调整，由过去的粗放型向节约型转变，由过去高能耗的向绿色低碳型转化，由过去产业结构不合理向不断优化转变。从石油石化的新常态看，整个替代能源变成必然需求，成品油需求最高峰的到来可能提前，国家曾经预计柴油的需求高峰在2017~2018年，以后会逐年下降。现在看，柴油的需求高峰已经到来，需求下降趋势非常明显。山西省以能源为主的第二产业战略比重极大，且经济结构较为单一，在经济结构调整期不可避免地出现了柴油需求下降。同时，由于替代能源在增加，对柴油的替代非常厉害。相比柴油，气的成本较低且环保。汽油的情况也是不容乐观，对汽油替代的东西也是很多，现在知道的是气，以后电、太阳能及新能源都能够替代。现在由于私家车的数量还在不断增加，汽油需求量的下降一段时间还表现不出来。但是，长远还是下降的。我们的能源需求在下降，成本压力在加大，我们在新能源开发方面的投资，短时间内无法产生效益。从财务的角度看，低油价、创效难、大财务、严管理将成为新常态。

从山西省内环境看，整体经济将会有一个逐步恢复的过程。2014年全国GDP增速除山西垫底之外，东北三省的GDP都排在后面，经济下行压力大，政府只有把整个经济拉起来，当前面临的一些较为突出的矛盾和问题才能在经济发展中得以解决。现在山西的形势比东北三省要复杂得多、严峻得多，如果这种局面持续下去，无论是整体经济环境问题还是社会问题都将更加突出。2015年，1~2月山西公布的GDP增幅是2.9%，这是20年来山西GDP增幅最低的时期，主要原因还是经济结构单一，过分地依赖了以煤炭为主的相关行业，第二产业比重过大；目前山西一煤独大的局面并没有多大的改变，山西省上半年GDP总量不到1.3万亿元，在中部六省，倒数第一。从全省近3年地区生产总值的发展趋势和全省规模以上工业增加值增长速度来看，省内生产性需求逐年降低。从一般公共预算收入来看，全省2015年上半年实现611.5亿元，同比下降7.8%，除太原、阳泉和运城外，其余地市均为负增长，朔州、吕梁和长治下降超过30%。其中除资源税同比增加113.7%外，其余税收全为负增长，营业税同比下降22.5%；国内增值税同比下降13%。公务消费和公共投资消费需求下降。

从全省成品油市场情况来看,成品油消费需求持续低迷,市场资源供大于求。2015年以来,特别是第二季度延续了上一年以来的下行走势。1~5月,工业企业主营业务收入实现5764亿元,同比下滑15.4%,利润总额实现18.2亿元,同比下滑58%。生产企业大面积亏损,普遍缩减了生产规模。另外,安全环保整治力度加大,无证工矿企业几乎全部关停。煤铁工矿企业的关停率在60%以上。其次,黄标车强行报废和公务用车改革、居民可支配收入下降等因素在一定程度上影响了汽油市场消费。根据省统计局数据,上半年,全省限额以上石油及制品类批发和零售约为210.2亿元,同比下降21.7%。

从企业自身情况来看,2015年受市场需求持续低迷、成品油资源供需矛盾突出等因素影响,全省系统油品销售下滑,拓市保效艰难,经营工作遇到前所未有的挑战,公司生存与发展面临严峻考验。基础管理"精严细实"不到位,损失浪费比较严重,各类风险仍处于高发状态。全面预算管理不到位,影响到价值创造。降本控费走入误区,费用结构畸形化。当前,全省刚性费用占费用总额的比重过大,相对可控的现金费用比例较低,一方面是刚性费用不断膨胀,吞噬了现金费用不断压缩取得的降费成果;另一方面是日常运行费用和部分公务支出过度压缩,存在影响生产经营正常开展的风险。资产管理基础薄弱,损失浪费情况严重。预算管理的重点环节控制不到位,经营预算与市场实际、完成预算的条件脱节,预算执行过程的控制、预算结果的差异分析对"事后是盈"起不到应有的保障作用,导致"事前算盈"和"事后是盈"的管理目标难以实现。

## 1.2 研究目的及意义

### 1.2.1 研究目的

企业成本战略是现代企业的一个极其重要的问题,是决定企业经营活动成败的关键性因素。随着人类社会的不断发展进步,人们的需求愈加丰富,石化行业迎来新的生机和前景,但同时由于替代能源的出现、绿色环保和清洁的要求,也面临更激烈的竞争和更加严峻的挑战;随着行业的发展,政府宏观政策的加强,该行业又亟待整合提升和规范发展,因而石化企业正面临巨大的机遇和挑战,行业内市场机会的增多也意味着竞争的加剧。如何在竞争中求发展,在发展中求突破成为摆在石化企业面前的重大课题。本次选题旨在以研究中石化JZ分公司成本控制为切入点,通过对石化行业发展情况和公司面临的内外部环境来进行分析,运用SWOT分析工具结合现代成本管理理论,在不断创新和实践中,为石化基层公司寻求一个完整的、切实可行的成本战略规划。也希望能够通过揭示石化企业在发展中存在和面临的共性问题,通过分析和提供一些解决思路,给该行业的企业发展提供启示和参考以及有效解决方案,以期促进中石化市县公司的全方位发展。

#### 1.2.2 研究意义

我国的经济经过多年的发展,对创新驱动的要求日益迫切,即从资源要素改变为价值引领,这就必然要求从管理会计上寻求资源。管理会计的发展与商业发展程度是相互促进、共同发展的。管理会计的本质是以降低成本为目标,以优化"价值链"为导向,通过管理和控制成本,最终实现价值增值。随着这些年经济下行压力的加大,管理会计的重要性越来越受到企业重视,发展管理会计成为提升企业管理水平、推进国家治理的现实需要,也是打造我国经济升级版的时代迫切要求。楼继伟在 2014 年 7 月 31 日中国总会计师协会组织的"中国管理会计系列讲座"中,明确提出了迅速推进和发展符合中国特色需要的管理会计的建设任务和目标要求。在 5~10 年内,基本形成管理会计中国特色理论体系和指引体系,为推动我国经济跨越式转型升级提供服务。推进管理会计建设,打造中国特色管理会计,俨然成为财政部会计工作的新抓手。而成本控制作为管理会计最重要的一方面内容,必将是研究的重要内容,现实意义重大。

通过分析中石化 JZ 公司成本管理现状,认清存在的不足,为扭转该公司目前成本控制状况做好铺垫。针对实际工作中存在的形形色色的浪费及挥霍提出具体的成本控制策略,以降低 JZ 公司运营、投资流程中的成本,提高公司的核心竞争力,最终推动中石化长期稳定发展。因此,本文通过对该公司的深入研究,有助于探索有效的石化企业成本控制实施方案。本文提出的观点对中石化市县公司突破成本管理"瓶颈"、解除成本控制症结、实现跨越发展具有实践意义。

综上所述,本文试图运用成本管理相关理论,针对目前中石化市县公司在成本管控方面的现状、存在问题及不足进行分析和论证,将企业成本管理理论与具体实践相结合,提出具体的企业成本控制策略。同时通过对中石化 JZ 分公司的成本控制研究,可以类比相似国有企业的成本控制情况及存在的问题,有助于为其他国有企业提升成本控制水平、增强成本管控意识提供借鉴和参考。

### 1.3 文献综述

#### 1.3.1 国外文献综述

管理学之父泰勒(W. Taylor)在 1911 年首次在《科学管理原理》中发表了科学管理理论,代表着企业管理者针对成本进行系统性的管理。上述理论概括为标准成本、预算控制与差异分析。标准化原理帮助企业节约时间与降低成本,并且进一步促进成本会计与核算的更新。但是由于管理会计此阶段的发展存有执行性与局部性的限制,并且没有考虑企业环境的因素,某种程度上忽视了提高成本效率的重要前提条件。

埃里克·科勒（Eric Kohler）研究了水力发电的过程，他的观点为间接费用比直接费用更高，如果按照人工工时制间接费用进行分配，得出的结论是扭曲真实成本。基于此种考虑将作业成本的观点引入成本的核算与企业成本管理控制过程中。1941年，他于《会计论坛》期刊上发表了具体定义解释：作业即为针对某一建设项目或某一活动项目所给予的贡献。而作业成本法即以作业为关键内容，将企业在运营中损耗掉的全部作业进行核算与管理，其中也包括资源成本，明确成本动因，企业把不同的成本计算对象合理分担全部的作业成本的一种计算方法。目前无论是理论界还是实务界对此方法还未做出明确解释，但其在作业会计经典理论框架中占据了较高的位置。

美国学者乔治·斯托布斯被认为是对作业会计深入研究的第二位教授。首先他认为只有先明确作业、成本、会计目标上述这些概念之后才能进一步对作业会计进行深入研究。1954 年，在其一篇论文中指出，掌握收益本质的前提是弄清楚报告的目的是提供决策者进行投资所需要的关键信息。而且，在企业进行作业成本的核算与管理中，成本是一种流出量的计算对象，并不是存量的计算对象。并且他在 1971 年出版的《作业成本计算和投入产出会计》著作中详细阐述了作业、作业中心与成本、成本动因等关键性概念。在学术理论界，该书被称为第一部从理论角度研究作业会计的著作。随着社会思想的进步，越来越多学者开始质疑传统保守的成本会计核算体系，反思核算体系的局限性。正因如此，对作业成本的研究开始兴起，逐步产生作业成本法，于 20 世纪 90 年代形成了作业成本体系（简称"ABC"）雏形。

恩斯特·杨（Ernst Young）的思想引领了一场思想革命，在理论发展史具有里程碑意义。他不仅在 20 世纪 80 年代第一次提出了关于动态控制成本的作业成本理论，即，企业要达到科学合理控制成本就需要对动态作业过程进行实时跟踪；而且将"成本企划"理论成功运用于日本丰田汽车制造公司的汽车生产流水线。该理论的先进性表现为，改变了人们原认为在企业只有经营管理下游才需要进行成本管理的旧观念，在产品的上游开发设计层面同样需要对成本进行管理。

管理学大师彼得·德鲁克（Peter Drucker）提出了在企业服务宗旨满足顾客的需求方面，作业成本法同样具有关键性作用。该教授认为这种更加新颖的成本管理理念可以完整地记录企业所发生的全部成本。

彼得·特尼（Peter B. B. Turney），作为波特兰大学的教授时编著的《ABC 的功效：怎样成功推行作业成本计算》（*The ABC Performance Break through*：*Cost Technology*），系统性地研究了作业会计的核心概念即作业和成本动因，首次系统性地将企业管理与作业成本的计算关联起来。提出了两个层面的作业成本体系，分别为运营流程与成本归集。进一步优化改进了基于流程层面的业务，并将其称为作业基础管理，结合公司成本管理相关全部数据信息，根据成本动因对以作业为基础的业绩进行评价考核，以便大幅提升作业成本管理方面的绩效成绩。

斯托布斯的《作业成本计算和投入产出会计》详细介绍了"作业成本"的相关

概念。20世纪80年代，同是美国教授的卡普兰（Robert S. Kaplan）和库柏（Robin Cooper），在前人研究基础上对作业成本进行了更为深入的研究，并发表了数篇关于作业成本的研究文章，引起了西方会计界重视。作业成本法将产品成本动因作为关键性指标，在计算产品成本过程中，首先将公司制造费用归集到每一作业项目中，然后将每一作业项目的制造费用具体分摊到产品成本，最终结果以作业为中心。结合确认的作业成本与计量，选择成本动因促使公司管理人员对所有作业出发进行最终成本控制。这种方法可以提供相对精确与真实的企业产品成本信息，保证公司高层决策的科学性和合理性。

芝加哥大学教授麦金赛出版的《预算控制》是首部研究公司关于预算控制的著作，但其局限性表现在当时的各项预算都是分别进行预算。随着理论的发展后来才提出公司是要建立以利润为目标的全面预算，各个单项预算要系统结合在一起，这样才能很好地控制企业的成本额，甚至延伸至公司的全部经济活动。

美国迈克尔·波特教授首先提出了价值链的概念，并且提供了运用此概念进行公司战略成本分析的办法。在此基础上，美国学者瑞利将战略层次的概念引申细化，将结构性的战略成本动因运用于公司制定的战略决策，执行性的动因运用于公司制定的经营决策。他认为企业要获得竞争优势地位，制定出可靠的竞争办法都需要通过价值链这一强有力的工具。企业进一步明确提高核心竞争力、扩大成本生产的优势，占领更广阔的经营市场，创造更多的市场经济价值的前提条件是清晰掌握在生产经营过程中产生市场经济价值的全部各项成本对象具体如何发生，明确上述经营活动在创造生产价值中所处的具体环节。

1954年英国人德鲁克创造的"目标管理理论"是比较典型的理论应用于实践案例，成功推动了成本管理思想的向前发展。1960年，日本丰田汽车公司首创目标成本管理，根据客户提出的价格来制定出产品的售价与目标利润，倒算出最终的目标成本额，此方法可以进行事前控制，更有效地对整个全过程进行了控制，真正地降低了企业的成本。

美国会计师乔纳森·N. 哈里斯于1936年提出的科学学说指出，从总成本中分离出固定成本，也就是在计算总的产品成本时不考虑固定成本，只计算变动成本，到了会计核算期末再将固定成本从总损益中扣除。此种方法不仅适用于实际成本条件下，而且也同样适用于标准成本，更合理地控制成本。

美国通用电气公司工程师迈尔斯1947年首次引入价值工程这一概念，其源于价值分析，此种科学方法其最终目的是以最低的成本实现产品的最基本必要功能。此种方法优点是可以节省大额成本，效果比较显著，故迅速推广于西欧国家，并且被广泛应用于宇宙航空、造船、制造汽车等制造部门，后逐步发展成系统体系才被改称为价值工程。

纵观国外成本控制研究历程，成本控制随着社会化大生产的不断发展已经由单一的、简单的控制发展为注重管理全过程的控制，人们在不断地将理论运用于实践中摸索降低成本的途径，以提高企业核心竞争力。但我们不难发现，传统的成本控制方法都存在不同程度的局限性，随着企业经营及竞争环境的不断变化，已不能完全适应需求，对成本控制的探索和研究必将进入一个新的阶段。

### 1.3.2 国内文献综述

近年来，国内学者对成本控制进行了一系列的研究，从目前已发表的代表性著作和研究文献来看，其中既包括对基本理论的探讨，也包括对国外先进的成本控制理论及方法的介绍以及对新的成本控制理论观点的思考。

余绪缨于1994年在《当代财经》上发表了一系列关于研究作业成本法的论文，系统地介绍了 ABC/ABM 即作业成本计算和作业管理的基本理论。在其论文《以MBA为核心的新管理体系的基本框架》中提出了"以作业为基础的管理"的概念，并将作业成本计算与传统的成本计算进行了对比，指出作业成本法是新管理体系的核心。

胡玉明（1994）介绍了作业管理产生的背景、基本特点以及在企业成本管理方面取得的重大开拓性。

王光远（1995）提出了"作业会计"的基本概念，指出会计作业法能更准确地分析企业的成本，并且分析了会计作业法对于成本确认的"相对精确性"的原因。

王平心等（1999）研究了作业成本法在我国应用的现实性。

陈柯通过对成本预测、战略决策、计划、控制、考评等环节研究，著成《企业战略成本管理研究》，对战略成本管理进行深入探索和研究，提出了国有企业提升竞争力必须运用战略成本管理理论的建议。

夏宽云采用桑科模式在《战略成本管理》一书中，对成本战略定位、价值链理论等内容作了详细论述。

王仲兵通过对企业成本控制机制的研究认为，成本控制的最终目标并不仅仅是如何使企业所发生的全部成本的绝对下降，而是追求企业的综合效益最大化和可持续竞争力。

傅元略基于对财务管理决策和现代财务管理理论的研究，著有《财务成本管理》一书，对目前成本控制相关理论、存在问题的见解和未来发展进行了阐述。

多年来，我国的企业也在不断地进行总结和实践的探索，不乏有一些先进企业总结出了成本控制先进经验，形成具备鲜明特色的成本管理模式。较为典型的有：

（1）成本否决法。邯钢创建了1990年闻名全国的"成本否决"的管理模式，该模式的主要精华是将生产经营单位完全按照市场经济模式运营，通过对比，选取确定同行业中的最佳标准，对所有组成成本的指标进行仔细分析，挖掘潜在效益。涉及的所有收支都以当前的市场价格为基础，计算核定出目标利润和目标成本，然后一级级分级落实，实行成本否决。其核心思想是成本指标完成不合格，将不对其他工作业绩进行考核，否决全部奖金。

（2）档次成本法。始于20世纪90年代初期，我国的部分企业为了降低成本、有效扩大利润、提高经营效益，在实践中摸索并创造了档次成本法。主要是在确定目标成本后，将其依据一定的原则划分不同档次，并分解制定各档次下的耗损定额，并据以对各责任中心进行严格考核，从而使成本达到最低。

（3）效益成本法。该方法由中国矿大财务教研组分析总结提出，并于在20世纪90年代初被企业应用。该方法把企业效益作为确定成本是否发生，发生的范围、额度等的唯一依据。在很长时间内被一些企业接纳并运用。

上述这些将成本控制理论运用于实践中的管理方法，从某种意义上来讲，是对传统的成本管理方法的突破，具有时代进步意义，同时为日后理论的发展提供了宝贵的实战经验。比如邯钢的"成本倒推法"等有力地等证明了我国在成本控制方面的成功实践探索，将作业成本控制法运用于大型钢铁制造企业，进一步说明我国企业实践方面与先进的国际成本控制方法结合迈入了崭新阶段。

目前我国企业的成本管理存在突出问题：一是与西方发达国家比较，我国企业还未广泛引入战略成本管理、作业成本法等先进的成本管理方法。二是虽然我国企业在运用中也强调了某一方法的全面性与系统性，但由于单一方法本身的局限性，在企业实践中忽视了与其他方法的结合，导致从逻辑层面上未解决上述方法之间的兼容性。三是我国企业成本管理中仍存在公司全员成本管理意识淡薄、范围相对狭窄、成本控制方法落后等问题，必然影响成本管理的实际效果与低成本优势的持续效果。

### 1.3.3 文献述评

综观公开发表的资料和文献著作看，国内外理论界对成本控制的理论研究还在不断的深入，研究的内容从对成本控制方法的研究到对先进管理理念的应用分析，从作业成本法到战略成本管理再到分析价值链等的应用分析，不断推陈出新。而对成本控制范围的研究多集中于传统意义上如何降低或减少成本的发生，很少有效利用成本效益等观念作为分析工具将成本控制的范围延伸。此外，目前对于企业成本控制的文献多针对成本控制体系的某一个环节的某一两个理论进行分析研究，而缺乏对成本控制体系整体性的研究。因此，本文认为有必要对企业构建完整的成本控制体系进行研究，并结合企业成本控制现状，通过完善全员成本目标管理理论和模拟利润核算并深化运用，这样有利于企业提升成本控制能力，从而提高其综合竞争力，使企业能够在市场经济的大潮中立于不败之地。

## 1.4 研究的主要内容

### 1.4.1 研究内容

本文基于对中石化JZ分公司企业现状，运用成本控制理论对企业经营存在的问题以及原因进行分析，发现中石化 JZ 分公司在成本控制上的不足和缺失。结合中石化 JZ 分公司的实体案例，本文使用 SWOT 分析方法系统研究该公司在企业发展和参与市场竞争中制定和实施的成本控制战略管理理论、方法及实践，最终提出中石化 JZ 分公司全方位成本控制的建议。虽然石化企业所面临的大的市场竞争环境相同，但由于每个企业的内部管理环境有所差异，所以对于各石化企业来说，应结合本企业实际情况，加以分析和研究后进行实际应用。本文的研究结论和建议对于中石化各级分公司乃至各石化企业长期战略发展决策和全面发展，应对国内外同行业的竞争挑战，具有一定的现实意义。

### 1.4.2 研究思路框架

本文主要研究内容和研究思路框架如图 1 所示。

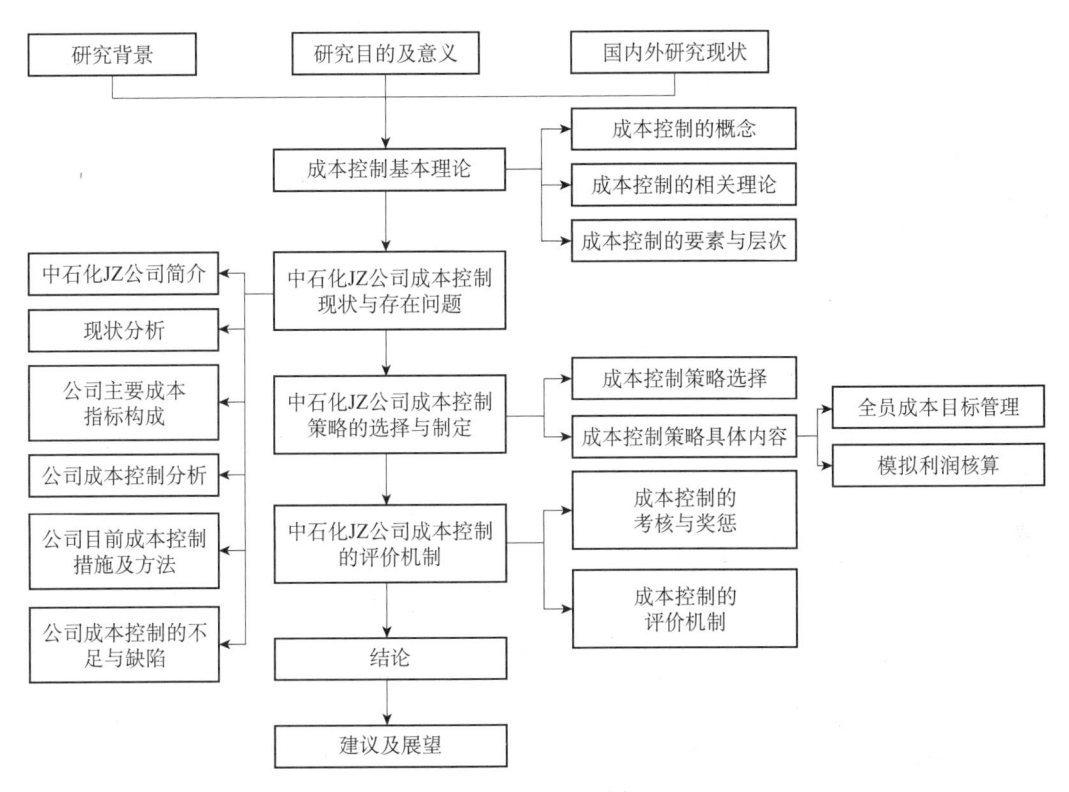

**图 1 本书研究思路框架**

## 1.5 研究方法

本文运用的主要研究方法有文献法、举例法以及对比研究法，具体情况如下：

（1）文献研究法。这是本研究所采用的主要方法。笔者通过图书馆、网络等媒介整理获取相关文献，力求在对相关文献资料的总体把握基础上，筛选、分析研究并提炼企业实现成本控制的理论逻辑,为中石化基层分公司进一步发展提供理论依据。

(2)理论分析法。综合运用经济学、管理学、心理学中的有关企业发展的最新成果,对企业成本控制的概念、发展过程、发展条件等进行分析。

(3)案例分析法(举例法)。在收集相关资料时,本研究还将采用举例的方法,通过列举大量的现实事例来揭示石化企业成本控制的现状和问题,从而引出新的成本控制方法。

(4)对比研究法。本文将以中石化JZ分公司为例,对其历年来数据进行对比研究,从而揭示其不足并提出新的成本控制策略,为石化企业提供参考借鉴,在更广泛的视野里获得更准确的结论。

## 1.6 创新点

(1)结合石化企业进行成本控制策略理论研究创新。目前对于企业成本控制战略的理论研究虽较为丰富,但具体到对石化企业成本控制的理论发展研究则相对较少,尤其是对石化企业全员成本目标管理和县区公司模拟利润核算的理论探讨才刚刚举步。

(2)结合石化企业制定成本控制战略规划的创新。本文是从石化企业全方位发展的角度,自上而下和自下而上相结合的角度研究JZ分公司如何实现真正意义上的成本控制和管理,从现实角度进行了剖析与研究。将借鉴成本控制理论,建立中石化JZ分公司成本控制战略规划,这对于我国石化企业的成本管理实践来说也是一种创新性的探索。

# 2 企业成本控制基本理论

## 2.1 成本控制的相关概念

### 2.1.1 成本的会计学概念

CCA中国成本协会发布的CCA2101:2005《成本管理体系术语》标准中第2.1.2条中对成本做出的定义是:为过程增值和结果有效已付出或应付出的资源代价。美国会计学会(AAA)"成本与标准委员会"将成本定义为:为了达到特定目的而发生或未发生的价值牺牲,它可用货币单位加以衡量。吴革在《成本与管理会计》中将成本的定义概括为:为了达到某一种特定目的而耗用或放弃的资源。从会计学角度看,会计成本是会计记录在公司账册上的客观的和有形的支出,包括生产、销售过程中发生的原料、动力、工资、租金、广告、利息等支出,按照我国财务制度,总成本费用由生产成本、管理费用、财务费用和销售费用组成。

### 2.1.2 成本控制的概念

成本控制是企业对生产经营过程中的各项耗费和支出进行规划、计算和调节，通过一定的途径、采取一定的措施和办法，不断降低无效低效成本的一项管理活动。其目的是以最佳的耗费完成生产经营全过程，最终实现企业经济效益最大化。成本控制是运用一系列系统的方法预测、筹划、计算、调节企业生产经营全过程中发生的各种耗费并对其进行分析监督的过程，也是发现薄弱环节、揭示不足和缺陷、挖掘内部潜力、寻找一切可能降低成本的途径和方法的过程。

## 2.2 成本控制的相关理论

### 2.2.1 目标责任成本控制理论

该理论按照首先制定公司目标成本，然后具体分解出各责任成本，最终对责任成本进行控制与考核绩效来分段进行。其关键核心思想是根据企业管理的不同层次划分出不同若干个相对独立的责任成本中心，并且将不同的每个责任成本中心都要保证做到事前周密预算、事中全程控制、事后严格考核。其本质意义相当于在公司企业内部环境实行市场机制，模仿市场运作途径，并做到使每个责任中心互相独立、相互监督并且各负其责，相当于建立起高效率、严把关、透明度高的整套成本管理模式。

### 2.2.2 标准成本理论

该理论的着眼点是将成本控制定位于成本项目之上。对于工业企业而言，标准成本囊括了直接材料、直接人工和制造费用三方面的标准成本。标准成本控制能否有效发挥作用，不仅在于标准成本制定的是否合理性，还取决于全体员工的劳动积极性和工作态度。而如何调动员工的劳动积极性，端正其工作态度，则来自企业健全有序的组织机构、合理的考核制度以及奖惩分明的激励制度。因此，成功实施标准成本控制方法的前提是要优化组织结构，建立健全的考核制度，严格奖罚机制，提高员工节约成本意识。

### 2.2.3 作业成本管理理论

（ABC）作业成本法的提出并形成成本管理理论，源于以下三个本质：一是生产流程中的作业是消耗资源的，而且资源消耗量与作业数量同方向变化；二是作业是由一定的动因引发的，动因包括外部动因和内部动因，大多数企业的管理者将目光放在外部动因上，如客户、产品，往往忽略了企业内部动因如生产人员、机器设备、管理制度等；三是作业分为不同的级别，所以按照统一的标准分摊成本是不准确的。基于上述原因，作业成本法是具有较高科学性的。成本管理人员跟踪、记录、归集所用作业流程，找出各个作业流程各个环节的消耗和成本动因，从而消除无附加值的、无效的作业，降低成本，提高经济效益。

#### 2.2.4 基于价值链的成本控制理论

美国教授迈克尔·波特（1985）首次提出了"价值链"的概念并迅速被一些企业所认同和接受。他认为"价值链"是企业生产、经营、销售、管理、人事、会计等方面有机结合形成的一个相互关联的整体。基于价值链的成本管理以作业成本管理为基础，运用先进的信息系统工具，对价值链上各个环节的成本信息进行全面收集、分析和利用，以支持价值链的构建，实现生产经营各环节的成本优化。

## 2.3 成本控制的要素与层次

### 2.3.1 成本控制要素含义

理论上讲，控制系统由实施控制的主体、客体以及传递者这三个要素构成。成本控制的对象（即受控客体）是企业生产经营过程中的所有资本耗费和开支。按照成本的定义，成本不仅仅只是重大生产成本，还包括管理费用、销售费用、财务费用等期间成本，以及采购成本、资产购建成本等生产要素的购置成本。所有生产要素发生的采购成本，会以各种形式转化为产品成本和生产经营期间的费用，并最终计入各环节成本费用。因此，对生产经营的所有要素实施成本控制的结果，最终都会表现在生产成本和期间费用上。基于所有的成本及耗费都会对产品成本发生持久性影响的考虑，因此在实施成本控制时，不仅要考虑各生产要素本身的成本，还必须考虑其对企业成本所产生的影响，这就导致了成本控制更加复杂化。所以，从一定意义上讲，成本控制的重点除对生产要素进行控制外，还需对成本发生的环境和条件进行控制。具体到石化销售企业，成本控制涵盖了所有成本、所有费用开支。

### 2.3.2 成本控制层次

成本控制是涉及生产经营全过程、全方位的，成本控制可分为三个层次，即战略成本控制、决策成本控制和经营层面成本控制。战略成本控制是企业成本控制的最高指挥部，这一层面成本控制，主要是通过分析企业拥有的自身资源优势，以战略的眼光寻找和制定最佳的成本控制策略，实现企业效益最大化。决策成本控制是指拟定各项经营管理策略，最大限度地调动企业人力资源、财务资源、信息资源的潜力，发挥其各自资源效用，实现流程再造、拓展管理幅度、减少中间环节、实现扁平化管理等。经营层面成本控制是企业日常成本控制重点，涉及面广、过程长、环节多且复杂，这一层面的成本控制涵盖了产品成本的全部。总之，企业要想获得更好的经济效益，就必须全员参与，构建全方位的成本控制体系。

## 3 中石化 JZ 分公司成本控制现状与存在问题

### 3.1 中石化 JZ 分公司简介

#### 3.1.1 公司简介[①]

该公司地处晋商故里山西省 JZ 市，位于 JZ 市府所在地榆次区城西古陶路 69 号，距省会太原 25 公里。公司前身是中国石油公司太原支公司榆次石油转运栈，始建于 1953 年 7 月，1960 年投产，当时是商业部燃料局下属的三大储存站之一，已有五十余年的发展历史，经济时代担负着晋中全区石油煤炭供应和山西部分地县石油跨区供应与石油储存中转任务。1991 年，改名为山西省石油总公司 JZ 公司，1998 年，随山西省石油总公司整体上划。2000 年随中国石化改制上市，按照总部要求设立中国石油化工股份有限公司山西 JZ 石油分公司。2014 年 6 月，根据销售企业重组要求，现更名为中国石化销售有限公司山西 JZ 石油分公司，是中国石化销售有限公司在山西 JZ 的唯一成品油销售企业。

公司本部设六科（综合办、人力资源科、安全基建科、政工办、发展规划科、实物资产科）、五部（商业客户部、物流配送部、财务结算部、零售管理部、润非油品业务部）、一室（综合营业室）。下辖 11 个县区公司和 3 个高速路公司，截至 2015 年 12 月底，拥有加油站 149 座，其中在营加油站 135 座，便利店 101 座；用工总量 1138 人，其中在职正式职工 560 人，劳务派遣工 578 人。拥有 YC、JX 两座油库，总库容 10.16 万立方米，其中 YC 油库占地面积 19.5 万 $m^2$，始建于 1952 年，曾是全国第一座大型商业油库。2007 年 11 月 26 日石太成品油管道工程完工投产，改造后的 YC 油库有 10000$m^3$ 油罐 6 个，5000$m^3$ 油罐 6 个，2000$m^3$ 油罐 4 个。付油栈桥设有 12 组货位，日均公路付油量 3500 吨，年发出能力 150 万吨。铁路接卸系统可同时接卸 52 组槽车，年装卸车能力 60 万吨。JZ 公司 YC 油库作为一个集管道输送、铁路装卸、公路运输为一体的仓储、物流集散地，承担着山西全省 1/4 的物流输转任务，是山西省最大的成品油周转基地。

公司经营范围：石油、天然气销售；石油石化产品的批发零售、储存运输；技术及信息研究、开发、应用。零售日用百货、预包装食品、卷烟、雪茄烟。2015 年，JZ 公司实现成品油经营总量 43.26 万吨，同比减少 11.78 万吨，减幅 21%。其中：

---

[①] 关于 JZ 分公司的资料均由中石化 JZ 分公司提供。

零售量 31.39 万吨，同比减少 5.83 万吨，减幅 16%；直分销 11.87 万吨，同比减少 5.95 万吨，减幅 33%。全年实现主营业务收入 35.07 亿元，同比减少 5.07 亿元；差价收入总额 6252.53 万元，较同期减少 4503.89 万元，吨油差价 144.51 元，较同期减少 61.79 元。非油品营业额 9000 万元，销售收入 3.5 亿元，销售额同比增加 3507.77 万元，增幅 60%。累计实现差价收入 428 万元。全年列支费用总额 16525.71 万元，吨均 382 元，费用总额同比减少 836.42 元，减幅 4.82%，吨油费用同比增加 66.58 元，增幅 21.11%。

### 3.1.2 公司组织结构图

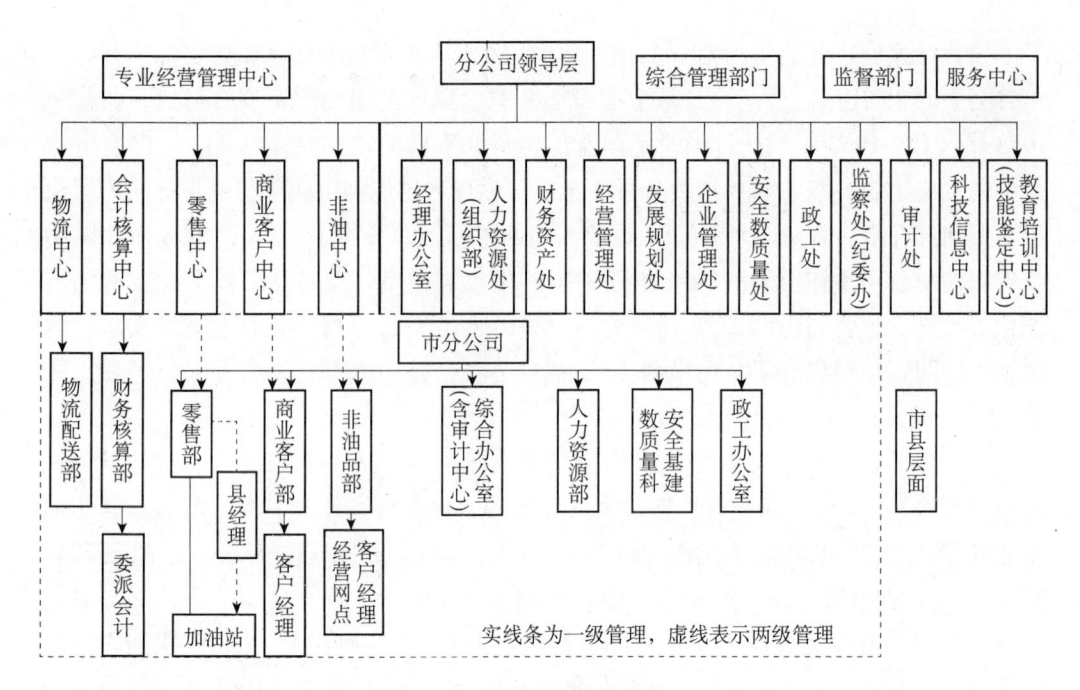

图 2　公司组织结构

## 3.2　现状分析（SWOT）

　　SWOT 分析是通过概括和对比列举企业内部和外部环境及形势，分析企业的自身优势和劣势、面临的威胁和机会的一种方法，为我们了解和改进成本控制措施提供了新的解决途径和策略措施。由四个要素组成，分别是 S、W、O、T。S 是 strength 的英文缩写，指的是优势分析；W 是 weakness 的英文缩写，指的是劣势分析；O 是 opportunity 的英文缩写，指的是机会分析；T 是 threat 的英文缩写，指的是威胁分析。通过对企业的优势、劣势、机会、威胁进行全面的分析，能够帮助企业寻找到具有针对性的发展规划战略（见表1）。

表1　JZ公司优劣势、机会威胁分析

| 因素 | 优势（S） | 劣势（W） |
|---|---|---|
|  | (S1) 拥有当地最大的市场占有份额，市场应对能力持续增强；(S2) 具有完备的营销网络，足以有效开拓成品油销售市场终端；(S3) 加大对加油卡业务的推广工作；(S4) 客户资源强大；(S5) 公司积极推广非油品业务，实现多元化发展；(S6) 配套运输设施完善；(S7) 公司人员队伍素质高；(S8) 公司制定了未来可行的战略发展规划，有清晰的发展方向和发展思路 | (W1) 严峻经济形势导致销售前景不乐观；(W2) 道路交通格局改变影响车辆用油量；(W3) 生产成本较高，缺乏国际竞争力；(W4) 管理效率低，历史包袱过大，管理成本费用居高不下，经营管理费用支出缺乏合理的预算，影响企业利润；(W5) 行业内的其他石油经营企业打价格战抢占市场的时候，JZ公司因为体制不灵活的原因不能及时高效地做出市场应对，致使丢掉市场机会 |
| 机会（O） | SO战略（增长型战略） | WO战略（扭转型战略） |
| (O1) 中国经济持续增长，国内油气生产难以满足市场持续增长的需求；(O2) 国家提倡积极发展新能源，为保障国家能源安全与构建和谐社会做出贡献 | (1) 收购竞争对手来达到整合，提高竞争力；(2) 购置新型配套设备 | (1) 与纵向供应商合作，降低成本；(2) 建立更加灵活的市场价格机制应对竞争者 |
| 威胁（T） | ST战略（多种经营战略） | WT战略（防御型战略） |
| (T1) 区域内涌入越来越多的竞争者；(T2) 行业内的竞争者主要是以中石油为主的竞争对手，他们长期采取灵活多样的促销方式，吸引了快速增长的、以私家车为主的趋利客户；(T3) 环境保护的标准提高对于JZ公司提出新的要求；(T4) 替代能源发展迅猛 | (1) 开发出新的标号能源来应对市场发展需求；(2) 利用强大的网络优势建设更多的加气站抢占市场 | (1) 改变竞争战略，采取差异化竞争战略；(2) 利用IC卡各种促销活动来促进销售 |

可以清晰地看到JZ公司在目前的市场形势下所面临的外部环境所带来的机遇与威胁，内部环境下自身的优势和劣势。当前，经济下行压力持续加大，山西"一煤独大"的产业结构不可持续，传统产业升级和新兴接替产业培育还需要较长时间，全省经济发展态势短期内很难有明显转变。成品油市场形势异常严峻，面临长期低油价、需求不足、竞争加剧及资源环境约束的挑战。受"绿色发展"趋势影响，安全环保政策将更为严苛，老旧设备更换、新项目的投入等，都将直接造成企业安全环保成本的快速上涨。企业自身改革发展任务十分艰巨，拓市增量、提质增效，探索市场竞争策略更加迫切；深化改革、转型发展，增强风险防控能力，实现企业和谐平稳发展任务艰巨。

在2016年这个"十三五"的开局之年，也是中石化转方式调结构、提质增效升级，打造综合服务商的攻坚之年。面对各种风险性、不确定性因素明显增多的内外部环境，作为基层地公司，稳增长、强管理、防风险的任务更加艰巨。为了进一步提升自身的竞争实力，当务之急JZ公司必须清醒认识、准确把握当前的形势，切实提高工作的针对性和有效性。要充分利用内外部有利环境及自身的竞争优势，顺势而为，将其作用发挥到最佳的状态，进而确保公司的价值以及资源优势达到和谐的平衡状态。同时还要紧紧地抓住新形势带来的市场机遇，采取积极有效的策略来抵抗外部环境的威胁。以凤凰涅槃、浴火重生的决心，以逢山开路、遇河架桥的勇气，以抓铁有痕、踏石留印的韧劲，对自身开展内塑，深入推进全员成本目标管理，层层传递成本管控压力，严格控制费用开支，切实降低成本，切实增强竞争优势。

## 3.3 主要成本指标构成

JZ公司在日常经营活动中发生的成本和费用支出包括：主营业务成本、期间费用、各项税金及附加、其他业务支出、营业外支出等。其中，主营业务成本包括日常销售成品油、润滑油、燃料油等石化产品时应结转的商品采购成本、分摊的进货环节相关费用；商品流通费用核算公司在经营管理活动中所发生的各种期间费用，包括销售费用、管理费用和财务费用，具体分为：销货运杂费、人工成本、日常操作性支出、对外协议支出、公务性支出、税费性支出、折旧及摊销、流动资产损失、其他、财务费用等十大类（具体见表2）。

表2　　　　　　　　商品流通费用项目

| | | | |
|---|---|---|---|
| 一、销货运杂费 | 8. 信息系统运行维护费 | 10. 审计费 | 七、折旧及摊销 |
| 二、人工成本 | 9. 经营用通讯费 | 11. 评估费 | 1. 折旧 |
| 1. 工资 | 10. 低值易耗品摊销 | 五、公务性支出 | 2. 无形资产摊销 |
| 2. 福利费 | 11. 业务宣传费 | 1. 业务招待费 | 3. 长期待摊费用摊销 |
| 3. 保险费 | 12. 销售服务费 | 2. 办公费 | 八、流动资产损失 |
| 4. 住房费用 | 13. 印刷费 | 3. 差旅费 | 1. 商品损耗（减：溢余） |
| 5. 工会经费 | 14. 物料消耗 | 4. 会议费 | 2. 存货盘亏毁损报废 |
| 6. 职工教育经费 | 15. 环保/环卫/绿化/排污等支出 | 5. 管理用通信费 | 3. 现金短缺 |
| 7. 非货币性福利 | 16. 物业管理费 | 6. 图书资料费 | 九、其他 |
| 8. 解除补偿金 | 17. 安全生产费 | 7. 车辆费 | 1. 文化教育 |
| 9. 劳动保护费 | 四、对外协议支出 | 六、税费性支出 | 2. 医疗卫生 |
| 10. 劳务费 | 1. 代理手续费 | 1. 财产保险费 | 3. 社区服务 |
| 三、日常操作性支出 | 2. 商品存储费 | 2. 土地使用及损失补偿金 | 4. 评审费 |
| 1. 水费 | 3. 广告费 | 3. 房产税 | 5. 专利费 |
| 2. 电费 | 4. 租赁费 | 4. 车船税 | 6. 团员活动经费 |
| 3. 取暖费 | 5. 研究开发费 | 5. 土地使用税 | 7. 党员活动经费 |
| 4. 化（检）验计量费 | 6. 技术使用费 | 6. 印花税 | 8. 老年活动经费 |
| 5. 警卫消防费 | 7. 招标投标费 | 7. 土地租金 | 9. 团体会费 |
| 6. 修理费 | 8. 诉讼费 | 8. 行政性收费 | 10. 其他 |
| 7. IC卡系统运行维护费 | 9. 咨询费 | 9. 证照年检费 | 十、财务费用 |

## 3.4 成本控制分析

表3是JZ公司近年来的主要成本及比重情况，根据历年来报表数据显示，在公司的所有成本指标体系中，所占比重最大的当属主营业务成本，其权重占所有成本指标的95%，商品流通费用占地公司全部成本的4.99%，营业外支出及其他业务支出只占全部成本的0.1%。

表3　　　　　　　　　　JZ公司近年来主要成本比重

| 项目 | 2014年 | 2013年 | 2012年 | 2011年 |
| --- | --- | --- | --- | --- |
| 成本费用总额（万元） | 405465 | 416896 | 447984 | 400182 |
| 主营业务成本（万元） | 385000 | 395500 | 425386 | 379849 |
| 费用总额（万元） | 20035 | 20998 | 22200 | 19938 |
| 营业外支出（万元） | 430 | 398 | 398 | 395 |
| 主营业务成本比重（%） | 94.95 | 94.87 | 94.96 | 94.92 |
| 费用总额比重（%） | 4.94 | 5.04 | 4.96 | 4.98 |
| 营业外支出比重（%） | 0.11 | 0.10 | 0.09 | 0.10 |

公司应将成本控制的精力和重点几乎全部放在对主营业务成本的控制上，但由于中石化销售企业的运行体制及管理现状规定，地市分公司不赋予进货权，省级分公司只有在完成总部配置油销售任务基础上才能开展自采。经对自采油与配置油进货价格的比对，自采油价格较配置油价格平均每吨低1500元左右。对地市分公司而言，要想有效降低占成本费用权重最大的商品成本，只能是想方设法扩大销售，且必须是有效销售，即不论零售还是直销、批发哪种销售渠道，销售价格都应不低于成本价，这样多销才能完成配置油任务，多销才有机会多自采，才能通过自采油较低的成本适当摊低总的商品成本。

除提量增效即努力多做有效销售以摊低商品成本外，地市分公司成本控制的重点就落在对商品流通费用的控制上。

## 3.5 目前成本控制措施及办法

为了切实提高发展质量和效益，有效应对公司面临的销售滑坡、经营亏损、成本费用高的困难形势，近年来，中石化JZ公司本着一切费用皆可降的信念，开展了"事事厉行节约，处处精打细算"的降费增效活动，制定了一系列行之有效的制度和办法，同时也采取了诸多切实可行的控费降费措施，在控本降费方面起到了积极有效的作用。

一是制定下发《降费增效工作方案》，提出了具体降耗降费目标及相应的工作举措。具体如：要求员工培养自觉的节能习惯。落实电脑、打印机等办公设备责任人，电脑设置为最少电源管理，不用时进入休眠状态；下班时，及时关闭所有办公设备电源,减少待机能耗;杜绝白昼灯、长明灯;减少空调和电梯用电,严格控制室内空调温度,办公区室内空调设置温度,夏季不得低于26℃,冬季不得高于20℃;使用空调时不要开门、开窗,下班时要及时关机;短距离上下楼层时,尽量不乘电梯,减少电梯使用。加油站要坚持实行"加油前先为顾客开启油箱盖,加油完毕后先挂油枪"的操作规范;鼓励"一水多用",节约用水。鼓励员工从我做起,从现在做起,从点滴做起,开展厉行节约活动。节约每一度电、每一吨水、每一分钱,形成崇尚节俭、反对浪费的良好氛围,通过降耗实现降费。

二是制定了《加油站油品数质量管理考核办法》,由公司零售、数质量、财务、审计等部门组成联合小组,定期组织盘点,加强对加油站损耗的监管,超耗部分严格按照省公司要求进行赔偿。以当年度全省零售损耗管理标准为基准,对损耗率实行相应的考核奖惩,对超耗站站长给予扣罚绩效工资、免职等处分,对达到管理标准的给予1000~5000元不等的奖励,以此激励站长控制损耗。

三是结合中央提出的"八项规定",为了严控五项公务性支出,陆续制定下发了《公务用车管理办法》《业务招待费管理办法》《差旅费管理办法》等一系列管理办法。加强公务用车管理、简化业务接待、精简会议、节约办公耗材、降低差旅开支。

四是强化归口管理及精细化管理。利用专业部门优势加大成本归口管理部门参与费用预算、分解、审批、过程控制、考核等环节管理的力度,落实归口管理责任,发挥归口管理部门专业职能,齐抓共管,确保费用管理目标实现。精细化管理方面,大宗费用采取集中采购方式,如取暖用煤、消防器材、计量器具、加油机配件、办公设备等由相关部门统一采购、集中管理、降低采购成本。

五是进一步优化成本管理流程,加大对成本预算事先、事中的控制能力。建立严格的运距核查机制,责成物流部定期对各加油站配送运距进行核查,开展跨区配送等;加强对项目投资的可行性研究、项目实施、竣工结算等全过程的参与与监控,切实降低投资成本。

通过采取以上措施,中石化JZ公司在面对设备日益老旧、安全环保健康成本日益加大等不利因素下,商品流通费用得到了有效控制。表4为近几年来公司费用开支对比情况。

**表4** 近年来公司费用开支对比情况 单位:万元

| 项目 | 2015年 | 2014年 | 2013年 | 2012年 |
| --- | --- | --- | --- | --- |
| 一、销货运杂费 | 1326.23 | 2090.12 | 2536.00 | 2568.93 |
| 二、人工成本 | 7559.63 | 7862.82 | 6838.74 | 7695.15 |
| 三、日常操作性支出 | 2438.39 | 3009.61 | 2446.64 | 2763.95 |
| 其中:水费 | 68.05 | 56.49 | 59.96 | 67.73 |
| 电费 | 372.95 | 365.45 | 340.97 | 360.70 |
| 取暖费 | 289.06 | 562.84 | 359.32 | 421.01 |
| 化(检)验计量费 | 122.28 | 131.52 | 159.04 | 160.92 |
| 警卫消防费 | 196.73 | 230.45 | 799.04 | 308.16 |

续表

| 项目 | 2015 年 | 2014 年 | 2013 年 | 2012 年 |
|---|---|---|---|---|
| 修理费 | 851.85 | 1177.03 | 433.26 | 1271.93 |
| 经营用通信费 | 107.55 | 52.67 | 57.85 | 54.21 |
| 低值易耗品摊销 | 29.44 | 31.17 | 16.09 | 11.12 |
| 业务宣传费 | 59.77 | 44.53 | 85.95 | 32.54 |
| 印刷费 | 37.70 | 47.60 | 37.87 | 30.74 |
| 环保支出 | 54.58 | 96.17 | 47.29 | 44.89 |
| 四、对外协议支出 | 1154.64 | 1469.84 | 998.01 | 889.78 |
| 五、公务性支出 | 171.63 | 220.07 | 358.85 | 278.14 |
| 其中：业务招待费 | 28.71 | 46.52 | 95.45 | 79.60 |
| 办公费 | 26.08 | 34.67 | 35.90 | 39.26 |
| 差旅费 | 59.25 | 66.71 | 108.71 | 71.42 |
| 会议费 | 0.20 | 14.72 | 8.40 | 1.54 |
| 车辆费 | 37.25 | 39.90 | 96.83 | 62.73 |
| 六、税费性支出 | 1859.26 | 1831.86 | 1538.49 | 2203.60 |
| 七、折旧及摊销 | 3039.77 | 3357.33 | 3344.84 | 3372.16 |
| 八、流动资产损失 | -1905 | -3286 | 191.39 | 173.04 |
| 九、其他 | 135.64 | 165.24 | 98.98 | 176.62 |
| 十、财务费用 | 745.24 | 640.79 | 648.59 | 876.75 |
| 商品流通费用总额 | 16525.71 | 17362.13 | 19000.53 | 20998.12 |

从表4中我们清楚地看到，公司总的费用在呈逐年下降趋势，说明公司在加强成本控制、降低运营费用方面采取的措施取得了一定效果。但是，细观费用组成项目不难发现，依然有不少费用项目在采取措施、强化管理后应该大幅下降的却降幅不显，还有部分费用在原地徘徊，甚至还有些费用开支在逐年递增。虽然不乏有增加开支的必须，但透过数据看本质，说明中石化JZ公司的成本控制还存在诸多的不足和缺陷，需要努力加以改进和完善。

## 3.6 成本控制的不足与缺陷

（1）成本控制理念欠缺，全员成本控制意识淡薄，缺乏战略成本管理的高度认识。

公司将主要精力用于应对市场需求变化和技术变化带来的挑战，在系统管理运营成本费用上做得不到位，更谈不上从战略成本管理的高度对成本管理和控制实施和监控。成本控制观念仍处于财务会计成本阶段，虽然也通过不同渠道以多种形式对现代成本控制理念进行了宣贯，但效果欠佳，多数员工仍然认为成本控制只是企业领导和财务人员的职责，而与自己无关。广大的员工主动控费、自觉降耗意识淡薄，控制成本的积极性不高。比如，虽然公司对员工提出了诸如"将电脑设置为最少电源管理，不用时进入休眠状态""下班关闭办公设备电源""使用空调时不开门、开窗""加油前先为顾客开启油箱盖,加油完毕后先挂油枪""一水多用"等要求,甚至做了各种宣传条幅进行宣传,也按时进行了评比通报,但由于奖惩机制不到位,员工与企业同呼吸共命运的意识及主动控费意识淡薄。水电费、通信费开支不降反升,具体见表5。

表5　　　　　　　　　　2014年和2015年水电费、通信费对比

| 项目 | 环节 | 2015年（万元） | 2014年（万元） | 增加额（万元） | 增幅（%） |
| --- | --- | --- | --- | --- | --- |
| 水费 | 合计 | 68.05 | 56.49 | 11.56 | 20 |
|  | 物流中心 | 25.35 | 17.76 | 7.58 | 43 |
|  | 零售中心 | 42.70 | 38.72 | 3.98 | 10 |
| 电费 | 合计 | 372.95 | 365.45 | 7.50 | 2 |
|  | 物流中心 | 132.29 | 139.19 | -6.89 | -5 |
|  | 零售中心 | 240.66 | 226.27 | 14.39 | 6 |
| 通信费 | 合计 | 107.55 | 52.67 | 54.88 | 104 |
|  | 物流中心 | 3.96 | 2.07 | 1.89 | 91 |
|  | 零售中心 | 102.87 | 46.17 | 56.70 | 123 |

（2）未实现三大预算的融合,全面预算管理没有真正落实。

全面预算管理是实现成本管控的前提和基础。目前该公司的预算管理缺乏全面预算管理的刚性和严肃性,虽然其成本控制模式也分事前、事中和事后三个环节,但是其事前预测和事中控制都很薄弱,只是为预算而预算,与实际情况脱节,根本未起到相应的作用,主要还是以事后分析为主,考核也仅仅停留在事后结果的分析评价上,信息时效性差。滞后的成本数据,根本起不到对生产中资源的配置和控制指导作用。

一是预算管理不够全面,预算管理集中在对十大类商品流通费用中日常操作性费用和公务性支出的管理和控制,没有涵盖全部成本费用项目;比如,在固定资产投资方面,未实现投资预算与财务预算的融合,投资项目的前期调研流于形式,可研报告不真实,实际销量与可研销量差距过大;未批先建、先斩后奏、手续不全等导致项目停建而中途夭折或完工却不能运营的不在少数。截至2015年年底,该公司在建工程账面余额8500万元,涉及加油站项目25个,其中由于上述种种原因导致停建的8个,涉及金额3000余万元;2010年以来,建成投产的加油站均存在实际投资较批复计划超支严重、实际销量远远低于可研销量的情况（详见表6）。

表6　　　　　　　　　　可研与实际销量对比

| 项目名称 | 投资计划（万元） | 实际投资（万元） | 超支率（%） | 可研销量（吨） | 实际销量（吨） | 完成率（%） |
| --- | --- | --- | --- | --- | --- | --- |
| 远东加油站 | 820 | 1021 | 25 | 4500 | 1200 | 27 |
| 旺盛加油站 | 660 | 723.44 | 10 | 3500 | 1500 | 43 |
| 东升加油站 | 550 | 621 | 13 | 3500 | 1800 | 51 |
| 静升加油站 | 1380 | 1450 | 5 | 5500 | 2500 | 45 |
| 中心加油站 | 660 | 701 | 6 | 5000 | 3000 | 60 |
| 南关加油站 | 450 | 512 | 14 | 4100 | 2500 | 61 |
| 峡口加油站 | 750 | 849 | 13 | 3500 | 1800 | 51 |

二是预算管理只是部分预算人员的工作，没有做到全员预算管理。

三是预算控制还有待进一步细化，预算分解不够细致，一般只分到部门和基层单位等成本中心，没有将预算细化落实到如员工、班组等最小的成本单元，员工不能直观地感觉到自己的行动与成本控制的紧密相连。

四是预算与实际还存在脱节，预算的刚性、严肃性还需进一步发挥，预算执行有效性也较差（详见表7）。

表7　　2014年和2015年费用预算执行情况

| 项目 | 2014年 | | | | 2015年 | | | |
|---|---|---|---|---|---|---|---|---|
| | 预算（万元） | 实际（万元） | 超节支（万元） | 超节支率（%） | 预算（万元） | 实际（万元） | 超节支（万元） | 超节支率（%） |
| 销货运杂费 | 2022 | 2090 | 69 | 3.39 | 1500 | 1326 | -174 | -11.58 |
| 职工薪酬 | 7451 | 7863 | 412 | 5.53 | 7102 | 7560 | 458 | 6.45 |
| 日常操作性支出 | 2080 | 3010 | 930 | 44.69 | 1754 | 2438 | 685 | 39.03 |
| 对外协议支出 | 1084 | 1470 | 386 | 35.59 | 1456 | 1155 | -301 | -20.68 |
| 公务性支出 | 215 | 220 | 5 | 2.36 | 216 | 172 | -44 | -20.38 |
| 税费性支出 | 1750 | 1832 | 82 | 4.68 | 1832 | 1859 | 27 | 1.50 |
| 折旧及摊销 | 3100 | 3357 | 257 | 8.30 | 3294 | 3040 | -254 | -7.71 |
| 其他 | 65 | 165 | 100 | 154.21 | 65 | 136 | 71 | 108.68 |
| 财务费用 | 413 | 641 | 228 | 55.22 | 583 | 745 | 162 | 27.76 |

（3）费用结构不尽合理，刚性费用控制乏力。

由于公司历史悠久，且前身为国有企业，固定资产投入较大且老化现象严重、人员较多、人浮于事等原因导致该公司的费用构成很不合理（见图3），主要体现在折旧摊销、税费支出、关联交易支出、人工成本、销货运杂费等刚性费用比重偏大，降本控费的空间较小、难度增加。

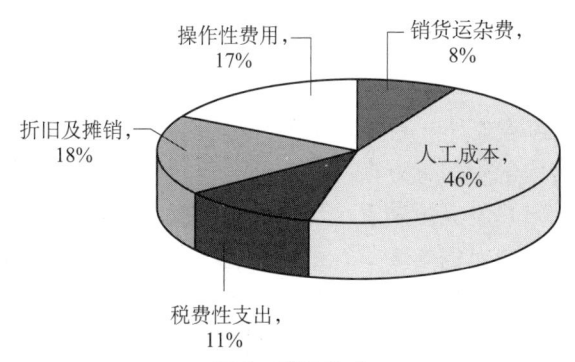

图3　费用构成

以该公司近年来的人工成本和土地租金为例。占费用总额46%的人工成本，实际需要开支数远远大于预算额度，即使在超预算列支的情况下，2014年拖欠员工保险及住房公积金400万元，2015年拖欠员工公积金600万元。减员分流势在必行，但多年来新的血液不断流入，旧的依旧固守，员工队伍却不减反增，管理机构没有变的扁平反而更加臃肿。JZ公司租赁中石化集团公司土地共90余宗，每年需支付关联交易土地租金约1580万元，但租赁的土地中有20余宗土地长期闲置，由于多数地处偏远,无开发再利用价值,担负巨额租金却无任何收益。

(4) 成本管理和控制手段还有待提升,管理信息系统还有待完善。

目前该公司成本费用管理主要基于 ERP 系统和预算管理系统,涉及环节有限,先进的高科技技术和管理手段还未曾广泛运用,要达到全员、全过程、全方位的管理目标,在成本管理信息系统的优化提升方面,信息化管理方面还有待多向优秀的现代企业学习,不断提升现有管理手段和水平。

(5) 成本控制广度与深度不够,制度不完善,成本考核流于形式。

公司的成本控制没有切实贯穿于整个生产经营过程,也忽视了周围环境变化及相关领域变化对成本控制带来的影响。侧重于事后的反馈、总结和分析,而事前预测和事中控制不力。对成本费用的精细化管理还很不到位,虽然也出台了不少成本控制办法、制定了一些成本管控制度,也初步建立了成本预测、决策、控制、核算分析和考核评价等成本控制方法体系雏形,但还远没有形成系统完整的成本控制体系。具体执行中也只是停留在成本核算和简单的成本分析上,成本控制范围有限、控制程度也还停留于成本费用的前先层次,成本考核流于形式,缺乏全面的监督与严格的考核奖惩,达不到调动职工全员积极主动控费的目的,最终导致成本控制达不到预期效果,形成损失浪费。

# 4 中石化 JZ 分公司成本控制策略的选择与制定

## 4.1 策略的选择

### 4.1.1 背景分析

在当前经济发展新常态下,市场需求增长趋缓,销售增长乏力,随着成品油由相对的卖方市场逐步转向绝对的买方市场,市场竞争异常激烈,销售价格不到位呈现常态化。同时加油站网络建设成本随着市场化程度加剧而不断攀升,政府安全环保要求的日趋严格、新劳动法规对用工要求标准的提高、物价上涨带来运行成本的增加等,导致公司近年来的吨油费用呈逐年上升趋势,成本费用已经成为影响公司竞争力和盈利能力的最重要因素。行业的竞争已集中表现在成本方面的竞争。

面对中石化销售企业的运行体制及管理现状对商品成本的限制,中石化 JZ 公司除千方百计尽可能地扩大有效销售外,及时制定不同时期的成本控制目标,选择和制定最佳的成本控制策略,并通过开展全员、全过程、全方位的成本控制,使成本最优化,从而实现企业利润的提升及可持续发展,成为该公司的当务之急。

### 4.1.2 目标确定

成本管理目标是以最优的成本获得效益最大化,因此,在实现战略成本管理的目标下，成本控制也是以最优的成本获得效益最大化为目标开展全过程的生产经营活动。根据水平的不同，成本控制目标可以分为现实成本目标、正常成本目标和理想成本目标三种。

（1）现实成本目标，是指在现有条件下进行有效经营管理的基础上，根据预算期可能发生的各项成本、预计经营量和销售价格而制定的目标成本。现实成本最切实可行，最接近实际成本。但由于现实成本目标容易达到，因而缺乏鼓励作用。

（2）正常成本目标，是依据过去较长时期实际成本的平均值，剔除经营过程中的异常情况，考虑未来的变动趋势如效率提高、耗费降低等因素后制定的。正常成本目标是要经过一定努力方可达到的目标，且在经营条件无过大变化的情况下无须修订，因此，比较适合企业应用。

（3）理想成本目标，是指以现有经营条件处于最优状态为基础，根据理论上的经营成本、最理想的市场价格和可能实现的最高的经营能力确定的最低水平的成本目标。由于是在最理想水平条件下的成本目标，实现的难度较大，需要持续不断的努力。

成本控制发展目标根据不同时间段划分为短期、中期和远期三个阶段，区分主次与时序，逐步实现从正常成本目标到理想成本目标的成本控制系统的构建。企业在制定成本控制目标时，应结合自身实际，认真分析历史，充分考虑未来经营环境的变化、市场变化以及企业自身条件的变化等，科学合理地制定企业发展不同阶段不同时期的成本控制目标。在具体实施时，应具体分为短期目标、中期目标和长期目标，既要对员工有激励作用、有利于挖潜增效，又不能过高或缺乏可行性，挫伤责任部门和员工的积极性。

#### 4.1.3 成本控制策略选择

为了实现不同时期、不同阶段的成本控制目标，企业必须选择和制定不同的成本控制策略和方法并付诸实施。面对市场需求疲软、竞争日趋激烈、企业销售乏力的新常态，面对新的政府工作报告中又提出去产能、降库存的要求，以往单一的、片面的、各自为政的成本控制方法已不能满足企业实现全面成本优化的需求。只有全员参与、全方位、全过程、全覆盖的实施成本控制才能有效降低企业的管理运营成本，从而实现成本管理最优化。

在总结前人得失，汲取近年来国内外成本控制先进做法和经验的基础上，结合中石化JZ公司目前采取的成本控制措施与方法的不足与缺陷，笔者认为，JZ公司选择并开展全员成本目标管理，持续推进全员成本目标管理、对县区公司开展模拟利润核算，现实意义重大。要把全员成本目标管理上升到企业生存发展的高度来开展工作，深入挖掘降本渠道，才能提升外部竞争能力，才能在市场竞争中立于不败之地，实现企业持续、健康发展。

通过持续开展全员成本目标管理活动，不同成本单元之间开展"建标、对标与追标、创标",全员参与、全成本涵盖、全过程控制,强化全员成本管理意识,夯实成本管理基础,细化成本管理责任,正确处理好降本增效和科学发展的关系,努力改善畸形的成本费用结构,才能扭转成本费用居高不下的不利形势,提高资源利用的效费比,提升企业核心竞争力。

## 4.2 成本控制目标的具体内容

### 4.2.1 全员成本目标管理办法的制定

#### 4.2.1.1 含义及内容

全员成本目标管理是在成本管理理论与实践的发展基础之上发展起来的。而成本管理理论与实践的发展又是伴随着生产力和企业管理制度的进步而逐步得到发展的。我国的全员成本目标管理在吸收、借鉴西方先进成本管理理论和方法的基础上,结合我国的传统文化和管理思想,逐步形成了一套具有中国特色的全员成本目标管理理论和方法体系。

全员成本目标管理是指在科学的管理理论指导和先进的管理技术支持下,企业全体员工的参与下,以降低成本为目标,通过把总的成本目标分解到每一位员工,使企业的每一位员工都成为一个成本控制中心,进而制定并实施的一整套成本目标管理方法。

广义上说,全员成本目标管理并不只是企业成本管理的一种方法,而是以全员成本目标管理为中心的企业管理系统。有以下几点含义:第一,利润=收入-成本,在企业的收入不变时,只有减少成本才能保证利润的增长,当成本成为制约企业发展的重要"瓶颈"时,建立以全员成本目标管理为中心的管理系统是促进企业走出困境、长远发展的重要手段。第二,这里所讲的成本控制并不是一味地降低成本而不顾效益,而是通过全员成本目标管理这个中心环节,一方面减少不必要的成本浪费,降低绝对成本;另一方面通过全员成本目标管理系统提高劳动生产率,降低单位产品的成本,从而提高企业的竞争力。

全员成本目标管理有以下特点:一是应实行全员成本控制。企业必须充分调动全体员工关心成本、控制成本费用的积极性和主动性,做到全员参与,加强全体员工成本意识,由被动接受到主动开展,使降本控费成为全体员工自觉自愿的行动,做到人人关心成本控制,人人头上有控制指标。

二是应实行全过程全方位的成本控制。即以企业成本形成的全过程为控制领域,从商品的采购、仓储、物流到销售,直至售后的所有阶段都应当进行成本控制。在市场经济条件下,第一要高度重视成本的事前控制,这是控制成本的基础;第二要落实好事中成本控制,即过程控制,建立同步的成本监控机制及信息反馈机制,对生产经营各环节全过程发生的成本实施同步成本控制,随时分析新情况,并针对性采取应对措施；第三要加强成本的事后控制及分析评价与考核，强化成本责任，结合责任成本和目标成本核算，在对核算结果进行全面剖析的基础上提出加强和改进成本管控的措施。

#### 4.2.1.2 主要指标体系构成

（1）成本管理责任体系。

按照"谁管理、谁负责""谁支出、谁控制"的原则，公司可将成本责任分为"三层"全方位的成本费用管理责任体系，包括公司各职能部门和专业中心层面、县区层面以及加油站、非油品便利店分销库层面。从而形成"人人肩上挑重担，人人头上顶指标"的工作局面，使全体员工都从思想上重视成本管理工作，主动降本控费。

各成本管理层面责任如下：一是公司职能部门和专业中心层面。作为全员成本目标管理的核心部门，财务部门负责牵头和组织制订全员成本目标管理实施方案，健全完善成本管理规章制度和核算、考核评价机制，深化成本分析手段和内容，提出管理建议，统筹财务资源实现最佳配置，确保完成上级公司目标。各相关部门或中心是相关归口费用的职能管理部门，不仅要努力将本部门归口费用控制在预算目标以内，而且要组织好本专业的全员成本管理工作，从源头抓成本管理，细化分类成本管理，负责对其管理的成本费用结合业务特性制定具体的支出项目（要素）的控制节点、优化措施，并完成省、公司下达的追标目标。纪检监察和审计部门负责对成本支出及管理控制的合理合法性、有效性等进行监督检查，确保实施效果并符合企业战略成本目标。

二是县区层面。负责管理和控制县区范围内的综合费用，组织本县区所属加油站落实公司下达的追标目标，制定具体的实施办法，加强现场督导检查，加强与地方政府职能部门协调，确保各项成本管理措施落实到位。

三是加油站、非油品便利店和分销库层面。作为基层成本管理主体，要增强成本观念，认真落实上级部门制定的各项成本费用管理规定，将成本指标分解到具体岗位和人员，并注重细节控制，积极参与本片区以及公司的建标、对标、追标和创标活动，并力争上游。

（2）主要控制指标。

公司层面总的控制指标4个，分别为吨油费用、毛利费用率、费用平均增长率、费用增长与销量增长比率。

公司职能部门和专业中心考核控制指标48个，具体为：

财务核算部3个：单站收款成本、实际所得税率、单站面积土地税费负担；

商业客户部5个：吨油批直费用、直分销吨油营销成本、直销配送吨油销货运杂费、直分销吨油财务费用、批发直销业务赊销比率；

零售管理部7个：零售增长与零售费用增长比率、吨油零售费用、吨油日常操作费用、零售吨油营销成本、零售环节损耗率、租赁加油站吨油租赁费、IC卡沉淀资金增长额；

非油品部 6 个：非油商品损耗率、存货周转率、费用率、销售成本率、万元销售收入销货运杂费、万元销售收入营销成本；

物流配送部 8 个：年周转率、运输环节综合损耗率、保管环节损耗率、油库吨油日常操作费用、吨油配送运费、吨油耗电量、吨油耗水量、吨油修理费；

综合办 4 个：综合部门公务性支出预算完成率、综合部门业务招待费预算完成率、综合部门单车平均费用、综合部门人均办公费；

人力资源科 4 个：用工总量控制、人工成本增长与销量增长比率、小站委托管理费用、培训费预算完成率；

安全数质量科 4 个：吨油综合损耗率、化验计量费预算完成率、吨油警卫消防费、培训费预算完成率；

发展规划科 3 个：上年新增加油站吨油投资完成率、新增站可研销量完成率、新增站建设工期；

实物资产科 4 个：闲置资产处置目标完成率、土地资产收益目标完成率、账销案存资产处置目标完成率、应收账款清欠目标完成率；

县区层面考核控制指标 13 个，具体为：费用增长与销量增长比率、用工总量控制率、吨油费用、修理费预算控制率、取暖费预算控制率、水费预算控制率、电费预算控制率、租赁加油站吨油租赁费、化验计量费预算控制率、零售环节损耗率（汽油、柴油）、单站收款成本、IC 卡沉淀资金目标完成率；

加油站层面考核控制指标 5 个：日常操作费用预算控制率、吨油耗电量、吨油耗水量、单站油品损耗率（汽油、柴油）。

具体指标定义如表 8 和表 9 所示。

表 8　　　　　　　　　　全员成本目标管理指标定义

| 指标名称 | 指标定义（公式） | 责任部门 |
| --- | --- | --- |
| 吨油费用 | 商品流通费用总额/销售量 | 市公司层面 |
| 毛利费用率 | 成品油商品流通费用总额/（成品油销售毛利/100） | |
| 费用平均增长率 | $\sqrt[n]{\dfrac{当年商品流通费用总额}{n 年前商品流通费用总额}}$ | |
| 费用增长与销量增长比率 | （（本年成品油商品流通费用总额 − 上年成品油商品流通费用总额）/上年成品油商品流通费用总额）/（（本年成品油销售量 − 上年成品油销售量）/上年成品油销售量）×100% | |
| 单站收款成本 | 收款成本/在营加油站座数 | 财务核算部 |
| 实际所得税率 | 实际缴纳所得税额/利润总额 | |
| 单站面积土地税费负担 | 加油站土地税费/加油站土地面积 | |
| 吨油批直费用 | 批发、直销环节发生的商品流通费用总额/轻油批发、直销量 | 商业客户部 |
| 直分销吨油营销成本 | 成品油直分销环节营销成本（业务宣传费 + 业务招待费）/成品油直分销量 | |
| 直销配送吨油销货运杂费 | 成品油直分销环节销货运杂费/直分销配送量 | |
| 直分销吨油财务费用 | 成品油直分销环节财务费用/直分销量 | |
| 批发直销业务赊销比率 | 批发直销业务赊销额/批发直销业务销售收入×100% | |

续表

| 指标名称 | 指标定义（公式） | 责任部门 |
|---|---|---|
| 零售费用增长与零售量增长比率 | （（本年成品油零售商品流通费用总额－上年成品油零售商品流通费用总额）/上年成品油零售商品流通费用总额）/（（本年成品油零售量－上年成品油零售量）/上年成品油零售量）×100% | 零售管理部 |
| 吨油零售费用 | 零售环节发生的商品流通费用总额/轻油零售量 | |
| 吨油日常操作费用 | 零售环节日常操作性费用/轻油零售量 | |
| 零售吨油营销成本 | 成品油零售环节营销成本（业务宣传费＋业务招待费＋会议费＋通信费＋车辆费＋差旅费＋销售服务费）/成品油零售量 | |
| 零售环节损耗率 | 零售环节损益量/零售量×100% | |
| 租赁加油站吨油租赁费 | 加油站经营性租赁费/经营性租入加油站零售量 | |
| IC卡沉淀资金增长额 | 本年IC卡沉淀资金总额－上年IC卡沉淀资金总额 | |
| 非油商品损耗率 | 非油品损耗金额/非油品采购成本×100% | 非油品业务部 |
| 存货周转率 | 销售成本/存货期初期末平均余额×100% | |
| 费用率 | 费用总额/销售收入×100% | |
| 销售成本率 | 非油品成本/非油品销售收入×100% | |
| 万元销售收入销货运杂费 | 非油品销货运杂费/非油品销售收入×100% | |
| 非油品万元销售收入营销成本 | 非油品营销成本（业务宣传费＋业务招待费）（元）/非油品销售收入（万元） | |
| 年周转率 | 年出库量/（库容量×0.67） | 物流配送部 |
| 运输环节综合损耗率 | 运输环节损益量/原发总量×100% | |
| 保管环节损耗率 | 保管环节损益量/保管量×100% | |
| 油库吨油日常操作费用 | 物流环节日常操作费用/油库吞吐量 | |
| 吨油配送运费 | 库站配送费用/∑（配送数量×配送公里数） | |
| 吨油耗电量 | 耗电度数/油库吞吐量 | |
| 吨油耗水量 | 耗水吨数/油库吞吐量 | |
| 吨油修理费 | 物流环节修理费/油库吞吐量 | |
| 综合部门公务性支出预算完成率 | 综合部门公务性支出/同期预算数 | 综合办 |
| 综合部门业务招待费预算完成率 | 综合部门业务招待费支出数/同期预算数 | |
| 综合部门单车平均费用 | 综合部门车辆费/公务用车数量 | |
| 综合部门人均办公费 | 综合部门办公费支出/管理部门人数 | |
| 用工总量控制 | 实际用工总量/核定用工总量×100% | 人力资源科 |
| 人工成本增长与销量增长比率 | 人工成本增长率/销量增长率 | |
| 小站委托管理费用 | 实际发生数/预算数 | |
| 培训费预算完成率 | 训费实际支出数/预算进度 | |
| 吨油综合损耗率 | 综合损益量/成品油销量×100% | 安全数质量科 |
| 化验计量费预算完成率 | 化验计量费/同期预算数 | |
| 吨油警卫消防费 | 警卫消防费/经营总量 | |
| 培训费预算完成率 | 培训费支出/同期预算数 | |
| 上年新增加油站吨油投资完成率 | 实际吨油投资/可研吨油投资 | 发展规划科 |
| 新增站可研销量完成率 | 上一年新增加油站可研销量/当年实际销量 | |
| 新增站建设周期 | 建设结束日期减去建设开始日期 | |
| 闲置资产处置目标完成率 | 实际处置额/处置预算数 | 实物资产科 |
| 土地资产收益目标完成率 | 土地处置收入/土地处置预算数 | |
| 账销案存资产处置目标完成率 | 账销案存处置收入/账销案存资产处置预算数 | |
| 应收账款清欠目标完成率 | 呆死账清回数（核销数）/清欠预算数 | |

表 9　　县区及加油站点指标定义

| 指标名称 | 指标定义（公式） | 责任部门 |
| --- | --- | --- |
| 费用增长与销量增长比率 | （（本年成品油商品流通费用总额－上年成品油商品流通费用总额）/上年成品油商品流通费用总额）/（（本年成品油销售量－上年成品油销售量）/上年成品油销售量）×100% | 县区公司 |
| 用工总量控制率 | 实际用工/用工控制数 | 县区公司 |
| 吨油费用 | 片区费用总额/零售量 | 县区公司 |
| 修理费预算控制率 | 修理费用实际发生额/预算进度 | 县区公司 |
| 水费预算控制率 | 水费实际发生额/预算进度 | 县区公司 |
| 电费预算控制率 | 电费实际发生额/预算进度 | 县区公司 |
| 取暖费预算完成率 | 取暖费实际发生额/预算进度 | 县区公司 |
| 租赁加油站吨油租赁费 | 加油站经营性租赁费/经营性租入加油站零售量 | 县区公司 |
| 化验计量费预算控制率 | 化验计量费实际发生额/预算进度 | 县区公司 |
| 汽油零售环节损耗率 | 汽油零售环节损益量/零售量×100% | 县区公司 |
| 柴油零售环节损耗率 | 柴油零售环节损益量/零售量×100% | 县区公司 |
| 单站收款成本 | 收款成本/在营加油站座数 | 县区公司 |
| IC 卡沉淀资金目标完成率 | IC 卡实际沉淀资金总额/IC 卡预算沉淀资金总额 | 县区公司 |
| 日常操作费用预算控制率 | 日常操作费用实际发生额/预算进度 | 加油站 |
| 吨油耗电量 | 加油站实际耗电量/零售量 | 加油站 |
| 吨油耗水量 | 加油站实际耗水量/零售量 | 加油站 |
| 单站汽油损耗率 | 单站汽油损益量/零售量×100% | 加油站 |
| 单站柴油损耗率 | 单站柴油损益量/零售量×100% | 加油站 |

#### 4.2.1.3　建标、对标与追标、创标

（1）建标与对标。

由财务部门牵头、各归口管理部门配合，收集整理公司近年来各项费用指标历史数据，结合年度预算，按照各项指标管理的具体层面，分别确定各项指标的平均水平和先进水平，作为初始的建标标准。

公司按月组织对标，并在公司范围内进行数据披露。具体的对标形式按照"三层"管理责任体系分别开展对标，部门与预算比、县区与县区比、县区内站与站比。

公司职能部门和专业中心和分销库层面：按照"可比性"原则，分别与标准成本比、与往年同期比、与省公司先进水平比。

县区层面：按照"先进性"原则，与片区平均水平比、与先进水平比、与预算指标比、与历史水平比。对高于公司平均水平的指标要与先进水平对比；对未达到平均水平的要以平均水平为目标；对处于公司先进水平的要与预算指标或历史先进水平比（采取预算指标、历史先进水平孰低原则确定）。

加油站、非油品便利店层面：按照"渐进"原则，首先与预算指标比，分析预算执行情况；其次与县区内部加油站之间、非油品便利店之间的先进水平比；在此基础上与全市加油站、非油品便利店的平均水平和先进水平比。

（2）追标与创标。

通过对标，各归口管理部门要分析差距原因，提出对所控指标的改进措施和中长期追赶目标。排名先进的要以公司历史最好水平为"追标"目标，排名中等水平的

要以先进单位为"追标"目标，排名达不到平均水平的要以平均水平为"追标"目标。

各归口管理部门确定追标的对象和目标后，针对对标过程中发现的影响和制约成本管理的关键性因素，针对性制订追赶计划，并制定详细的追标措施。实施全方位、全过程精细管理，在努力拓市增量的基础上，加强成本费用控制，堵塞漏洞，从严控制不合理支出。通过开展全员成本目标管理活动，努力改善公司成本费用结构，进一步增强核心竞争力。

### 4.2.2 模拟利润核算

#### 4.2.2.1 含义及内容

借鉴"内部模拟利润"理论，对所属县区公司、加油站（便利店）按照"谁受益、谁承担"和"谁批准、谁负责"的原则，建立"县、站（便利店）"模拟利润核算体系。通过搭建财务信息共享平台，以加油站（便利店）为基本成本单元，以县区公司为汇总单位归集成本费用，统一反映月度市分公司、县区公司、加油站（便利店）的经营收入（量、价）、费用、毛利等会计信息，实现县区公司加油站（便利店）全收全支的模拟利润核算经营信息数据共享。全面、准确、真实、及时地反映加油站（便利店）经营成果。通过开展"建标、对标与追标、创标"活动，激发县区公司及加油站经营管理的积极性和创造性，持续推进全员成本目标管理措施的落实，全面提升加油站的综合竞争力。

实施模拟利润核算的核心是转变财务核算方式，细化会计核算口径，通过准确核算销售收入、模拟结转销售成本、科学归集分摊费用，实现对各成本中心的模拟利润核算，并以此作为绩效考核基础，促使全员自上而下重视成本，强化企业管理，提高企业盈利能力，提升企业竞争力。通过实施模拟利润核算，将市场的竞争压力逐级进行传递，直观地转化体现到对内部的收入、成本和费用的影响上，刺激提升全员关注度，促使各级经营管理模式由粗放型向集约型、精细化管理转变。目的是通过模拟利润核算，逐步建立总分管理体制下非独立核算单位的企业绩效管理的运行新模式，实现由成本中心管理模式向利润中心管理模式的转变，达到明确企业内部各层级经营管理责任，强化质量效益意识，激发经营创效、挖潜增效活力，增强盈利能力和综合竞争能力。

#### 4.2.2.2 核算要求及原则

（1）核算要求。

财务部门应合理使用会计科目，区分具体加油站（便利店）成本中心准确归集收入、成本和费用。总账会计根据费用报销单和费用分割单（市分公司归口管理部门集中管理的费用开支，应按照受益对象和分摊依据出具"费用分割单"），准确计入相应的成本中心。为保障损益及成本费用类科目发生额的准确性，以及报表公式的定义统一，收益类科目的发生全部在贷方归集，冲减金额在贷方以红字方式反映；成本费用、支出、损失类科目的发生额全部在借方归集，冲减金额在借方以红字方式反映。

模拟利润核算系统每月抽取 ERP 系统加油站油品零售量、油品和非油品销售收入、费用等信息数据，与加油 IC 卡卡管系统、零售电子账表册系统、二次物流库到站转储运费结算系统、非油品海信系统、HR 系统核对后，按一定的原则统一还原省、市、县（区）集中核算管理费用，全口径反映县区公司、加油站（便利店）的经营成果。

公司根据各县区公司模拟利润核算的结果，积极开展加油站及县区公司之间的对标、追标、创标，激发县区公司及加油站经营管理的积极性和创造性，全力扩销增量，降本增效，进一步增强加油站的综合竞争力。

（2）核算原则。

收入的取数原则：成品油销售收入以 ERP 系统的销售数据为准，分加油站、分品种抽取销售数量和收入。非油品销售收入以海信系统的销售数据为准，按便利店抽取销售收入。

成本的确认原则：成品油考核成本，按照当月大区公司平均结算价加省公司核定的年度管理费用标准，分品种统一结转。非油品销售成本以海信系统的销售结转成本数据为准，按便利店抽取销售成本。

毛利的还原原则：加油站（便利店）毛利包括成品油经营毛利、易换毛利及非油品经营毛利。其中，成品油和非油品毛利按照上述销售收入减去销售成本后计算确定；易换毛利根据当月 ERP 系统加油站油品升降级的油品品种、数量，统一计算还原毛利总额。

税金及附加的取数原则：按成品油、非油品销售收入的 0.8‰ 和附税的适用比率计算确定加油站应分摊的税金及附加。附税适用税率：城市维护建设税 7%（县城或镇 5%，不在市区、县城或镇的 1%）、教育费附加 3%、地方教育费附加 2%、价格调控基金 1.5‰、河道费 1‰。

费用的核算及数据采集原则：一是加油站直接认定的费用，加油站（便利店）费用按照发生的具体项目内容及管理情况，分直接费用和间接费用。对加油站销售油品和经营非油品的销货运杂费、一次人工成本、委托站代理手续费、水费、电费、取暖费、化（检）验计量费、日常小型修理费、通信费、租赁费、上门收款费用等直接发生的费用，要直接认定到具体加油站（便利店）成本中心进行归集核算。二是县区公司办公室公务性管理费用，包括：业务招待费、办公费、差旅费、管理通信费、图书资料费等，须按加油站零售量、用工人数、站数等合理依据，采取"先分割、后分摊"的原则，首先应按照受益对象和分摊标准出具"费用分割单"列入具体的加油站（便利店）核算。对于确实无法分割的公务性支出列入县区办公室核算，财务信息共享平台采集后，按加油站零售量、用工人数、站数等标准全额分摊至加油站。三是市分公司集中管理费用，采取"先分割、后分摊"的原则，首先由归口管理部门按照受益对象和分摊依据出具"费用分割单"列入具体的成本中心核算。对于确实无法分割的集中管理费用列入归口管理部门核算，按照如下原则分摊至具体的加油站：零售管理部发生的费用依据加油站零售量、用工人数、站数等标准全额分摊至加油站；对经理办公室、人力资源科、财务核算部、发展规划科等综合管理部门发生的费用，根据零售和直分销的标准毛利权重，按加油站销量占经营总量的比例计算零售环节应承担的费用后按照加油站零售量分摊至加油站；非油品销售部发生的费用无法直接认定到具体便利店的费用，按便利店的营业额进行分摊。四是省公司集中管理费用，对固定资产折旧、长期待摊费用及无形资产摊销等，根据ERP系统加油站（便利店）成本中心运行折旧、摊销结果自动集成。对土地租金按租用存续公司出让地、授权经营地及存量划拨地等面积和租金标准，每年核定，按月分摊。对安保基金根据加油站占用的资产，按总部核定的年度总额和标准进行分摊。

模拟考核利润按毛利扣除税金及附加以及考核费用后计算确定。

#### 4.2.2.3 相关部门职责

（1）县区公司、加油站。县区公司负责加油站（便利店）费用预算指标的执行。负责审核加油站费用开支的真实性、合理性，控制费用预算。负责按照"谁受益、谁承担"原则，按照受益对象和分摊标准，将统一管理的费用，出具"费用分割单"分摊至具体的加油站。

县区公司、加油站开展"建标、对标与追标和创标"，创先争优活动，分析经营管理过程中存在的问题与差距，采取积极有效措施，努力提升加油站创效能力。

（2）零售管理部。负责及时、准确、完整地将加油站零售数据上载至ERP系统，确保加油站销售数据与加油IC卡卡管系统、电子账表册系统及ERP系统衔接一致。负责分析零售价格不到位情况，规范经营行为，堵塞操作漏洞。

（3）非油品业务部。负责审核便利店销售数据，按日及时、准确和完整地上传到海信系统。确保海信系统便利店与实体店一一对应。

（4）财务核算部。负责将费用指标逐级分解下达、落实到各县区公司及加油站成本责任单元。负责根据费用报销单和费用分割单，准确核算成本、费用。负责分析县区公司和加油站差价收入、费用预算、利润等经营管理指标的执行情况。

#### 4.2.2.4 运用效果

模拟利润核算系统上线，将过去的手工线下考核改变为系统自动采集数据、自动计算生成，将大大地提高工作效率，减少数据误差。它将对ERP系统、非油品海信系统、加油卡管理系统等信息资源进行有机整合，克服了"数出多门""数据打架"的现象，实现了不同系统之间的互联、互通和资源共享，消除企业内部的"信息孤岛"。通过营业收入的准确核算、考核成本的统一结转、费用支出的正确归集，全面、直观地将县（区）公司、加油站（便利店）油品、非油品经营的量、价、利、费等信息集中展现于一个平台，实现了地市公司一大账、县（区）公司一本小账、加油站（便利店）一本细账。

按照县区公司、加油站（便利店）两个层级，从经营的量、价、费、利四个方面，从经营规模、经营质量、经营效率和发展进步四个维度，建立财务评价指标体系。县区公司按月、地市公司按季对相关指标进行评析，通过实施县区公司模拟利润核算，进一步引申比、学、赶、帮、超活动：比销售比差价，激发县区公司拓市推价争创收入的积极性；比成本管理，激发县公司节能降耗的创造性；比利润贡献，激发县公司争创效益的动力；比县公司直接费用和市级、省公司分摊费用，倒逼市公司、省公司管理层优化资源配置、用工配置以及强化对机关公务费用的管控。通过公开县公司物流、用工和薪酬分配结果，促进管理公平，激发经营热情。通过优化省市公司物流管理、用工管理和投资管理，有效提升资产运营效率、人均劳效和毛利费用率，从而实现县级公司持续发展的目标。

# 5 中石化JZ分公司成本控制的评价机制

## 5.1 成本控制的考核与奖惩

### 5.1.1 全员成本目标管理考核与奖惩

全员成本目标管理考核采取"按月通报，按年考核"的办法进行，上半年进行年中全面考核，只公布考核结果，不兑现奖惩，年末进行全年考核和奖惩兑现。由公司推进全员成本目标管理领导组组织实施。

考核对象：为公司职能部门和专业中心，片区，加油站，便利店和分销库。

考核指标：为纳入指标体系内的全部成本管理指标。

考核内容及所占权重：按照预算完成情况（所占考核权重40%）和同比改善情况（所占考核权重60%）来考核，执行百分制。单项考核指标所占权重按照指标重要性及项数确定。两项考核内容得分乘以所占权重后的分值再乘以单项指标所占权重，为该单项指标最后得分。各归口部门所有单项指标考核分值相加，为该部门（专业中心、加油站、便利店、分销库）的总分值。

考核办法：与目标相比增加（若指标为越高越好，则为减少），该项为0分；与目标持平，该项为60分；与目标相比减少（若指标为越高越好，则为增加），则在60分的基础上，每减少（增加）一个百分点，增加2分。

根据考核结果，分别对公司职能部门和专业中心、县区、加油站、便利店、分销库和先进个人进行奖惩。其中，对县区的奖励要以完成核心指标（即吨油费用）的追标任务为前提，未完成核心指标追标任务的，即使完成率排名前五位，也不给予奖励。虽排名后五位，但完成追标目标的，不奖也不罚。具体可分为：

（1）对公司职能部门和专业中心及分销库的奖惩。根据考核总分值排名情况，对公司职能部门、专业中心、分销库进行奖惩。考核总分值排名前五位的，依次按不同额度予以奖励。考核总分值排名后五位的，扣减部门应得薪酬，排名最后的，扣减应得绩效薪酬总额的5%，每靠前一个名次，扣发比率递减1%。

（2）对县区、加油站、便利店的奖惩。根据考核总分值分别对县区层面和加油站、便利店层面排名前五名、后五名按应得绩效薪酬（含工资、劳务费）总额的不同比例进行奖励和惩罚。

（3）对个人的奖励。对推进全员成本目标管理活动过程中涌现的积极分子，分别授予"全员成本目标管理标兵""全员成本目标管理先进个人"荣誉称号，并给予相应的物质奖励，激励全员参与。

### 5.1.2 模拟利润核算的考核与奖惩

考核方法：对县区公司模拟利润的考核，实行"月度考核、滚动计算"的原则。每月末以县区公司的累计完成情况进行考核，减去以前月份已兑现部分作为当月完成情况滚动计算。

考核对象：市分公司下属各县区公司、加油站（便利店）。

考核项目：通过实际利润完成率和模拟利润在绩效薪酬考核中所占的比重对县区公司、加油站（便利店）进行模拟利润绩效考核。对实际利润完成率低于0的，该项考核以0计算，不抵减其他考核项目。

实际利润：指各县区公司收入减去成本、实际费用后的余额。

实际利润完成率＝累计实际利润／年利润目标进度

## 5.2 成本控制的评价机制

### 5.2.1 统一思想

公司应成立以经理为第一责任人，各有关部门参加的工作机构，建立日常工作机制，落实部门及人员的工作责任。各责任部门主要领导要协调解决好开展过程中存在的难点、焦点、疑点。分管领导要靠前指挥，加强检查指导；管理层要当好表率，发挥排头兵作用。党团组织要发挥先锋模范和生力军作用，带头参与。所有职能管理部门要通力协作，密切配合，把所有的降本措施落实到具体的每项工作中去。要加强宣传教育，大力倡导"节约光荣、浪费可耻"，让成本意识深入人心，把成本理念灌输到每一位员工，贯穿到每一个环节，增强全体员工的忧患意识、责任意识和超越意识，变"被动压"为"主动管"。通过内部杂志开辟专栏宣传先进企业和优秀员工的好做法或典型事例，定期征集合理化建议，召开标杆企业和降本增效先进个人经验总结表彰会议等形式，提高全员参与成本管理的积极性。

#### 5.2.2 建立保障措施

公司制定系统性的规章制度目的是保证各种成本控制措施的合理有效执行。除严格按照 JZ 公司规定的规章制度与程序制度执行外，科学地设置公司的组织架构、合理划分职能部门的分工，能有力地保障 JZ 公司内的全部运营活动以降本降费的成本控制方式推行。上述的措施办法从根本制度层面上可以对处理各项公司业务的行为活动进行约束与防范。随着市场体制的深入改革，除了深入了解企业内外部环境因素、内部条件对企业自身的影响，以及竞争企业制定策略对本企业带来的机会与威胁外，还应该更多地观察企业面临的竞争环境、竞争企业不同时期制定的不同应对策略、企业自身的内部条件变化因素以及未来面对的机会与挑战，根据这些因素提前做出反映，保证企业能够有更多的时间做出及时对策。

#### 5.2.3 严格考核兑现

每月定时召开经营分析会议对关键性成本指标进行系统性分析，每季度真正落实成本控制责任部门与员工的量化考核评价制，公司定期公告考核成果。JZ 公司必须严格执行职工的考核结果与其薪酬挂钩，保证做到有奖有罚，奖罚分明，真正保证成本控制制度的落实，切实有效地降低 JZ 企业成本。

# 6 结论、建议及展望

## 6.1 结论

本文通过对中石化 JZ 公司成本管理现状的分析，将企业成本管理理论与具体实践相结合，针对成本管理方面存在的问题及不足，提出具体的企业成本控制策略，通过制定完善全员成本目标管理理论和模拟利润核算并深化运用，从根本上降低 JZ 公司运营成本，提高公司的核心竞争力，最终推动中石化长期稳定发展。

第一，成本控制管理模式未将公司长期发展战略作为根本指导思想。JZ 公司成本运行控制管理的模式仍存在诸多弊端。运营成本管理观念陈旧，企业运营成本管理范围有限、运营成本管理保障体系不健全；目标管理完成效果欠佳等问题，上述这些问题仍存在于 JZ 公司的成本控制管理的各个环节。

第二，针对 JZ 公司现有的运营成本管理模式，在分析成本构成及权重基础上，结合中石化销售企业的运行体制导致的地市公司无法控制商品成本，而只能将成本控制重点放在控制商品流通费用这一成本控制现状，从多维度同时分析现行成本控制办法存在的诸多问题，提出了公司如果想要实现低成本获取竞争优势，就需要通过持续推进全员成本目标管理，开展模拟利润核算，不断地优化成本，实现可持续竞争的战略实现。

第三，只有持续地深入开展全员成本目标管理和模拟利润核算，并严格考核奖惩兑现，才能面对客观、理性分析和快速改善；只有将企业成本控制的改革进行到底才能够发挥出企业的潜在价值，不断地创造出更高的销售业绩与利润额，在未来的市场竞争中保持行业的领先地位。成本控制对于企业的生存和发展至关重要，很多企业的生存危机也是因为成本控制乏力引起的，某种意义上讲成本控制的优劣直接决定了企业未来的发展命运。

## 6.2 建议

（1）深刻理解成本管控理念，明确建立成本管控意识。

公司上下应深刻理解成本管理控制理念，从公司高层到普通员工都要明确建立成本管理控制的意识，真正地按照公司制定的全员成本管理目标实施操作，做到自觉进行成本管理控制，从而提高企业的使所有员工都严格按照企业全员成本目标管理目标规范操作，自下而上自觉地进行成本控制，从而达到成本管理的考核目标，提高公司的经营效益。

（2）建立起全方位管理、人人参与的成本管理模式。

企业将运营的每个流程环节的控制点有效地整合起来，全过程、全方位、全员地参与管理，建立全口径、全环节、全方位、全员参与的全周期成本管理长效机制。在企业成本控制的范围内将发生的所有成本要素进行系统全面管理，并将管理成果与绩效薪酬挂钩管理。全口径是指将投资成本、采购成本和运行成本全部纳入管理范畴；全环节是指对进销存、投运出、收支余各个环节的成本驱动因素进行持续优化；全方位是指在市县站（店）库各个层级，建立成本目标控制体系，明确各层级责任；全员参与是指实施全员成本考核，建立责权对等的成本管理体系，充分调动各层级、各岗位与全员成本管理的积极性。

（3）设立单独的成本管理控制中心，深入优化与监督成本管理控制。

企业应该单独设立专业的成本控制部门，专业全面地管理企业的成本控制。其主要职责为设立成本控制机构，主要负责公司的全面成本控制管理工作。定期设置合理化的成本控制目标，全过程地约束与监控企业的运营活动，对发现存在的问题，制订出及时有效的解决方案，帮助其他相关部门完成成本控制管理的考核目标。与此同时，制定出科学合理的成本管理控制的绩效考核办法与制度，分析汇总成本管理各项数据，评价与考评后对相关部门的成本管理考核成绩进行绩效挂钩，严格兑现相关的奖惩制度，保证让成本管控工作业绩与员工的经济利益紧密相连。

（4）健全完善经营管理的成本控制管理体系。

要想确保企业成本管控工作执行到位，必须有系统完善的制度体系做基础与保障。首先要制定出健全完善的以成本控制为首要任务的系列规章制度，科学合理建设成本管理控制制度体系。其次企业也要加大控制的执行力度。设计得再完善的制度不能落实也是形同虚设。最后要必须建立有效的成本控制考评和奖惩机制，只有严格考核奖惩兑现，紧密联结成本控制目标与员工自身经济利益，才能最大限度地激发员工的成本控制积极性与连续性。

（5）完善内控制度。

依照《企业内部控制配套指引》建立起适合本公司环境的企业内控制度，合理化地完善内控制度与法人代表治理机构；合理化地根据公司环境设置组织架构，适当分配权力与职责；进行有效的管理控制活动，例如分离开不相容的岗位与职务；授权不同环节的审批控制权；加强会计信息系统的控制；有效进行财产保护；严格考评绩效控制等活动。由于企业随着市场环境的变化自身内部环境也在改变。所以，在比较容易发生风险的环节方面企业要提早识别风险，分析风险发生的各种可能性，做好风险应对工作；公司内部建立良好的信息沟通平台，制定有效的沟通机制与反舞弊机制；进一步做到健全企业内部监督制度。

（6）实现三方面转变。

首先对成本的日常控制要上升到战略成本控制的地位。这种转变是由于竞争环境的改变而做出的适应环境的改革，也是现代化成本管理适应经济发展潮流的必然趋势。其次企业应由"生产导向型成本控制"转变成"市场导向型成本控制"。由于现代企业发展的成本管理要求由原来的控制价值牺牲转变为主动满足客户的各种需求，企业成本控制的对象范围也开始由内部资金流延伸至外部环境，某种程度上已体现为向市场导向型的成本控制模式发展。最后企业完成由"成本节约"到"成本提前避免"的改变。成本节约有"成本维持"和"成本改善"两种形式，这两种形式都是常见的降本形式。而成本提前避免的根本思想是立足于提前采取措施进行预防，从成本管理控制的源头来挖掘降低成本的潜力，比成本节约更为合理与科学。其实质就是"成本革新"，在企业产品的生产全周期过程中结合成本节约与成本提前避免这两种观念，再结合现代的成本控制方法，成本控制措施与会计现代化计量办法，综合实现企业广义成本控制。

## 6.3 展望

对于现代企业来讲，加强成本控制的方法和途径繁多，本文的观点仅仅是很有限的两方面，希望能为企业的成本控制起到一定效果。由于时间和能力水平有限，提出的成本控制方法必定存在考虑不周和不全面之处，期待在以后的运用中不断加以完善和改进。基于ERP的成本控制具有数据传输及时有效，数据使用高度共享，信息流、资金流、物流和工作流高度集成等优点，并且以现有技术基础和发展情况来看，在一些规模性企业逐步采用ERP进行成本控制是必然的。随着现代科学技术的不断发展，信息技术在各领域的深入应用，必将带来成本控制未来发展的高科技化。随着人们对成本控制理论和方法、手段的不断探索与研究，必将为企业提升综合竞争力发挥重要的作用。

**参考文献**

[1] 董艳南. JT 集团成本控制体系建设研究 [D]. 山东大学，2012：66-67.

[2] 马郡遥. K 公司生产运营管理的成本控制研究 [D]. 河北工业大学，2013：48-50.

[3] 张能. 基于 ERP 的企业成本控制研究 [D]. 山西财经大学，2012：26-27.

[4] 杨冬冬. 基于 ERP 的石油企业成本控制问题研究 [D]. 中国石油大学，2012：12-13.

[5] 宋成. S 电信公司成本控制问题研究 [D]. 沈阳大学，2014：5-7.

[6] 陆敏娟. 价值链视角的企业成本控制研究 [D]. 苏州大学，2013：13-14.

[7] 范杰. 新形势下石油企业成本控制问题的分析 [J]. 绿色经济，2014 (10)：228-229.

[8] 胡丽华. 石油企业低成本管理的影响因素及对策 [J]. 胜利油田党校学报，2015 (1)：93-95.

[9] 徐昭宇. 浅析石油销售企业成本管理 [J]. 中小企业管理与科技（上旬刊），2010 (9)：478-481.

[10] 李蕊爱. 现代企业成本控制研究 [M]. 北京：中国商业出版社，2010.

[11] 孙雷平. 浅谈企业成本控制存在的问题及对策 [J]. 中小企业管理与科技，2010 (1).

[12] 李政. 采购过程控制 [M]. 北京：化学工业出版社，2010.

[13] 刘红霞. 企业成本管理前沿问题研究 [J]. 中国工商，2011 (9).

[14] 王桦宇. 企业用工成本控制与法律风险防范：后金融危机时代的人力资源管理 [M]. 北京：中国法制出版社，2010.

[15] 樊行健. 成本费用内部控制 [M]. 大连出版社，2010.

[16] 刘丽敏. 生产者责任延伸制度下企业环境成本控制 [M]. 北京：冶金工业出版社，2010.

[17] 王淑敏. 工厂成本费用控制精细化管理手册 [M]. 北京：人民邮电出版社，2010.

[18] 曹飞云. 浅析企业成本控制的问题及对策 [J]. 中国外资，2010 (12).

[19] 孙兰轩. 企业成本控制面临的新问题及对策 [J]. 现代商业，2010 (21).

[20] 张桂喜. 浅谈企业成本控制 [J]. 财经界（学术），2010 (21).

[21] 张文莉，王华. 企业成本控制的问题及对策 [J]. 中国新技术新产品，2010 (9).

[22] 李明侠. 关于强化企业成本控制若干问题的分析 [J]. 中国总会计师，2009 (7).

[23] 黄雄明. 企业质量成本控制方法与实践 [M]. 北京：中国标准出版社，2009.

[24] 赵振智. 油田企业成本核算与控制研究 [M]. 北京：石油工业，2009 (11).

[25] 蒋义. 企业成本控制手册 [M]. 上海：立信会计出版社，2009.

[26] 克尔瑞中国信息技术有限公司. 赢在成本控制 [M]. 大连理工大学出版社，2009.

[27] 王德敏. 成本费用控制精细化管理全案 [M]. 北京：人民邮电出版社，2009.

[28] 周云. 采购成本控制与供应商管理 [M]. 北京：机械工业出版社，2009.

[29] 师东菊，安祥林，赵兴艳. 企业战略成本管理中存在的问题及策略研究 [J]. 中国科技信息，2007 (2).

[30] 王宁. 现代企业战略成本管理探讨 [J]. 会计之友（旬刊），2007 (5).

[31] 李春献，高安吉，刘均敏. 战略成本管理特点及其应用 [J]. 企业改革与管理，2007 (1).

[32] 袁华. 战略成本管理基本分析框架 [J]. 商场现代化，2007 (14).

[33] 任利军，李永，张永宏. 战略成本管理方法及其实施程序探析 [J]. 会计之友（下），2007（3）.

[34] 熊建新. 战略成本管理运用 [J]. 审计与理财，2007（2）.

[35] 刘芳. 实施战略成本管理应注意若干问题 [J]. 商场现代化，2007（3）.

[36] 傅元略. 财务成本管理 [M]. 厦门大学出版社，2009.

[37] 黄启国. 试论企业成本控制 [J]. 会计之友，2008（3）.

[38] 胡桂琴. 对企业成本控制问题的探析 [J]. 商场现代化，2008（4）.

[39] 李雅楠，刘燕燕. 如何提高企业成本控制成效 [J]. 商情，2009（3）.

[40] 段青莎. 中小企业成本控制研究 [J]. 财会研究，2009（4）.

[41] 陈焕平. 中小企业成本控制存在的问题及对策 [J]. 商业会计，2009（5）.

[42] 吴志坤. 现代中小企业成本控制创新分析 [J]. 会计之友，2009（7）.

[43] Barazza, Gabriel A., Back, W. Edward, and Mata, Fernando. "Probabilistic forecasting of project performance using stochastic S curves" *Journal of Construction Engineering and Management*, ASCE, 2004, 130 (1): 25 – 32.

[44] Al-Tabtabai, H. M.. "Modelling knowledge and experience to predict project performance". Project Management Institute 27th Annual Seminar/Symposium, Boston, Massachussetts, 1996: 95 – 98.

[45] Boussabaine, A. H., and Elhag, T.. "Applying fuzzy techniques to cash flow analysis", *Construction Management and Economics*, 1999, 17 (6): 745 – 755.

[46] Christensen, David S., Antolini, Richard C., and McKinney, John W.. "A review of estimate at completion research". *Journal of Cost Analysis and Management*, 1995, Spring Issue: 41 – 62.

[47] Crandall, K. C., and Woolery, J. C.. "Schedule development under stochastic schedulling", *Journal of Construction Division*, ASCE, 1982, 108 (2): 321 – 329.

[48] Dawood, Nashwan, and Molson, Angelo. "An integrated approach to cost forecasting and construction planning for the construction industry". Proceedings of the Fourth Congress on Computing in Civil Engineering, Philadelphia, Pennsylvania, 1997, June 16 – 18: 535 – 542.

[49] Farghal, Sherif H., and Everett, John G.. "Learning curves: accuracy in predicting future performance". *Journal of Construction Engineering and Mangement*, ASCE, 1997, 123 (1): 41 – 45.

[50] Isidore, Leroy J., and Back, W. Edward. "Multiple simulation analysis for probabilistic cost and schedule integration." *Journal of Construction Engineering and Management*, ASCE, 2002, 128 (3): 211 – 219.

[51] Ng, G. H, and Tiong, R. L. K.. "Model on cash flow forecasting and risk analysis for contracting firms". *International Journal of Project Management*, 2001 (20): 351 – 363.

[52] Skitmore, R. M., and Ng, S. T.. "Forecast model for actual construction time and cost" *Journal of Building and Environment*, 2003 (38): 1075 – 1083.

[53] Teicholz, Paul. "Forecasting final cost and budget of construction projects". *Journal of Computing in Civil Engineering*, ASCE, 1993, 7 (4): 511 – 529.

[54] Vergara, A., and Boyer, L.. "Probabilistic approach to estimating and cost control", *Journal of Construction Division*, ASCE, 1974, 100 (4): 543 – 552.

[55] Ward, S. A., and Lithfield, T.. *Cost Control in Design and Construction*, McGraw-Hill, New York, 1980.

# 基于哈佛分析框架的 F 药业公司
# 财务分析及管理改进对策

吕中喜　蔡继荣

**摘　要：** F 药业公司作为一家医药制造业上市公司，上市五年以来增收不增利，净利润与上市时相比大幅下降，其中的症结需要深度分析。传统的财务分析方法以财务数据分析为主，忽略了对企业所处环境和经营战略的分析，难以揭示其经营管理中存在的问题，因而很难针对性地提出管理改进对策，而哈佛分析框架能很好地解决这一缺陷。因此，本论文选择 F 药业公司为研究对象，利用哈佛分析框架，从战略分析、会计分析、财务分析、前景分析四个维度来对其财务报表进行全面分析，指出了 F 药业公司经营管理中存在的问题，并针对性提出管理改进对策。

本文共分为七部分：第一部分首先介绍了本文研究背景，研究思路及主要研究内容。第二部分回顾了国内外研究现状，介绍了财务报表分析和哈佛分析框架的基本理论。第三部分介绍了 F 药业公司基本情况、组织架构和股权结构，分析了其财务状况。第四部分是基于哈佛分析框架对 F 药业公司进行财务报表分析。首先是战略分析，通过对医药制造业行业特征、行业获利能力和 F 药业公司竞争战略的分析，发现 F 药业公司的利润驱动动因和主要风险；其次是会计分析，通过分析评价关键会计政策和会计估计的合理性，确认 F 药业公司会计报表的可靠性；再其次是财务分析，分别从偿债能力、盈利能力、营运能力、发展能力和现金流量五个方面进行财务分析；最后是前景分析，在战略分析、会计分析和财务分析的基础上对医药制造业和 F 药业公司的发展前景做出预测，并预测 F 药业公司未来发展中的风险。第五部分是哈佛分析框架下 F 药业公司财务报表分析结果评价，指出 F 药业公司经营中的优势和不足。第六部分是针对 F 药业公司经营中的不足，针对性地提出管理改进对策。第七部分是研究结论，对本文主要内容进行了总结。

国内对哈佛分析框架的理论研究较少，应用到具体企业中的案例更少。因此，本论文可以验证哈佛分析框架的可操作性，为其他财务分析人员提供一个理论与实践结合的应用案例。同时，本文的研究针对 F 药业公司的经营管理提出了对策，对于促进企业发展以及对其他医药制造企业具有实践指导意义。

**关键词：** F 药业公司；哈佛分析框架；财务分析；管理对策

# 1 引言

## 1.1 研究背景

F药业公司于2011年在深交所创业板上市，是一家以化学制剂药品为主业的上市公司，主要产品为氨曲南、替卡西林钠、磺苄西林钠、头孢美唑钠等化学药物，类别以仿制药、抗生素类药为主。F药业公司上市以来，通过新股发行募集资金投资项目的建设完成了产能拓展，并且在发展战略上坚持外延并购、自主研发以及购买产品批文等多种途径构建合理的产品结构，在市场营销方面积极进行营销新模式的探索，加强产品推广，建立与医院及其核心科室的合作紧密度。

然而，F药业公司近5年的财务表现并不佳，净利润从2011年的9523万元下降到2015年的6490万元，剔除宁波天衡药业公司2015年5月并表净利润4203万元后，按2011年同比口径计算2015年净利润仅2287万元，与2011年相比大幅减少76%。这意味着F药业公司在经营管理中可能存在产品结构调整未达到预期效果，产能扩大后销量并未同步增加，产品售价下降但成本反而增加等问题。对于这些问题产生的根源需要通过细致的财务分析才能作出清晰的诊断，以便在此基础上采取针对性的改进措施。

传统的财务分析主要以企业财务报表数据为基础，计算出财务比率指标，通过近几年历史数据的纵向比较和与同行业企业的横向比较来对企业财务报表进行综合分析评价，以此找出企业的经营成绩和不足。传统财务分析的优势在于可以方便迅速地通过财务数据计算对企业财务状况以及发展能力作出评价，但它主要的分析工具是财务比率，导致分析人员往往偏好财务性的量化分析，过于关注指标的细枝末节，而忽视了以宏观整体的角度对企业经营活动进行综合分析。

F药业公司是具有鲜明行业特性的企业，医药行业具有民生属性，行业发展受国家政策的影响大，如国家基本药物集中招标采购，限制抗生素药物使用，仿制药质量和疗效的一致性评价、医院药品零差价改革等医改政策密集出台，对F药业公司的经营和财务状况都产生巨大的影响。因此，对F药业公司这类医药公司的财务分析应该重点分析政策法规环境和行业环境，揭示医药生产、流通、医院药店终端销售各个环节政策法规对公司经营的影响，透过政策对业务的影响来解析财务的变化。结合医药行业特点，为了更客观地对F药业公司的财务状况进行评价，本文将使用哈佛分析框架对该企业进行财务分析评价。

哈佛分析框架由美国哈佛大学克里舍·G.佩普（Krishna G. Palepu）、维克多·L.伯纳德（Victor L. Bernard）、保罗·M.希利（Paul M. Healy）三位教授提出的财务分析方法，在西方国家得到了较为广泛的运用，但在国内运用得不多。哈佛分析框架的核心是将财务分析分为经营战略分析、会计分析、财务分析、前景分析四个步骤。首先是经营战略分析，主要分析企业所在行业的盈利能力和企业所选择的竞争战略及定位；其次是会计分析，主要分析企业对会计政策的运用的灵活性，评价其财务报表数据的可靠性；再其次是财务分析，主要分析企业财务能力和经营业绩；最后是前景分析，主要分析行业和企业的发展前景，企业在未来发展中面临的风险。哈佛分析框架的优点在于能结合财务报表以外的宏观信息和行业信息，将企业战略、企业业务与财务进行融合分析，准确地找到经营管理问题，为企业的决策提供有效合理的支持。F药业公司作为与国家法规政策紧密相关的医药生产企业，有必要抛开传统财务分析框架，运用哈佛分析框架进行全面的财务评价，以期找到企业经营管理的对策。本文旨在运用哈佛分析框架对F药业公司进行财务报表分析，揭示F药业公司净利润大幅下降的原因，找出经营管理中存在的问题根源，提出针对性的对策措施。

## 1.2 研究目的和意义

### 1.2.1 研究目的

本文借助哈佛分析框架，对F药业公司按战略分析、会计分析、财务分析和前景分析四个步骤来进行全面的财务分析和评价，在系统掌握哈佛分析框架这一重要分析工具的同时，指出F药业公司经营管理中存在的问题，并提出改进对策。

### 1.2.2 研究意义

通过本文的研究，将哈佛分析框架应用于医药制造业，能够有效揭示医药制造业的特点和行业获利能力，科学准确地分析出F药业公司的经营管理问题，提出有针对性的管理对策，从而实现理论研究与实践应用的有效结合。

## 1.3 研究思路和方法

### 1.3.1 研究思路

以F药业公司财务报告和行业资料等为依据，结合行业特征分析、行业获利能力分析及F药业公司的竞争战略选择进行战略分析；结合公司会计政策和会计估计进行会计分析；结合比率分析法、趋势分析法和比较分析法进行财务分析；结合战略、会计和财务分析结论进行前景预测和风险预测；最后得出F药业公司的财务分析结果，提出针对性的改进对策（见图1）。

### 1.3.2 研究方法

本论文总体分析框架为哈佛分析框架，具体研究方法有：

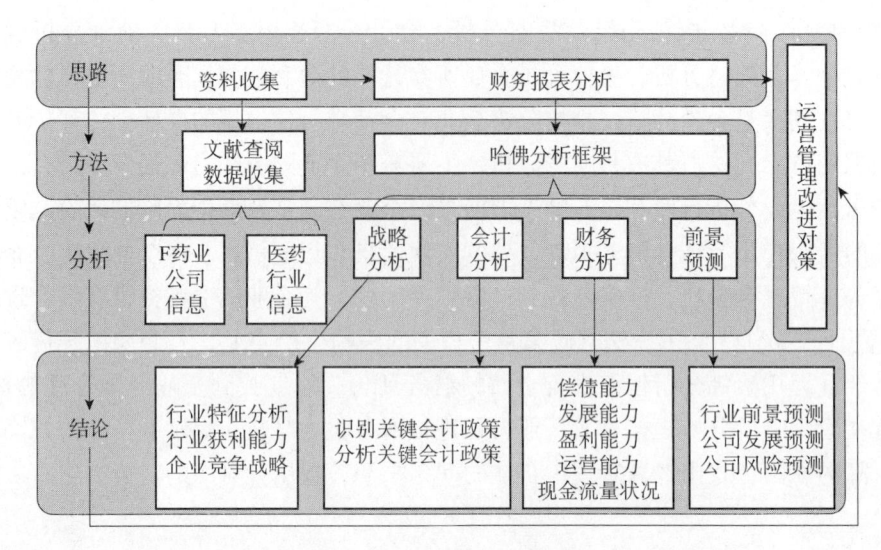

```
思路    资料收集  →  财务报表分析           运
方法    文献查阅     哈佛分析框架            营
        数据收集                            管
分析   F药业  医药   战略  会计  财务  前景   理
       公司   行业   分析  分析  分析  预测   改
       信息   信息                          进
                                            对
结论   行业特征分析  识别关键会计政策  偿债能力  行业前景预测   策
       行业获利能力  分析关键会计政策  发展能力  公司发展预测
       企业竞争战略                   盈利能力  公司风险预测
                                     运营能力
                                     现金流量状况
```

**图 1　本文研究的技术路线**

（1）文献研究法。

文献研究法是以研究目的为基础，通过文献资料的查阅，以全面、准确地掌握所研究问题的方法。本文拟在资料收集阶段使用文献研究法，有助于了解财务分析相关问题的历史和现状，掌握财务分析的相关理论，找到分析所需的资料。

（2）定性与定量相结合的方法。

定性研究方法是通过分析对象的内在性质来进行研究的一种方法。定量研究方法主要是搜集整理与分析相关的数据资料，通过对数据的计算、处理和分析，以获得分析结论的方法。本文拟采用定性与定量相结合的研究方法，一方面通过财务指标的计算进行定量分析，得出公司的财务状况，发现公司的问题；另一方面对 F 药业公司的行业环境、企业战略进行定性分析，找出定量分析所发现问题的根源。

（3）个案研究法。

个案研究法就是对单一的研究对象进行深入具体研究的方法。本文把 F 药业公司作为单一的研究对象，通过全面、深入的考察、研究和分析，以形成对 F 药业公司的诊断。

（4）调查研究法。

调查研究法是根据研究目的，制订研究计划并根据计划系统地搜集研究对象的历史和现实状况资料的研究方法。本文拟在分析准备阶段运用调查法，对 F 药业公司、医药制造对比企业、医药销售公司、医院、食品药品监督管理局和卫计委进行调查走访，搜集与分析课题相关的资料，进行归纳整理和综合分析。

## 1.4　研究的主要内容

本文在总结归纳国内外财务分析理论研究成果的基础上，以 F 药业公司 2011 ~

2015 年的财务报告及其他相关资料为依据，采用哈佛分析框架对 F 药业公司依次进行战略分析、会计分析、财务分析、前景分析，并根据分析结论提出公司经营管理的改进对策。本文的主要研究内容是：

（1）医药制造业行业特点分析。

主要分析医药制造业的主要行业特点及各项特点对 F 药业公司生产经营的影响方式和影响程度。重点梳理医药制造业行业政策法规对 F 药业公司药品品种结构、销售模式、销售数量和销售定价的影响，对从药品审批端（仿制药质量和疗效的一致性评价、药物临床试验数据核查、化学药品注册分类改革政策、药品上市许可管理制度）、生产环节（药品生产质量管理规范（GMP 认证））、流通环节（两票制改革、提高国家基本药物目录内药品使用比例的政策、药品分省集中招标制度）、支付环节（医保目录调整、医保支付政策调整），到服务端（处方药销售限制、分级诊疗、药品零差价、限制抗生素和过度用药政策）的主要政策进行逐项分析解读。

（2）基于哈佛分析框架的 F 药业公司财务分析。

结合行业分析、战略分析确定公司主要的利润动因和经营风险，定性评估公司的盈利潜力；结合会计准则、行业内其他企业通常采用的会计政策对公司进行会计分析，评价公司会计政策和会计估计的适当性，评估公司财务报表正确反映经营现实的程度；结合行业平均水平和标杆企业水平对公司财务指标进行分析，评价公司现在和过去的业绩，评估其可持续性；结合战略分析、会计分析和财务分析结论对公司进行战略预测和发展预测。

（3）F 药业公司经营管理中的问题分析。

根据医药行业政策对公司产品结构、生产成本、销售费用、管理费用、销量和售价的影响，结合公司财务状况分析结论，分别从公司战略制定与执行、产品结构调整、生产成本和期间费用控制、资产的周转运营速度、销售收款和采购付款政策的调整、财务杠杆的运用等方面进行问题诊断，揭示产生问题的根源。

（4）F 药业公司管理改进对策建议。

根据分析出的经营管理问题，分别从公司的竞争战略选择、产品结构调整、并购整合、销售模式的优化、期间费用控制、财务杠杆的运用和存货的管理针对性地提出管理改进对策。

## 1.5 研究的创新点

本论文的创新点在于把哈佛分析框架运用到医药制造企业中来，由于国内对哈佛分析框架的理论研究较少，应用到具体企业中案例更少。因此本论文可以作为哈佛分析框架在医药制造企业中的一个探索，为后来的财务分析者提供参考和借鉴。

## 2　文献综述与理论基础

### 2.1　文献综述

#### 2.1.1　国外文献综述

沃尔（Wall A）建立了财务分析的比率分析体系，选取了应收账款周转率、存货周转率、固定资产周转率、产权比率、流动比率、固定资产比率和自有资金周转率7个财务比率，分别赋予各个比率不同的权重，根据行业平均数确定各个指标的标准比率，然后计算出实际比率与标准比率的比值，将该比值与各指标权重相乘，从而计算出总评分。这种分析方法被后人称为沃尔评分法[1]。

斯蒂克尼（Stickney C. P.，1996）将财务分析框架归纳为三部分：一是分析企业外部经营环境与企业经营活动之间的关系；二是从会计政策、会计报表质量等方面进行会计分析；三是从企业的偿债能力、盈利能力和资产运营能力等几个方面进行财务分析[2,3]。

莱奥波德和怀尔德（Leopold B. and Wild J.，1999）提出基于经营业绩、资产利用率、资本结构与长期偿债能力、现金流量、投资报酬率和短期流动性等方面进行财务分析的框架。该框架主要通过现金、资产负债与利润的综合比率指标来分析企业的经营活动，并检验财务分析的过程和方法[4]。

埃里克和黑尔弗特（Erich A. and Helfert，2001）解读了财务报表、制定财务预测、评估企业投资、评估融资选择的影响，一直把重点放在管理决策和企业的经济价值之间，结合现代计算机技术建立综合财务备考预测，其包括管理业务系统、资金周期制作、现金管理、比率分析、财务模型、货币时间价值、投资决策分析、收益的标准等一系列方法和指标，为财务管理者和非财务使用者提供了一个直接、简洁、实用的参考工具[5]。

克里舍·G. 佩普、维克多·L. 伯纳德、保罗·M. 希利三位教授（2002）开创性地提出了"哈佛分析框架"，将战略分析融入财务报表分析过程中，系统地总结了财务报表分析的逻辑框架，介绍了运用该框架进行经营战略分析、会计分析、财务分析和前景分析的主要步骤和方法。该框架结合财务报表以外的宏观信息和行业信息，将企业战略、企业业务与财务进行融合分析[6,7]。

#### 2.1.2　国内文献综述

张先治（2007）在总结借鉴国外最新财务分析研究成果的基础上，提出将财务分析分为四个阶段进行。四阶段分别为：财务分析准备阶段、战略分析和会计报表质量分析阶段、财务分析阶段、综合分析评价阶段[8]。

樊行健（2005）提出会计分析的发展长期处于弱势地位，发展速度落后于其他学科，会计核算工作只能反映企业经济活动的初始信息，因此需要经济活动分析对会计报表的数据资料进行深度加工整理和评价，形成对财务决策有用的高级信息，因此创立"财务经济分析"学科的说法，强调财务和经济活动分析有机结合，财务分析的同时把生产和成本分析嵌入其中[9]。

胡玉明（2008）借鉴哈佛分析框架的战略分析、会计分析、财务分析、前景分析四个维度，并与我国国情结合，提出财务分析应从经营环境到经营活动再到财务活动的学说[10,11]。

程隆云（2008）在研究总结国内外财务分析框架的类型和缺陷基础上，提出目标导向型的财务报表分析框架。依据不同分析目标，从战略分析开始，进行必要的会计分析，重点执行财务能力分析，并通过专项分析予以完善，最后进行财务综合评价[12]。

郭复初（2009）在剖析财务报表分析的目的和性质的基础上，总结了财务报表分析的不同主体所对应的不同要求，并重新构建财务报表分析的内容和方法体系，并强调把企业社会责任和发展能力嵌入财务分析评价体系中[13-15]。

邓天正（2015）认为财务分析的方法主要有趋势分析法、比率分析法和因素分析法，财务分析主要是以企业的资产负债表、利润表和现金流量表为基础，通过财务趋势分析、财务能力分析和财务综合分析，为不同的报表使用者提供决策辅助信息[16]。

张新民、钱爱民（2011）提出了财务质量分析理论，主要体现在现金流量质量分析、盈利质量分析、资产质量分析、净资产变动分析以及合并财务分析，构建了与新会计准则相适应的财务分析体系[17]。

黄世忠（2007）认为信息披露是一把"双刃剑"，上市公司过度披露信息可能造成信息过载，需要找一个分析的逻辑切入点，现金流量质量、利润质量和资产质量是财务报表分析的三大切入点。同时，他还认为任何财务报表，必须同时从这三个点切入进行分析，才不会发生重大的遗漏和偏颇[18]。

万如荣、张莉芳、蒋琰（2014）提出借鉴国外财务分析框架运用的经验，以哈佛分析框架为基础构建财务分析体系，强调战略分析的导航作用，并贯穿于会计分析、财务分析、财务能力分析及财务前景分析的财务分析全过程[19]。

### 2.1.3 国内外研究现状评述

通过上述国内外学者关于财务分析方法的研究理论发现，财务分析框架的提出是将各种成熟的财务分析方法嵌入体系中，形成一个完整的分析框架。传统的财务分析框架只是简单使用比率、结构和趋势等数学运算方法对经营、投资、筹资等数据进行分析，这种单纯数据分析存有一定缺陷，彼此间缺乏逻辑关系，具有片面性，并且不易分析产生问题的原因。2000年以后,财务分析框架逐渐补充了公司内外环境分析、日常运作和生产管理等内容,使框架不仅有细节分析、专项分析,更具有宏观视野和长远规划系统分析的特点。因此,构建一个科学的财务分析框架的核心是将财务数据与经营活动环境、外部环境信息结合起来,重视外部环境和经营管理对企业财务的影响。

在综合比较了各位学者提出的财务分析框架后,本文认为哈佛分析框架能够规避传统财务分析"以偏概全、断章取义"的分析缺憾,引导人们站在宏观视角上俯瞰公司财务状态并进行整体评价,更具有系统性和全面性。

## 2.2 理论基础

### 2.2.1 传统财务分析理论

#### 2.2.1.1 财务分析的概念和作用

财务分析是指分析者以企业财务报表和财务报告为基础,根据财务报表使用者的不同需要,结合企业内外部环境及其他信息资料,运用系统分析方法对企业组织财务活动与处理财务关系的过程与结果进行分析研究和评价评估,并向信息使用者提供财务分析报告的一项管理活动和一种管理方法。财务分析,一方面,可以帮助企业评价过去的经营业绩和当前的财务状况,找出经营中存在的问题,及时调整发展战略,改进经营管理中的不足;另一方面,可以为企业股东、债权人、政府监管部门等利益相关者提供有效信息以了解企业的财务状况和经营情况,为其决策做参考。

#### 2.2.1.2 传统财务分析的方法

(1) 趋势分析法。

趋势分析法是以企业近几年的财务报表为基础,对各会计科目的金额和增减变动进行比较分析,从而反映出企业资产负债和经营业绩的变动幅度及变动趋势的一种方法。趋势分析法分为垂直分析法和水平分析法。

(2) 比率分析法。

比率分析法是对企业同一会计期间财务报表中相关会计科目进行比率计算,以财务比率来揭示企业的财务状况及评价企业经营成果的一种方法。财务比率主要包括偿债能力、营运能力、盈利能力、发展能力和现金流量五个方面的比率。

(3) 比较分析法。

比较分析法是通过将分析对象数据与对比数据进行对比,分析与对比对象之间的差异,以此分析经济活动的成绩和问题的分析方法。比较分析法分为与行业平均值或类似企业的比较分析和自身历史数据的对比分析。

#### 2.2.1.3 传统财务分析的局限性

传统的财务分析主要通过企业历史财务报表数据计算出财务指标,对企业的财务状况和利润状况进行分析评价，进而反映出企业的经营成绩和不足。传统财务分析的优势在于可以方便地通过财务数据计算对企业财务状况以及发展能力迅速作出评价，找出公司存在的问题。但存在以下局限：

（1）财务数据不能完整地反映企业的经营活动。

财务报表是对公司经营活动产生的经济结果的一种反映，但公司有些经营活动不能用货币计量又对企业未来盈利有较大影响，无法反映在财务报表上，如公司的重大研发突破、人力资源情况、行业法律法规的变化等。事实上，这些内容对决策者有相当重大的参考价值。

（2）财务数据存在滞后性。

财务报表根据历史情况进行记录、提供信息，并未考虑到现行市价、重置成本等因素，其数据缺乏时效性。因此其资产价值无法完全反映企业资产的现时价值。另外，财务比率也根据分析时点前几年的报表进行对比分析，是一种事后分析方法，存在一定的信息滞后。

（3）部分财务数据的计量存在可选择性。

财务数据是依照会计准则、财务制度的要求按核算程序加工产生的。统一会计对象，在进行价值确认时选择的方法不同，其加工所得的财务数据也会不同，例如存货发出价值有个别计价法、先进先出法和加权平均法等，坏账准备的计提比例可以选择、固定资产折旧可以按年限平均法、加速折旧法等。因此，进行财务分析时应该明确财务数据产生时选用的确认价值方法，并结合纵向与横向两种比较方式对财务数据进行正确客观的使用。

#### 2.2.1.4 分析方法的局限性

传统财务报表分析最常用的分析方法是比率分析法，而比率分析法只能用于反映财务数据的分析，不能反映出非货币计量的信息。另外，资产负债表是时点报告，它是对企业会计期末这一特定时点财务状况的反映；而利润表时期报告，是对整个会计期间的数据反映。两者比较时，其可比性程度不一致。

### 2.2.2 哈佛分析框架理论

由于传统的财务分析方法存在上述局限性，促使哈佛分析框架理论的诞生。哈佛分析框架的优点在于能结合财务报表以外的宏观信息和行业信息，将企业战略、企业业务与财务进行融合分析，准确地找到经营管理问题，为企业的决策提供有效合理的支持。

（1）战略分析。

战略分析是进行有效财务分析的起点，通过战略分析可以对公司经营的外部环境和内部经营战略进行定性分析，从而发现公司的利润驱动动因和主要风险，以便后续的会计分析和财务分析建立在公司经营的现实基础之上。

公司的经营价值在于运用其资本获取的盈利超过资本成本。资本成本的高低主要取决于资本市场,而公司运用资本获取盈利的能力则主要取决于公司的战略选择:一是公司经营行业的选择;二是公司在行业中采取的竞争战略。因此,行业分析和竞争战略分析是战略分析的两个重要方面。行业分析的重点是行业特点分析和行业获利能力分析;竞争战略分析主要分析企业在行业内与其他企业进行竞争所采用的各种具体战略。

(2) 会计分析。

财务分析框架下的会计分析类似于审计分析,主要通过分析评估企业在会计准则原则下自主选择的具体会计政策、会计估计以及财务信息披露的公允合理性,判断公司的会计信息质量,评价企业会计报表反映其实际业务的真实度。高质量的会计分析,可以为财务分析奠定良好基础,提高财务分析结论的有效性。会计分析首先是根据企业所处行业和企业采取的竞争战略,筛选出与评价企业业绩与风险高度关联的相关会计政策和会计估计;然后是评价筛选出的会计政策和会计估计合理性,判断其会计弹性;最后是根据分析结果确定会计报表是否值得信赖,是否需要调整会计报表以消除会计扭曲。

(3) 财务分析。

财务分析是以公司财务报表数据为基础来分析评价公司的财务状况和经营业绩。其主要分析工具为现金流量分析和比率分析。比率分析主要是对企业盈利能力、营运能力、偿债能力和发展能力四个方面的财务比率指标的分析来评价企业的产品市场业绩和财务政策,发现企业经营中的问题;企业现金流量分析是通过对经营活动、投资活动、筹资活动现金流量以及现金流量指标的分析,评价公司的财务弹性和盈利质量。

(4) 前景分析。

前景分析作为哈佛分析框架的最后一步,是在前三步分析的基础上对公司发展趋势和发展风险做出的预测,侧重于未来。通过前景分析,不仅可以评判企业的发展潜力,还可以客观地预测其发展前景,并指出未来可能面对的风险。公司管理层可以根据前景分析及时调整公司的发展战略和具体经营方针,外部投资者可以据此进行追加投资或者及时收回投资,其他利益相关者也可以根据公司未来发展前景权衡相关收益和风险。

# 3 F药业公司经营现状

## 3.1 F药业公司基本情况介绍

### 3.1.1 F药业公司概况

F药业公司(集团)股份有限公司由汪天祥创立于2004年,2009年改制为股份有限公司后于 2011 年在深交所创业板上市。历经 10 多年的发展，F 药业公司已经逐步成长为一家拥有药品研发、医药中间体、原料药、制剂生产及销售完整产业链的现代化制药企业。

F 药业公司拥有 7 家全资及控股子公司，分别为：从事药品研发的 F 药业公司集团重庆礼邦药物开发有限公司、从事制剂生产的 F 药业公司集团庆余堂制药有限公司和 F 药业公司集团湖北人民制药有限公司、从事药品销售的重庆生物制品有限公司、从事医药中间体生产的广安凯特制药有限公司和 F 药业公司集团重庆凯斯特医药有限公司、从事专科药生产的 F 药业公司集团宁波天衡制药有限公司和烟台只楚药业有限公司。

F 药业公司拥有较强的自主创新能力，先后被评为火炬计划重点高新技术企业、国家知识产权优势企业，被重庆市经济和信息化委员会认定为重庆市企业技术中心，被重庆市科学技术委员会评定为抗肿瘤药物工程技术研究中心、创新型企业。F 药业公司承担和参与了多项国家级和重庆市级专项课题，包括重大新药创制课题 3 项，国家创新基金项目 1 项，重庆市科技攻关项目 2 项，重庆市民营经济专项资金计划项目 3 项，重庆市科技研发基地能力提升项目 1 项，重庆市战略性新兴产业发展资金项目 1 项，重大集成示范专项 1 项，重庆市企业自主创新引导专项 4 项，重庆市关键共性技术研发与产品开发主题专项 2 项。F 药业公司共申请发明专利 49 项，授权 25 项。在新产品开发方面，F 药业公司有 2 个国家级重点新产品，2 个重庆市重点优秀新产品，17 个重庆市重点新产品，19 个重庆市高新技术产品，5 个重庆市科技成果鉴定和 4 个技术创新项目。

#### 3.1.2 F 药业公司主营业务情况

公司主营业务主要有制剂、原料药及中间体、药品销售等，涉及领域主要包括抗肿瘤类、特色专科药类、抗生素类、呼吸系统药类等领域。公司抗生素类的主要品种有替卡西林钠、氨曲南、头孢美唑、钠磺苄西林钠等品种的原料药和制剂，其中磺苄西林钠同时具有原料药和成品药注册批件，是国内少数几家企业之一；公司抗肿瘤类的主要品种有盐酸吉西他滨、枸橼酸托瑞米芬片、盐酸昂丹司琼以及盐酸昂丹司琼等品种，其中包括抗肿瘤用药和抗肿瘤的辅助用药；呼吸系统类的主要品种有多索茶碱原料药、制剂；公司特色专科药主要有精神神经系统、心脑血管等领域，主要品种包括奥拉西坦、富马酸喹硫平、尼麦角林等多个品种。

## 3.2 F 药业公司组织架构与股权结构

#### 3.2.1 F 药业公司组织架构

从图 2 可以看出，F 药业公司组织架构与大多数上市公司比较类似。股东大会决定公司的重大事项，是最高权力机构，下设监事会和董事会，对公司管理、监督。监事会向股东大会负责，对公司董事、总经理及其他高级管理人员履行职责的合法合规性进行监督，维护公司及股东的合法权益。董事会下设了战略决策委员会、审计委员会、薪酬与考核委员会、提名委员会四个专门委员会。此外，董事会还下设了董事会秘书，负责处理董事会日常事务。董事会审计委员下设了审计部，独立性较高。董事会任命的总经理、财务总监和副总经理组成了公司管理层，全面负责公司的日常经营管理活动，保证公司的正常运转。

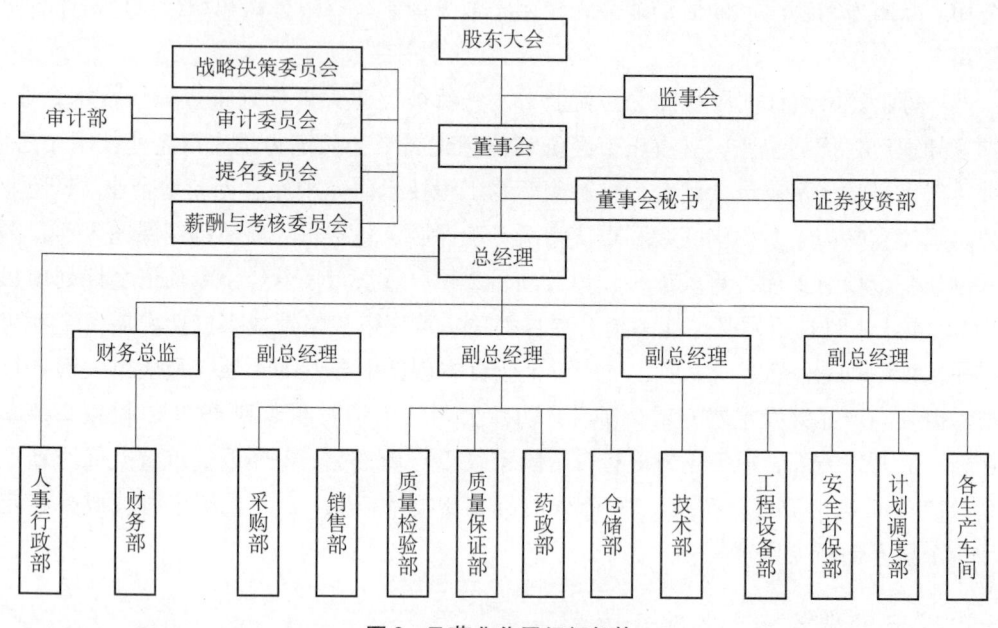

**图2　F药业公司组织架构**

F药业公司根据生产经营的实际需要设置了人事行政部、财务部、审计部、证券投资部、采购部、销售部、质量检验部、质量保证部、药政部、工程设备部、安全环保部等十余个部门及各生产车间，分别由总经理、财务总监、董事会秘书及四位副总经理按照职责分工进行管理。

F药业公司组织架构较为完善，经营管理层与股东大会、董事会、监事会构成相互制约的机制。尤其是审计部隶属于董事会，直接在其审计委员会下工作，从架构上来看拥有充分的授权来执行内部审计监督。但是F药业公司的组织结构还存在一些瑕疵：一是仓储与生产密切相关，应由同一个公司领导分管较好，而F药业公司的仓储部由分管质量的副总经理分管，不太合理；二是公司作为一个规模较大的上市公司，经营过程中需要很多法律方面的事务需要处理，但公司未设立法律事务相关的部门；三是公司的组织结构主要按职能划分，未考虑抗生素类药和专科药在产品特点、市场和销售模式的差异性，导致管理层无法根据各类产品的特殊性进行分类管理。

### 3.2.2 F药业公司股权结构

从表1可以看出,F药业公司前十大股东合计持股比例为70.12%,持股比例较为集中。F药业公司实际控制人汪天祥与其儿子汪璐合计持股42.28%,控制权较为稳固,足以应对资本市场上其他投资者对公司举牌争夺控制权的潜在风险。其他两个自然人股东蒋晨和黄涛均为公司高管,分别为公司的总经理和副总经理,公司高管持股比例较高,是对管理层的积极激励,利于充分调动管理层的经营积极性。GRACEPEAK PTE LTD. 为注册于新加坡的公司法人,作为战略投资者参与公司对烟台只楚药业的定向增发而成为公司股东。山东只楚集团有限公司等五名股东为境内非国有法人,均系公司并购烟台只楚药业和宁波天衡药业定向增发发行股份的对象。上述六名法人股东的股票均具有1~3年流通限制期,并且承诺期满可以流通交易后,继续锁定1~3年不减持公司股份。可以看出,公司股权结构较为稳定,不会由于股权结构的剧烈变化对公司生产经营产生不良影响。

表1　　　　　　　　　F药业公司前十大股东持股情况

| 股东名称 | 股东性质 | 持股比例（%） | 持股数量（股） |
| --- | --- | --- | --- |
| 汪天祥 | 境内自然人 | 36.81 | 128087436 |
| GRACEPEAK PTE LTD. | 境外法人 | 7.58 | 26368951 |
| 汪璐 | 境内自然人 | 5.67 | 19720508 |
| 蒋晨 | 境内自然人 | 3.84 | 13357600 |
| 山东只楚集团有限公司 | 境内非国有法人 | 3.18 | 11059531 |
| 烟台楚林投资中心（有限合伙） | 境内非国有法人 | 3.08 | 10723256 |
| 烟台市电缆厂 | 境内非国有法人 | 2.86 | 9965313 |
| 黄涛 | 境内自然人 | 2.59 | 9028529 |
| 烟台市楚锋投资中心（有限合伙） | 境内非国有法人 | 2.26 | 7880389 |
| 中拓时代投资有限公司 | 境内非国有法人 | 2.25 | 7820037 |
| 前十大股东持股合计 |  | 70.12 | 244011550 |

## 3.3 F药业公司财务状况

F药业公司2011~2014年资产总额和负债总额均变动不大,在资产结构上固定资产等非流动资产增加较多、货币资金等流动资产相应减少,主要原因是公司2011年上市募集的资金投入到募集项目上,货币资金减少对应在建工程和固定资产增加。2015年资产负债出现较大幅度增长主要是并购宁波天衡药业后并表增加。2011~2015年公司营业收入累计增长97%,但净利润反而降低32%,呈现增收不增利的状况,扣除并表并购宁波天衡药业增加的利润4203万元后,按2011年同比口径计算2015年净利润仅2287万元,与2011年相比大幅减少76%,反映出F药业公司原有产品的利润急剧萎缩。由于F药业公司通过定向增发并购的两个子公司天衡药业和只楚药业业绩非常优良,通过并购整合,预计2016年净利润将会大幅增长。

表2  F药业公司近5年主要财务数据  单位:万元

| 财务指标 | 2015年 | 2014年 | 2013年 | 2012年 | 2011年 | 5年增长(%) |
|---|---|---|---|---|---|---|
| 流动资产合计 | 111943 | 111636 | 116635 | 126468 | 140579 | -20 |
| 非流动资产合计 | 135966 | 71583 | 69703 | 54010 | 41133 | 231 |
| 资产总计 | 247909 | 183219 | 186338 | 180478 | 181711 | 36 |
| 流动负债合计 | 26265 | 9843 | 11341 | 5701 | 10537 | 149 |
| 非流动负债合计 | 8026 | 2625 | 2506 | 2720 | 1932 | 315 |
| 负债合计 | 34291 | 12469 | 13847 | 8420 | 12469 | 175 |
| 净资产总计 | 213618 | 170751 | 172491 | 172057 | 169243 | 26 |
| 营业收入 | 70810 | 44857 | 35778 | 42002 | 35855 | 97 |
| 净利润 | 6490 | 4571 | 3837 | 8851 | 9523 | -32 |

# 4 基于哈佛分析框架的F药业公司财务分析

本部分内容主要是运用哈佛分析框架对F药业公司从战略分析、会计分析、财务分析、前景分析四个方面进行分析。战略分析,主要通过对医药制造业行业特征、行业获利能力和F药业公司竞争战略的分析,发现F药业公司的利润驱动动因和主要风险。会计分析,主要通过分析评价关键会计政策和会计估计的合理性,确认F药业公司会计报表的可靠性。财务分析,分别从偿债能力、营运能力、盈利能力、发展能力及现金流量五方面进行财务分析。前景分析,在战略分析、会计分析和财务分析的基础上对医药制造业和F药业公司的发展前景做出预测,并预测F药业公司未来发展中的风险。

## 4.1 战略分析

### 4.1.1 医药制造业行业分析

#### 4.1.1.1 医药制造业分类

医药制造业按产品制造类别主要分为原料药、化学制剂药、生物制品、中药以及保健品制造等大类,涉及产品品种多,覆盖范围广。原料药具体分为特色原料药和大宗原料药;化学制剂药具体分为血液系统用药、消化系统用药、心血管系统用药、皮肤科用药等;生物制品具体分为疫苗、抗血清类、单抗类、抗毒素类、血液制品等;中药具体分为中成药、中药材及其饮片;保健品具体分为保健日用品、保健化妆品和保健药品等。

#### 4.1.1.2 医药制造业发展现状

医药制造业因与人类生命健康息息相关而一直被认为是最具发展前景的高新技术产业之一，同时也是一个高成长高回报的产业。它直接关系到经济发展、社会稳定和国民健康，是一个刚需行业，也必然会随着我国经济社会的发展而不断成长和面临新的发展机遇。

由于中国人口规模庞大，人口结构老龄化趋势明显，因此药品市场的需求潜力也大。随着城镇居民医疗卫生需求的日益增长，我国医药制造业越来越多地受到公众和政府的关注，医药制造业已成为国家战略性新兴产业重要领域，在国民经济中处于重要地位。据统计，医药制造业销售规模在"十五"期间复合增长率为15.13%，"十一五"期间复合增长率上升到20.68%。2011年以来，国家从招标、两票制、药品一致性评价、临床数据自查等一系列新政策的实施到飞行检查，到药品流通环节的各地医药招标降价，加剧了市场竞争和医药制造企业的合规成本，导致医药制造业增速逐步放缓。"十二五"期间（2011～2015年），医药制造业销售规模的复合增长率约为11.95%，利润复合增长率约为11.94%（见图3和图4）。根据联合国经合组织预测，中国药品市场有很大的发展空间，到2020年，我国药品市场规模将仅次于美国，达到全球第二。

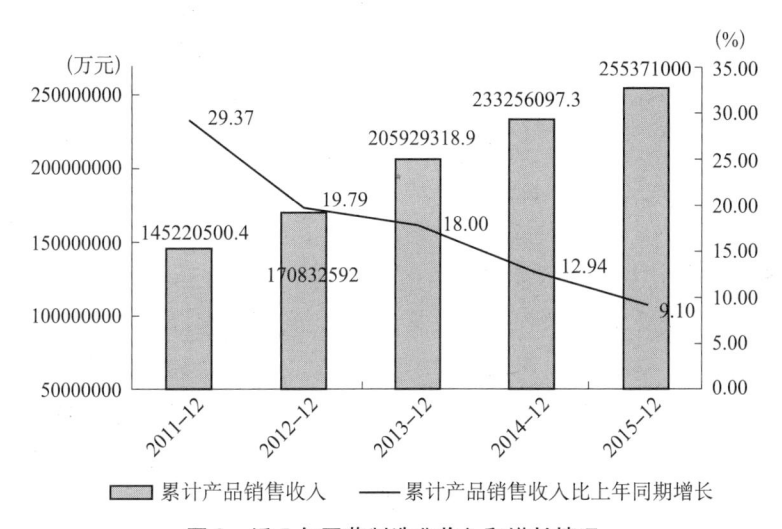

图3 近5年医药制造业收入和增长情况

2015年医药制造业实现产品销售收入25537.1亿元，比2014年增长9.10%，增速继续维持下降趋势；利润总额2627.30亿元，比2014年增长12.87%，略高于上年度12.09%的增速，行业利润呈现探底回升的走势。2016年，在医保结构性控费的背景下，国家开启药监新时代，注重产业优化和升级，医药行业增速开始企稳。截至2016年11月，医药工业收入和净利润同比增速分别为9.7%和15.3%，药物综合数据库（PDB）样本医院前三季度增速也从2015年的6.58%回升到8.22%，医药制造业销售规模和利润企稳迹象趋于明显。

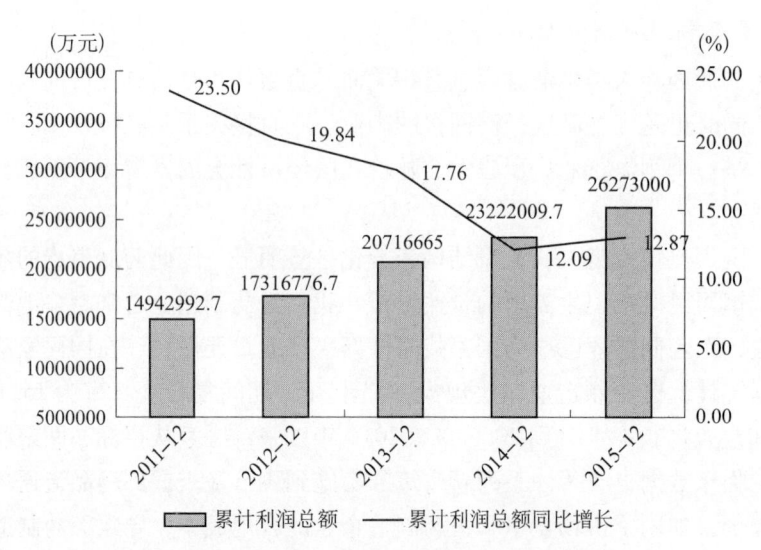

图4 近5年医药制造业利润和增长情况

### 4.1.1.3 医药制造业行业特点分析

（1）行业政策法规多，监管严格。

由于医药制造业与老百姓的生命和健康息息相关，国家既要保证药品的质量可靠安全，又要保证老百姓和医保的经济承担能力，因此对医药制造业执行非常严格的监管。2011年以来，对医药制造业来说是政策密集出台的几年，并且政策执行力度比以前大、可落地性强，同时具有连贯性。监管政策从药品审批端（仿制药质量和疗效的一致性评价、药物临床试验数据核查、化学药品注册分类改革政策、药品上市许可管理制度）、生产环节（药品生产质量管理规范（GMP认证））、流通环节（两票制改革、提高国家基本药物目录内药品使用比例的政策、药品分省集中招标制度）、支付环节（医保目录调整、医保支付政策调整），到服务端（处方药销售限制、分级诊疗、药品零差价、限制抗生素和过度用药政策），这些新政策的整体思路为从医药行业各个环节进行供给侧改革，从而优化结构，促进产业升级。上述各项政策对制药企业的具体影响如下：

第一，仿制药质量和疗效一致性评价政策。

2016年3月，国务院办公厅发布了《关于开展仿制药质量和疗效一致性评价的意见》，要求化学药品新注册分类实施前批准上市的仿制药，凡未按照与原研药品质量和疗效一致原则审批的，必须进行一致性评价。所有药品应在2021年底前完成一致性评价，逾期未完成的，不予再注册。同品种仿制药首家品种通过一致性评价后，其他药品生产企业的相同品种应在3年内完成一致性评价。据药智网统计，目前国内有近6万个化学药品类批文涉及仿制药一致性评价，占国内药品批准文号的40%左右。从日本和美国的经验看，若仿制药一致性评价工作得到全面执行，药品批文预计将只有10%~20%得到保留，即每个品种平均2~4个批文，将淘汰绝大多数劣质和不合格药品，医药制造业行业格局将得到优化，实现产业升级。

第二，药物临床试验数据核查政策。

2015年7月，国家食品药品监督管理总局发布药物临床试验数据核查政策，核查对象为所有待审注册药品。截至2016年3月，在临床试验数据核查中企业主动撤回1165个（占比72%），退审以及不批准共40个（占比2.3%），核查通过率仅25.7%。核查政策的实施，让低水平仿制等行为无处遁形，可以抑制制药企业疯狂报批低水平仿制药的行为，从而抬高行业门槛，优化竞争环境，促进行业内优势企业做大做强。

第三，化学药品注册分类改革政策。

2016年3月，国家食品药品监督管理总局正式实施化学药品注册分类工作改革方案，明确了新药和仿制药的概念，将新药定义为全球新，即国内国外均未上市的药品，将原仅在国内没有上市的新药转归为仿制药，新药仅保留全球均未上市的创新药和改良型新药。仿制药强调与原研药质量和疗效一致：原3类和原6类均归类为仿制药，其临床要求均需与原研药质量和疗效一致，即仿制药上市必须做与原研药质量和疗效一致性评价。化学药品注册分类改革整体上与国际接轨，强调药品质量和疗效，导向创新药，鼓励企业加强新药研发，也为国内创新药的发展营造良好环境。

第四，限制抗生素使用政策。

抗生素是目前中国使用量最大的药品。为限制抗生素滥用，2012年8月，《抗菌药物临床应用管理办法》颁布实施，该文件把抗菌药物划分为特殊使用、限制使用和非限制使用三级，明确规定不同级别医生执行不同开药权限，严重违规开具抗菌药物处方将被处以吊销执业医师资格的处罚。该政策的实施，导致抗生素销售规模逐年减少，成为医药行业中少有的负增长子行业。

第五，药品生产质量管理规范（GMP认证）政策。

新版《药品生产质量管理规范》于2011年3月颁布实施，规定所有药品的生产必须在2015年年底前达到新版GMP认证要求，否则一律停产。对通过新版GMP认证企业的跟踪管理，国家食品药品监督管理总局采用不定期的突击性GMP飞行检查来实施。随着新版GMP认证的实施，一批规模较小、质量较差的制药企业将被淘汰，促进行业集中度的提高。

第六，两票制改革。

国务院办公厅于2016年发布的医改重点工作任务要求：优化药品购销秩序，压缩流通环节，综合医改试点省份要在全省范围内推行两票制。两票制的核心是减少流通环节，从药厂到一级经销商再到医药，共开两次销售发票。它的全面实施，将减少中间流通环节加价，有利于降低药品售价，减少制药企业提高出厂价的阻力。

第七，提高国家基本药物目录内药品使用比例的政策。

国家定期公布基本药物目录清单，进入目录的药品简称为基药，其医保报销比例高于清单外的药品。目前，基药使用率纳入医保政策考核，基药使用率达标，医院才能完全获得医保支付，即医院必须尽可能优先使用基药进行医疗行为，基药医疗效果不佳才考虑替换其他药品。因此基药的市场份额预计将会大幅增长。

第八，公立医院药品集中采购招标。

2015年6月，国家卫计委颁布《关于落实完善公立医院药品集中采购工作指导意见的通知》，明确双信封招标制度，制药企业投标时分别密封报送商务标和技术标。只要技术标评审通过，则根据商务标的报价按低价优先原则确定中标企业。该政策对制药企业的影响体现在价格、销量两方面，一方面产品存在被招标降价的风险，同样也可通过中标实现销量的大幅放量。

第九，国家医保目录的调整。

目前最新版的2009年版目录共有2127种药品，其中甲类503种，乙类1624种。医保目录通常5年一次调整，此次医保目录调整已经延后了2年，预计2017年完成目录调整。医保目录调整优先考虑临床价值高的新药、地方乙类调整增加较多的药品以及重大疾病治疗用药、儿童用药、急抢救用药、职业病特殊用药等，辅助用药、临床有效性和安全性较低的药或将失去医保支持。由于药品进入医保目录后会带来一定的报销比例，因此有利于促进调入医保目录药品销量增长，也鼓励制药企业加强临床价值高的新药研发。

第十，新的医保支付标准的发布。

目前，由人社部联合卫计委共同修订完成了《关于基本医疗保险药品支付标准制定规则的指导意见（征求意见稿）》，按照新的医保支付标准，国产药品和进口药品将采取相同支付标准，医疗机构将倾向于选择性价比更高的药品，进口替代空间巨大，重大利好行业内优质仿制药生产企业；且对于已通过药品质量一致性评价或质量与疗效差异较小的药品，原则上按照通用名制定支付标准，医院很可能会倾向于采购已经通过一致性评价的产品，同样有利于研发能力较强的仿制药企业抢占市场份额。

（2）行业集中度偏低，市场竞争激烈。

根据国家食品药品监督管理总局数据，截至2015年全国共核发药品生产企业许可证7814个（含中药饮片、医用氧），其中生产原料药和制剂的企业5065家，化学药企业3802家，中药（含中药饮片）企业4076家。从行业集中度上看，目前国内制药企业总体规模偏小，行业集中度很低，前十大制药企业合计市场份额占比约为15%，远低于美国及全球40%~50%的行业集中度。从药品批文上看，目前全国药品批文约16万个，平均每家企业批文21个。行业集中度低导致医药制造业以低水平价格竞争为主，市场竞争激烈。

（3）新药研发周期长，利润空间巨大。

医药行业最重要的特点在于其每一个药品品种都需要经过严格的研发、验证才能上市。全新药物的研究、开发过程要经过靶标确定、先导物发现、先导物优化、临床前开发、1~3期临床试验才能拿到上市许可，整个研发周期长达几年到十几年（见图5）。但新药在医保支付上具有独家定价权，研发成功上市的新药将给企业带来巨额回报。

| 靶标确定 | 先导物发现 | 先导物优化 | 临床前开发 | 临床Ⅰ期 | 临床Ⅱ期 | 临床Ⅲ期 | 上市 |

| 研究阶段 | 开发阶段 |

图5 新药研发流程

（4）制药企业创新能力不足，产品格局以仿制药为主。

现阶段，中国制药企业以仿制国外品种为主，全新药物研发较少。从研发投入上看，国内制药企业创新能力不足，每年研发投入占营收比例2%～3%，远低于美国15%～20%的研发投入，由此导致国内真正意义上获批的新药远低于美国及其他先进国家。从市场销售情况来看（见图6），2007年我国仿制药占药品总销售规模的92%，占处方药市场规模的86%，仿制药销售额超出新药销售额的10.5倍。经过近几年的发展，我国仿制药占比呈逐年下降、新药占比呈上升趋势。2015年，仿制药占处方药销售规模下降到80%，占药品总销售规模下降到85%。虽然仿制药占比得到下降，但仍占有绝大部分药品市场，由于同一种研发原药往往有多种仿制药产品生产销售，导致市场分割，价格竞争激烈。

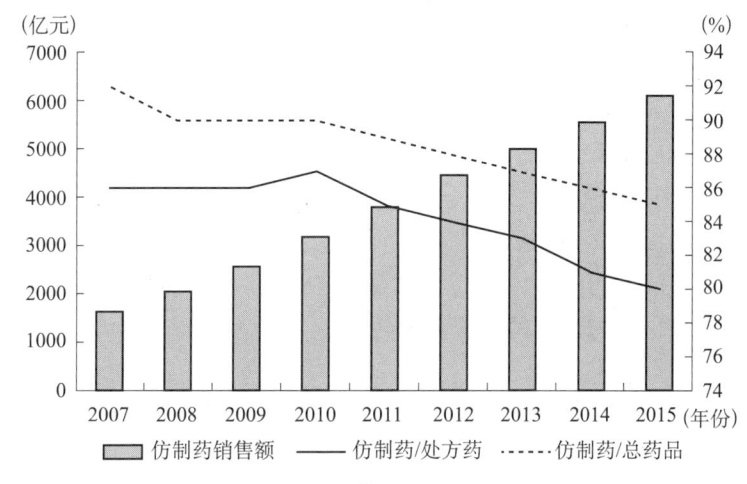

图6 仿制药市场销售情况

（5）抗经济周期能力强，需求潜力较大。

医药制造业为刚性需求，受宏观经济影响较小，抗经济周期能力强。人口老龄化、全民医保的推进、城镇化水平提高及城乡居民水平的提高，都对未来的医药需求产生有利的影响，行业需求潜力大。

#### 4.1.1.4 医药制造业行业获利能力分析

（1）行业内现有公司间的竞争。

由于我国现代医药制造业特别是化学药品制造业起步较晚，因此行业整体实力较差，专利新药开发能力弱，以生产仿制药品为主，其同质化竞争非常严重。同时，医药制造业行业集中度不高，企业数量和药品批文多，一方面我国制药企业以低水平仿制药为主；另一方面由于海量批文，行业竞争格局极差。在低价竞争导向下，我国医药制造业一直处于发展负循环中：低水平仿制导致低价竞争，低价竞争导致企业净利润率降低，进而缺乏研发投入，没有研发投入则只能生产低水平仿制药，进而又只能低价竞争，周而复始，进入负循环。因此，F 药业公司所处的医药制造业行业内现有公司间竞争非常激烈，创新能力和竞争环境亟待提高。

（2）潜在竞争者进入的威胁。

医药制造业属于资金和技术密集型产业，具有民生属性，受国家政策法规管控多，存在很高的行业壁垒。第一，医药制造业从研发、生产到流通环节均受国家政策管控，所需的审批环节多，存在较强的政策门槛。第二，医药制造的技术要求高，药品研发周期长，每一个药品品种都需要经过严格的研发、临床验证才能上市，全新药物的研究、开发过程长达几年到十几年。第三，产品需先获得产品批文才能生产，生产过程要按照 GMP 规范组织生产，在产品投放市场前需要较大的启动资金。第四，药品的使用者对疗效好的知名药品品牌具有较强的购买习惯，一个新的进入需要花费很大的营销费用和时间才能建立顾客群。

（3）替代品的替代能力。

药品的主要替代品是保健品、医疗器械和可以用于食疗的食物。首先，用于食疗的食物和保健品主要起预防疾病的作用，并且见效缓慢，不能替代药品治疗疾病。其次，保健品和医疗器械也往往比药品价格昂贵。因此，药品的替代品替代能力不强，医药制造业来自替代品的威胁不大。

（4）供应商的讨价还价能力。

医药制造业的供应商主要包括中药材种植及收购企业、包装物及辅料生产企业、化工原料生产企业、医药中间体生产企业等。这些生产企业众多，相互之间价格竞争较为激烈，使得供应商与药厂的议价能力较差。

（5）购买者的讨价还价能力。

对制药企业来说，虽然药品最终消费者对药品价格通常只能被动接受，很难有议价能力，但以医院和药店为主的销售终端，可以引导甚至决定药品消费者的选择，尤其是公立医药基本药物集中招标和住院病人医保控费等因素，使医院终端在议价能力上占有优势地位。因此，购买者的议价能力较强，对行业各公司盈利产生较大影响。

### 4.1.2 公司竞争战略分析

（1）努力调整产品结构的差异化竞争战略。

F 药业公司目前涉及的主要细分市场包括抗生素药物市场、专科药市场（主要为抗肿瘤类专科药、呼吸系统专科药和特色专科药类）。2014 年以前抗生素类药物销售收入占公司营业收入的 90% 以上，鉴于抗生素药物生产厂家多，同质化产品市场竞争激烈，在国家限制抗生素使用和限制过度用药的政策指引下，抗生素类市场规模和产品毛利率都呈下降趋势。从 2014 年开始，F 药业公司的竞争战略明确为调整产品结构的差异化竞争战略，从抗生素价格竞争激烈的"红海市场"转到毛利率更高的专科药"蓝海市场"。F 药业公司通过外延并购、自主研发、择优购买等多种途径优化了产品结构，截至 2015 年年末，F 药业公司专科药销售占比提高到 21%，公司的总体销售毛利率从 2013 年的 32% 提高到 2015 年的 44%。

（2）积极横向并购同行业企业的外延扩张战略。

F 药业公司在原有抗生素业务增长缓慢毛利率降低的不利情况下，选择外延并购扩张战略，通过定向增发的方式分别于 2015 年 4 月和 2016 年 5 月完成了对宁波天衡制药有限公司和烟台只楚药业有限公司的并购。天衡药业拥有多个专科药优势品种，昂丹司琼、格雷司琼、托瑞米芬、多索茶碱为公司主打专科药产品，样本医院数据显示此四个产品市场地位明显，格雷司琼占整个市场份额的 60% 以上；主要用于乳腺癌治疗的托瑞米芬是国内唯一的国产品种，在新一轮招标下可实现进口替代；多索茶碱原料药也是国内仅有的四个批件之一。只楚药业主要生产销售庆大霉素和注射用硫辛酸，是国内最大的庆大霉素原料药生产销售企业之一，其市场占有率一直处于市场前五位，由于该品种国内销售价格高于出口价格约 30%，近几年只楚药业积极调整销售结构，扩大内销比例，2013~2015 年，出口额占比由 43% 逐步降低至 23% 左右，这是只楚药业近三年高速增长的主要原因；注射用硫辛酸主要用于糖尿病的治疗，产品市场容量大，毛利率高。并购后，F 药业公司生产销售规模扩大了一倍，盈利情况增加了两倍多。通过并购，F 药业公司拥有了一批在抗肿瘤药物、呼吸系统药糖尿病治疗药物等方面拥有较强市场地位的产品，为公司持续发展打下了坚实基础。

（3）以代理商推广销售为主的营销战略。

F 药业公司的主要产品均通过代理商销售，利用代理商的渠道资源，迅速打开市场，提升销售规模，降低销售费用率。F 药业公司的抗生素类药品同类药品多，通过代理商销售具有渠道优势，但通过代理商销售会产生流通环节加价，使公司产品出厂价较各省药物集中招标中标价有较大幅度折扣，药品的主要利润被流通环节的代理商获取，公司毛利率逐年降低。此外，代理商对药品的适应性和作用机理等掌握存在一定欠缺，不利于通过和临床医生交流来推动药品销量的增长。

## 4.2 会计分析

### 4.2.1 识别关键会计政策和会计估计

根据上面的行业分析，医药制造业具有科技密集型、资金密集型、新药利润高、药品保质期的特点，研发投入、固定资产和无形资产的投入、存货管理对行业内企业发展发展相当重要。F 药业公司作为一家处于扩张期的制药企业，应收账款的管理也较为重要。因此，F 药业公司与存货、应收账款、固定资产、无形资产和研发支出相关的会计政策和会计估计对公司会计报表是否公允具有极为重要的影响。在这些会计政策和会计估计中，坏账准备计提比例、存货跌价准备的计提方法、固定资产的折价方法折价年限、无形资产的摊销方法摊销年限、研发支出的资本化和费用化政策均取决于公司管理层的主观判断，存在一定的灵活性，管理层可以基于利益需要进行适当的会计操纵。

### 4.2.2 分析关键会计政策和会计估计

识别出 F 药业公司的关键会计政策和会计估计后，分析上述会计政策和会计估计的公允性，并与行业内类似企业——人福医药集团股份公司和深圳信立泰药业股份有限公司的会计政策进行对比分析，评价识别出的关键会计政策和会计估计的合理性，判断是否存在人为操纵会计政策的迹象。

（1）应收账款。

F 药业公司判断单项金额重大并单独计提坏账准备的金额标准为 50 万元（含）以上的款项。信立泰药业的标准为 200 万元，人福医药的标准为 1000 万元。行业对比可以看出，F 药业公司对单项金额重大判断的标准偏谨慎，可以让坏账准备的判断确认更加准确（见表 3）。

表 3　　　　　各公司坏账准备计提比例比较　　　　　单位：%

| 企业名称 | 1 年以内 | 1~2 年 | 2~3 年 | 3~4 年 | 4~5 年 | 5 年以上 |
| --- | --- | --- | --- | --- | --- | --- |
| F 药业公司 | 5 | 10 | 20 | 50 | 80 | 100 |
| 信立泰药业 | 3 | 20 | 50 | 100 | 100 | 100 |
| 人福医药 | 3 | 5 | 10 | 30 | 60 | 100 |

从表 3 可以看出，F 药业公司各个账龄段的坏账准备计提比例均高于人福医药，1 年以内应收账款的坏账准备计提比例高于信立泰药业，医药制造业的客户主要为医院和医药批发企业，应收账款周转期较短，主要为 1 年以内的应收账款。因此，F 药业公司对坏账准备的计提更谨慎，更充分地预计了坏账风险，应收账款的信息值得信赖。

（2）存货。

F 药业公司与人福医药和信立泰药业的存货会计政策一致，说明 F 药业公司财务报表中反映的存货信息较为公允（见表 4）。

表 4　　　　各公司存货会计政策比较

| 企业名称 | 存货发出计价 | 存货跌价准备确认方法 | 低耗品和包装物摊销 |
| --- | --- | --- | --- |
| F 药业公司 | 加权平均法 | 成本与可变现净值孰低 | 领用时一次转销法 |
| 信立泰药业 | 加权平均法 | 成本与可变现净值孰低 | 领用时一次转销法 |
| 人福医药 | 加权平均法 | 成本与可变现净值孰低 | 领用时一次转销法 |

(3) 固定资产。

三个公司固定资产折旧方法均为年限平均法。从表5可以看出，F药业公司的房屋建筑物和其他设备的折旧年限短于人福医药和信立泰药业，机器设备和运输设备折旧年限与信立泰药业相同但短于人福医药。基于医药制造行业的特点，固定资产的金额占比最大的类别为房屋建筑物和机器设备。因此，F药业公司的折旧政策更谨慎，年折旧更多，利于固定资产的技术升级更新，固定资产的信息值得信赖。

表5　　　　　　　　　　各公司固定资产折旧政策比较　　　　　　　　　　单位：年

| 企业名称 | 房屋建筑物 | 机器设备 | 运输设备 | 折旧方法 |
| --- | --- | --- | --- | --- |
| F药业公司 | 20 | 10 | 5 | 年限平均法 |
| 信立泰药业 | 10～40 | 10 | 5 | 年限平均法 |
| 人福医药 | 30～50 | 8～20 | 8～12 | 年限平均法 |

(4) 无形资产。

三个公司无形资产摊销方法为直线法。从表6可以看出，F药业公司无形资产摊销方法和土地使用权的摊销年限与人福医药和信立泰药业相同，软件、专利权、非专利技术的摊销年限短于人福医药和信立泰药业。因此，F药业公司在无形资产摊销年限的选择上也趋于谨慎，计入当期利润的摊销费用更多，当期利润的可靠度更高。

表6　　　　　　　　　　各公司无形资产折旧政策比较　　　　　　　　　　单位：年

| 企业名称 | 土地使用权 | 软件 | 专利权 | 非专利技术 | 摊销方法 |
| --- | --- | --- | --- | --- | --- |
| F药业公司 | 50 | 2～10 | 5～10 | 5～10 | 直线法 |
| 信立泰药业 | 50 | 5～10 | 14～18 | 5～13 | 直线法 |
| 人福医药 | 50 | 5～10 | 10～15 | 5～15 | 直线法 |

(5) 研究开发支出。

F药业公司的研究开发支出分为研究阶段支出和开发阶段支出，研究阶段支出直接费用化计入当期损益，开发阶段支出则资本化计入无形资产后按照受益年限分摊计入以后年度损益。两个阶段的划分标准为：工艺项目（原料药和中间体）中试生产阶段之前的开支、注册1～5类的制剂项目和注册6类的口服制剂项目取得临床批件之前的开支、注册6类的注射制剂的所有开支，归类为研究阶段支出，之后的为开发阶段支出。信立泰药业的研发支出阶段划分政策披露过于原则化，未披露划分的具体阶段。人福医药的阶段划分为需要做临床研究的药品二期临床试验之前的支出、不需做临床研究在生物等效性试验完成之前的支出，归类为研究阶段支出。行业对比可以看出，F药业公司划分为开发阶段的时点略早于人福医药，但与药品研发研究阶段和开发阶段划分节点的行业规范一致。因此，F药业公司研发支出会计政策较为公允。

## 4.3　财务分析

该部分主要根据F药业公司2011～2015年近5年的财务报表数据，对F药业公司的偿债能力、盈利能力、营运能力、发展能力和现金流量五个方面进行纵向分析。同时，基于这五方面财务指标与行业内类似企业人福医药集团股份公司、深圳信立泰药业股份有限公司和行业平均值进行横向比较分析。

### 4.3.1 偿债能力分析

（1）流动利率和速动比率。

从表7和表8可以发现，F药业公司近5年流动比率和速动比率均呈逐年下降趋势，但速动比率比流动比率的下降速度更快，说明F药业公司2014年和2015年存货大幅增加，导致存货占流动资产的比例提高。横向分析来看，F药业公司流动比率和速动比率与对比公司信立泰略低，但远高于对比公司人福医药、化学制药行业平均水平和适宜指标经验值，说明F药业公司短期偿债能力较强，但存在现金及其他快速变现流动资产的冗余，导致资产的获利能力不高。

表7　　　　　　　　各公司近5年流动比率比较

| 企业名称 | 2011年 | 2012年 | 2013年 | 2014年 | 2015年 |
|---|---|---|---|---|---|
| F药业公司 | 13.34 | 22.18 | 10.28 | 11.34 | 4.26 |
| 信立泰 | 6.27 | 6.49 | 4.75 | 3.19 | 4.76 |
| 人福医药 | 1.27 | 1.42 | 1.54 | 1.38 | 1.31 |
| 行业平均 | 7.76 | 5.61 | 4.46 | 4.05 | 2.96 |

表8　　　　　　　　各公司近5年速动比率比较

| 企业名称 | 2011年 | 2012年 | 2013年 | 2014年 | 2015年 |
|---|---|---|---|---|---|
| F药业公司 | 12.46 | 20.50 | 8.90 | 9.51 | 3.24 |
| 信立泰 | 5.68 | 5.81 | 4.42 | 3.00 | 4.19 |
| 人福医药 | 0.93 | 1.18 | 1.28 | 1.11 | 1.07 |
| 行业平均 | 6.97 | 4.79 | 3.79 | 3.36 | 2.50 |

（2）资产负债率。

从表9可以发现，F药业公司资产负债率均较低，2011~2014年维持在7%左右，2015年大幅增加到13.83%，主要原因为F药业公司收购的宁波天衡药业公司于2015年5月纳入公司合并报表范围，而天衡药业资产负债率为47%，并表后提高了合并报表的资产负债率。横向分析来看，F药业公司资产负债率与对比公司信立泰略高，但远低于对比公司人福医药、化学制药行业平均水平，说明F药业公司长期偿债能力较强，财务风险较小，但也反映出F药业公司对财务杠杆的利用不够，主要依靠经营杠杆来实现股东权益的增加。

表9　　　　　　各公司近5年资产负债率比较　　　　　　单位：%

| 企业名称 | 2011年 | 2012年 | 2013年 | 2014年 | 2015年 |
|---|---|---|---|---|---|
| F药业公司 | 6.86 | 4.67 | 7.43 | 6.81 | 13.83 |
| 信立泰 | 12.70 | 12.55 | 13.95 | 17.94 | 12.83 |

续表

| 企业名称 | 2011年 | 2012年 | 2013年 | 2014年 | 2015年 |
|---|---|---|---|---|---|
| 人福医药 | 49.13 | 53.57 | 47.66 | 52.92 | 49.42 |
| 行业平均 | 34.45 | 34.32 | 34.96 | 33.63 | 33.96 |

#### 4.3.2 营运能力分析

(1) 存货周转率。

从表10可以发现，F药业公司近5年存货周转率呈现逐年下降的趋势，说明存货的增长速度超过了同期销售增长速度，主要原因为购进的原材料积压较多，原材料从2014年年末的4449万元增加到2015年年末的1.09亿元。横向分析来看，F药业公司存货周转率远低于人福医药、信立泰和化学制药行业平均水平，说明F药业公司存货管理水平较差，大量资金被存货占用，资金利用效率较低。

表10　　　　　　各公司近5年存货周转率比较　　　　　　单位：次

| 企业名称 | 2011年 | 2012年 | 2013年 | 2014年 | 2015年 |
|---|---|---|---|---|---|
| F药业公司 | 2.74 | 2.86 | 1.90 | 1.81 | 1.77 |
| 信立泰 | 2.85 | 2.36 | 2.92 | 4.90 | 3.71 |
| 人福医药 | 2.73 | 3.79 | 4.22 | 3.83 | 4.30 |
| 行业平均 | 4.03 | 3.96 | 3.94 | 3.80 | 3.42 |

(2) 应收账款周转率。

从表11可以发现，F药业公司应收账款周转率2011~2013年逐年下降，在2014年短暂回升后，于2015年又下降到近5年最低水平，说明应收账款的增长速度超过了同期销售收入增长速度，应收账款管理水平有所降低。横向分析来看，F药业公司应收账款周转率高于人福医药、信立泰和化学制药行业平均水平，说明F药业公司赊销信用政策控制较好，应收账款的回收速度较快，应收账款管理水平较高。

表11　　　　　　各公司近5年应收账款周转率比较　　　　　　单位：次

| 企业名称 | 2011年 | 2012年 | 2013年 | 2014年 | 2015年 |
|---|---|---|---|---|---|
| F药业公司 | 9.50 | 9.50 | 7.76 | 8.47 | 6.76 |
| 信立泰 | 4.04 | 3.81 | 3.75 | 3.75 | 4.19 |
| 人福医药 | 5.99 | 5.03 | 3.72 | 3.21 | 3.20 |
| 行业平均 | 7.48 | 6.71 | 6.46 | 6.35 | 5.56 |

(3) 总资产周转率和流动资产周转率。

从表12和表13可以发现，F药业公司流动资产周转率和总资产周转率2011~2013年逐年下降，2014年和2015年开始上升，流动资产周转率回升到略高于2011年水平，总资产周转率回升到与2011年相同。横向分析来看，F药业公司流动资产周转率和总资产周转率近5年均远低于信立泰、人福医药和化学制药行业平均水平，说明资产利用效率过低，销售规模偏小。

表12　　　　　　　　各公司近5年总资产周转率比较　　　　　　　单位：次

| 企业名称 | 2011年 | 2012年 | 2013年 | 2014年 | 2015年 |
|---|---|---|---|---|---|
| F药业公司 | 0.33 | 0.23 | 0.20 | 0.24 | 0.33 |
| 信立泰 | 0.64 | 0.67 | 0.70 | 0.70 | 0.70 |
| 人福医药 | 0.70 | 0.76 | 0.68 | 0.64 | 0.66 |
| 行业平均 | 0.73 | 0.70 | 0.69 | 0.67 | 0.57 |

表13　　　　　　　　各公司近5年流动资产周转率比较　　　　　　　单位：次

| 企业名称 | 2011年 | 2012年 | 2013年 | 2014年 | 2015年 |
|---|---|---|---|---|---|
| F药业公司 | 0.45 | 0.31 | 0.29 | 0.39 | 0.63 |
| 信立泰 | 0.84 | 0.93 | 1.05 | 1.20 | 1.29 |
| 人福医药 | 1.25 | 1.33 | 1.22 | 1.21 | 1.28 |
| 行业平均 | 1.29 | 1.33 | 1.35 | 1.35 | 1.19 |

#### 4.3.3　盈利能力分析

（1）销售毛利率。

从表14可以发现，F药业公司毛利率从2011～2014年呈现逐年下降的趋势，2015年毛利率开始回升，主要原因为F药业公司收购的宁波天衡药业公司于2015年5月纳入公司合并报表范围，天衡药业主要生产销售格雷司琼、托瑞米芬等专科药，其中格雷司琼占全国市场份额的60%以上，托瑞米芬是国内唯一的国产品种，是可以实现进口替代的药品，因此天衡药业的销售毛利率达80%，并表后提高了合并报表的销售毛利率。横向分析来看，F药业公司销售毛利率比人福医药略高，略低于化学制药行业平均水平，但远低于信立泰医药公司，说明F药业公司通过并购专科药企业后，毛利率基本达到了行业平均水平，但与行业领军企业还存在一定差距。

表14　　　　　　　　各公司近5年销售毛利率比较　　　　　　　单位：%

| 企业名称 | 2011年 | 2012年 | 2013年 | 2014年 | 2015年 |
|---|---|---|---|---|---|
| F药业公司 | 39.96 | 35.86 | 32.55 | 31.83 | 44.20 |
| 信立泰 | 62.04 | 74.55 | 75.74 | 73.47 | 73.77 |
| 人福医药 | 41.06 | 39.84 | 41.52 | 41.33 | 36.35 |
| 行业平均 | 40.64 | 42.15 | 43.50 | 45.98 | 47.67 |

（2）销售净利率。

从表15可以发现，F药业公司近5年销售净利率呈逐年下降的趋势，2015年在毛利率同比上升12.37%的情况下，净利率仍然下降0.97%，说明F药业公司成本费用比例同比上升较大，进一步分析原因主要为销售费用的大幅上升，销售费用从2014年的2658万元增加到2015年的1.18亿元，销售费用占销售收入的比例从5.93%激增到16.71%。横向分析来看，F药业公司销售净利率比人福医药略高，远低于化学制药行业平均水平和信立泰医药公司，说明F药业公司在毛利率提高的情况下，未能很好地控制成本费用特别是销售费用的增长，导致净利润不高。

表15　　　　　　　各公司近5年销售净利率比较　　　　　　　单位:%

| 企业名称 | 2011年 | 2012年 | 2013年 | 2014年 | 2015年 |
|---|---|---|---|---|---|
| F药业公司 | 26.63 | 21.31 | 10.79 | 10.23 | 9.26 |
| 信立泰 | 27.49 | 34.75 | 35.80 | 36.20 | 36.51 |
| 人福医药 | 11.85 | 10.59 | 10.00 | 9.02 | 8.49 |
| 行业平均 | 15.62 | 14.72 | 13.03 | 13.22 | 13.83 |

（3）总资产净利率。

从表16可以发现，F药业公司总资产净利率从2011~2013年逐年下降，2014年和2015年开始上升，回升后2015年年末总资产净利率仍然远低于2011年水平，主要原因为销售净利率近5年逐年降低，同时总资产周转率先降后升刚好恢复到2011年水平，导致F药业公司净利润从2011~2013年逐年下降，虽然2014年和2015年有所上升，但回升后2015年净利润仍远低于2011年。横向分析来看，F药业公司总资产净利率远低于信立泰、人福医药和化学制药行业平均水平，说明F药业公司资产的产出水平过低，资产运营效率较差。

表16　　　　　　　各公司近5年总资产净利率比较　　　　　　　单位:%

| 企业名称 | 2011年 | 2012年 | 2013年 | 2014年 | 2015年 |
|---|---|---|---|---|---|
| F药业公司 | 8.83 | 4.94 | 2.10 | 2.48 | 3.04 |
| 信立泰 | 17.55 | 23.43 | 25.16 | 25.27 | 25.39 |
| 人福医药 | 8.26 | 8.03 | 6.84 | 5.81 | 5.63 |
| 行业平均 | 10.37 | 9.87 | 9.05 | 9.02 | 7.88 |

（4）净资产收益率。

从表17可以发现，F药业公司净资产收益率从2011~2013年逐年下降，2014年和2015年开始上升，回升后2015年年末净资产收益率仍然远低于2011年的水平，主要原因为是公司负债过低导致权益乘数过低，未有效地利用财务杠杆，因此净资产收益率仅约高于总资产净利率。横向分析来看，F药业公司净资产收益率远低于信立泰、人福医药和化学制药行业平均水平，说明F药业公司资产的产出水平和财务杠杆的运用均较差。

表17　　　　　　　各公司近5年净资产收益率比较　　　　　　　单位:%

| 企业名称 | 2011年 | 2012年 | 2013年 | 2014年 | 2015年 |
|---|---|---|---|---|---|
| F药业公司 | 9.87 | 5.27 | 2.25 | 2.68 | 3.38 |
| 信立泰 | 20.29 | 26.82 | 28.97 | 30.17 | 30.25 |
| 人福医药 | 13.05 | 14.31 | 11.35 | 9.97 | 10.38 |
| 行业平均 | 12.09 | 13.98 | 12.34 | 13.35 | 11.15 |

#### 4.3.4　发展能力分析

从表18可以发现，F药业公司的营业收入5年复合年增长率为14.58%，净利润5年复合年增长率更是为负增长，两个指标均低于信立泰、人福医药和化学制药行业平均水平。营业收入增长低于行业平均增长水平表明公司产品存在不适销对路、市场份额萎缩等方面问题,公司需要调整产品结构,加强优势产品的市场推广,更快地扩大销售规模来推动公司发展。销售收入增长的同时,净利润却降低,说明 F 药业公司营业成本和期间费用的控制不力,成本费用的增长速度超过了销售收入的增长速度。

表18　　　　　　　　各公司5年复合年增长率比较　　　　　　　单位:%

| 项目 | 人福医药 | 信立泰 | F 药业公司 | 行业平均 |
| --- | --- | --- | --- | --- |
| 营业收入复合年增长率 | 35.45 | 21.79 | 14.58 | 16.36 |
| 净利润复合年增长率 | 24.74 | 28.93 | -12.02 | 9.41 |
| 总资产复合年增长率 | 24.09 | 17.11 | 6.41 | 19.90 |
| 净资产复合年增长率 | 24.35 | 16.57 | 5.22 | 28.12 |

从 5 年总资产复合年增长率和净资产复合年增长率来看,F 药业公司的资产规模和股东权益以较低速度扩张,实现了资本的保值增值。横向分析这两个指标来看,F 药业公司增长速度远低于信立泰、人福医药和化学制药行业平均水平,说明 F 药业公司在保证净资产收益率的前提下,需加大资产的投入,扩大生产销售规模,以增强公司的后续发展潜力。

### 4.3.5 现金流量分析

#### 4.3.5.1 近5年现金流量数据分析

F 药业公司近 5 年现金流量数据如表 19 所示。

表19　　　　　　　F 药业公司近5年现金流量比较　　　　　　　单位:万元

| 财务报表项目 | 2011 年 | 2012 年 | 2013 年 | 2014 年 | 2015 年 |
| --- | --- | --- | --- | --- | --- |
| 经营活动产生的现金流量净额 | 6485 | 6277 | 8961 | -3127 | 16103 |
| 投资活动产生的现金流量净额 | -20637 | -14949 | -26229 | 2370 | -58132 |
| 筹资活动产生的现金流量净额 | 127749 | -7105 | -4090 | -3529 | -10023 |
| 期末现金及现金等价物余额 | 117566 | 101788 | 80431 | 76145 | 24102 |

从表 19 可以发现,F 药业公司经营活动产生的现金流量净额 2011～2013 年波动不大,2014 年降低到负数,2015 年激增到 2011 年的 2.5 倍。2014 年经营现金流量净额为负值,主要原因是银行承兑汇票结算增多以及对长期优质客户的信用账期延长,应收票据和应收账款与上年相比增长幅度较大,以至当期销售商品收到的现金大幅减少。2015 年经营现金流量净额激增的原因,主要是由于合并宁波天衡药业,营业收入增加了 2.6 亿元。

投资活动产生的现金流量净额近 5 年波动较大,2011～2013 年均为负值,反映出 F 药业公司的新股发行募集资金投资项目正在逐步建设,投资力度较大。2014 年投资现金流量净额为正数,主要是由于 2014 年大额结构性存款到期收回以及固定资产的投入减少所致。2015 年投资现金流量净额急剧减少到 -58132 万元,主要原因是购买银行保本理财产品 3.76 亿元,收购宁波天衡药业股权支付对价及重组相关费用

1.48亿元。

筹资活动产生的现金流量净额处于持续下降的趋势,2011年为正数主要是由于收到新股发行募集资金,2012~2014年主要是由于每年支付现金股利,2015年为负数主要是由于偿还银行借款增加和支付现金股利。

#### 4.3.5.2 近5年现金流量指标分析

(1) 销售收现率。

从表20可以发现,F药业公司2011~2014年销售收现率均较低,尤其2012年和2014年只略高于60%,表明F药业公司账面销售收入未能及时变现为货币资产,降低了公司的盈利质量,可能需要调整信用政策。2015年调整信用政策后,公司销售收现率得到显著提升。横向分析来看,F药业公司销售收现率略低于信立泰、人福医药和化学制药行业平均水平,反映出公司调整信用政策后,销售收款方面得到改善,但还有一定提高空间。

表20　　　　各公司近5年销售收现率比较　　　　　单位:%

| 企业名称 | 2011年 | 2012年 | 2013年 | 2014年 | 2015年 |
|---|---|---|---|---|---|
| F药业公司 | 86.95 | 62.85 | 85.92 | 61.76 | 91.14 |
| 信立泰 | 92.26 | 97.54 | 89.69 | 95.37 | 94.08 |
| 人福医药 | 100.83 | 98.82 | 104.92 | 106.76 | 104.55 |
| 行业平均 | 98.76 | 100.53 | 100.74 | 98.04 | 98.51 |

(2) 资产现金回收率。

从表21可以发现,除2014年由于经营活动现金流量为负值导致资产现金回收率为负以外,其他各年均为正,并且逐年小幅上升。横向分析来看,F药业公司销售收现率低于信立泰,优于人福医药,略低于化学制药行业平均水平,反映出F药业公司资产现金回收率处于行业平均水平,但增长趋势较好。

表21　　　　各公司近5年资产现金回收率比较　　　　　单位:%

| 企业名称 | 2011年 | 2012年 | 2013年 | 2014年 | 2015年 |
|---|---|---|---|---|---|
| F药业公司 | 3.57 | 3.48 | 4.81 | -1.71 | 6.50 |
| 信立泰 | 11.14 | 17.49 | 18.35 | 21.28 | 19.60 |
| 人福医药 | 1.53 | 2.19 | 5.13 | 4.13 | 1.71 |
| 行业平均 | 8.12 | 8.80 | 8.91 | 8.19 | 7.14 |

(3) 盈利现金比率。

从表22可以发现,除2014年由于经营活动现金流量为负值导致指标为负以外,其他各年均为正,并且逐年上升,2015年经营现金流达到净利润的2.37倍,反映出公司盈利质量较好。横向分析来看,F药业公司2015年盈利现金比率高于信立泰、人福医药和化学制药行业平均水平,反映出F药业公司良好的盈利质量,也反映出公司销售净利率偏低。

表22　　　　　　　　各公司近5年盈利现金比率比较

| 企业名称 | 2011年 | 2012年 | 2013年 | 2014年 | 2015年 |
|---|---|---|---|---|---|
| F药业公司 | 0.58 | 0.64 | 2.13 | -0.61 | 2.37 |
| 信立泰 | 0.58 | 0.71 | 0.69 | 0.83 | 0.72 |
| 人福医药 | 0.20 | 0.30 | 0.69 | 0.66 | 0.37 |
| 行业平均 | 0.96 | 1.69 | 1.50 | 1.04 | 1.68 |

## 4.4 前景分析

### 4.4.1 行业前景分析

医药制造业作为刚需行业，发展过程中虽然面临一些挑战，但发展机遇和发展潜力较好。一方面，制药企业受到医改政策新规的各种挑战与冲击，行业结构性调整逐步深入；另一方面，国家引导和鼓励社会资本进入医药、健康产业，进一步从体制上释放了产业市场活力。同时，随着老龄化人口比例的不断提高、居民人均收入水平的大幅提高以及生活工作方式的巨大变化，民众的健康意识普遍增强，快速推进的新型城镇化进程和社会保障制度的完善使得对医药产品及相关服务的需求迅猛增长；进一步释放了群众的医疗服务需求。干细胞治疗、基因治疗等一系列重大技术的应用，也极大地推动了医药制造业的发展与革新。在国家部署推动医药制造业创新升级的大背景下，医药制造业行业发展前景较为乐观，运行态势稳中向好。

医药制造业经过2010~2015年的调整，随着医保从总量控费阶段进入结构性控费阶段，行业增速企稳回升。在一系列以质量和创新为导向，利好行业龙头的医药供给侧改革政策影响下，医药制造业步入发展新周期，预计2016~2020年将成为医药制造业行业改革优化的5年。优质龙头企业和行业劣质企业将显著分化，行业格局将得到极大优化，行业劣质企业增速将显著低于行业平均增速，或逐渐从市场淘汰出局，行业优质龙头企业发展增速有望超越行业平均增速，到2020年国内有望产生数十个市值过千亿的医药制造企业。在人口老龄化需求刺激和医药制造业国际化驱动下，到2025年，国内有望产生1~3个市值超万亿的医药制造企业。医药制造业预计将从2017年开始步入行业增速逐步回升的新周期。

### 4.4.2 F药业公司的发展预测

F药业公司重视药品的研发，依托完善的产业链条不断推进产品结构的调整与优化，预计将继续贯彻产品结构调整战略，努力通过外延并购、自主研发等多途径做强主业，保持公司持续增长的盈利能力和竞争能力，持续关注前沿技术与产品，为公司发展进行战略技术储备。

F药业公司通过坚持其发展战略，有望在未来5~10年实现可持续增长。一是经历了2015年的业绩低谷后，得益于公司GMP改造和新产品申报，优化了产品结构和经营效率，原料药和制剂业务同比大幅回升，预计磺苄西林钠、尼麦角林、氢化可的松等主力品种将实现一定程度的恢复性增长；头孢呋辛钠新获生产批文，市场容量大且同类产品少，将促进总体销售的增长。二是生产工艺核查将对公司原料药业务产生积极影响，奥拉西坦生产工艺核查收回了国内两家原料药生产企业 GMP 证书，预计 F 药业公司奥拉西坦原料药会成为最大受益者。三是仿制药一致性评价利好于子公司天衡药业。天衡托瑞米芬是国产独家品种，主要用于乳腺癌的治疗，托瑞米芬片剂是属于 BCS 分类 1 类产品，是高溶解性－高渗透性药物，可以申请豁免 BE 试验，如果托瑞米芬通过一致性评价，公司有望享受"量价齐升"市场红利。四是外延并购子公司业绩良好。宁波天衡 2015 年 5 月开始并表，2016 年预计贡献利润 6000 万元左右，只楚药业 2016 年 6 月并表，预计贡献利润 7000 万元左右，除了增加销售规模和净利润，宁波天衡的枸橼酸托瑞米芬片和盐酸格拉司琼片有大品种潜力，已开展一致性评价，只楚药业的注射用硫辛酸处在快速增长期，具有良好的后续发展潜力。

基于上述原因，F 药业公司未来三年预计将迎来高速增长。

### 4.4.3 F 药业公司的风险预测

（1）行业政策的调整风险。

随着医药卫生体制改革，医改新政策的不断出台和实施，对 F 药业公司各种药品的研发策略、生产质量控制、销售规模和销售价格都将产生较大影响，进而影响公司未来几年的发展和盈利。

（2）药品结构调整的风险。

虽然 F 药业公司努力通过外延并购和自主研发，以及通过购买产品批文等多种途径构建合理的产品结构，但这一进程和结果都面临着时间和市场的考验，具有不确定性，如果公司主要产品销售状况不佳而又未能有新的重要产品进入市场销售，则可能降低公司的盈利能力。

（3）药品研发及申请注册批件失败风险。

随着新的药品审批制度的出台和落实，F 药业公司在研产品的获批时间及结果都存在较大的不确定性，药品研发风险不断加大，先期投入的研发费用和建设的生产线可能会由于未取得药品注册批件而损失，因此存在着较大的药品研发及申请注册批件失败风险。

（4）收购整合风险。

F 药业公司分别于 2015 年和 2016 年并购了宁波天衡药业和烟台只楚药业，被并购企业自身经营业绩较好，具有优秀的专科药品种。并购后，F 药业公司与被并购企业在营销渠道、药品研发、生产工艺、财务核算、人力资源管理等方面需要逐步优化整合，整合结果可能无法达到预期效果或对公司业务运营产生不利影响，因此存在收购失败、整合结果不理想等风险。

(5) 商誉减值风险。

F药业公司上市以来，并购了宁波天衡药业和烟台只楚药业，溢价并购在公司合并报表上确认了大额商誉，如被并购企业未来经营未能达到预期业绩，并购形成的商誉将存在减值风险，从而降低公司总体经营业绩。

# 5 哈佛分析框架下F药业公司财务分析结果评价

本章内容是在运用哈佛分析框架对F药业公司从战略分析、会计分析、财务分析、前景分析四方面进行全面分析的基础上，对其经营管理的优点和不足进行梳理。F药业公司具有外延式扩张拓展产品结构、GMP常态管理确保产品质量、偿债能力高、信用政策控制良好和经营现金流管理得当等优点，同时，也存在产品结构单一、并购整合效应不佳、营销模式制约专科药推广、销售收入增长乏力、期间费用增长过快、财务杠杆运用不够和存货周转速度慢等不足。

## 5.1 F药业公司经营管理的优点

### 5.1.1 外延式扩张拓展产品结构

F药业公司原有业务主要为抗生素类产品，通过横向并购医药企业获得了一些专科药品种，使专科药的销售占比从不到10%提高到了21%，抗生素与专科药初步形成了协同发展的局面。2015年4月，F药业公司收购天衡药业获得抗肿瘤专科药品种，其专科药技术领先，具有较大市场空间，用于乳腺癌治疗的托瑞米芬是国内唯一的国产品种，多索茶碱原料药是国内仅有的四个批件之一，格拉司琼市场份额占比达60%。2016年5月，收购只楚药业又取得了糖尿病及血脂调节领域的专科药品种，其中，注射用硫辛酸药品主要用于糖尿病的治疗，产品市场容量大，毛利率高。

### 5.1.2 GMP常态管理确保产品质量

F药业公司高度重视产品质量，从供应商选择、原材料检验、产品生产过程检验到成品检验、出厂，均严格按照GMP/GSP要求及公司质量标准规定实施，所有产品生产线均通过了新版GMP认证，并且采取日常监控与专项检查相结合的方式强化药品GMP常态管理，通过了国家食品药品监督管理局的突击式GMP飞行检查，确保了药品质量。F药业公司正是得益于通过了GMP飞检，在其主打产品奥拉西坦原料药国内某竞争厂商GMP飞行检查未通过的情况下，2016年销量得到了大幅增长。

### 5.1.3 偿债能力高

F药业公司流动比率和速动比率远高于行业平均水平和指标适宜经验值，短期债务偿付能力强。资产负债率远低于对比企业和行业平均水平，仅为13.83%，说明公司主要依靠股东权益进行经营，负债较少，对长期债务的偿付能力非常强，财务风险较低。

### 5.1.4 信用政策控制良好

F药业公司的赊销信用政策控制较好，平均收账期较短，应收账款周转率高达6.76，平均周转天数为53天，应收账款管理水平处于行业领先水平。

### 5.1.5 经营现金流管理得当

F药业公司对经营活动的现金收支管控较好，良好的经营现金流为公司的持续发展打下了坚实的基础。F药业公司的销售收现率、资产现金回收率和盈利现金比率指标均为良好，尤其是盈利现金比率远高于行业标杆企业和化学制药行业平均水平，反映出F药业公司良好的盈利质量。

## 5.2 F药业公司经营管理的不足

### 5.2.1 产品结构单一

产品类型上，F药业公司研发的新药和专科药较少，主要产品均为国外原药的仿制药，产品定价能力不强，面临同类产品强烈的市场竞争压力。产品品种上，以抗生素类药品为主，定价能力高的专科药品种销售较少，销售规模不大。虽然通过横向并购医药企业获得了一些专科药品种，使专科药的销售占比从不到10%提高到了21%，但总体上产品结构仍然是抗生素品种占绝对优势，降低了公司的总体毛利率。

### 5.2.2 并购整合效应不佳

F药业公司2015年并购宁波天衡药业后，2015年合并报表的收入和利润看似比2014年大幅增长，但扣除子公司宁波天衡药业2015年并表增加的3.32亿元营业收入和4203万元净利润的影响，按合并前口径计算2015年仅实现3.76亿元营业收入和2287万元净利润，比2014年减少0.72亿元营业收入和2300万元净利润，营业收入降低了16%，净利润降低了50%。由此可以看出，F药业公司2015年营业收入和利润的增长主要系新增子公司天衡药业并表增加形成，原有业务并购后不增反降，未能和并购子公司形成1+1>2的有效整合。

### 5.2.3 营销模式制约专科药推广

F药业公司主要采用以代理商销售为主的营销模式来推广销售公司产品，导致专科药品种销售规模较小。专科药与抗生素之类的大宗基础药物不同，药品的适应性和作用机理需要更专业的与临床医生交流，代理商对这些专业问题了解有限，不利于通过和临床医生的交流来推动药品销量的增长。

### 5.2.4 销售收入增长乏力

F药业公司的主要产品为抗生素类产品，在国家限制抗生素滥用的政策背景下，销售收入增长缓慢，营业收入五年复合年增长率为14.58%。扣除子公司宁波天衡药业2015年并表增加的营业收入3.32亿元的影响，按2011年同比口径计算2015年营业收入仅3.76亿元，比2011年减少约7000万元。

### 5.2.5 期间费用增长过快

F药业公司的期间费用控制不力，期间费用的增长速度远高于销售收入的增长，直接导致了公司经营利润的大幅下降。F药业公司2015年销售费用是2011年的8.2倍，五年复合增长率高达52.34%；2015年管理费用是2011年的2.69倍，五年复合增长率达21.85%。

### 5.2.6 财务杠杆运用不够

F药业公司资产负债率2011~2014年均低于10%，2015年并购子公司宁波天衡药业后，天衡药业的短期借款1.35亿元并入公司报表，公司资产负债率虽然上升至13.83%，但仍远低于34%的行业平均资产负债率。资产负债率过低，说明F药业公司财务杠杆利用不够，主要依靠经营杠杆来实现股东权益的增长。

### 5.2.7 存货周转速度慢

由于原材料和库存药品积压较多，F药业公司近5年存货的增长速度超过了同期销售收入增长速度，存货周转率呈现逐年下降的趋势，从2011年2.74次/年下降到2015年的1.77次/年，比行业平均3.42次/年的存货周转率低了近50%。说明F药业公司存货管理与控制水平较差，存货占用了大量资金，从而降低了公司的资产营运能力。

## 6 F药业公司管理改进对策

本部分主要在前面章节分析评价的基础上，根据F药业公司经营中存在的问题，有针对性地提出了F药业公司管理改进对策，一是强化差异化竞争战略，形成优良的产品结构；二是加强收购整合，形成并购协同效应；三是优化营销体系，引入学术推广销售模式；四是加快推进一致性评价，创造优势产品的先发优势；五是推动主要药品入围新的医保目录，促进销售放量；六是降低期间费用率，提高营业利润率；七是充分利用财务杠杆作用，适度负债经营；八是强化存货管理，提高资产营运效率。

## 6.1 强化差异化竞争战略，形成优良的产品结构

医药制造业未来的发展趋势是以抗生素为代表的抗感染药物占比逐渐降低，市场竞争更加激烈，而疗效显著的特色专科药将拥有更广阔的盈利空间。从行业分析来看，具有以下特征的专科药营利性强：一是在竞争格局上为独家或者少数几家，对价格的维护能力强；二是用于肿瘤、糖尿病和心血管等治疗的药品，其价格高、使用量大。F 药业公司应抓住行业发展趋势，在稳定抗生素类药物的市场份额的基础上，继续研发推广新增的肿瘤和糖尿病领域专科药，通过在这两个领域的差异化竞争，提高销售规模和盈利能力。以格拉司琼和托瑞米芬为主的肿瘤治疗药品应利用其在技术上的国产化垄断优势，在生产、销售和价格三方面形成全国主导地位，同时通过加大研发投入，跟进代差品种的研发，形成优势药品的集群效应，使其成为支撑公司发展的重要系列药品。用于糖尿病治疗的硫辛酸，也需要继续研发代差系列产品，保持在细分领域的技术领先优势。

## 6.2 加强收购整合，形成并购协同效应

F 药业公司近两年专注于对同行业优秀制药企业的横向并购，分别于 2015 年和 2016 年成功收购了宁波天衡药业和烟台只楚药业，进一步增加了药品品种，优化了药品结构，同时也增加了公司业绩。随着实施外延并购的发展策略，F 药业公司与被并购企业在生产技术、销售网络、技术研发、财务核算、人力资源管理等方面需要逐步优化整合，以早日形成并购协同效应，加快企业的发展。在销售网络方面，应整合三个公司的市场营销资源，分流重复布点地区的营销人员，相互补充缺位的市场，从整体上提高公司产品的营销能力。在生产技术上，也可将优势生产工艺技术应用于其他两个企业，如只楚药业的生物发酵技术工艺先进，行业领先，可将该工艺技术用于 F 药业公司原有产品麦角林和谷胱甘肽药品的生产。

## 6.3 优化营销体系，引入学术推广销售模式

学术推广销售模式主要是邀请各医院的医生参加与公司药物相关的各类学术推广会、学术研讨会、学术论坛活动等，让医生充分了解该药品，在治疗中有针对性地更多地销售公司药品，这是一种主要通过公司自有营销网络实现销售的销售模式。F 药业公司并购完成后，增加的专科药品种多为处方药，销售终端主要为医院，必须由医生出具处方才能销售到患者手中，而学术论坛、学术研讨会及交流会则有利于医生准确了解药品适应性和作用机理等，使医生出具处方更有针对性。因此，这部分专科药

应引入学术推广销售模式来拓展市场，实现产品放量增长。

## 6.4 加快推进一致性评价，创造优势产品的先发优势

F药业公司的主要产品均为仿制药，根据仿制药质量和疗效一致性评价政策：同类仿制药首家品种通过一致性评价后，其他药品生产企业的相同品种应在3年内完成一致性评价，否则将吊销药品批文；通过一致性评价的药品，在医保支付方面将获得支持，医疗机构会优先采购且在临床中优先选用；并且，如同品种药品通过一致性评价的企业达到3家以上的，在药品集中采购等方面不再选用未通过一致性评价的品种。因此，同类仿制药首家通过一致性评价的企业将拥有在销量和价格上的先发优势。F药业公司应积极响应仿制药一致性评价政策，加快申报提交其产品的一致性评价资料。如托瑞米芬是国产独家品种，主要用于乳腺癌的治疗，托瑞米芬片剂属于可以申请豁免生物等效性（BE）试验的药品，因此其一致性评价周期相对较短，如果F药业公司托瑞米芬通过一致性评价，该产品有望享受"量价齐升"的政策红利。

## 6.5 推动主要药品入围新的医保目录，促进销售放量

在比原预计的医保目录调整时间延迟2年后，2017年将进行新一轮医保目录调整。医保目录调整堪称影响行业最大的政策，从2009版医保目录经验看，新进医保品种将大概率实现快速上量，成为重磅品种。本次医保目录调整优先考虑重大疾病治疗用药、儿童用药、急抢救用药、职业病特殊用药等。因此，F药业公司应抓住目录调整机遇，推动公司用于肿瘤和糖尿病等重大疾病治疗的品种申报进入医保目录，实现药品销量的跨越式倍增。

## 6.6 降低期间费用率，提高营业利润率

F药业公司近5年的期间费用率增长大幅超过了营业收入的增长速度，导致营业利润率逐年下降。公司应加强对期间费用的控制：一是要合理编制期间费用预算并严格执行；二是要分析销售费用的增长所对应带动销售收入增长的效益，通过制定销售费用比来控制销售费用；三是编制资金使用计划，使用资金需提前报批，对限制资金进行低风险类型的理财，提高资金利用效率。

## 6.7 充分利用财务杠杆作用，适度负债经营

企业如果只依靠自有资金扩大企业规模，将难以满足成长期企业快速发展的资金需求，不利于企业的迅速扩张。F药业公司作为一个处于成长期的企业，应适度负债

经营，扩大研发投资和生产线建设投入，适当加大财务杠杆，提高股东权益的净收益率。

## 6.8 强化存货管理，提高资产营运效率

F 药业公司 2015 年存货大幅增加，医药制造业存货又具有保质期短的特点，更应加强存货管理。首先，应合理规划主要原材料的采购批量和批次，尽可能使存货占用的资金最少。其次，需要做好生产部门与销售部门的衔接，做到以销定产和按需采购，以减少原材料和库存商品的积压。最后，应制定合理化的存货周转流程，降低存货在流转过程中发生的损耗。

# 7 总结

## 7.1 研究结论

本文运用哈佛分析框架，对 F 药业公司 2011～2015 年的财务报表从战略分析、会计分析、财务分析、前景分析这四方面进行全面分析与评价，最后提出经营管理改进对策。

第一是战略分析，主要是对医药制造业行业特征、行业获利能力和 F 药业公司竞争战略的分析。医药制造业行业特征分析结论为：行业政策法规多，监管严格；新药利润空间大，研发周期长；制药企业创新能力不足，产品格局以仿制药为主；行业抗经济周期能力强，需求潜力较大；行业集中度较低，竞争激烈。行业获利能力分析的结论为：F 药业公司所处的医药制造业行业内现有公司间竞争非常激烈；行业技术壁垒和政策壁垒较强，行业外部潜在竞争者和替代品威胁较小；可供选择的供应商多，导致其议价能力较弱；以医院为主的购买者在议价能力上占有优势地位。F 药业公司面对行业环境所采取的竞争战略为：努力调整产品结构的差异化竞争战略；积极横向并购同行业企业的外延扩张战略；以代理商推广销售为主的营销战略。

第二是会计分析，首先识别出 F 药业公司的关键会计政策和会计估计，然后对存货、应收账款、固定资产、无形资产和研发支出等会计政策和会计估计进行了分析，判断 F 药业公司会计政策的公允性和合理性。通过分析，F 药业公司在应收账款坏账准备计提比例、固定资产和无形资产的折旧率、摊销率确定上都较为谨慎，高于行业对比公司，使得 F 药业公司的利润更为可靠。因此，F 药业公司的财务报表值得信赖。

第三是财务分析，分别从现金流量、盈利能力、营运能力、偿债能力和发展能力

五个方面进行财务分析。分析发现：F药业公司长短期偿债能力均较强，财务风险较小；赊销信用政策控制较好，应收账款周转率高；经营现金流管理得当，盈利质量较高；资产运营能力、盈利能力和发展能力均较差，低于行业平均水平和同行业对比公司。

第四是前景分析，在医药制造业销售规模和经营利润企稳，重返两位数增长速度的背景下，F药业公司管理上坚持差异化竞争战略和充分整合被并购子公司，预计未来三年将迎来高速增长。

第五是对F药业公司运用哈佛分析框架进行财务报表分析后，对其经营管理中的优点和不足进行梳理。F药业公司具有外延式扩张拓展产品结构、GMP常态管理确保产品质量、偿债能力高、信用政策控制良好和经营现金流管理得当等优点；同时，也存在产品结构单一、并购整合效应不佳、营销模式制约专科药推广、销售收入增长乏力、期间费用增长过快、财务杠杆运用不够和存货周转速度慢等不足。

第六是对F药业公司的管理改进对策，具体对策为：强化差异化竞争战略，形成优良的产品结构；加强收购整合，形成并购协同效应；优化营销体系，引入学术推广销售模式；加快推进一致性评价，创造优势产品的先发优势；推动主要药品入围新的医保目录，促进销售放量；充分利用财务杠杆作用，适度负债经营；强化存货管理，提高资产营运效率；降低期间费用率，提高营业利润率。

## 7.2 研究不足和进一步研究的设想

### 7.2.1 研究不足

（1）对F药业公司分析深度不够。造成此研究不足的原因有二：一是本研究资料来源主要为国家有关部门的公开披露资料、F药业公司对外公布的年度报告及公司官网信息，对于企业运营过程中内部核心资料获取较少；二是笔者虽在导师的帮助下认真就所得资料进行了研究，但作为学生，始终存在理论知识有限、对相关知识理解深度不够的问题，也将影响对F药业公司分析的深度，特别是哈佛分析框架下的前景分析与战略分析，要求研究者在整合基础资料初步分析的基础上，运用丰富的经验，进行前瞻性的分析与预测。

（2）对F药业公司横向对比不够。本研究主要选取信立泰药业与人福医药两家企业进行对比，选取这两家企业的原因基于它们是行业的标杆，也就是说本研究完成了与标杆企业的对比，得到相应的研究成果，但与F药业公司某些指标点相似的企业未逐一分析，如未和以抗生素销售为主营业务的医药企业进行对比等，缺乏某个着眼点的对比。

（3）有些问题未能全部揭示。笔者在研究的过程中，将现有获取的资料进行了详细地分析、对比，但由于研究时间不长，有可能有些问题还未能全部揭示。

## 7.2.2 进一步研究的设想

（1）验证本次分析结论。继续跟踪 F 药业公司的发展情况，获取其数据信息，结合医药制造行业特性，验证本次分析结论，特别是验证本文会计分析与财务分析部分，监测跟踪新的拐点信息是否出现。

（2）从行业特性角度到企业特征角度的细化研究。本研究现阶段更注重的是从医药制造行业特性角度出发，研究在此宏观环境下，F 药业公司如何生存、发展、改善经营管理中的问题，下一步可以从 F 药业公司本身的企业特征着眼，分不同角度和层面分析对比，进行更细化、深入的研究。

## 参考文献

[1] [美] 帕利皮尤，希利，伯纳德等. 企业分析与评估 [M]. 北京：高等教育出版社，2005.

[2] 克里舍·G. 佩普，保罗·M. 希利，维克多·L. 伯纳德著. 运用财务报表进行企业分析与估价 [M]. 孔宁宁，丁志杰译. 北京：中信出版社，2004.

[3] 张先治. 财务分析 [M]. 大连：东北财经大学出版社，2008.

[4] 樊行健. 经济活动分析的改革出路 [J]. 上海立信会计学院学报，2009（1）：11-14.

[5] 胡玉明. 财务报表分析 [M]. 大连：东北财经大学出版社，2008.

[6] 胡玉明. 企业财务报表分析的新思维 [J]. 财务与会计，2006（23）：62-64.

[7] 程隆云. 财务报表分析理论框架重构 [J]. 煤炭经济研究，2008（8）：75-77.

[8] 郭复初. 财务分析的性质与目的新探——财务分析系列文章之一 [J]. 财会月刊，2009（4）：45-46.

[9] 郭复初. 财务分析的主体与要求再认识——财务分析系列文章之二 [J]. 财会月刊，2009（7）：50-51.

[10] 郭复初. 财务分析的内容与方法体系重构——财务分析系列文章之三 [J]. 财会月刊，2009（10）：50-51.

[11] 邓天正. 公司理财 [M]. 成都：西南财经大学出版社，2015.

[12] 张新民，钱爱民. 财务分析 [M]. 北京：中国人民大学出版社，2011.

[13] 黄世忠. 财务分析：理论. 框架. 方法与案例 [M]. 北京：中国财政经济出版社，2007.

[14] 万如荣，张莉芳，蒋琰. 财务分析 [M]. 北京：人民邮电出版社，2011.

[15] 储丽琴，孟飞. 财务分析 [M]. 上海：上海交通大学出版社，2014.

[16] 刘刚，曹志鹏. 现代财务分析新视角——哈佛分析框架 [J]. 交通财会，2015（5）：55-58.

[17] 吴涛. 2008—2010 年中国石油天然气股份有限公司财务分析报告——基于哈佛分析框架的运用 [J]. 会计之友，2012（4）：65-67.

[18] 张涛. 儿童药物企业的盈利能力分析——基于哈佛框架的康芝药业财务分析 [J]. 商场现代化，2014（21）：215-216.

[19] 马广奇，廉瑜瑾. 哈佛分析框架下汽车企业财务报表分析——以吉利集团为例 [J]. 会计之友，2012（12）：64-66.

[20] 侯晋萍. 哈佛框架下的财务报表分析——以 A 公司为例 [J]. 经济师，2012（1）：176-177.

[21] 陈胤江. 基于哈佛分析框架对携程的财务报表分析 [J]. 商业会计, 2014 (19): 83-85.
[22] 赵团结, 王改英. 基于哈佛分析框架的三安光电财务报表分析 [J]. 财会通讯, 2014 (20): 79-81.
[23] 马广奇, 赵盈盈. 哈佛框架下输变电行业财务报表分析 [J]. 会计之友, 2014 (3): 92-94.
[24] 裴方方. K公司的财务诊断与改进措施 [D]. 安徽大学, 2015.
[25] 宗绍君. M时装有限公司财务分析 [D]. 陕西师范大学, 2013.
[26] 李洁. 基于哈佛框架的哈药股份财务分析 [D]. 青岛理工大学, 2015.
[27] 李洋. 基于哈佛分析框架下的比亚迪财务分析 [D]. 安徽大学, 2016.
[28] 张军. 上市公司财务报表分析——以格力电器股份有限公司为例 [D]. 西南交通大学, 2016.
[29] 王忱. WK地产公司财务报表分析研究 [D]. 吉林财经大学, 2016.
[30] Wall A.. *Analytical Credits, A Study in Brief of the Methods Used to Accumulate, Tabulate and Analyze Information for the Protection of Loans and Credit Extensions* [M]. University of Toronto Libraries, 2011.
[31] Stickney C. P.. *Financial Accounting: An Introduction to Concepts, Methods an Uses* [M]. Harcourt College Pub, 1996.
[32] Stickney C. P., Wahlen J. M., Brown P. R.. *Financial Reporting,, Fincancial Statement Analysis, and Valuation* [M]. Cengage South-Western, 2006.
[33] Leopold B., Wild J. I.. *Analysis of Financial Statements* [M]. McGraw-Hill Education, 1999.
[34] Erich A.. *Helfert Financial Analysis tools and Techninques* [M]. McGraw-Hill Trade, 2011.

# 重庆轨道交通三号线客流组织优化研究

龙 沛 刘 伟

**摘　要**：　近年来，我国城市轨道交通发展迅速，各大城市对于轨道交通的需求日益增加，特别是更多一、二线城市也开始发展轨道交通。随着城市轨道交通的兴起，越来越多的城市居民将其作为日常出行的首选交通方式，客流的增加给交通运营组织工作带来了巨大挑战。特别是重庆轨道三号线受到了运量小、线路情况复杂因素的影响，导致三号线每日出现大面积的客流拥堵。本课题基于这个背景，希望通过对重庆轨道交通三号线进行客流分析，对轨道交通客流的组织优化问题展开讨论。

　　本文利用轨道交通相关理论，即客流、站台分类及特点、换乘站分类及特点、断面客流分析理论、客流组织优化方法等相关理论，根据轨道交通现有运营组织情况，即重庆轨道交通线网规划、重庆轨道交通列车交路及运行间隔、重庆轨道交通车站现有客流组织方式等，分别对重庆轨道三号线进站客流、换乘客流、断面客流进行分析，并通过问卷调查、日常分析得出日常几个客流拥堵情况特别严重的车站，如两路口站、牛角沱站、观音桥站、红旗河沟站，以及客流拥堵严重的时段，并对以上时段中的重点车站进行客流特征分析，得出客流拥挤的原因，再结合三号线现有设计上存在的问题，得出客流组织优化方法，切实解决重庆轨道交通客流拥挤的问题。

　　本文通过上述方法对重庆轨道三号线的客流特征进行分析，得到了以下组织方法：第一，行车组织方面，利用增加上线列车数量、减少列车运行间隔，加快八编组列车上线的时间，改变运行交路，组织返空列车，改变其他线路运行间隔的方法；第二，客流组织方面，利用进站客流组织优化、换乘客流组织优化方法；第三，其他方面，利用站台扩建、广告宣传、优化车辆内部布置的方法，对重庆轨道交通三号线客流拥堵情况进行优化，缓解客流拥堵。

　　本文整合了多方面客流的分析，不是单一地解决某项客流形式的问题；同时结合问卷调查和实地调研客流拥堵的情况，而不是单一地根据数据理论进行分析、优化，从而提高了研究结论的可靠度。

　　以上的研究内容不仅能为重庆轨道三号线，同时也能为重庆乃至全国其他轨道线如何解决轨道交通客流拥堵问题提供一定的参考。

**关键词**：重庆轨道交通三号线；客流分析；行车组织；车站组织；组织优化

# 1 导论

## 1.1 研究的背景及意义

### 1.1.1 背景

城市轨道交通系统具有客运量大、运行速度快、安全准点、快捷舒适、节能环保等特点,对于解决大城市的大客流问题具有较好的效果,并已开始在各大城市的交通线网中得到大量的使用。近年来,我国城市轨道交通发展迅速,北京、上海、广州和重庆等特大城市轨道交通路网已经初具规模,同时更多一、二线城市也开始对轨道交通产生了兴趣,逐渐开始轨道交通建设。随着城市轨道交通的兴起,越来越多的城市居民也将其作为日常出行的首选交通方式,客流的增加为交通运营组织工作带来巨大挑战。本课题基于这个背景,以重庆轨道交通三号线为例,通过对该线路的进站客流、换乘站客流和断面客流进行调查分析,发现其中存在的问题,并提出该线路的交通客流组织优化方法,希望为重庆轨道交通客流的组织优化提供科学依据。

作为西南地区轨道交通事业发展最蓬勃的城市,重庆市轨道交通已开通一号线、二号线、三号线、六号线共4条线,并规划在2017年开通五号线和十号线、2018年开通四号线和环线这四条轨道新线,重庆轨道交通网正在逐步形成。正如全国轨道交通的发展趋势,随着重庆市民对轨道交通需求的增加和城市规模的不断扩大,重庆轨道交通客流量也在逐日增加,其每日的实际客流已大大超过了当初预测的客流,现已增长到每日最高240万人次。但客流的增加也伴随着客流的拥堵,特别是三号线已成为客流拥堵情况最严重的线路,同时也导致了设计之初线路、站台等不合理设计问题逐渐暴露出来。

重庆轨道交通三号线起始于鱼洞,终止于江北机场,全长55.451km,途经两路口、牛角沱、红旗河沟3个换乘站,鱼洞、南坪、观音桥3个城市商圈,菜园坝、重庆北站南广场、重庆北站北广场3个火车站,四公里、红旗河沟、龙头寺3个汽车站以及江北国际机场,是世界上最长的轻轨线路。作为轻轨线路,由于本身特有的运量小的缺点,再加上如此复杂的线路情况,导致三号线时常出现大面积的客流拥堵。因此,本文通过对重庆轨道交通三号线的客流特征进行分析,发掘客流拥堵的根本原因,提出相应的组织优化办法来切实解决这个问题。

### 1.1.2 意义

(1)理论意义。

对于城市轨道交通而言,客流拥堵问题一直困扰着各大城市,而现有的理论和文章中却并没有对客流组织进行全面的研究。本文针对重庆轨道交通三号线这条极具特点且客流拥堵问题严重的线路进行客流分析，找到其中拥堵的原因，并提出相应的组织优化方法，一定程度上拓展了现有的客流组织理论研究范畴。

（2）现实意义。

随着客流增加，重庆轨道交通也出现了拥堵的问题，多数情况下起点站列车的满载率就已经达到80%以上，尤其是轨道交通三号线，在某些区段的乘客饱和量已到达了极限，已经在多个车站都出现客流量大、无法满足乘车需求，造成了车站上乘客的滞留问题，特别是在早晚高峰时期，大部分乘客都不能一次性乘坐上列车，有的乘客甚至要等上6次以上的列车。比如两路口站是一号线与三号线的换乘车站，由于一号线是地铁线路，三号线是轻轨线路（一列地铁车辆的载客量远远大于一列轻轨车辆的载客量），这导致从一号线换乘而来的客流人群为三号线带来了异常的压力，所以解决重庆轨道交通客流拥堵问题已刻不容缓。本次课题组通过对重庆轨道交通三号线进行调查分析研究，归纳出三号线的客流特征，并提出组织优化办法，为切实解决重庆轨道交通三号线客流拥挤问题具有极大的现实意义；同时，也希望本文在客流组织优化方法上的研究结论能对重庆乃至全国其他城市的轨道交通客流组织起到一定的指导和借鉴作用。

## 1.2 研究思路与主要内容

### 1.2.1 研究思路及方法

本文的撰写通过理论与实际结合，以切实解决当前的现实问题。为保证课题研究的科学性与真实性，本文主要采用文献研究法、问卷调研法、实地调研法和对比分析法等。

（1）文献研究法。

通过参考相关论文、期刊等文献，获取国内外的相关研究成果，并对这些理论进行整合，将其理论及方法运用到本次研究中。

（2）问卷调研法。

通过向乘坐轨道交通的乘客发放问卷调查，了解其乘坐重庆轨道交通的习惯，以及与重庆轨道交通拥堵有关的信息，并收集他们对轨道交通现有客流组织的意见及建议。

（3）实地调研法。

通过分时段、分地点实地进入车站、乘坐列车，观察线路实际拥堵情况，了解线路不同时段、不同地点的客流拥挤状况。

（4）比较分析法。

对调研、收集得到的数据进行对比、分析，找出不同车站、不同时间的客流区别与规律，得出当前重庆轨道交通的客流特征。

#### 1.2.2 研究的主要内容

本文针对重庆轨道交通出现的客流拥堵问题，以重庆轨道交通三号线为研究对象，通过客流组织相关理论，结合交通运行基本情况，利用问卷调查以及实地调查得到三号线客流拥堵情况严重的时段及车站，并针对这些时段及车站的进站客流、换乘客流、断面客流数据进行相关分析，从而得出三号线的客流特征。并通过得出的分析结果结合客流组织优化相关理论，从行车组织方面、客流组织方面以及其他组织方面提出重庆轨道三号线客流组织优化办法，为切实解决三号线客流拥堵问题提供科学依据。

#### 1.2.3 预期研究成果

通过本次课题的研究，利用客流特征分析及组织优化的相关理论知识，结合调研、收集到的数据，分析得出重庆轨道交通三号线的客流特征，并提出三号线的客流组织优化方案，从而解决重庆轨道交通三号线车辆、站台等拥堵的问题。

### 1.3 创新点

以重庆市轨道交通三号线为研究对象，从进站客流、换乘站客流和断面客流等视角对轨道交通的客流特征进行深层次的系统分析，同时通过问卷调查和实地调研，结合实际客流现象讨论客流拥堵的根本原因，拓展了原有单一的解决某项客流形式问题的研究，丰富了现有轨道交通客流组织优化的研究。

## 2 文献综述

### 2.1 文献综述

#### 2.1.1 国外客流组织优化研究

##### 2.1.1.1 人流和行人设备相关理论研究

国外学者主要是针对人流及影响行人的设备进行相关理论的研究，分别得出以下3个理论：

（1）赫尔布林（Helbing, 1998）通过对交通系统中东、西方人不同的行人流进行研究，说明了人流的特征与其不同个体的特征有关，说明了交通系统中的设施对人流特征有一定的影响，证明了在设计相应设备时应以当地出行人的特征为依据。

（2）许添本（2000）通过录像的方式对轨道交通车站内的行人进行研究，根据得到的视频对行人速率以及受测者周边密度进行分析，并通过 GreenshieW 模式推导行人流量。同时，对各国行人速率进行了梳理和研究。

（3）塞尔日·P. 霍根杜姆和达梅（Serge P. Hoogendoom and W. Daameii，1999）通过观察并对人流的自我组织特性进行研究，表明当人群在站内出现大量集中现象时，会出现瓶颈，并造成拥堵，例如对向的人流通道、闸门等。当过于饱和的人流通过瓶颈处时，得出了行人前后最小间距为 45cm，且前后最小时距为 1.3s，换算成速率为 46m/s；最小宽度为 55cm。通过对以上特征进行分析，得出了人流在瓶颈处的改善意见。

#### 2.1.1.2　突发大客流研究

国外很多国家都举办过国际性的大型活动，比如奥运会、世界杯、世博会等，自然就会出现特大客流的情况，国外专家针对这些现象进行了研究，并对相应的大客流组织做出了实践总结。

悉尼在举办奥运会期间，便积极倡导公共交通出行方式，并将所有相关人流聚集地（包括场馆、景点等）纳入公共交通所覆盖的区域范围，通过城市轨道实现交通的便利，缓解客运的压力，奥运期间的轨道交通每日的客流量是平日的 2.1 倍。

雅典在承办奥运会期间，出台公交优先政策，公交系统昼夜不停息地运行，地铁更是通过信号系统技术改良，缩短列车运行时间从而提高输送能力。另外，专用车道和交通控管区的设置、停车管理等措施的增强，也保障了交通运行效率和服务水平。

德国在主办世界杯期间，城轨交通以专用优惠车票吸引观众客流，政府又以导航系统的建立和停车管理的加强保障交通的秩序。

综上所述，国外对交通领域客流组织相关的研究成果主要集中体现于宏观层面，如交通管制配合公共交通等。而单方面对于城市轨道交通，其在日常大客流以及客流拥堵情况下的客流组织和组织调整方法还有待于进一步的探索和研究。

### 2.1.2　国内客流组织优化研究

我国对客流组织分析的研究起步较晚，目前国内对缓解城市轨道交通客流拥堵的研究成果主要是一般性的客流组织和运输组织可行性措施，但缺乏针对性。

#### 2.1.2.1　客流运动和疏散方面

（1）客流运动模型建立。

饶雪平、徐尉南等（2005）通过对地铁站台、站厅、出入口等处的旅客速度和旅客密度进行研究，通过排队论建立轨道交通车站垂直乘降设备处客流延时模型，为车站垂直乘降设备处的乘客延时状况提供了一定的理论依据，并建立了数理模型。

(2) 建立客流仿真平台。

吴海燕、杨陶源（2015）通过研究尖峰小时客流量、客流疏散特征以及对国内外行人特征的分析，通过行人仿真动力学为基础，再结合行人仿真模型及微观客流仿真的方式，选取 Legion 软件为仿真平台，通过模拟计算出不同方案的客流疏散方式，对客流组织进行仿真研究。

#### 2.1.2.2 轨道交通客流分析、组织方面

(1) 客流组织方面。

史小俊、张伦和陈扶崑（2009）通过对突发特大客流进行客流预测，分别从轨道车站站台客流、车站人群特征、瞬间大客流着手，对比城市轨道交通换乘站历史客流的数据，在地铁客流组织领域应用"人群理论"，分析限制客流疏导的因素，利用 ACC 客流统计系统得到的客流进出站数据，研究出以上情况下轨道交通的客流组织方案以及在非正常情况下的应急突发预案。

(2) 行车组织方面。

宾坚、田富生（2006）根据高峰时段大客流产生因素、过程，分析大客流出现原因，进而为城市轨道交通运营管理提供一定的理论参考。通过研究轨道交通系统的特性，研究出城市轨道交通车辆选型以及交路的方案，并通过分析得到不同列车交路方法的优缺点，从车辆选型、车辆编组、列车运行交路、列车运行图等方面确定相应的行车组织方案，从而得到最优的方案。

## 2.2 轨道交通相关概念与理论

### 2.2.1 客流

客流是人们为了实现各类出行活动，借助各种交通工具形成的有目的的流动，是合理规划运输网、配置客运站点设施、配备旅客运输工具和编制其运行作业计划的基本依据。

城市轨道交通的客流量，以断面客流量表示时，是指单位时间内通过轨道线路某一点的客流量。通过某一点的客流量就是通过该断面所在区间的客流量。断面客流量又可分为上行和下行断面客流量。在单位时间内，通过各个断面的客流量是不相等的。其中单向断面客流最大的断面称为最大客流量，其客流量称为最大断面客流量。上下行的最大客流断面一般不在同一断面上。在以小时为单位计算断面客流量的情况下，分时断面客流量最大的小时称为高峰小时。

车站客流包括全日、早、晚高峰小时的上下车客流、站间断面流量以及相应的超高峰系数。

客流的基本特征在于它沿时间和空间分布的不均匀性，主要通过对客流在时间及空间上的变化规律进行分析。

### 2.2.2 站台分类及特点

站台供列车停靠和乘客候车、上下车使用。站台按形状不同，可分为岛式站台、侧式站台、混合式站台和纵列式站台，其中以岛式与侧式站台最常使用，其特点的比较如表1所示。

表1　　　　　　　　　　岛式站台与侧式站台比较

| 项目 | 岛式站台 | 侧式站台 |
| --- | --- | --- |
| 站台利用 | 较高 | 较低 |
| 乘客服务 | 折返方便、可能乘错方向 | 折返不便、不会乘错方向 |
| 客运管理 | 管理集中 | 管理分散 |
| 工程投资 | 较大 | 较小 |
| 站台延长 | 困难 | 容易 |

### 2.2.3 换乘站分类及特点

换乘站通常客流量较大，同时在换乘过程中客流的流线也很复杂，相对于其他普通车站的客流组织更为复杂。同时，换乘站受到换乘方式的影响，对于客流组织的方法也会相应的不同，其客流组织总的原则在于控制好换乘客流，通过改变乘客换乘路径，减少换乘客流与其他客流的交叉、冲突。

#### 2.2.3.1 站台直接换乘

车站一般处于两条线路平行交织处，而且采用岛式站台。这种情况下要求站台能够满足换乘高峰客流量的要求，换乘楼梯或自动扶梯应有足够的宽度，以免发生乘客堆积和拥挤。

#### 2.2.3.2 站厅换乘

乘客在换乘过程中，须通过另一个车站的站厅或者两者共用的站厅到达另一车站的站台。这种情况下，下车客流应朝一个方向流动，减少站台上人流的交织，加快乘客行进速度。

#### 2.2.3.3 通道换乘

这种换乘方式下两个车站通过设置单独的换乘通道为乘客提供换乘。通道换乘设计应注意上下行客流的组织，更应避免双方向的换乘客流与进出站客流的交叉紊乱。

#### 2.2.3.4 节点换乘

在两线交叉处，将重叠部分的结构做成整体的节点，依两线车站的交叉位置，形成"十""L""T"3种布置形式。采用楼梯、自动扶梯等方式将两座车站站台直接连通，乘客通过该通道进行换乘，十分方便。节点换乘设计要避免进出站客流与换乘客流的交叉。该方式用于两线之间的换乘，如用于三线或三线以上的换乘则枢纽布置和建筑结构变得相当复杂，必须与其他换乘方式组合应用。

(1)"十"字换乘。

两线车站,一个车站直接布置在另一个车站的上部呈"十"字交叉,换乘时通过配置在交叉处的楼梯或自动扶梯进行。该换乘方式根据站台布置形式又可分为岛式与侧式节点换乘、侧式与侧式节点换乘和岛式与岛式节点换乘3种,由于岛式与侧式节点换乘以及侧式与侧式节点换乘能满足较大的客流换乘量的要求,因此使用较多。

(2)"L"和"T"形换乘。

L形和T形节点换乘中两线路车站的主体结构相脱离,L形换乘时两车站的端部通过换乘设施相衔接。T形换乘是一个车站中间的侧面与另一个车站的端部通过换乘设施相衔接。因为两车站主体结构与换乘设施间不一定是垂直或直接相连,建筑结构相对简单,所以这两种换乘方式布置起来比较灵活。

### 2.2.4 断面客流分析理论

#### 2.2.4.1 断面客流相关概念

断面客流量:在单位时间内,沿同一方向通过轨道交通线路某断面的乘客数量,即通过该断面所在区间的客流量,分为上行断面客流量和下行断面客流量。

最大断面客流量:在单位时间内,通过轨道交通线路各断面的客流量一般是不相等的,其中的峰值称为最大断面客流量。

全日分时段最大断面客流量:将单位时间定义为一小时,统计出一天内各个时间段内的最大断面客流量。全日分时段最大断面客流量一般是不相等的,其中的峰值称为高峰小时最大断面客流量。

高峰小时各区间断面客流量:在单位固定时间内,统计该小时内各区间的断面客流量。

#### 2.2.4.2 客流在时间上的分布特性

客流动态在时间上的不均衡性一般用时间不均衡指数 $P_t$ 表示,其计算方法是:

$$P_t = V_{max} / (\sum V_i / h) \tag{1}$$

式中:$V_{max}$ 为单向最大断面客流量,人/h;

$V_i$ 为单项断面分时客流量,人/h,h 为全日营业小时数量。

一般线路的 $P_t$ 为 2~3。线路往往以高峰小时的客流量作为确定配备车辆数的依据。高峰小时客流量的比重越大,需投入的车辆数越多。

#### 2.2.4.3 客流在方向上的分布特性

一般线路都有上下行两个方向。同一时段内,有的路线双向客流几乎相等,有的路线双向客流的差异很大。空间客流分布在方向上有双向型和单向型两种型式。

(1)双向型:单位时段(一般为1h)内上下行的运量数值接近相等。通常市区内的轨道线路具有以上特点。

(2)单向型:单位时段(一般为1h)内上下行的运量数值差异很大。通常对于比较偏僻的地区或者工业区会具有以上特点。

通过以上论述，客流分布在方向上的不均衡性一般用方向不均衡指数 $P_d$ 表示，其计算方法是：

$$P_d = 2V_d / (V_d + V'_d) \tag{2}$$

式中：$V_d$ 为单向高峰小时最大断面客流量，人/h；

$V'_d$ 为对应 $V_d$ 的另一方向最大断面客流量，人/h。

一般线路的 $P_d$ 为 1.1~1.2，工业区线路为 1.4~1.5。

#### 2.2.4.4 客流在方向上的分布特性

若把一条线路各断面通过量的数值按上行或下行的数据依次统计出来，利用这些数据可以分析出该条线路上的客流变化规律。客流在不同区间的断面客流都具有自身的特点，但若将整条线路总结起来分析，则会得到以下几种主要类型：

（1）凸起型，即各断面的客流量以中部的几个断面值为最高，断面客流曲线呈凸形。

（2）凹陷型，与凸起型的客流分布特点正好相反，中间几个断面的客流量低于线路两端的客流量，全线路断面的分布曲线呈凹型。

（3）均等型，即各车站的上下车客流接近相等，沿线客流基本一致，不存在客流明显突增的路段。

（4）渐变型，即随着线路延伸，线路客流逐渐增大或逐渐缩小。

断面客流在方向上的不均衡规律用方向不均衡系数 $P_h$ 表示。其计算方法是：

$$P_h = nV_{max} / \sum V_i \tag{3}$$

式中：$V_{max}$ 及 $V_i$ 同式（1）；n 为轨道交通所设区间数量。

$P_h$ 达到 1.5 以上的线路，要采取措施增大最大断面的运输能力，以保持线路各个断面运力与运量的平衡。

### 2.2.5 列车运行交路

列车运行交路通常分为常规交路、混合交路和衔接交路三种，其中混合交路和衔接交路又统称为特殊交路。

（1）常规交路：常规交路又称长交路，列车在线路的两个终点站间运行，到达线路终点站进行折返，如图 1 所示。与采用特殊交路方案对比，采用常规交路方案行车组织简单，乘客无须换乘、不需要设置中间折返站。但如果线路各区段断面客流不均衡程度较大，会产生部分区段列车运能的浪费。

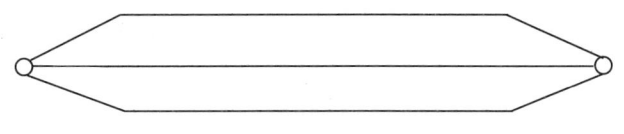

图 1 常规交路（长交路）

（2）混合交路：混合交路又称为长短交路，长短交路列车在线路的部分区段共线运行，长交路列车到达线路终点站后折返、短交路列车在指定的中间站单向折返，如图2所示。与采用常规交路方案相比，采用混合交路方案可提高长交路列车满载率、加快短交路列车周转，但部分坐长交路列车乘客的候车时间会增加，以及需要设置中间折返站。

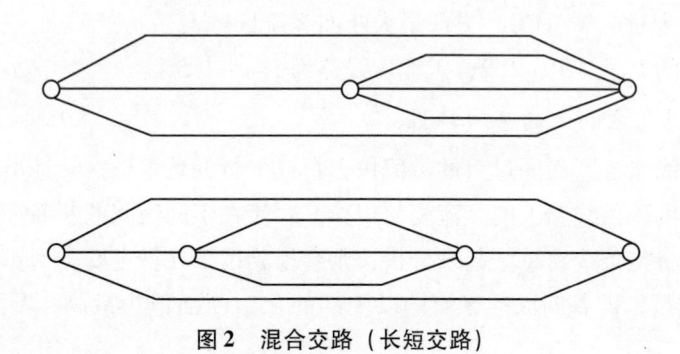

图2　混合交路（长短交路）

（3）衔接交路：衔接交路又称为短交路，是若干短交路的衔接组合，列车只在线路的某一区段内运行、在指定的中间站折返，如图3所示。与采用常规交路方案对比，采用衔接交路方案可提高断面客流较小的区段的列车满载率，但跨区段出行的乘客需要换乘，以及需要设置中间折返站。与采用混合交路方案对比，短交路列车在中间折返站是双向折返，增加了折返作业的复杂性。

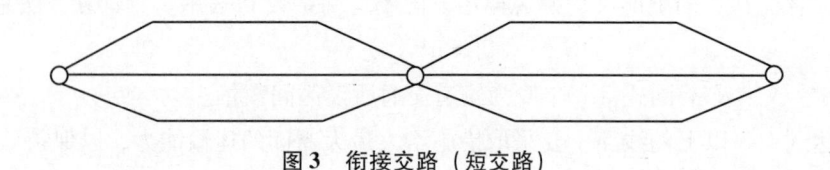

图3　衔接交路（短交路）

#### 2.2.6　客流组织优化方法

##### 2.2.6.1　车辆组织优化方法

对于行车组织的优化也是客流组织优化的一种方法，可以通过提高线路的运输能力以满足乘客的乘车需求，如通过压缩列车的停站时间、减少或增加列车区间运行时间、改变列车编组辆数和车辆载客人数等方式，因此，提高线路运输能力的措施主要有以下几个方面：

（1）使用新型车辆。

新型车辆的含义包含改变车辆相关性能以及设置新型的控制设备等。车辆运行性能主要包括车辆构造速度、车辆起动加速度和制动减速度等运行参数，车载控制设备主要有车载制动自动控制和车载道岔自动转换设备等，车辆运行性能改善和安装车载控制设备能提高列车运行速度，缩短追踪列车间隔时间。

（2）采用先进的列车运行控制系统。

采用先进列车运行控制系统能较大幅度提高线路通过能力。列车自动控制系统（ATC）由列车自动防护（ATP）、列车自动驾驶（ATO）和列车自动监控（ATS）三个子系统组成，在实践中，也有单独采用基于计算机控制 ATP 子系统的情况，它的主要功能是使列车的调速制动实现连续化、自动化，以达到提高列车运行速度及缩短追踪列车间隔时间的目的。

（3）增加列车编组辆数。

通过此方法可以有效地增加乘客乘车数量，但列车扩大编组也会受到站台长度、信号设置、技术升级等因素的影响。

（4）采用大型车辆。

可以使用定员数较大的列车，针对新的轨道交通建设，特别是对于地铁等城市轨道交通系统是更好的选择。

（5）优化车辆内部布置。

该措施的基本出发点是在车辆尺寸一定的条件下，通过将双座椅改为单座椅或将纵向布置的固定座椅改为折叠座椅，来增加车辆载客人数。改为折叠座椅后，在高峰运输期间可翻起座椅，增加车内站立人数，同时也能提高乘车舒适程度。

#### 2.2.6.2 车站组织优化方法

轨道交通主要通过合理的客运组织来完成其大容量的客运任务。车站客运组织是通过有效地布置车站内有关设备、设施以及对客流采取有效的分流或引导措施来组织客流运送的过程。客运组织的主要内容包括：车站售、检票位置的设置，车站导向的设置，车站自动扶梯的设置，隔离栏杆等设施的设置，车站广播的导向，售检票的配置，工作人员的配合，应急措施等。

在客运组织时应特别考虑下面几个方面的原则：

（1）合理设置进出口的位置，明确楼梯、闸机、售票位置，简化客流进站路线，尽量减少客流冲突、对流。

（2）轨道交通与其他交通方式连接通道顺畅。人流与车流的行驶路线严格分开，保证行人的安全和车辆行驶不受干扰。

（3）完善诱导系统，快速分流，减少客流集聚和过分拥挤现象。

（4）通过采取合理的措施，保障乘客的安全、便捷、舒适等基本需求。如适宜的换乘步行距离、恶劣天气下的保护、气候调节，对残疾人专门设计无障碍通道；又如照明、开阔的视野以及突发事件应急系统等。

（5）一般情况下，乘客为了节约时间，保证能够及时乘坐列车，往往选择靠近自动扶梯或楼梯的位置候车，这就导致列车内乘客分布不均，从而造成列车停站时间增加。解决以上问题的方法就是通过组织站台上候车的乘客，使列车内的乘客尽量均匀分布，以减少列车停站时间。

车站的功能分区一般由付费区、非付费区及设备管理用房组成。乘客基本都在付费区和非付费区之间流动，这两个区域被分隔栅栏分开，通过进站闸机由非付费区进入付费区。在两个区域中布设自动扶梯、检票机、票亭都要尽量避免进出站客流交叉。客流交叉点的减少能有效地提高乘客的流动速度，从而减少乘客的候车时间。

#### 2.2.6.3 突发大客流车站组织方法

通常情况下，大客流往往发生在工作日早晚高峰，节假日旅游高峰期，举办重大活动，风、雨、雪恶劣天气等情况时，大客流虽然持续时间不长，但在大客流冲击情况下，往往对客流组织形成较大甚至很大的压力，城市轨道交通运营公司必须在保证通过相应的乘客组织措施，合理地规划乘客走行路径，尽快疏散乘客，减少客流拥堵情况的发生，大客流组织的主要措施包括以下几点：

（1）增加列车运能。根据大客流的方向，在大客流发生时，利用就近折返线、存车线组织列车运行，通过增加临时列车，增加列车运能，从而保证大客流的疏散。列车的运能保障是大客流组织的关键。

（2）增加售检票能力。售检票能力是大客流疏散的主要障碍，车站在设置售检票位置时应考虑提供疏散大客流的通道。在大客流疏散时，可采取提前准备足够的车票，在地面、通道、站厅增加设置售票点，增设临时检票位置来疏散大客流。

（3）采取临时疏导措施。在大客流组织中，临时合理的疏导对客流方向进行限制是一项很重要的组织措施。主要包括进出口、站厅的疏导，站厅、站台扶梯以及站台的疏导，进出口、站厅的疏导主要是根据隔断位置的设置，限制客流的方向，来保持通道的畅通和进出口、站厅客流的秩序。站厅、站台扶梯以及站台疏导主要是为了尽量保证客流均匀上下扶梯和尽快上下列车，保证站台候车安全。疏导措施主要有设置临时导向、设置警戒绳或隔离栅栏、采用人工引导以及通过广播宣传引导等措施。

（4）关闭进出口或进行进出分流。大客流通常是无规律性的，因此为了保证大客流发生时疏散客流的安全，在难以采用有效措施及时疏散客流时，可采取关闭进出口或对某部分进出口限制乘客进入车站的措施来阻止一部分客流来延长大客流疏散的时间。

## 3 重庆轨道交通现状分析

### 3.1 重庆轨道交通发展历程

重庆市轨道交通（集团）有限公司创建于1992年，是重庆市承担城市轨道交通建设、运营和沿线资源开发一体化的大型国有控股轨道交通客运企业。历经20多年发展，现有资产1000多亿元，员工约1.5万人。轨道集团围绕运营、建设、经营三大主业设置了健全的法人治理结构，并拥有国家级院士专家工作站、博士后科研工作站和省级专业技术研发中心；拥有一批长期从事轨道交通技术研究与工程建设管理的技术骨干，以及接受过国内外特大型地铁企业系统培训的轨道交通专业技术人才和运营管理队伍；具有承担城市轨道交通规划、建设、运营管理、轨道交通技术咨询以及沿线资源开发的能力。

重庆轨道交通从2000年开始建设，于2005年成功建成并安全运营国内首条跨座式单轨交通线路——重庆轨道交通二号线。目前开通运营两条单轨线、两条地铁线，运营里程超202公里，覆盖主城九区，连接航空、铁路、长途客运等对外交通枢纽。最高日客运量超257.4万乘次，发车间隔进入"2分钟"时代，线网列车准点率等运营指标位列全国前茅。到2020年，重庆轨道交通将建成420公里线网，日均客运量将超过600万乘次，市民乘坐轨道交通半小时内可由中央商务区到周边组团，在重庆公共交通出行中发挥了重要的作用。

2016年，轨道交通安全运送乘客6.9亿乘次，最高日客流261.9万乘次，全网运营收入18.8亿元，正式运营线路收入17.1亿元，客运强度0.94万乘次/公里·日。2017年，轨道集团将牢固树立公共交通大服务意识，通过优化公交换乘接驳、加速运营扩能改造、推进服务提档升级、强化隐患督察整改、提高物资供应效率等措施，持续提升轨道交通运营服务水平。

## 3.2 重庆轨道交通线网规划

截至2016年底，轨道交通已开通运营一、二、三、六号线，其中二、三号线为两条跨座式单轨线、一、六号线为两条地铁线，运营里程213公里，车站126个，运营线网已覆盖主城9区16组团，连接了机场、火车站等对外交通枢纽及主要商业中心，形成了轨道交通基本骨架网络。一号线现已开通小什子至尖顶坡段的线路，其中小什子站为一、六号线的换乘车站，较场口为一、二号线的换乘车站，两路口站为一、三号线的换乘车站，大坪站为一、二号线的换乘车站；二号线为较场口站至鱼洞站，其中较场口站为二、一号线的换乘车站，牛角沱站为二、三号线的换乘车站，大坪站为二、一号线的换乘车站；三号线为鱼洞至江北机场，其中两路口站为三、一号线的换乘车站，牛角沱站为三、二号线的换乘车站，红旗河沟站为三、六号线的换乘车站；六号线由北碚至茶园以及国博支线组成，其中红旗河沟站为六、三号线的换乘车站，小什子站为六、一号线的换乘车站。

目前，在建线路约202公里，包括四号线一期（15.64公里）、五号线一期（39.71公里）、十号线一期（34.95公里）、环线一期（32.55公里）、环线二期（18.33公里）、六号线支线二期（14公里）、十号线二期工程（10公里）、九号线一期（32公里）、代建工程尖顶坡至璧山段（5.6公里）。2017年，轨道集团将全面完成第一轮规划运营线路的扫尾工程，确保实现五号线一期北段（园博园至大石坝段）、十号线一期建成通车目标。

## 3.3 重庆轨道交通运行基本情况分析

### 3.3.1 重庆轨道交通列车运行交路及运行间隔

受到列车数量、运行线路、客流数量等多种因素的影响，重庆轨道交通现有开通的一、二、三、六号线采取的行车组织方式也不尽相同，其中一、二号线的运行交路相对简单，三、六号线的运行交路较为复杂，同时由于各线受到客流以及时间的影响，各线各次列车在不同时段的运行间隔也有区别。以下为一、二、三、六号线列车开行交路与运行间隔情况：

一号线采用的是混合交路的模式，即小什子至双碑的短交路与小什子至尖顶坡的长交路套跑的运行方式，如图 2 所示。对于平日（即周一至周五），在早晚高峰时期，小什子至双碑间的列车运行间隔为 3 分 10 秒，双碑至尖顶坡间的列车运行间隔为 6 分 20 秒，在平峰时期小什子至双碑间的列车运行间隔为 4 分，双碑至尖顶坡间的列车运行间隔为 8 分；对于周末，全日小什子至双碑间的列车运行间隔为 4 分，双碑至尖顶坡间的列车运行间隔为 8 分；如表 2 所示。

表 2　　　　　　　　　　一号线列车运行间隔

| 时间 | 小什子——双碑 | 双碑——尖顶坡 |
| --- | --- | --- |
| 平日早晚高峰<br>（07：00——09：00<br>17：00——19：00） | 3 分 10 秒 | 6 分 20 秒 |
| 平日平峰<br>（09：00——17：00） | 4 分 | 8 分 |
| 周末 | 4 分 | 8 分 |

二号线采用的是混合交路与衔接交路组合的模式，即较场口至动物园的短小交路与较场口至天堂堡的长交路套跑、天堂堡至鱼洞为衔接的一个短交路，如图 2、图 3 所示。对于平日，在早晚高峰时期，较场口至动物园间的列车运行间隔为 3 分，动物园至天堂堡间的列车运行间隔为 6 分，在平峰时期，较场口至动物园间的列车运行间隔为 4 分，动物园至天堂堡间的列车运行间隔为 8 分；对于周末，全日较场口至动物园间的列车运行间隔为 4 分，动物园至天堂堡间的列车运行间隔为 8 分；天堂堡至鱼洞的列车运行间隔始终为 12 分；如表 3 所示。

表 3　　　　　　　　　　二号线列车运行间隔

| 时间 | 较场口——动物园 | 动物园——天堂堡 | 天堂堡——鱼洞 |
| --- | --- | --- | --- |
| 平日早晚高峰<br>（07：00——09：00<br>17：00——19：00） | 3 分 | 6 分 | 12 分 |
| 平日平峰<br>（09：00——17：00） | 4 分 | 8 分 | |
| 周末 | 4 分 | 8 分 | |

三号线采用的是混合交路的模式,由鱼洞至龙头寺的长交路、九公里至龙头寺的短交路、四公里至江北机场长交路组成,如图2所示。对于平日,在早晚高峰时期,鱼洞至九公里间的列车运行间隔为10分,九公里至四公里间的列车运行间隔为5分,四公里至龙头寺间的列车运行间隔为2分30秒,龙头寺至江北机场间的列车运行间隔为5分;在平峰时期,鱼洞至九公里间的列车运行间隔为14分,九公里至四公里间的列车运行间隔为7分,四公里至龙头寺间的列车运行间隔为3分30秒,龙头寺至江北机场间的列车运行间隔为7分;对于周末,全日鱼洞至九公里间的列车运行间隔为14分,九公里至四公里间的列车运行间隔为7分,四公里至龙头寺间的列车运行间隔为3分30秒,龙头寺至江北机场间的列车运行间隔为7分;如表4所示。

表4　　　　　　　　　　　三号线列车运行间隔

| 时间 | 鱼洞——九公里 | 九公里——四公里 | 四公里——龙头寺 | 龙头寺——江北机场 |
|---|---|---|---|---|
| 平日早晚高峰<br>(07:00——09:00<br>17:00——19:00) | 10分 | 5分 | 2分30秒 | 5分 |
| 平日平峰<br>(09:00——17:00) | 14分 | 7分 | 3分30秒 | 7分 |
| 周末 | 14分 | 7分 | 3分30秒 | 7分 |

六号线采用的是混合交路与衔接交路组合的模式,由上新街至北碚的长交路与茶园至光电园的短交路套跑、国博支线为衔接的一个短交路,如图2、图3所示。对于平日,在早晚高峰时期,茶园至上新街间的列车运行间隔为7分,上新街至光电园间的列车运行间隔为3分30秒,光电园至北碚间的列车运行间隔为7分,在平峰时期,茶园至上新街间的列车运行间隔为9分,上新街至光电园间的列车运行间隔为4分30秒,光电园至北碚间的列车运行间隔为9分;对于周末,全日茶园至上新街间的列车运行间隔为9分,上新街至光电园间的列车运行间隔为4分30秒,光电园至北碚间的列车运行间隔为9分;国博支线的列车运行间隔始终为16分;如表5所示。

表5　　　　　　　　　　　六号线列车运行间隔

| 时间 | 茶园——上新街 | 上新街——光电园 | 光电园——北碚 | 国博支线 |
|---|---|---|---|---|
| 平日早晚高峰<br>(07:00——09:00<br>17:00——19:00) | 7分 | 3分30秒 | 7分 | 16分 |
| 平日平峰<br>(09:00——17:00) | 9分 | 4分30秒 | 9分 | |
| 周末 | 9分 | 4分30秒 | 9分 | |

### 3.3.2 重庆轨道交通车站现有客流组织方式

重庆轨道交通车站均由站厅层与站台层组成,其中站厅层又分为付费区与非付费区,其客运组织流程可分解为以下具体作业流程。如图4所示。根据这些作业流程,重庆轨道交通现具有以下客流组织方法:

```
进站客流 —经出入口→ 购票、加值 → 安检 → 闸机 → 到达站台 → 乘车 → 下车 → 换乘 → 闸机 → 出站
                     储值卡
```

**图 4　乘客进出站流程**

（1）通过隔离工具加长安检的通道，减缓乘客进站的时间。

（2）合理分配进出站闸机，分散进站与出站客流，避免客流交叉。

（3）在客流拥挤车站站台门前设置分隔栅栏，引导乘客从车门不同方向上下车，避免客流交叉，减少乘客上下车时间。

（4）换乘时将换乘客流分散，如在牛角沱，换乘通道设置分隔栅栏，分散两方向的换乘客流；在两路口站，一号线换乘三号线通过站厅换乘，三号线换乘一号线通过站台连接通道换乘，有效分开两方向的换乘客流。

（5）当站内客流达到一定数量，站内异常拥挤，不利于客流组织时，车站人员会采取限流的方法，在一定时间段内限制客流进站，以缓解站内客流拥挤情况。

# 4　重庆轨道交通三号线客流特征分析

## 4.1　重庆轨道交通三号线概述

重庆轨道交通三号线是重庆轨道交通线网中最繁忙的路线，始于重庆市巴南区鱼洞，终于重庆市渝北区江北国际机场，是西部第一条开通到机场的轨道交通路线，2007 年 4 月 6 日动工，2011 年 9 月 29 日开通试运营，全长 55.5km，设车站 39 座，是世界上最长的跨座式单轨交通线路。

三号线不仅线路长度长，其线路沿线的周边环境也非常复杂，途经两路口、牛角沱、红旗河沟 3 个换乘站，且这 3 个车站都处于城市中心，其周边人流情况也比较复杂；鱼洞、南坪、观音桥 3 个城市商圈，其车站出入口也直接连接这 3 个商圈，其人群异常密集；菜园坝、重庆北站南广场、重庆北站北广场 3 个火车站；四公里、红旗河沟、龙头寺 3 个汽车站以及江北机场，是现有四条线路中客流量最大的线路。

## 4.2　调查结果与分析

### 4.2.1　调查抽样

为了更好地了解三号线拥堵情况，对重点区域有更针对性的研究，笔者从日常乘坐三号线的乘客中随机抽样出 2000 人进行问卷调查（见本论文的附录）。为了使本次调查更具科学性、有效性，笔者根据性别、年龄、出行目的平衡相应调查人数，其中，根据性别区分，男性1203人，女性797人；根据年龄段区分15~25岁682人，26~60岁1087人，60岁以上231人；根据出行目的区分，上班族1034人，出外游玩966人。

### 4.2.2 调查结果

根据对问卷调查结果的统计，得到以下结果：

（1）92%的乘客认为在工作日乘坐三号线感到非常拥挤，只有8%的乘客认为周末会更拥挤。

（2）分别有38%和41%的乘客认为08：00-09：00和18：00-19：00是三号线最拥挤的时间段，只有15%的乘客认为是17：00-18：00，还有6%的乘客认为是其他时间段。

（3）分别有18%、16%、21%、23%的乘客认为两路口、牛角沱、观音桥、红旗河沟是三号线最拥挤的车站，只有12%的乘客认为是其他车站。

（4）对于南坪站、两路口站都有超过60%的乘客认为去往江北机场方向的列车会比较拥挤；牛角沱站的乘客有超过50%的乘客认为两个方向都比较拥挤；观音桥站、红旗河沟站、嘉州路站都有超过70%的乘客认为去往鱼洞方向的列车会比较拥挤。

（5）有50%以上的乘客认为三号线现有的三个换乘车站的换乘方式都不太合理。

（6）有83%的乘客表示在三号线最多等待3列及以上的列车才能上车，有24%的乘客表示最多甚至等待过6列及以上的列车。

（7）80%以上的乘客表示现有的乘客疏导措施有一定效果，但也纷纷表示并没有达到乘客们预期的效果。

### 4.2.3 调查分析

通过以上问卷调查的结果以及笔者平日对客流拥挤程度的调查，可以分析总结出重庆轨道交通三号线客流拥挤现象主要出现在以下情形：

（1）平日高峰时期。对于三号线而言，相对于平日，也就是周一至周五比较拥挤，周末显得并没有那么拥挤，只是偶尔一两次列车会出现比较拥挤的情况，但并未对乘客造成困扰。客流拥挤问题基本上都出现在平日，特别是早晚高峰时期，经常会出现站台异常拥堵、乘客需要等待多次列车才能上车、车辆中异常拥挤导致乘客感到不适等现象，同时这些拥堵现象在早高峰时段大多都出现在下行，也就是鱼洞至江北机场方向，而晚高峰时段大多会出现在上行，也就是江北机场至鱼洞方向。

（2）换乘站。三号线一共设有3个换乘车站：两路口、牛角沱、红旗河沟，在这几个车站都长时间出现客流拥堵情况，经常会出现排长队，甚至出现排队乘客都拥堵在楼梯、电梯、站厅的情况。

(3) 商圈站。例如南坪、观音桥等设在商圈的车站，会在特定时间出现大量客流涌入车站，造成站台和站厅出现十分严重的拥挤现象。

针对以上问题，本文在时间上以平日早晚高峰，空间上以两路口、牛角沱、观音桥、红旗河沟四个车站为重点，收集相应时间和车站的客流数据，从车站进站客流、换乘站客流、断面客流对三号线客流特征进行分析。

## 4.3 重庆轨道交通三号线进站客流特征分析

根据上文所述，本节针对三号线客流拥挤程度较高的四个车站（两路口站、牛角沱站、观音桥站、红旗河沟站）进行进站客流特征分析，并通过对比日常调查得到的这些车站的拥挤程度情况，分析这些车站进站客流与客流拥堵程度之间的关系。

### 4.3.1 重庆轨道交通三号线进站客流数据及变化特点

根据重庆轨道交通 ACC 系统提供的各站进站及出站数据，笔者提取了 2016 年 9 月两路口站、牛角沱站、观音桥站、红旗河沟站工作日时段的客流进站数据，并去除掉两路口站去往一号线、牛角沱站去往二号线、红旗河沟站去往六号线的客流数据，通过整理取平均值后得出了 9 月两路口、牛角沱、观音桥、红旗河沟每日分时段客流数据，如表 6 所示。

表 6　2016 年 9 月两路口、牛角沱、观音桥、红旗河沟站每日分时段客流　单位：人次

| 时间 | 两路口 | 牛角沱 | 观音桥 | 红旗河沟 |
| --- | --- | --- | --- | --- |
| 07:01-08:00 | 1107 | 776 | 1467 | 1188 |
| 08:01-09:00 | 1965 | 1151 | 4215 | 2821 |
| 09:01-10:00 | 1693 | 876 | 2742 | 2025 |
| 10:01-11:00 | 1552 | 638 | 2521 | 1796 |
| 11:01-12:00 | 1641 | 558 | 2785 | 1716 |
| 12:01-13:00 | 1462 | 503 | 2790 | 1474 |
| 13:01-14:00 | 1364 | 524 | 3159 | 1427 |
| 14:01-15:00 | 1433 | 545 | 3731 | 1552 |
| 15:01-16:00 | 1542 | 535 | 4099 | 1656 |
| 16:01-17:00 | 1771 | 633 | 4781 | 1768 |
| 17:01-18:00 | 2392 | 875 | 6131 | 2218 |
| 18:01-19:00 | 2844 | 1420 | 7956 | 2968 |
| 19:01-20:00 | 1611 | 786 | 5663 | 1870 |
| 20:01-21:00 | 961 | 368 | 4287 | 988 |
| 21:01-22:00 | 660 | 285 | 4473 | 634 |
| 22:01-23:00 | 401 | 178 | 4180 | 422 |
| 总人次 | 24398 | 10651 | 64978 | 26523 |

根据表 6 所提供的各站不同时段的客流数据，得出两路口站 9 月平日进站客流的变化规律，如图 5 所示。

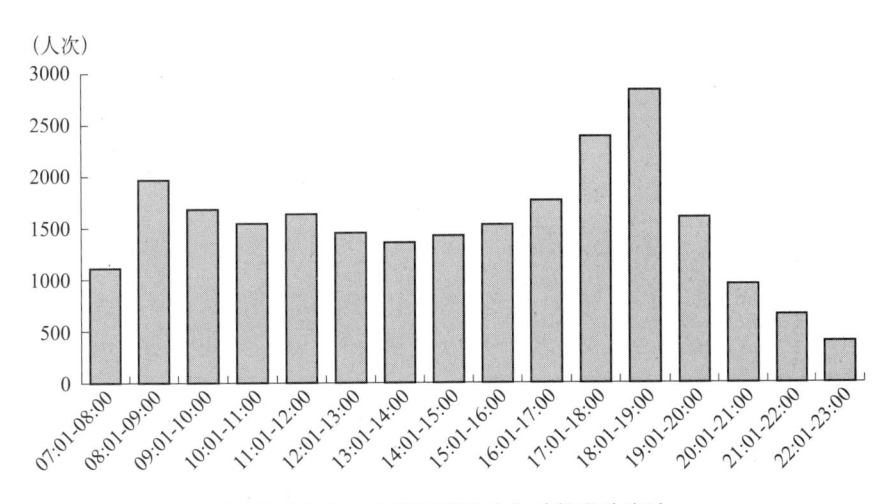

**图 5　2016 年 9 月两路口站分时段进站客流**

根据表 6 所提供的各站不同时段的客流数据，得出牛角沱站 9 月平日进站客流的变化规律，如图 6 所示。

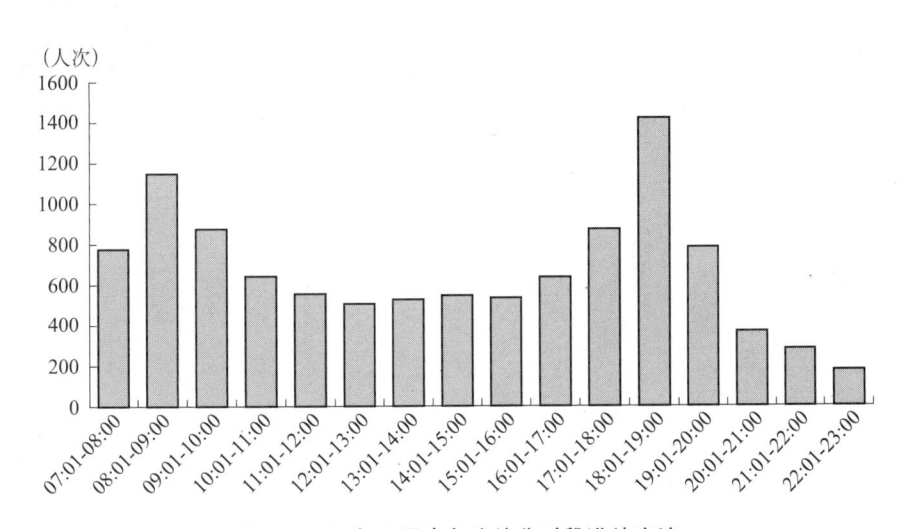

**图 6　2016 年 9 月牛角沱站分时段进站客流**

根据表 6 所提供的各站不同时段的客流数据，得出观音桥站 9 月平日进站客流的变化规律，如图 7 所示。

根据表 6 所提供的各站不同时段的客流数据，得出红旗河沟站 9 月平日进站客流的变化规律，如图 8 所示。

根据表 6 提供的各站各时段的进站人数，得出在早高峰以及晚高峰时期两路口站、牛角沱站、观音桥站、红旗河沟站进站客流的对比情况，如图 9 所示。

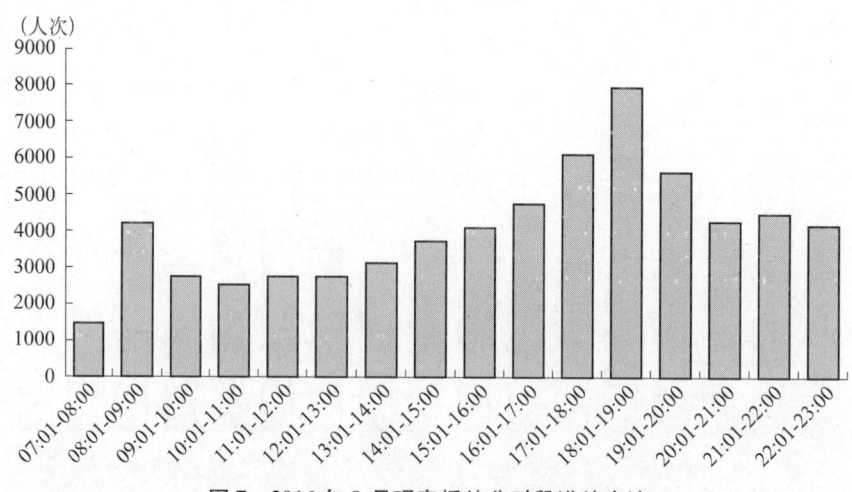

图7 2016年9月观音桥站分时段进站客流

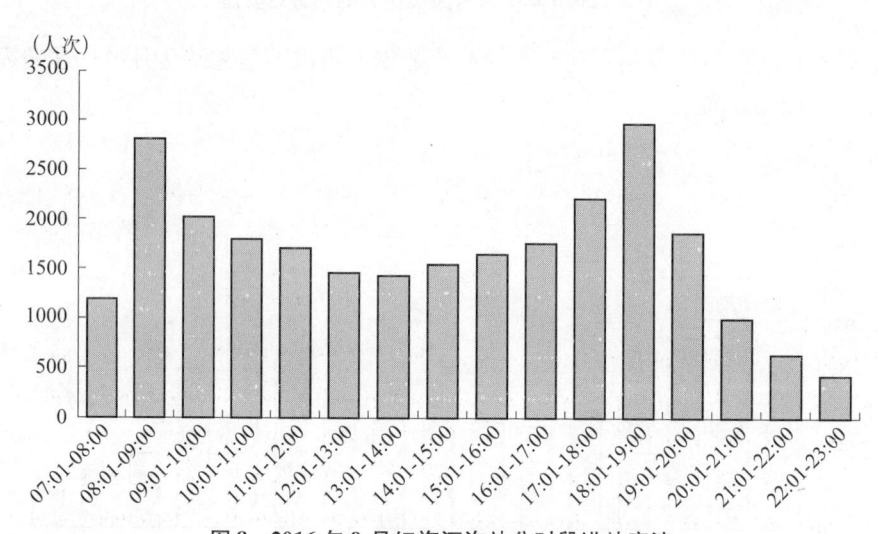

图8 2016年9月红旗河沟站分时段进站客流

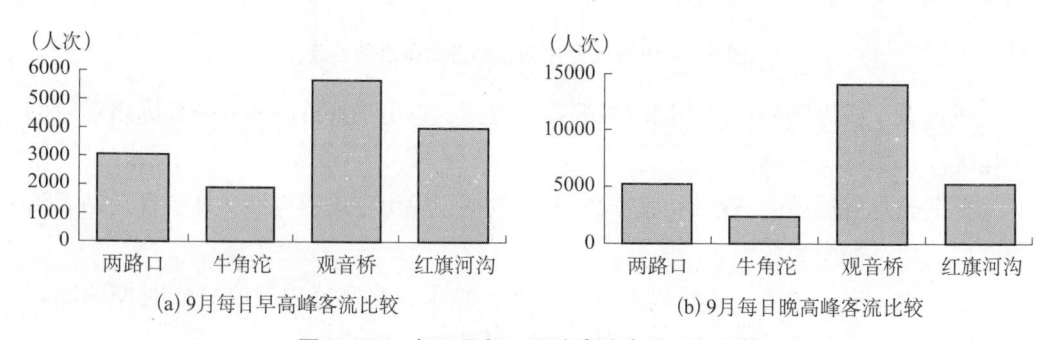

(a) 9月每日早高峰客流比较

(b) 9月每日晚高峰客流比较

图9 2016年9月每日早晚高峰车站客流比较

### 4.3.2 重庆轨道交通三号线进站客流特征分析

根据4.3.1节在时间上对同一车站进站客流进行对比，从空间上对各车站进站客流进行对比，可以从中分析出以下结论：

#### 4.3.2.1 进站客流在时间上的特征分析

（1）两路口车站拥堵情况与进站客流关系较小。根据图5所示，两路口站的进站客流呈现出双峰的情形，在上午08：00—09：00、下午18：00—19：00为进站客流的最高峰，这也与问卷调查中乘客反映的客流拥挤时间段相符合，但同时从图5可以看出，在晚高峰时段每小时进站乘车的客流比早高峰时段每小时进站的客流大约多了1000人，这与三号线两路口站台客流拥挤程度的调查情况不一致，调查结果得出在早高峰时期，两路口车站站台客流拥挤程度应该远远高于晚高峰时期。所以，通过以上分析可以得出，两路口车站出现拥挤的情况可能受到其他情况的影响。

（2）牛角沱车站拥堵情况与进站客流有关。根据图6所示，牛角沱站的进站客流也呈现出比较明显的双峰，即在上午08：00—09：00、下午18：00—19：00分别达到了进站客流的最高峰，同时这两段高峰的进站客流人数也大致相同，结合对三号线牛角沱站客流拥挤程度的调查情况：在早高峰时，下行站台比较拥挤，而上行站台比较空闲；在晚高峰时，上行站台比较拥挤，而下行站台比较空闲。这与上述图6中呈现出的进站客流数量规律较一致，说明牛角沱车站出现拥挤的情况可能与进站客流有关。

（3）观音桥车站拥堵情况与进站客流关系较大。根据图7所示，观音桥站的进站客流呈现出单峰的情况，也就是在17：00—19：00期间客流出现了一个每小时30%的大幅度增长，也满足对观音桥客流拥挤程度调查时表现出的在晚高峰时段出现大面积拥堵的情况，说明极有可能是因为在该时间段客流人数的突然增加，导致车站站台突然超出负荷，而出现客流拥堵现象。

（4）红旗河沟车站拥堵情况与进站客流关系较小。根据图8所示，红旗河沟站的进站客流呈现出比较明显的双峰，即在上午08：00—09：00、下午18：00—19：00分别达到了进站客流的最高峰，同时可以看到，在这两个客流高峰时间段中的客流数也大致相同，但这与对红旗河沟客流拥挤程度的调查结果不相同，在晚高峰时期该站的客流拥挤程度应该远远大于早高峰时期，说明同两路口车站一样，红旗河沟车站出现拥挤的情况也可能受到其他情况的影响。

#### 4.3.2.2 进站客流在空间上的特征分析

两路口、红旗河沟车站拥堵情况与进站客流关系较小，观音桥车站拥堵情况与进站客流关系较大。根据图9所示，首先，通过对比几个车站的进站客流情况，可以发现，不管是早高峰时期还是晚高峰时期，观音桥站的进站客流比其他几个车站都超出很多，再结合观音桥站为侧式站台，自身可以承载的客流量不如作为岛式站台的两路口站和红旗河沟站，说明观音桥站站台、站厅拥挤现象主要是由大面积的进站客流造成。其次，通过对早高峰的客流比较，可以发现统计出的红旗河沟站进站客流在该时段比两路口车站高出了33%，但通过对日常客流拥挤程度调查中得知，在早高峰时期，两路口站的客流拥挤程度远远大于红旗河沟站的客流拥挤程度，再一次说明了两路口站出现拥挤的原因有可能受到其他因素的影响。最后，通过对晚高峰的客流比较，可以发现统计出的红旗河沟站进站客流在该时段与两路口车站基本一致，但通过对两个站客流拥挤程度的调查可以发现，在该时段红旗河沟车站的拥挤程度是远大于两路口车站的，由此可以再次说明红旗河沟车站出现拥挤的原因可能受到其他因素的影响。

## 4.4 重庆轨道交通三号线换乘站客流特征分析

重庆轨道交通三号线在已开通的线网中共设有三座换乘车站，其中在两路口站乘坐一号线列车的乘客通过站厅换乘的方式到达三号线站台，在牛角沱站乘坐二号线列车的乘客通过换乘通道的方式到达三号线站台，在红旗河沟站乘坐六号线列车的乘客通过站厅换乘的方式到达三号线站台，如表7所示。本节主要通过对这三个换乘车站的客流特征进行分析，分析出换乘客流对这三个车站可能造成的影响。

表7　　　　　　　　　　三号线换乘车站换乘方式

| 车站 | 换乘方式 |
| --- | --- |
| 两路口站（一号线换乘三号线） | 站厅换乘 |
| 牛角沱站（二号线换乘三号线） | 换乘通道换乘 |
| 红旗河沟站（六号线换乘三号线） | 站厅换乘 |

### 4.4.1 重庆轨道交通三号线换乘站客流数据及变化特点

根据重庆轨道交通ACC系统提供的线网换乘客流数据，笔者提取了2016年9月两路口站、牛角沱站、红旗河沟站由其他线路换乘到三号线的换乘客流，并整理出平均每日相应车站在早高峰及晚高峰时段的换乘客流，如表8所示。

表8　　　　三号线换乘车站每日早晚高峰换乘客流　　　　单位：人次

| 时间 | 两路口 | 牛角沱 | 红旗河沟 |
| --- | --- | --- | --- |
| 早高峰 | 8376 | 3925 | 3243 |
| 晚高峰 | 4265 | 2392 | 5738 |

根据表8中各站在早晚高峰时期的换乘客流数据，得出这三个换乘车站在早晚高峰的换乘客流对比，如图10所示。

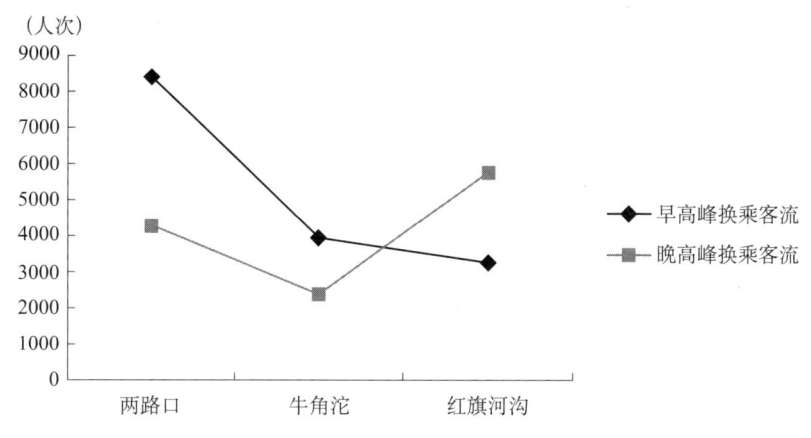

图 10　两路口、牛角沱、红旗河沟站早晚高峰换乘客流对比

### 4.4.2　重庆轨道交通各线列车运输能力

根据列车车辆制式、类型的不同，单个列车车辆可以承载的客流人数也不尽相同，重庆轨道三号线采用的是六编组与八编组的单轨列车，二号线采用的是四编组与六编组的单轨列车，一、六号线则均采用的是六编组的地铁 B 型列车，单轨列车与地铁列车承载人数有着较大的区别，如表 9 所示。

表 9　重庆轨道列车承载人数　　　　　　　　　单位：人

| 车辆类型 | 定员 | 超员 |
| --- | --- | --- |
| 地铁车辆（B 型） | 1468 | 1800 |
| 单轨列车（四编） | 632 | 882 |
| 单轨车辆（六编） | 962 | 1342 |
| 单轨车辆（八编） | 1292 | 1802 |

根据表 9 给出不同类型列车的承载人数，再结合各线列车运行间隔，可以得出四条线路以列车定员数为标准在单位小时内所能运送的客流量，如表 10 所示。

表 10　重庆轨道各线单位小时运送客流量

| 线路 | 列车定员数/人 | 最小运行时分间隔 | 高峰小时列车列数/列 | 单位小时运送客流量/人 |
| --- | --- | --- | --- | --- |
| 一号线 | 1468 | 3 分 10 秒 | 19 | 27892 |
| 二号线（四编） | 632 | 3 分 | 20 | 12640 |
| 二号线（六编） | 962 | 3 分 | 20 | 19240 |
| 三号线（六编） | 962 | 2 分 30 秒 | 24 | 23088 |
| 三号线（八编） | 1292 | 2 分 30 秒 | 24 | 31008 |
| 六号线 | 1468 | 3 分 30 秒 | 17 | 24956 |

### 4.4.3 重庆轨道交通三号线换乘客流特征分析

#### 4.4.3.1 换乘站换乘客流特征分析

根据图 10 所示,在空间上对三个换乘站的换乘客流进行对比,在时间上对同一车站早晚高峰换乘客流进行对比,可以从中得出以下结论:

(1) 根据对早高峰三个车站的换乘客流对比,可以发现两路口车站的换乘客流远远大于其他两个换乘车站,符合早高峰时段两路口车站客流拥挤的规律,说明两路口车站客流拥堵现象可能与换乘客流有一定的关系;同理,根据对晚高峰三个车站的换乘客流对比,可以发现红旗河沟车站的换乘客流在三个车站中最大,符合晚高峰时段客流拥挤的规律,说明红旗河沟车站客流拥堵现象可能与换乘客流有一定的关系。

(2) 根据对两路口车站早晚高峰时段换乘客流的对比,可以发现两路口车站在早高峰时的换乘客流为晚高峰时段的两倍,符合两路口车站早高峰时段拥挤程度远大于晚高峰时段拥挤程度的规律,说明两路口车站在早高峰发生客流拥堵现象与换乘客流较大有一定的关系;根据对红旗河沟车站早晚高峰时段换乘客流的对比,可以发现红旗河沟车站在晚高峰时的换乘客流为早高峰时段的两倍,也符合红旗河沟车站晚高峰拥挤程度远大于早高峰时段拥挤程度的规律,说明红旗河沟车站在晚高峰发生客流拥堵现象与换乘客流较大有一定关系。

#### 4.4.3.2 列车通过能力对换乘客流的影响

根据对表 10 给出的各线单位小时运送的客流量进行分析,可以发现假设当各条线路每辆列车承载的客流量都为列车定员时,由于地铁车辆和单轨车辆的差异,造成三号线换乘车站都会有不同程度客流量的增加。

首先针对两路口站,该站为一、三号线的换乘车站,假设三号线列车到达该站为一辆空车,一号线列车到达该站后乘客全部换乘到三号线,根据表 10 可以发现,一号线单位小时的运送量大于三号线(六编组)单位小时的运送量,也就是说当换乘乘客全都坐上三号线后,仍会有大量乘客集聚在站台上无法上车,若三号线进站的为一班八编组列车,那么也是刚好能满足相应的换乘客流,但由于受到线路、站台、经济等因素的影响,现如今三号线六编组列车与八编组列车使用的最大比例为 3:1,也就是说根据现有车辆组织计算出三号线在该区段的最大小时运送客流量为 25068 人次,仍小于一号线单位时间的运送量,这就会导致两路口站的客流可能会因为列车通过能力的原因而快速增加,从而导致客流拥堵。

其次关于牛角沱站,该站为二、三号线的换乘车站,且同为轻轨线路,二号线采用的是四编组与六编组的轻轨列车,根据表 10 可以得出二号线单位小时的运送量小于三号线单位小时的运送量,对三号线的客流影响不大,所以牛角沱客流拥堵情况的发生与列车通过能力关系并没有关系。

最后针对红旗河沟站，该站为六、三号线的换乘车站，同两路口站情况基本一致，根据表 10 所示，六号线单位小时的运送量大于三号线（六编组）单位小时的运送量，但小于三号线（八编组）单位小时的运送量，为此根据三号线六编组列车与八编组列车的使用比例（3∶1）计算出当六、八编组列车混跑时单位小时运送客流量为 25068 人，和六号线单位小时的运送量基本一致，说明列车通过能力对红旗河沟站的客流拥堵有一定关系，但与两路口站相比，对车站客流影响较小。

综上所述，针对客流拥堵情况的发生，两路口站与换乘客流有比较密切的关系，红旗河沟站与换乘客流存在一定的关系，牛角沱站与换乘客流关系不大。

## 4.5　重庆轨道交通三号线断面客流特征分析

根据前文所示，断面客流量主要对列车组织起到一定影响，所以，本节针对三号线中运行间隔时分最短的四公里至龙头寺区段的相关断面客流数据进行分析，并着重对两路口至红旗河沟区段的断面客流进行特征分析，找出在相应区段客流拥挤的原因。

### 4.5.1　重庆轨道交通三号线断面客流数据及变化特点

（1）客流在时间上的分布特点。

根据重庆轨道交通 ACC 系统提供的客流断面数据，笔者提取了 2016 年 9 月工作日中两路口站至红旗河沟站区间平均每日 07∶00—19∶00 的断面客流数据，如表 11 所示。

表 11　　　　　9 月两路口至红旗河沟站断面客流　　　　　单位：人次

| 时间 | 上行 | 下行 | 时间 | 上行 | 下行 |
| --- | --- | --- | --- | --- | --- |
| 07∶00 – 08∶00 | 27443 | 61775 | 13∶01 – 14∶00 | 38150 | 38055 |
| 08∶01 – 09∶00 | 52470 | 114543 | 14∶01 – 15∶00 | 41798 | 41944 |
| 09∶01 – 10∶00 | 47593 | 62790 | 15∶01 – 16∶00 | 42656 | 41245 |
| 10∶01 – 11∶00 | 43100 | 49933 | 16∶01 – 17∶00 | 48445 | 44542 |
| 11∶01 – 12∶00 | 42290 | 46177 | 17∶01 – 18∶00 | 67443 | 55352 |
| 12∶01 – 13∶00 | 37082 | 38107 | 18∶01 – 19∶00 | 96470 | 63733 |

通过表 11 中两路口站至红旗河沟站的断面客流数，得出在该区段断面客流在时间上所形成的变化特点，如图 11 所示。

（2）客流在空间上的分布特点。

根据重庆轨道交通 ACC 系统提供的客流断面数据，笔者提取了 2016 年 9 月在工作日时段四公里至龙头寺下行在早高峰时段以及上行在晚高峰时段每站的断面客流数据，如表 12 所示。

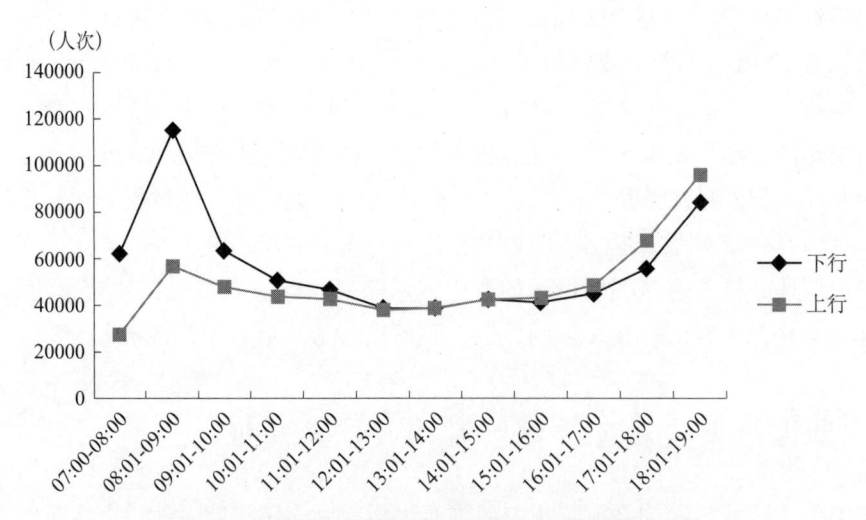

图 11 两路口至红旗河沟站区间单位小时断面客流

表 12　　9月四公里至龙头寺站平均断面客流　　　单位：人

| 早高峰下行 | 四公里 | 南坪 | 工贸 | 铜元局 | 两路口 | 牛角沱 | 华新街 | 观音桥 |
|---|---|---|---|---|---|---|---|---|
| | 28001 | 33315 | 36345 | 38190 | 42873 | 47963 | 47711 | 41724 |
| | 红旗河沟 | 嘉州路 | 郑家院子 | 唐家院子 | 狮子坪 | 重庆北站南广场 | 龙头寺 | |
| | 29799 | 22123 | 20775 | 20066 | 18731 | 16523 | 15019 | |
| 晚高峰上行 | 龙头寺 | 重庆北站南广场 | 狮子坪 | 唐家院子 | 郑家院子 | 嘉州路 | 红旗河沟 | 观音桥 |
| | 17909 | 20058 | 21563 | 22446 | 24078 | 32852 | 42978 | 46224 |
| | 华新街 | 牛角沱 | 两路口 | 铜元局 | 工贸 | 南坪 | 四公里 | |
| | 46456 | 37961 | 28574 | 27311 | 23741 | 18492 | 15449 | |

通过表 12 中四公里至龙头寺每站的断面客流人数，得出该区段断面客流在 9 月早高峰时期，四公里至龙头寺下行的断面客流在空间上的变化规律，如图 12 所示。

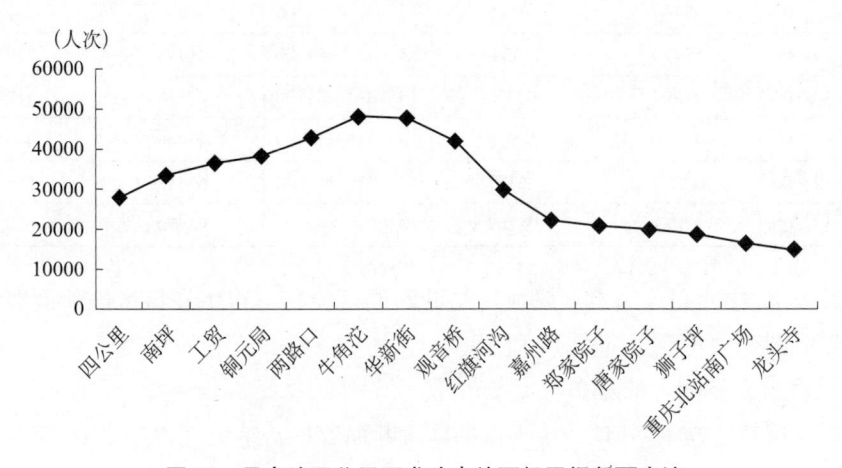

图 12　早高峰四公里至龙头寺站下行区间断面客流

通过表 12 中四公里至龙头寺每站的断面客流人数，得出该区段断面客流在 9 月晚高峰时期，四公里至龙头寺上行的断面客流在空间上的变化规律，如图 13 所示。

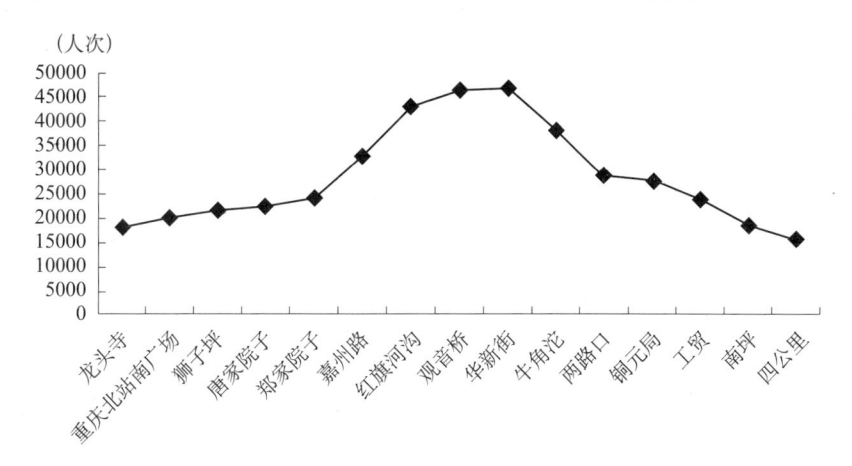

**图 13　晚高峰四公里至龙头寺站上行区间断面客流**

### 4.5.2　重庆轨道交通三号线断面客流特征分析

（1）运输能力与断面客流比较分析。

运输能力是指在单位时间内在某一区段范围内列车所能承载的乘客数量，运输能力 = 单位小时列车列数 × 列车承载人数，根据以上公式以及表 12 得出三号线四公里至龙头寺站高峰时期运输能力对比表，如表 13 所示。

表 13　三号线四公里至龙头寺站高峰时期运输能力

| 时刻 | 列车定员（六编组/八编组）（人） | 列车最大载客量（六编组/八编组）（人） | 高峰小时列车数（列） | 最小运行时分间隔（分） | 实际最大断面流量（人） | 定员最大运输能力（人） | 最大载客量运输能力（人） |
| --- | --- | --- | --- | --- | --- | --- | --- |
| 早高峰（下行） | 962/1292 | 1342/1802 | 24 | 2 分 30 秒 | 47963 | 23088 – 31008 | 32208 – 43248 |
| 晚高峰（上行） | 962/1292 | 1342/1802 | 24 | 2 分 30 秒 | 46456 | 23088 – 31008 | 32208 – 43248 |

如表 13 所示，在早高峰时段四公里至龙头寺下行区段实际最大断面客流已超过了超员情况下最大的运输能力，再结合表 12，说明在早高峰时段两路口至观音桥下行区段列车上的乘客人数已超过了列车设计的最大载客量人数，说明在该区段列车上必然异常拥挤；同理，在晚高峰时段四公里至龙头寺上行区段实际最大断面客流也超过了超员情况下最大的运输能力，再结合表 12，说明在晚高峰时段红旗河沟至牛角沱上行区段列车上的乘客人数已超过了列车设计的最大载客量人数，说明在该区段列车上也必然异常拥挤。

（2）客流在时间上的分布特征分析。

根据公式（1），结合表 11 中的数据，得到两路口至红旗河沟上行断面客流的时

间不均衡指数 $P_t = 1.98$，两路口至红旗河沟下行断面客流的不均衡指数 $P_t = 2.09$。

通过图 11 中两路口至红旗河沟区间上下行单位小时断面客流的比较，可以得到在早高峰时段下行的断面客流要大于上行的断面客流，符合调查中早高峰时期下行客流拥挤程度大于上行客流拥挤程度的结果，同时，在晚高峰时段上行的断面客流要大于下行的断面客流，符合调查中晚高峰时期上行客流拥挤程度大于下行客流拥挤程度的结果。同时，分别对比图 11 中上下行全日断面客流的折线图，可以发现上行断面客流在晚高峰时期达到全天的最高值，下行断面客流在早高峰时期达到全天的最高值，也符合调查中得到的早高峰时期下行客流拥堵、晚高峰时期上行客流拥堵的结果。

（3）客流在空间上的分布特征分析。

根据公式（3），结合表 13 中的数据，得到四公里至龙头寺下行在早高峰时间段断面客流的断面不均衡系数 $P_t = 1.57$，四公里至龙头寺上行在晚高峰时间段断面客流的断面不均衡系数 $P_t = 1.64$。可以看到得出的两个不均衡系数均大于 1.5，当 $P_t$ 达到 1.5 以上时，说明该线路需要采取措施增大最大断面的运输能力，以保持线路各个断面运力与运量的平衡，说明现有三号线在早、晚高峰采取的行车组织方式不足以满足现有的乘客乘车需求。

根据图 13 所示，首先，对早高峰时期四公里至龙头寺区间各站下行的断面客流进行分析。第一，可以看到该时段断面客流最高点主要集中在两路口至华新街下行区间；第二，通过观察牛角沱站和华新街站的下行断面客流可以发现这两个站的断面客流数基本一致，说明列车到达牛角沱站时，列车中的客流基本已经呈饱和状态，导致极少的乘客能够在该站上车；第三，当列车在进入两路口至华新街下行区间前，断面客流量已快接近在该时段的断面客流，说明列车中的客流已接近饱和程度。接着，对晚高峰时期四公里至龙头寺区间各站上行的断面客流进行分析。第一，可以看到该时段断面客流最高点主要集中在红旗河沟至华新街上行区间，第二，通过观察红旗河沟站、观音桥站和华新街站的上行断面客流可以发现红旗河沟站至观音桥站断面客流增加幅度较小，观音桥站和华新街站的断面客流数基本一致，说明列车到达红旗河沟站时列车中的客流已基本到达饱和程度，到达观音桥站时列车中的客流已达到饱和程度，所以，在这两个车站能够上车的乘客并不多。第三，当列车在进入红旗河沟至华新街上行区间前，断面客流量已快接近该时段的断面客流，说明列车中的客流已接近饱和程度。

## 4.6 小结

本部分通过重点对两路口站、牛角沱站、观音桥站、红旗河沟站的进站客流、换乘客流以及两路口站至红旗河沟站区间的断面客流进行了分析，从中得出这几个车站与相应客流之间的关系，对这几个车站的客流做了一个全方位的比较，为客流组织优化打下了基础。

## 5 重庆轨道交通三号线客流组织优化研究

通过前文分别对进站客流、换乘客流、区间断面客流进行的分析，本部分欲结合这几方面客流进行综合分析，分别找出两路口站、牛角沱站、观音桥站、红旗河沟站以及在该区间列车客流拥挤的原因，并根据分析得到的客流拥挤原因，得出三号线客流组织优化方法。

### 5.1 重庆轨道交通三号线客流拥堵原因分析

#### 5.1.1 车站客流拥堵原因分析

结合前文的分析结果，本节首先对各站出现客流拥堵的原因进行综合分析。

（1）两路口站。

通过对两路口车站客流特征的分析，可以得出以下几个结论：两路口车站下行方向在早高峰时段出现拥挤的情况可能是受到进站客流以外其他因素的影响；两路口客流拥堵情况的发生，与换乘客流有比较密切的关系；在高峰时期，当列车进入两路口车站时车内还未达到饱和状态，大部分乘客可以坐上列车。

结合对两路口站客流拥堵时间段以及方向的调查，根据以上结论可以得出：两路口站在早高峰时期下行方向车站站台出现拥堵现象，主要是受到源源不断的换乘客流的影响，大面积的换乘客流直接造成了两路口站出现客流拥堵现象。

（2）牛角沱站。

通过对牛角沱车站客流特征的分析，可以得出以下几个结论：牛角沱车站出现拥堵的情况可能与进站客流有关；牛角沱车站出现拥堵的情况与换乘客流关系不大；在早高峰时段两路口至观音桥下行区段列车上异常拥挤，在晚高峰时段红旗河沟至牛角沱上行区段列车上也异常拥挤；在早高峰时段，列车到达牛角沱站下行的时候，列车中客流基本已经呈饱和状态，极少的乘客能够在该站上车。

结合对牛角沱站客流拥堵时间段以及方向的调查，根据以上结论可以得出：牛角沱站在早高峰时段下行、晚高峰时段上行站台出现拥堵，主要是受到大量的进站客流以及当列车到站时列车内部客流已基本接近饱和的影响，导致大量乘客不得不在站台上继续等待，再加上牛角沱作为侧式站台，站台利用率较低、可承载客流较少，造成牛角沱站出现客流拥堵现象。

（3）观音桥站。

通过对观音桥车站客流特征的分析，可以得出以下几个结论：极有可能是因为晚高峰时段进站客流人数的突然增加，导致车站站台突然超出负荷，从而出现客流拥堵现象；在晚高峰时段红旗河沟至牛角沱上行区段列车上异常拥挤；在晚高峰时段，列车到达观音桥站上行的时候，列车中客流已达到饱和程度。

结合对观音桥站客流拥堵时间段以及方向的调查，根据以上结论可以得出：观音桥站在晚高峰时期站厅及上行站台出现拥堵，主要是受到大量的进站客流以及当列车到站时列车内部客流已经饱和的影响，导致大量乘客不得不在站台及站厅继续等待，再加上观音桥作为侧式站台，站台利用率较低、可承载客流较少，造成观音桥站出现客流拥堵现象。

（4）红旗河沟站。

通过对红旗河沟车站客流特征的分析，可以得出以下几个结论：红旗河沟车站上行方向在晚高峰时段出现拥挤的情况可能受到进站客流以外其他情况的影响；红旗河沟车站客流拥堵现象可能与换乘客流有一定的关系；在晚高峰时段红旗河沟至牛角沱上行区段列车上异常拥挤；在晚高峰时期，列车到达红旗河沟站上行的时候，列车中客流已基本达到饱和程度。

结合对红旗河沟站客流拥堵时间段以及方向的调查，根据以上结论可以得出：红旗河沟站在晚高峰时期站厅及上行站台出现拥堵，主要是受到较多的换乘客流以及当列车到站时列车内部客流已基本达到饱和的影响。

#### 5.1.2 线路客流拥堵原因分析

根据 4.3 节对四公里站至龙头寺站区间断面客流数据分析，再结合该区段断面客流在空间上、时间上的分布特征，说明现有三号线在早、晚高峰采取的行车组织方式不足以满足现有的乘客乘车需求，也就是说现有 2 分 30 秒的行车间隔以及六编组列车与八编组列车上线比例还需要进一步优化。

## 5.2 重庆轨道交通三号线现存的设计问题

#### 5.2.1 车站设计问题

（1）侧式站台设计不符合实际需求。对于客流量较大的换乘车站（牛角沱站）、商圈车站（观音桥站），在设计之初，由于对客流量预计不足，从而设计了站台面积利用率低的侧式站台，导致在实际应对大量客流时，站台出现拥堵的情况。

（2）已建好的换乘站部分设计不能满足实际客流需求。由于受前期的客流预测及当前运能不足的影响，在换乘通道宽度、车站站台及换乘站厅有效面积上均表现出容纳能力不足、早晚高峰时段拥堵的现象。若列车运行稍有延误，站台短时间内就会滞留大量乘客，一旦超过临界值，就不得不启动限流措施。

第一，站内客流交叉。牛角沱、红旗河沟等站站厅至站台的楼扶梯均采用外八字形布置，这种布置导致站台宽度得不到最大利用，乘客容易在站台两端交叉聚集，导致乘客大量集中在站台两侧，而中间站台无法得到利用，使列车的各节车厢载客量不均衡。

第二，站台宽度偏小。无论是高架形式的牛角沱站，还是地下形式的红旗河沟站，靠近楼扶梯位置的站台其有效宽度仅为 1.7 m，空间严重不足。由于此处是乘客进出站台的必经通道，既要供乘客排队候车，又要供乘客进出，所以存在明显的瓶颈，客运组织困难。

第三，楼扶梯拥堵。红旗河沟、牛角沱、两路口等换乘站设置的楼扶梯数量少且宽度窄，严重时楼扶梯口的最大堆积人数超过 650 人，疏散时间超过 4 分钟，大于列车运行间隔，楼扶梯输送能力已不能满足实际需要。

### 5.2.2 线路规划问题

重庆轨道交通三号线采用的是轻轨系统，轻轨交通作为一种中运量的城市轨道交通系统，具有综合造价低、道路适应性强、系统配置灵活、噪声低、无污染、建设周期较短等特点，其客运能力为 1 万~3 万人次/h，介于地铁（2.5 万~7 万人次/h）和有轨电车（0.6 万~1 万人次/h）之间，可以作为特大城市轨道交通线网中的辅助线路以及大中城市的轨道交通骨干线路而推广应用。但作为特大城市的重庆却将三号线这条跨越了 5 个行政区的交通骨干路线设计为轻轨线路，无法满足现有的客运需求。

### 5.2.3 车辆设计问题

在三号线开通之初，全线采用的是六编组轻轨列车，但与同为六编组的地铁列车相比，不仅单节车厢的车门数量只有地铁车辆的一半，不利于乘客上下，轻轨车辆内部的设计空间也不足地铁车辆的六成，很难满足乘客的乘车需求。虽然近两年为了满足乘客乘车的需要，三号线逐渐引入八编组列车，以缓解存在的客流拥堵问题，但每辆八编组列车引入之后都有一个较长周期的调试过程，很大程度上延缓了八编组列车上线运营的时间；三号线由鱼洞至龙头寺、九公里至龙头寺、四公里至江北机场三条交路组成，由于受到站台以及信号改造的影响，三号线的八编组列车只能在九公里至龙头寺之间运行，很大程度上制约了八编组列车上线的数量。

## 5.3 重庆轨道交通三号线客流组织优化方法

### 5.3.1 行车组织方面

（1）增加上线列车数量，减少列车运行间隔。

根据前文分析提到，现有的列车运行间隔无法满足乘客乘车需求，所以可以通过增加上线列车数量的方式，将现有的 2 分 30 秒行车间隔提高到 2 分 10 秒，以缓解乘客乘车拥堵问题。

(2) 加快八编组列车上线的时间。

虽然八编组轻轨列车的运输能力依然不如地铁车辆,但其运输能力已相当接近了,通过将六编组列车换为八编组列车的方式可以很大程度地提高三号线的运输能力,尽快将九公里至龙头寺运行交路上的列车换为八编组列车,实现六编组上线列车与八编组上线列车比例为2:1。同时结合缩短运行时分,增加单位时间内列车的运输能力,缓解换乘站由轻轨列车带来的客流压力。

(3) 改变运行交路。

通过前文分析可以发现,当列车在早高峰时段到达牛角沱下行时、在晚高峰时段到达红旗河沟上行时列车上的乘客已基本达到饱和状态,说明由于线路较长的原因导致列车运行到线路中段时已经出现人满为患的现象了。为此,可以在早高峰时期组织一定数量在四公里折返的列车在两路口折返,在晚高峰时期组织一定数量在龙头寺折返的列车在郑家院子折返,从而缓解牛角沱站、观音桥站、红旗河沟站的客流压力,但在两路口折返时需要列车进行3次头尾换端作业,有可能会造成后续列车拥挤的现象。所以通过改变运行交路的方法只能解决在晚高峰时期红旗河沟站和观音桥站上行的客流拥堵问题。

(4) 组织返空列车。

组织列车起点站不停车,直接运行到前方车站进行载客是解决大客流问题的一个很好的手段。针对三号线而言,在早高峰时段可以根据客流变化情况组织四公里折返的列车返空运行到两路口站下行开始载客,这样一来可以瞬间解决两路口站、牛角沱站的客流问题,缓解两路口站、牛角沱站拥堵的情况;同理,在晚高峰时段可以根据客流变化组织郑家院子折返的列车返空运行到红旗河沟上行开始载客,这样一来可以瞬间解决红旗河沟站、观音桥站的客流问题,缓解红旗河沟站、观音桥站拥堵的情况。但组织返空列车可能会对后续列车造成比较大的客流压力,从而影响全线的客流组织,所以此方法一般只在客流十分拥堵的时候使用。

(5) 改变其他线路运行间隔。

当三号线本线路的运输能力不能再继续提高的时候,可以通过减少其他线路的运输能力来缓解三号线换乘站的换乘客流压力。运输能力=单位小时列车列数×列车承载人数,在列车承载人数无法改变的情况下,只有通过减少单位小时列车列数来减少运输能力,所以可以通过增加其他线路在高峰时间段的运行时间间隔来减少单位小时列车列数。以一号线为例,现在一号线早高峰时段的最小列车运行间隔为3分10秒,可以将其改变为3分30秒,那么单位时间列车列数则由19列变为17列,每小时的运输可以减少2936人,可以缓解高峰时期对三号线两路口站的客流冲击。

### 5.3.2 车站组织方面

#### 5.3.2.1 进站客流组织优化

通过前文分析得知牛角沱站与观音桥站客流拥堵的原因主要受到进站客流的影响,所以这两个车站可以通过对进站客流组织优化来解决客流拥堵问题。缓解进站客流可以分为站厅非付费区的客流组织以及付费区的客流组织两方面:

（1）非付费区的客流组织。第一，可以从进站处进行优化，通过限流的方式减缓乘客进站的速度，在前文已提到现有的客流组织是在车站内部出现大面积拥挤的情况时才采用限流的方式，但本文既然已经分析出牛角沱站及观音桥客流拥堵的原因是受到进站客流的影响，那么在两个车站对应的高峰时间段就可以长时间采取限流的模式，例如可以以5分钟为一个循环标准，每5分钟放行，每5分钟限流，使单位时间内进入车站的客流保持平均，以起到缓解站内客流的作用。第二，在现有安检优化措施的基础上，通过栅栏等工具使安检的通道成蛇形，加长安检通道走行距离，减缓乘客进站速度。第三，对于闸机的安放位置在进站闸机与出站闸机分开设置的基础上，通过对进站口客流的调查，将进站闸机位置安放在距离进站客流入口较远的位置，将出站闸机放置在距离出站口较近的地方，减少站厅非付费区的拥挤程度。

（2）付费区的客流组织。通过引导设备、栅栏等设备措施将出站客流与进站客流分离，为进站客流分配较多的站厅面积，再采取栅栏将进站客流的站厅区域设置为蛇形通道，从而使乘客有序下到站台，并且可以减缓乘客进入站台的速度，缓解车站站台压力，减少客流拥挤程度。

#### 5.3.2.2 换乘客流组织优化

通过前文分析得知两路口站与红旗河沟站客流拥堵的原因主要受到换乘客流的影响，所以这两个车站可以通过对换乘客流的组织优化来解决客流拥堵问题。这两个车站的换乘方式都是通过站厅换乘，那么就可以通过在站厅采取一定措施减缓客流换乘速度。如同前文付费区的客流组织采取的方法一致，车站可以通过采取相应的措施、完善诱导系统将进站、出站以及换乘客流隔离开，并给予换乘客流较多的站厅面积，用栅栏将进站客流的站厅区域设置为蛇形通道，从而减缓换乘乘客进入站台的速度，缓解车站站台压力。

### 5.3.3 其他方面

（1）站台扩建。

由于受到前期对客流预计不足的影响，导致在设计阶段将牛角沱站与观音桥站设计为侧式站台，由于线路已开通运营，不可能通过改变轨道路线的方式将侧式站台重建为岛式站台，这样不仅会使三号线的运营中断，也会投入极大的成本。所以可以通过对侧式站台两侧进行工程扩建的方法将其宽度增加，从而增加车站对乘客的承载空间。

（2）广告宣传。

根据客流分析研究得到的客流高峰时段与区段，通过广告宣传的形式告知广大市民可能会出现拥挤的时间段和地点，例如在早高峰时段两路口站一号线换乘三号线的客流将会很大，呼吁市民尽量利用其他线路换乘三号线，呼吁市民错峰错地点出行。

（3）优化车辆内部布置。

前文已提到可以通过将纵向布置的固定座椅改为折叠座椅，来增加车辆载客人数。改为折叠座椅后，在高峰运输期间可翻起座椅，增加车内站立人数，同时也提高了乘车舒适程度。那么对于以后生产的三号线轻轨车辆就可以采用这一措施对车辆进行生产、改造，从而增加车内空间面积，缓解乘客乘车拥堵问题。

## 6 结论与展望

### 6.1 研究成果

随着城市轨道交通的迅速发展，不同程度的客流拥堵现象在城市轨道交通运营中逐步发生，为城轨交通的运营组织带来了不小的挑战。本文以重庆轨道交通客流拥堵问题为研究背景，以三号线客流问题为研究对象，从多个方面分析研究了客流拥堵的原因，研究了城市轨道交通系统运营组织方法，提出了三号线客流优化组织方法，本文主要取得了以下研究成果：

（1）通过资料查询，得到了客流特征分析方法以及客流组织优化方法，为后续的分析与组织方法的提出提供了理论依据与方法。

（2）结合理论与实际对三号线四个客流较大的车站的进站客流进行了分析，通过图表的形式展示出这几个车站的进站客流变化规律，从而得出了这几个车站客流拥堵与进站客流的关系。

（3）结合理论与实际对三号线三个换乘车站的换乘客流进行了分析，通过图表的形式展示出这几个车站的换乘客流对比，并结合各条线路的列车运输能力，从而得出这几个换乘车站客流拥堵与换乘客流的关系。

（4）结合理论与实际对三号线列车运行最小间隔时分的区段进行了分析，通过图标的形式得出相应区段的断面客流变化规律，结合计算出的断面客流不均衡指数，再结合车站客流分析，找到了线路客流拥堵的原因。

（5）通过不同方面对三号线客流的分析找到了客流拥堵的原因，笔者分别通过这些原因，结合行车组织、客流组织以及其他一些相关组织办法，对线路及车站拥堵问题提出了解决方法，实现对三号线客流组织优化。

### 6.2 需要进一步研究的工作

本文以重庆轨道交通三号线为例，对三号线的客流特征分析进行了研究，提出了客流组织优化方法。但尚存在一些未能解决或考虑不成熟的问题，以及没能对提出的客流组织优化办法通过实际应用去验证，笔者希望能够利用工作中得到的经验以及研究生学习中学习到的理论知识，在以后继续对相关的结论进行验证并作进一步的研究。

**参考文献**

[1] 陆奕婧，邹晓磊. 城市轨道交通车站客运组织评价［J］. 交通科技与经济，2009（1）：67-69.

［2］吴冰芝. 城市轨道交通高峰时段大客流拥挤传播研究［J］. 科技与创新, 2016（7）: 33 - 34.

［3］周菁楠, 李伟. 城市轨道交通换乘站客流实时预测与客运组织应用［J］. 城市轨道交通, 2013（8）: 81 - 84.

［4］卢恺, 韩宝明, 鲁放. 城市轨道交通运营客流数据分析缺陷及应对［J］. 都市快轨交通, 2014（4）: 25 - 29.

［5］徐世鹏, 张宁, 邵星杰. 城市轨道交通站点客流不确定性研究［J］. 都市快轨交通, 2015（3）: 12 - 15.

［6］杨希, 毕超. 地铁运输组织管理工作探究［J］. 企业改革与管理, 2016: 51.

［7］杨贞桢. 分阶段建设的城市轨道交通换乘站运营组织研究［J］. 城市轨道交通研究, 2014: 88 - 91.

［8］余志. 广州地铁车站客运组织管理与控制［J］. 科技展望, 2014（11）: 109 - 111.

［9］吴海燕, 杨陶源. 基于 Legion 的城市轨道交通车站客流组织仿真与评价［J］. 北京建筑大学学报, 2015（3）: 55 - 59.

［10］李丽群, 陈龙. 基于效用理论的城市轨道交通运营管理优化策略［J］. 重庆交通大学学报, 2015（3）: 55 - 59.

［11］刘狄, 吴海燕. 基于站台容量的城市轨道交通站内客流量管理［J］. 轨道交通, 2014（12）: 117 - 120.

［12］胡宇丹. 浅谈城市轨道交通大型换乘枢纽的客流组织管理［J］. 科技创新与应用, 2014（28）: 297.

［13］徐行方, 李旭辉, 蒲琪, 杨贞桢. 上海轨道交通 1 号线运营负荷分析与评价［J］. 城市轨道交通研究, 2014（10）: 42 - 46.

［14］王凌, 梁立宏, 张艳雯, 董云周, 赵云海. 重庆轨道交通换乘站大客流组织探索［J］. 都市快轨交通, 2014（4）: 48 - 51.

［15］颜红霞, 尹凌彦. 组织管理的原则［J］. 经营管理者, 2015（6）: 184 - 185.

［16］彭澎, 黄曙东. 组织管理因素对人因事故的作用与影响［J］. 人类工效学, 2001（2）: 53 - 57.

［17］宋小史. 地铁车站应对客流的组织措施［J］. 城市轨道交通研究, 2009（10）: 70.

［18］彭进, 陈三明. 城市轨道交通大型换乘站客流组织优化方案设计［J］. 桂林理工大学学报, 2011, 31（2）: 296 - 302.

［19］沈丽萍, 马莹, 高世廉. 城市轨道交通客流分析［J］. 城市交通, 2007（5）.

［20］张天伟, 高桂凤, 罗玉屏, 聂磊. 铁路客运站旅客最高聚集人数计算模型［J］. 交通运输工程学报, 2011（2）: 79 - 83.

［21］赵宇刚, 毛保华, 杨远舟, 何韬. 城市轨道交通站台最高聚集人数计算方法研究［J］. 交通运输系统工程与信息, 2011（2）: 149 - 154.

［22］史小俊. 地铁车站应对客流的组织措施［J］. 城市轨道交通研究, 2009（10）: 70.

［23］蒋玉琨. 奥运会期间北京地铁客流研究［J］. 交通运输系统工程与信息, 2008（6）.

［24］何瑶. 城市轨道交通车站内客流组织［J］. 交通科技与经济, 2007（5）.

［25］方蕾, 庞志显. 城市轨道交通客流与行车组织分析［J］. 城市轨道交通研究, 2004（5）.

［26］钱进. 排队系统在城市轨道交通出站闸机中的应用［J］. 经营管理者, 2015（5）.

［27］邹晓磊. 城市轨道交通车站乘客动态分布仿真研究［D］. 同济大学, 2005.

［28］李洪旭. 城市轨道交通车站设施设备与整体服务水平分级研究［D］. 北京交通大学交通运输学院, 2013: 1 - 23.

［29］高珊珊. 城市轨道交通车站站台聚集人数分析与计算［D］. 北京交通大学交通运输学院,

2015：1-6.

[30] 唐巧梅. 城市轨道交通大客流运营组织方法研究 [D]. 西南交通大学交通运输规划与管理专业，2013：1-30.

[31] 付翠翠. 城市轨道交通网络化运营组织关键技术研究 [D]. 大连交通大学交通运输工程专业，2015：2-3.

[32] 赵提. 城市轨道交通线路高峰客流协调控制优化方法研究 [D]. 北京交通大学交通运输学院，2016：1-29.

[33] 史瑞洁. 城市轨道交通运营组织优化研究 [D]. 西南交通大学交通运输规划与管理专业，2011：7-13.

[34] 严波. 城市轨道交通运营组织优化研究 [D]. 东南大学载运工具运用工程专业，2006：36-54.

[35] 王英男. 大型综合交通枢纽站客流预测及组织优化方法研究 [D]. 北京交通大学交通运输规划与管理专业，2008：1-44.

[36] 冉晓夕. 突发大客流城市轨道交通运营组织研究 [D]. 西南交通大学交通运输规划与管理专业，2014：6-12.

[37] 李三兵. 城市轨道交通车站客流特征与服务设施的关系研究 [D]. 北京交通大学道路与铁道工程专业，2009：7-26.

[38] 张成. 城市轨道交通客流特征分析 [D]. 西南交通大学交通运输规划与管理专业，2006：7-14.

[39] Daamen W, Hoogendoom S. P.. Experimental research of pedestrian walking behavior [J]. Transportation Research Record, 2003 (1828)：20-30.

[40] Litman T.. Impacts of rail transit on the performance of a transportation system [J]. TRANSPORT RESERCH4. 2005.

[41] William H. K. Lam, Member, ASCE, Chung - yu Cheung. Pedestrian speed-flow relationships for walking facilities in HongKong [J]. Transportation Engineering. 2000：343-34.

[42] James Odeck. The effect of mergers on efficiency and productivity of public transport services [J]. Transportation Research Part A. 2008 (42)：696-708.

[43] Anthony Stathopoulos, Matthew G Karlaftis. A multivariatestate space approach for urban traffic flow modeling and prediction [J]. Transportation Research Part C 11, 2003：121-135.

[44] Assis W. O. et al. Generation of optimal schedules for metro lines using model Predictive control [J]. Automatiea, 2004 (40)：1397-1404.

[45] Sigurd Grava. Urban Transportation Systems [M]. New York IBT global, 2003.

[46] Wiggenraad B. L.. Alighting and boarding times of passengers at Dutch railway stations [J]. Delft University of Technology, 2001.

[47] Bates, E. G.. A study of passenger transfer facilities [J]. TRR, 1978, 732：23-43.

[48] Samanta, S., Jha, M. K.. A bilevel model for optimizing station loeations along a rail transit line [J]. Wittrans Built Env, 2006.

[49] Chandramouli, M., Huang, B., Chou, T. Y., et al. Design and implernention of virtual environments for planning and building sustainable railway transi tsystems [J]. Wittrans Built Env, 2006.

# 附录

## 三号线客流拥挤情况调查问卷

性别　　　　　年龄　　　　　乘车目的

1. 你乘坐三号线在工作日还是周末会感到拥挤?
   A. 工作日　　　　　B. 周末
2. 在三号线乘车哪个时间段最拥挤?
   A. 07:00-08:00　　　B. 08:00-09:00　　　C. 17:00-18:00
   D. 18:00-19:00　　　E. 其他
3. 你认为三号线最拥挤的车站是哪个?(可多选)
   A. 南坪　　　　　　B. 两路口　　　　　C. 牛角沱
   D. 观音桥　　　　　E. 红旗河沟　　　　F. 嘉州路
   H. 其他
4. 你认为在南坪站往哪个方向乘车比较拥挤?
   A. 鱼洞方向　　　　B. 江北机场方向　　C. 两者皆有
5. 你认为在两路口站往哪个方向乘车比较拥挤?
   A. 鱼洞方向　　　　B. 江北机场方向　　C. 两者皆有
6. 你认为在牛角沱站往哪个方向乘车比较拥挤?
   A. 鱼洞方向　　　　B. 江北机场方向　　C. 两者皆有
7. 你认为在观音桥站往哪个方向乘车比较拥挤?
   A. 鱼洞方向　　　　B. 江北机场方向　　C. 两者皆有
8. 你认为在红旗河沟站往哪个方向乘车比较拥挤?
   A. 鱼洞方向　　　　B. 江北机场方向　　C. 两者皆有
9. 你认为在嘉州路站往哪个方向乘车比较拥挤?
   A. 鱼洞方向　　　　B. 江北机场方向　　C. 两者皆有
10. 你认为三号线哪个换乘车站的换乘方式最合理?
    A. 两路口　　　　　B. 牛角沱　　　　　C. 红旗河沟
    D. 三个车站都不太合理
11. 在你乘坐三号线的过程中最多等待了多少列列车才上车?
    A. 3列以下　　　　B. 3列　　　　　　　C. 4列
    D. 5列　　　　　　E. 6列及以上
12. 对于车站现有的乘客疏导措施,你是否觉得有效?
    A. 有　　　　　　　B. 没有　　　　　　C. 有一部分有效

# L监狱企业文化建设优化研究

时磊 李琪

**摘 要：** 随着时代的发展，对于监狱企业而言，企业文化作为一种精神财富，对监狱企业文化建设的重要性进行再认识显得尤为重要。监狱企业一直把对监狱企业文化建设优化作为自我改进的一个重要课题。在持续推进监狱企业体制改革的过程中，监狱企业逐步由传统的资源垄断型企业向市场竞争劳动密集型企业转型。如何加强监狱企业文化建设，并对现有的监狱企业文化建设进一步优化已成为我国当前司法体制改革中的焦点所在。本文将L监狱企业作为研究对象，运用工商管理相关知识和理论系统研究监狱企业文化建设过程中存在的问题，并运用工商管理相关理论进行优化设计和保障措施实施。

本文以L监狱企业文化建设为案例。首先叙述了目前监狱企业文化建设的研究背景及其研究意义，并且针对研究的内容、方法及研究创新点进行了具体说明。随后对国内外企业文化定义、企业文化建设优化、监狱的企业文化建设研究现状进行了深入分析，并对监狱企业文化、监狱企业、监狱、文化等概念进行有效界定，认为监狱文化建设主要包括监狱素质文化建设和监狱管理文化建设。然后对需要运用的工商管理具体理论进行说明介绍。

其次，本文介绍了L监狱企业，并阐述了L监狱企业文化建设的相关举措。随后通过专家访谈、调查问卷统计、座谈会等分析方式对L监狱企业文化建设的优化设计研究进行了总结分析，得出了L监狱企业文化建设优化研究中存在的七个方面问题：分别是企业文化思想理念滞后、监狱企业警察职工内生发展动力有待提升、企业文化对罪犯诉求度体现不足、企业文化建设缺乏顶层设计、企业文化与体制机制契合度低、企业文化对经营活动引领度不够、企业文化建设形式主义浓厚等，进而对存在的问题进行了简要的分析。

再其次，根据L监狱企业文化建设存在的问题，运用工商管理企业文化理论、绩效考核理论、激励理论中的双因素理论和层次需求理论对L监狱企业文化建设优化中存在的问题进行了研究，针对性提出了对应的解决对策及相应的保障措施。保障措施主要是从企业文化涵盖的精神、物质、制度、行为等四个维度进行系统阐述，具体来说：物质保障方面需要保障对L监狱企业文化建设的资金投入，保障L监狱企业绩效考核和激励机制的物质奖励支付；精神保障方面主要是加强对 L 监狱企业警察职工文化建设的教育与培训，确保企业精神的构建及时有效；制度保障方面主要是确保 L 监狱企业文化建设制度的建立和运行；行为保障方面主要是建立企业对内、对外交往的行为规范。

最后，对论文研究的不足之处进行了说明，并希望通过对 L 监狱企业文化建设的研究，能够引起更多人的关注和研究，为监狱企业的持续健康发展做出贡献。

**关键词**：文化；监狱企业；监狱企业文化建设

# 1 绪论

## 1.1 研究背景及研究意义

### 1.1.1 研究背景

企业文化建设优化能够体现出一个企业在管理当中的价值观。随着经济的发展，企业文化的建设不仅成为企业发展中的关键元素之一，并且已经成为企业管理的重要价值体现。在世界经济快速发展的今天，企业竞争日趋激烈，如果企业想要在各种竞争中立于不败之地，那么企业就应该以科学发展观作为企业文化建设的理论指导方法，以提高企业整体文化素质为目的进行时代性创新，从而促进整个企业的改革和发展。

监狱企业作为我国计划经济时期的特殊产物，在特定历史时期有其存在的合理性。但是，随着市场经济的发展，监狱企业从计划经济时期的"监企合一"到社会主义市场经济的"监企分开"是历史前行的必然结果。2003 年司法部开始进行监狱企业试点改革，主要是监狱与企业进行分离，目前已在 12 个省市进行了试点改革工作。2007 年，在全国范围内逐步推行监狱体制改革工作。改革的过程必然经历阵痛，监狱企业由计划经济时期的垄断性资源型企业逐步向现在参与市场竞争的劳动密集型企业的转变也不例外。同时，转变的过程和转变的方向属于摸着石头过河，因而监狱企业的文化建设问题也顺理成章地成为监狱理论研究探讨的新宠。"凿一孔而窥其端倪"，理论界对监狱企业文化建设的探讨，可以为监狱企业文化建设找到科学的发展路径，奠定监狱企业快速良性发展的基础。

山东省 L 监狱，建制于 1984 年 5 月。建狱 33 年以来，现有微山和日照两处关押点，两个关押点距离 300 公里左右，是山东省的高度戒备监狱。2001 年 5 月，被司法部正式命名为部级现代化文明监狱。2001 年，L 监狱企业根据国家要求建设监狱小社会，提出"五矿两厂"企业战略构想。2006 年，L 监狱企业有 3 个监狱煤矿、1 个石膏矿，还入股一所监狱煤矿，另有机械维修厂、泰汶建材厂。为服从全省监狱企业布局调整的需要、响应国家号召，让监狱企业逐步退出高危行业，自 2006 年开始谋划监狱迁建的必要性和可行性，2008 年经山东省监狱管理局批准迁建海滨城市。2009 年初，司法部、山东省委、省政府发文批复同意迁建。从此，L 监狱开始以监狱迁建、企业退出高危行业为监狱发展目标，根据"规划科学、功能齐全、人文和谐、安全可靠"的监狱管理理念和"高起点规划、高标准建设、高效能管理"的企业要求将新监狱建设定格在监狱布局调整的部级标杆。截至目前，L 监狱企业将煤矿全部划转至地方煤矿，因都属于国有企业，监狱煤矿企业划转属于无偿划转。现在 L 监狱企业还有两处培训基地，一个监狱服刑人员劳动改造企业，主要让服刑人员从事劳动改造。与此同时，L监狱在企业文化建设方面进行了有益的探索，并实施了诸多建设性举措，为监狱企业良性发展提供了强有力的智力支持。随着监狱企业退出高危行业，进入劳动密集型行业，市场竞争压力随之而来，监狱企业的发展对监狱企业文化建设的要求越来越高，监狱企业文化建设在监狱整体工作中的地位也越来越突出。有鉴于此，有必要对L监狱的企业文化建设进行再思考、再创新，以期能够适应监狱企业工作实际需要，保持监狱的安全稳定持续发展。

#### 1.1.2 研究意义

目前，企业文化建设已逐渐被人们熟知并接受。但是，在监狱系统中，企业文化建设的深远意义尚不被人们重视，仍有不少工作人员存在着"监狱企业不像社会企业，文化建设可有可无，只有物质建设才是真正有用的东西"的观点，其中不乏监狱企业的管理者，监狱企业文化建设的重要意义不被重视。从社会发展实践来看，监狱企业文化建设作为监狱企业发展的软实力，是监狱企业理想运营的舵手。在新的社会形势下，"一流企业靠文化"已经成为众多企业的经营理念，监狱企业文化建设兼具服刑人员改造及监狱企业经济发展的双重意义。监狱企业文化建设虽然不能在短期内直接产生经济效益和社会效益，但它是监狱企业经济发展的引擎。将监狱企业文化的理念内化于监狱企业所有员工（警察、职工、服刑人员）的观念、信念、价值和行为准则中，可以使员工养成规范的行为，从而形成浓厚的监狱企业文化氛围，在构建监狱企业核心竞争力、提升监狱企业内部凝聚力上体现其特有的实践性。监狱企业文化也是企业经济向好发展的一个风向标，能够控制监狱企业的经济向着平稳、有序、利好的方向发展。

监狱企业作为改造服刑人员的主要场所，监狱企业文化建设承载着凸显监狱执法文明的重任。随着监狱企业体制的改革和监企分开政策的深入进行，以及在国家市场化程度不断提高的大环境下，如何有效推行监狱企业的文化建设优化来获得最大的社会效果引发了有关学者、专家的极大关注及相关研究机构的学术研讨，并取得了一定的研究成果，在监狱企业中乃至社会上成为热门话题。论文以L监狱企业为研究对象，通过对监狱企业文化的理论研究、优化设计，提出可行性方案，以期为更多的监狱企业管理者提供可参考性文化建设方案，推进监狱企业文化建设进程，让服刑人员进行劳动改造，完成由具有社会危害性的服刑人员向社会守法公民的转变。

监狱企业在工商局注册，具有独立法人资格，参与社会化运行。如果监狱企业不转变经营理念，仍然以监狱管理的思想来应对新形势下的监狱企业管理，那么监狱企业势必会在同社会企业竞争的过程中处于劣势地位，直至被社会淘汰。树立正确的监狱企业文化管理理念来引领监狱企业文化建设，以市场思维指导监狱企业市场运作，引导监狱企业实现良性发展，才能为罪犯学习劳动技能和基础管理经验提供持续稳定的健康环境，才能满足监管改造的需要，才能为监狱的持续安全稳定保驾护航。

## 1.2 研究内容与研究方法

### 1.2.1 研究内容

本文以 L 监狱企业文化建设优化设计为主要研究内容。

首先,全面叙述监狱企业文化建设研究的背景和意义,且对主要研究的内容、方法及研究创新点进行了说明;随后,对国内和国外企业文化建设、监狱企业文化建设优化的有关情况进行叙述,并对监狱、监狱企业、监狱企业文化等有关的概念进行有效界定,然后运用工商管理理论进行有关分析。

其次,介绍了 L 监狱企业,分析了 L 监狱企业文化建设现状,对 L 监狱企业文化建设优化通过调查问卷统计法、企业一线员工座谈、校内外专家进行访谈和分析。推导出了 L 监狱企业文化建设中存在的问题,分别是企业文化现行理念存在代差、监狱企业文化与监狱现行体制机制不融合、监狱企业文化建设形式主义浓厚等七个方面问题,并对存在的问题进行了成因分析。

最后,运用绩效考核理论、激励机制理论、双因理论和层次需求理论等对 L 监狱企业文化建设存在的问题进行了对策分析,提出了相应的解决对策。对策的解决还需要有相应的保障措施保证对策能够顺利实施,保障措施主要从精神、物质、制度、行为等四方面进行了阐述说明。

### 1.2.2 研究方法

本文主要运用了三种研究方法:

(1)文献研究法。

本文主要通过研究分析国内外企业文化相关文献以及 L 监狱企业内部资料来探讨监狱企业文化建设的优化设计方案。以 L 监狱企业为研究对象,以该企业文化建设为研究内容切入点,根据所学工商管理理论知识,理论联系实际,制定具体可行的针对性措施。

(2)案例研究法。

本文以所学工商管理知识为基础,通过对 L 监狱企业的具体分析、实例研究,通过理论来引导实践,通过实践来验证理论的可行性,最后得出监狱企业文化建设的优化方案及保障措施。

(3)调查研究法。

一年来,笔者在 L 监狱企业深入系统地开展文化建设构建活动;前往 5 所监狱企业进行调查研究,探讨监狱企业发展出路问题,共计发放调查问卷 1300 余份;以监狱企业文化建设为主题,访问专家 15 人,访问一线监狱企业员工(即服刑人员)140 余人,最终形成了监狱企业文化建设的优化方案。

## 1.3 研究创新点

本文以监狱企业文化建设为新的研究视角，是监狱企业在市场竞争中良性发展的一个研究切入点。监狱企业文化主要是监狱企业作为一名企业人、独立法人，在市场经济的竞争中生存的一种群体性特征。在研究内容上，L监狱企业素质文化和企业管理文化两者相辅相成，L监狱企业素质文化中服从、忠诚、执行等理念在一定程度对监狱企业管理文化起到一个稳定剂的作用。L监狱企业管理文化中的创新驱动、竞争法则对监狱企业素质文化起到一个驱动引擎的作用，两者相辅相成，有利于完善我国监狱企业文化建设；监狱企业在国家供给侧结构性改革的指导下，处在退危改革的关键时期，如何提高监狱企业适应市场环境的竞争能力，尽快地融入市场竞争氛围，是我们研究监狱企业文化建设的初衷；通过个例研究，也为兄弟监狱企业文化建设起到借鉴作用。

## 2 文献综述及相关理论基础

### 2.1 国内研究综述

国内对企业文化的研究层出不穷，每个专家学者及理论实践者都从自身的角度，对企业文化的理念进行了创新和解读。文献综述从企业文化定义、监狱企业文化建设等方面对企业文化进行了解读和探讨，让我们对企业文化的内涵和监狱企业文化建设都有了深入的了解。汲取各家之长才能弥补自身的缺陷，监狱企业文化建设需深度挖潜，论文以更广泛的视角来探究我们所在监狱企业领域的企业文化建设。

#### 2.1.1 企业文化定义

张德和吴剑平（2000）认为，可以用简单的语言来表达企业文化这个概念，即是指全体员工在长期的创业和发展过程中培育形成共同遵守的最高目标、价值标准、基本信念及行为规范。它是企业理念形态文化、物质形态文化和制度形态文化的复合体。高占祥（2010）认为，企业文化是中国传统文化与现代企业文化融合的产物，企业文化是一个企业特有的品质形成的群体性特征，是一个企业共同的行为准则。王吉鹏（2015）提出，企业文化是一个企业在长期的发展中形成的一个企业特质，包括企业的道德理念、传统观念、行为方式和群体价值观等，具有特殊的规则和行为方式。林静（2016）指出，企业文化是企业历史的积淀，是企业管理者在企业经营过程中，用自己的行为理念和方式影响企业员工行为，逐渐形成共同的价值理念，是企业经营的必然统一，而不是企业刻意为之。罗晓明（2016）研究得出，企业文化最早兴起于 20 世纪 80 年代的美国，是一种经济主体和文化主体的融合与发展，将现代企业文化作为一种综合性的企业文化来发展，企业文化主要是企业在发展的过程中形成的融合了文化理念、价值观念、思维方式和职工共同理想的一种文化形式。

### 2.1.2 监狱企业文化建设

胡惠珍（2011）重点研究了云南省监狱企业文化的优化设计。首先对云南省监狱企业文化优化的研究背景与实际意义做了介绍，对监狱企业文化建设的职能和优势做了探讨，之后对云南省企业文化建设的现状和发展历程做了介绍，最后根据云南省监狱企业文化建设的现实分析，从四个方面对监狱企业文化建设优化做了探讨，希望通过优化设计提高监狱企业的运行效率和经济效益。钱文洁（2011）认为企业文化建设的核心环节是现代企业管理。良好的企业文化是企业发展的强大引擎。加强国有企业文化建设的现实必要性，结合国有企业文化建设现状，探究国有企业文化建设的对策建议尤为必要。魏常财（2013）认为监狱企业首先作为罪犯劳动改造的生产场地，其劳动行为不仅是一种经济发展方式，也是监狱通过劳动改造的方式培养服刑人员的劳动技能，为其回归社会，成为守法公民做的必要准备。监狱企业组织罪犯的生产劳动以劳动改造罪犯，实现劳动自立为主要目标。经过近几年的不断优化，监狱企业的管理方式已经有了质的飞跃。从粗放式管理到科学管理再到文化管理是监狱企业创新管理方式一种提升。监狱企业要在市场竞争中博得一席之地，就必须要有拿得出手的产品，监狱企业要像普通企业一样持续发展，就必须有源源不断的动力支持。而监狱企业文化是监狱企业持续发展、稳定发展的最根本源泉。李喆渊（2016）认为监狱的特殊性决定了监狱企业的各项工作要以安全理念、安全意识为指导。安全文化在煤矿这种高风险操作型行业中尤为重要。它涵盖了安全观念、安全行为等多个方面，需要从加强安全文化建设、加强教育培训力度、强化管理体制机制、加大安全物质投入、加强企业领导重视等多个方面入手，促进监狱企业安全文化建设。

## 2.2 国外研究综述

### 2.2.1 企业文化内涵

特雷斯·迪尔和阿伦·肯尼迪（1982）共同提出了企业文化研究起源。无论企业还是任何组织，都会存在文化建设的因素在里面。无论文化的形式是什么样的，弱势或者强势文化，都会对企业产生巨大的影响力。企业文化包含以下五种要素：企业英雄、文化网络、价值观、风俗和礼仪、企业环境。企业文化又可以分成以下四种形体：适应高风险、快反馈环境的硬汉型文化；形成于风险大、反馈慢的赌博型企业的文化；形成于风险小、反馈慢的企业稳定保守型文化；形成于风险小、反馈快的享受型企业文化。艾德佳·沙因（1992）关于企业文化的概念被学者们广泛认同，在其编著的《企业文化与领导》中，企业文化被定义为一种组织共享模式的基本假设，该假设是在解决企业内部问题和外部问题过程中形成的。因而在有关问题展现的时刻，它需要组织企业成员以一种正确的思维方式去理解和实施对策。查尔斯·希尔和盖洛斯·琼斯（2001）认为，企业文化是企业中人们共同拥有的特有价值观和行为准则的聚合，这些价值观和行为准则构成企业中人们之间和他们与企业外各利益方之间交往的方式。约翰·科特和詹姆斯·赫斯克特（2004）认为，企业文化是指企业的各个部门，至少是企业的高层领导所共同具有的一种文化共识，是企业中一个分部的各个职能部门或地处不同地理环境的部门所拥有的共同的文化现象。

#### 2.2.2 企业文化研究

20世纪70年代以前，美国的企业管理模式一直是全球领先模式。只是到了20世纪80年代，美国的经济衰退逐步显现，日本经济的高速发展对美国的经济发展产生了威胁。威廉·大内（1981）研究得出，日本的经营管理方式一般较美国的劳动效率会高很多，美国的企业应该结合美国本土特点，向日本企业的管理模式借鉴，形成自己的管理模式。他对这种方式进行了理论上的概括，称为"Z理论"。Z理论认为，企业的成功离不开信任、敏感与亲密，因此主张以坦白、开放、沟通作为基本原则来实行"民主管理"。80年代开始，以奎恩（1998）为代表的定量研究，提出了用数字和数学模型来研究企业文化与其他变量的关系，可以用于企业文化的评估诊断和测量，使得测量结果更有信度和效度。沙文（1991）提出了通过问卷并实地考察和整理资料数据的方法，提出以局内人和局外人的立场进行调查研究并加以分析归纳。20世纪90年代后，企业文化由基础理论研究逐步走向实际使用研究。

从西方对企业文化理论研究的书籍和专著可以看出，西方学者对企业文化等理论的研究已经很深入，但是缺乏对监狱企业文化建设的深入研究。综上所述，现存的文献大多针对企业文化进行理论分析研究，当中没有关于监狱企业文化建设的建议，监狱企业文化研究甚少。本文从L监狱企业的现状出发，系统地提出了对监狱企业文化建设的优化方案及保障措施。

## 2.3 相关概念界定

#### 2.3.1 监狱

监狱是国家基于一定的行刑目的而设置的，以国家强制力为后盾，依法对判处死刑宣告缓期两年执行、无期徒刑、有期徒刑的罪犯执行刑罚进行惩罚与改造的国家刑罚执行机关。

从上述概念可以看出，监狱具有以下基本特征：

（1）行刑场所的封闭性。监狱是国家基于一定的行刑目的而设置的，在我国所谓的行刑目的是惩罚和改造罪犯，预防和减少犯罪。国家通过设置监狱这一与社会高度隔离的场所作为特定的行刑机关来实现这一行刑目的，并配置了体现国家强制力的一整套专门设施。

（2）行刑对象的特定性。监狱的行刑对象是被人民法院依法判处死刑宣告缓期二年执行、无期徒刑、有期徒刑的罪犯。

（3）行刑内容的特殊性。监狱依照法律的规定对罪犯执行刑罚，就是对进入监狱的服刑人员进行惩罚与改造，以教育和改造为主，实现服刑人员由罪犯向守法公民的转变。

监狱机关是国家的刑罚执行机关，承担着对罪犯实施惩罚和改造的责任。现代监狱已经不是纯粹的国家暴力机器、专政工具、行刑机构，在依法对罪犯实行监禁和惩罚的同时，不仅要满足预防犯罪、减少犯罪的需要，还要肩负着对罪犯实行教诲、矫正和改造的责任，对罪犯进行文化教育和职业培训，要使罪犯具备回归社会后适应社会生活的能力，就必须由监狱企业来承担服刑人员的劳动改造。

### 2.3.2 文化

文化是人的人格及其生态的状况反映。文化的广义理解可以是所有物质和精神财富被人类开发出来的集合体。文化的狭义理解主要是指理念、艺术、文字等所有意识形态精神产品的内在表现。文化是现如今人类所特有的一种表现形式。文化是由人来创造和传承的，是人类社会发展的附属品，有了人类社会的发展进步才有了文化的延续和传承。

文化能通过提供完整而贴切的理论来为人类社会的观念形态、精神产品、生活方式等方面的研究提供强有力的支持。人类学的综合研究具有科学性、哲学性、神学性，文化是人类存在"个性与共性"的一种社会关系。即高品质人生文化、基本人性层次文化、历史性层次文化、社会交往层次文化，通过人性的贯通与融合，形成了所谓的文化。一个企业如果没有厚重的文化韵味，文化创新驱动不强烈，没有企业超前文化的引领，在市场经济的竞争中就会因为缺少内生原动力而落后于社会，甚至被经济浪潮所淘汰。只有转变理念，积极实践，不断推进企业文化建设，才能确保企业保持鲜活生命力，持续创新发展。

### 2.3.3 监狱人民警察

监狱人民警察是指依法从事监狱管理、执行刑罚、改造罪犯工作的人民警察。监狱人民警察作为我国人民警察的重要组成部分，应当严格遵守宪法和法律，忠于职守，秉公执法，严守纪律，清正廉洁。根据我国《监狱法》《人民警察法》的规定，监狱人民警察主要由以下人员组成：

（1）各级监狱管理机关的公务员。
（2）监狱、未成年犯管教所的公务员。
（3）各类监狱科研和教育机构的研究人员和教学人员。

### 2.3.4 监狱企业

监狱企业走上历史舞台经历了很长时间的变化，各界对监狱企业的定义也各有不同，根据地域特点和监狱属性不同，形成了多方定义，直至2003年《国务院批转司法部关于监狱体制改革试点工作指导意见的通知》的下发，首先明确了监狱企业定义："监狱国有独资公司及其子公司或分公司是改造罪犯工作的组成部分，主要任务是为监狱改造罪犯提供劳动岗位，为改造罪犯服务，不同于以营利为目的的社会企业，但也要讲效益。"这说明了监狱企业具有两方面的属性，一方面是国家性，一方面是市场性。第一是国家性，监狱作为国家刑罚执行机关，对服刑人员进行劳动改造，作为服刑人员劳动改造的场所，发挥教育职能，实现服刑人员由罪犯向守法公民的转换。第二是市场性，监狱企业作为市场经济的一分子，必须参与市场竞争，获取相对的利润，维持监狱企业的良性运行，也是国有资产保值增值的一个有效途径。企业生存发展的前提条件是追求经济效益的最大化，而对于监狱企业来说，国家性是第一位，是主要属性，而市场性是第二位，是国家性派生而来的，处于附属地位。监狱企业的经济性与社会性的"个性"与"共性"，决定了监狱企业的"一般性"与"特殊性"。

### 2.3.5 监狱企业文化

监狱企业文化是基于对监狱罪犯的劳动改造、监狱企业对外交往、服务社会等实践活动所形成的一种特殊的监狱企业文化形态，内容涵盖监狱企业的行为理念、企业活动准则和警察职工的行为方式等。监狱企业文化更多的是将监狱作为一个特殊的企业来进行管理的一种文化理念。监狱企业文化是指监狱企业在改造罪犯和服务社会等实践活动中逐渐形成的生产经营管理理念、价值观念和行为准则。监狱企业文化兼具两种特性，既是服刑人员劳动改造的监狱文化特性，又有作为市场主体，参与市场竞争的企业文化特质，是两种文化特征的融合体。

监狱企业文化建设的重要意义在于：监狱企业应积极创造积极向上的企业文化氛围，利用科学的管理模式，注重人才的引入与培育机制，努力创建独具特色的文化品牌，推动监狱企业的全方位健康发展。监狱企业应坚持战略性的高度，将文化内涵内化为一种准绳、一种信念、一种象征、一种凝聚力，使监狱企业的警察职工将文化软实力内化于心、外化于形，积极行动，在企业中找到归属感与成就感。当前，在国家进行供给侧结构性改革的背景下，监狱系统响应号召积极转型、深化改革，包括L监狱在内的监狱企业面临着退出高危行业、布局调整、转方式、调结构等重大战略变革。在改革时期，如何调整文化发展战略使之与监狱企业发展战略相适应，如何发挥企业文化相对稳定的传承作用,建设平安和谐监狱企业等问题,都是监狱企业所面临的重大而现实的挑战。要想从容应对这些挑战,文化建设是关键。只有高度重视文化建设,不断赋予监狱企业文化以新的内涵和生命,提高监狱企业的文化软实力,监狱企业才能在改革的浪潮中走得更高更远。

## 2.4 基础理论

### 2.4.1 企业文化理论

企业文化的定义很多,企业文化理论的研究也各式各样。企业文化理论是企业管理理论的一种创新。一个企业如果想更好的发展,有更好的市场资源,更加高素质的员工,更好的生态资源利用率,就必须潜心研究企业文化,让企业文化更好地服务企业。

企业文化由以下四个方面组成:一是企业理念文化;二是企业行为文化;三是企业制度文化;四是企业物质文化。企业文化的四个层次是紧密结合在一起的,缺一不可。企业理念文化是其他三个文化的核心,是企业文化发展的核心。行为文化和物质文化是企业理念文化的外化于形,对企业理念文化起到促进提升的作用。制度文化是其他三个文化的固化形式,是企业运行发展的基本方向,通过制度文化将其他三个文化变成强有力的执行力。

### 2.4.2 绩效管理理论

监狱企业的绩效管理体系是以实现监狱企业的劳动改造职能为驱动力,以监狱企业关键的几个绩效指标数据和从事劳务加工工作目标的设定为载体,通过绩效管理的三个管理环节来实现对监狱企业服刑人员、警察职工工作绩效的客观衡量、及时监督、及时汇总、及时兑现,从而调动监狱企业所有人员的积极性并发挥各个人员的优势,以提高监狱企业的经济效益。绩效管理的三个环节为:监狱企业制订绩效计划及其衡量标准;制定针对性的日常和定期的绩效考核指导;以最终结果和绩效考核结果进行奖励兑现。

对于监狱企业发展的不同阶段和不同的文化场景,监狱企业的绩效管理的定位也有所不同。如某监狱现在属于初建监狱企业时期,企业规模较小,各方面内容都不完善,考核的内容和方法也应当简单易行,可采用直接业绩评价或只针对部分核心岗位展开评价;L监狱对应监狱企业发展阶段,内部绩效管理的重点应着重于对特别关键点的业绩以及工作过程的全面考核,考核对象也应该逐步面向公司全体员工;而对于成熟期的监狱企业来说,绩效管理更具有系统性,更强调考核体系本身的指导战略作用。总体考量,监狱企业应根据自身发展要求,将绩效考核与管理成本进行综合平衡,力求绩效管理体系得以持续实施下去。监狱企业作为特殊的企业,一般处于绩效考核的初级阶段。监狱企业文化建设引入绩效管理体系,进行企业管理,不仅可以提高监狱企业的生存能力,在一定程度上也是监狱企业文化发展创新的一个标志。

### 2.4.3 激励理论

激励理论是指通过特定的方法与管理体系，将员工对组织及工作的承诺最大化的过程。激励的目的在于激发人的正确行为动机，调动人的积极性和创造性，以充分发挥人的智力效应，做出最大成绩。

激励理论包括马斯洛的需求层次理论（见图1）、赫茨伯格的双因素理论（见表1），这两者相辅相成（见图2）。马斯洛的需求层次理论是有代表性的激励理论。他认为人的需求层次是有代表性的，从人的低级需要逐步向人的高级需要发展。当最高级别的需要得到满足以后，激励理论就不再起到激励作用。双因素理论，又称"激励保健理论"（hygiene – motivational factors），也是激励理论的又一代表。该理论从另一个层面介绍激励理论，认为人的工作动力来自于两个因素：一个是激励因素，一个是保健因素。激励因素能够带给人们满足感，而保健因素不会带给人满足感，但可以消除人的不满意感。监狱企业文化的优化研究离不开对上述两个理论的研究和运用，只有熟练运用并付诸实践，监狱企业文化建设才可以沿着好的方向发展，才不会有所偏颇。

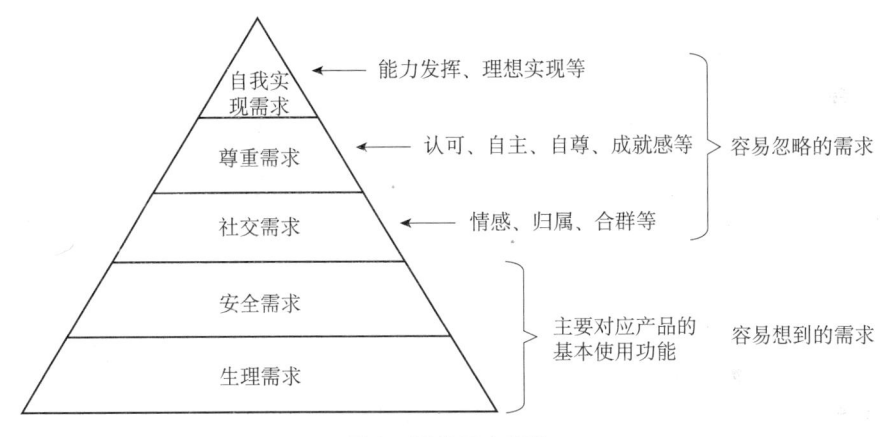

**图1　需求层次理论**

**表1　双因素理论主要观点**

| | | |
|---|---|---|
| 促进因素 | 获得 | 具备这些因素使得人们满足 |
| | 承认 | |
| | 工作问题 | |
| | 责任 | |
| | 进步 | |
| | 发展 | |
| 保健因素 | 政策和管理 | 缺乏这些因素导致人们不满 |
| | 监督 | |
| | 关系 | |
| | 工作环境 | |
| | 工资 | |
| | 个人生活 | |
| | 状态 | |
| | 安全 | |

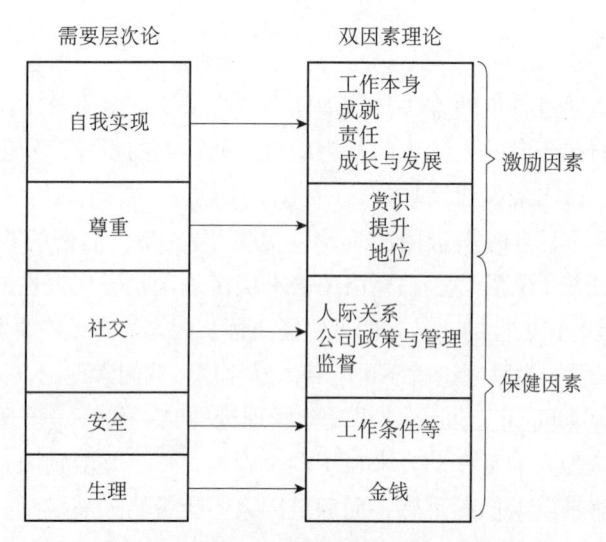

图 2　需求层次论和双因素理论的关系

# 3　L 监狱企业文化建设现状分析

## 3.1　监狱企业概述

### 3.1.1　监狱企业发展历程

山东省 L 监狱，建制于 1984 年 5 月。建狱 33 年来，拥有两处服刑人员关押点，关押点相距 300 公里。2001 年 5 月该监狱被司法部正式命名为部级现代化文明监狱。

2001 年，L 监狱企业提出"五矿两厂"战略构想。2006 年，L 监狱企业有煤矿、石膏矿等 5 所矿井，还有机修厂、建材厂。2006 年为服从全省监狱布局调整的需要、响应国家号召，让监狱企业逐步退出高危行业，开始谋划监狱迁建的必要性和可行性。2008 年山东省监狱管理局同意迁建海滨城市。2009 年初，司法部、山东省委、省政府发文批复同意迁建。从此，L 监狱开始以监狱迁建、监狱企业退出高危行业为监狱发展目标，根据"规划科学、功能齐全、人文和谐、安全可靠"的监狱理念和"高起点规划、高标准建设、高效能管理"的监狱企业要求将新监狱建设定格在监狱布局调整部级标杆单位。2016 年，L 监狱企业将煤矿、石膏矿全部划转地方，监狱还留有两处培训基地，一个有限责任公司（RZ 远航轻工业有限责任公司）。本文研究的监狱企业主要指 RZ 远航轻工业有限责任公司。该公司性质为国有独资企业，主要从事轻工业制造，设有 11 个分公司、1 个仓储物流中心；分公司从事不同产业的制造，主要有服装生产、皮鞋生产、藤编制作、吨袋制作、数据线制作等各种劳动密集型产业。监狱与监狱企业为一套班子，双重身份。监狱领导层作为公司董事会；监狱根据企业职能设立对应科室对企业负责；监狱监区中层领导干部为分公司主要负责人；普通警察职工为分公司的中层领导，二级班子成员；监狱服刑人员为公司的一线员工，表现突出服刑人员可以担任车间生产线的施工和统计组长。公司现有大型厂房 5 座、物流仓储 1 座，均为 4 层车间厂房，根据生产项目由公司统一分配车间。两个培训基地为××酒店和××培训中心，作为监狱企业对外接待窗口，独立核算，自负盈亏。

### 3.1.2 监狱企业发展现状

RZ 远航轻工业制造有限责任公司成立于 2013 年，注册资本金为 500 万元。该公司是 L 监狱的全资子公司，为 L 监狱现在最主要的企业。公司自成立以来，始终秉持快速发展、跨越发展的发展理念，从弱到强、从小到大，逐步发展成为拥有 11 个分公司，1 个仓储物流中心，厂房面积近 4 万平方米，各类设备 2800 余台（套），涉及服装、家纺、箱包、制鞋、藤编、吨袋、线束、电子等多个行业的综合实力较强的监狱企业。监狱企业为 L 监狱服刑人员劳动改造创造了条件，每年创造劳动岗位 3500 个左右，同时也实现了较好的经济效益。2016 年，在宏观经济极其低迷、制造业订单大幅萎缩的形势下，收入依然实现了大幅度增长，同比增加 17%。

RZ 远航公司发扬"创新无止境"的企业精神，奉行"重视对方利益，发展双方事业"的合作理念，优化升级生产项目，做大做强拳头产品，探索规模化、专业化发展道路，秉承质量为生命、时间为信誉、价格为竞争力的经营信念，不断拓展与完善劳务加工产业链，为顾客提供最佳服务，为社会提供最优产品。

## 3.2 监狱企业文化建设现状

（1）企业文化建设内容。2002 年，经过艰苦奋斗已经走过 20 个年头的 L 监狱企业开展了一系列的庆祝活动，并借此机会促进企业文化建设，拉开了监狱企业文化建设的序幕。经过一系列的文化建设，如今也形成了具有煤矿特色的 L 监狱企业文化建设特点，这也为监狱企业改革、文化建设转型优化提供了理论基础。L 监狱企业文化建设主要有：一是多维度开展文化宣传活动，监狱企业成立宣传教育科，专门负责企业文化宣传活动，购置宣传设备，成立新闻报道组，监狱企业文化宣传已经可以达到自编、自导、自录、自播的专业水准。同时，还进行网络宣传，建立微信公众号，有组织地开展对外宣传。设立各种微信群体，加强对内的宣传引导。积极联系齐鲁晚报、大众日报等新闻宣传机构，开展文化建设合作，积极走出去，让社会加深对监狱企业的了解和关注，更好地开展企业形象展示，打造企业文化品牌。二是加强企业文化创建的物质载体建设，要让企业文化在形式上充分体现出来，让监狱企业的服刑人员、警察职工都在潜移默化中受到影响，在监狱办公楼楼顶设立企业文化宣传标语，在各个监狱企业分公司都建立企业文化宣传标识，分发文化建设宣传册，创立"监狱企业学习文化建设"专题网站。三是在监狱企业开展学习型组织建设。L监狱企业在积极争取"山东省创建学习型组织示范企业"的活动中,通过一系列举措,精心组织创建,被授予"山东省学习型组织示范企业"荣誉。作为学习型组织专业用书《用生命对待事业》的顺利出版,也引导着监狱企业走上学习型组织建设的快车道。四是加强监狱企业文化理念建设,形成L监狱特色企业文化理念。现如今L监狱企业文化建设理念已经形成并深入人心,即"坚持创新才能发展,发展之上必有文明"的监狱企业理念文化,"在鲁南、爱鲁南、为鲁南"的监狱企业精神和"认认真真做事,安安全全回家"的企业风气。五是积极开展企业文化书籍出版活动。《迈向监狱企业管理的文化阶梯》宣传册的印发,确立了L监狱的企业文化标志,也确立了文化鲁南的形象设计规范。《发展之上必有文明》展现了L监狱企业发展的风雨历程,揭示了L监狱经历的企业发展历程,艰苦创业,积极进取,增强了大家对企业文化的认同感。六是成立监狱企业文化建设中心,形成了L监狱企业文化中心章程和物资保障机制,成立了企业文化建设领导小组,从L监狱企业层面确立了文化建设的制度保障。

（2）企业文化建设成果：L监狱企业是山东省省属大型企业,是全省押犯最多的劳动密集型监狱企业。近年来,山东监狱企业工作进入深化改革、转型发展、管理升级的新时期,L监狱作为首批退危转型、监狱迁建的试点单位,面临着监狱企业退出煤矿高危行业、服刑人员劳动改造项目转型等多项改革任务。在确保监狱连续25年监管安全的基础上,成为首批"部级现代化文明监狱",曾获得"山东省学习型组织示范企业""山东省企业文化成果一等奖""山东省企业文化建设创新成果奖""山东省企业文化建设十佳单位"以及全省监狱系统第一家"文化建设示范基地""全国重合同守信用企业"等荣誉。

## 3.3 监狱企业文化建设研究方式

### 3.3.1 调查问卷统计

本次调查选取的样本部分来自国内有代表性的监狱,例如云南小龙潭监狱、广东佛山监狱等监狱企业文化联盟单位的部分警察,最主要样本对象是L监狱企业的广大警察职工。总共发放1300份调查问卷（详见本论文附录）,实际收回问卷1257份,其中有效问卷1257份,具体反馈情况如表2所示。

表2　　　　　　　　L监狱企业文化建设调查问卷统计

| 题号 | 选项 | A | B | C | D | 合计 |
| --- | --- | --- | --- | --- | --- | --- |
| 1 | 选择数量 | 120 | 623 | 312 | 202 | 1257 |
| | 占比 | 0.1 | 0.5 | 0.25 | 0.16 | |
| 2 | 选择数量 | 125 | 371 | 146 | 615 | 1257 |
| | 占比 | 0.1 | 0.3 | 0.12 | 0.49 | |

续表

| 题号 | 选项 | A | B | C | D | 合计 |
|---|---|---|---|---|---|---|
| 3 | 选择数量 | 704 | 515 | 38 | | 1257 |
| | 占比 | 0.56 | 0.41 | 0.03 | | |
| 4 | 选择数量 | 302 | 415 | 390 | 151 | 1257 |
| | 占比 | 0.24 | 0.33 | 0.31 | 0.12 | |
| 5 | 选择数量 | 314 | 314 | 402 | 226 | 1257 |
| | 占比 | 0.25 | 0.25 | 0.32 | 0.18 | |
| 6 | 选择数量 | 1207 | 38 | 13 | | 1257 |
| | 占比 | 0.96 | 0.03 | 0.01 | | |
| 7 | 选择数量 | 289 | 440 | 402 | 126 | 1257 |
| | 占比 | 0.23 | 0.35 | 0.32 | 0.1 | |
| 8 | 选择数量 | 264 | 427 | 327 | 239 | 1257 |
| | 占比 | 0.21 | 0.34 | 0.26 | 0.19 | |
| 9 | 选择数量 | 339 | 239 | 289 | 390 | 1257 |
| | 占比 | 0.27 | 0.19 | 0.23 | 0.31 | |
| 10 | 选择数量 | 453 | 804 | | | 1257 |
| | 占比 | 0.36 | 0.64 | | | |
| 11 | 选择数量 | 339 | 918 | | | 1257 |
| | 占比 | 0.27 | 0.73 | | | |
| 12 | 选择数量 | 453 | 679 | 113 | 12 | 1257 |
| | 占比 | 0.36 | 0.54 | 0.09 | 0.01 | |
| 13 | 选择数量 | 770 | 451 | 17 | 19 | 1257 |
| | 占比 | 0.61 | 0.36 | 0.01 | 0.02 | |
| 14 | 选择数量 | 440 | 453 | 277 | 88 | 1257 |
| | 占比 | 0.35 | 0.36 | 0.22 | 0.07 | |
| 15 | 选择数量 | 541 | 264 | 239 | 214 | 1257 |
| | 占比 | 0.43 | 0.21 | 0.19 | 0.17 | |
| 16 | 选择数量 | 264 | 289 | 365 | | 1257 |
| | 占比 | 0.48 | 0.23 | 0.29 | | |
| 17 | 选择数量 | 150 | 414 | 693 | | 1257 |
| | 占比 | 0.12 | 0.33 | 0.55 | | |
| 18 | 选择数量 | 163 | 302 | 792 | | 1257 |
| | 占比 | 0.13 | 0.24 | 0.63 | | |
| 19 | 选择数量 | 37 | 566 | 176 | 478 | 1257 |
| | 占比 | 0.03 | 0.45 | 0.14 | 0.38 | |
| 20 | 选择数量 | 176 | 566 | 402 | 113 | 1257 |
| | 占比 | 0.14 | 0.45 | 0.32 | 0.09 | |
| 21 | 选择数量 | 37 | 566 | 654 | | 1257 |
| | 占比 | 0.03 | 0.45 | 0.52 | | |
| 22 | 选择数量 | 302 | 704 | 251 | | 1257 |
| | 占比 | 0.24 | 0.56 | 0.2 | | |

续表

| 题号 | 选项 | A | B | C | D | 合计 |
|---|---|---|---|---|---|---|
| 23 | 选择数量 | 5 | 263 | 816 | 13 | 1257 |
|  | 占比 | 0.04 | 0.21 | 0.65 | 0.10 |  |
| 24 | 选择数量 | 38 | 566 | 794 | 10 | 1257 |
|  | 占比 | 0.03 | 0.45 | 0.51 | 0.01 |  |
| 25 | 选择数量 | 188 | 390 | 365 | 314 | 1257 |
|  | 占比 | 0.15 | 0.31 | 0.29 | 0.25 |  |
| 26 | 选择数量 | 591 | 364 | 264 | 38 | 1257 |
|  | 占比 | 0.47 | 0.29 | 0.21 | 0.03 |  |

注:"选择数量"代表在两个、三个或者四个选项中选择此项的有效被调查人数;"占比"代表选择此项的被调查者的数量占总体有效问卷的数量比例。

### 3.3.2 专家访谈

为了解监狱企业文化建设的相关内容,运用工商管理理论知识对监狱企业文化建设研究进行分析,笔者选取了15名专家学者进行了访谈(访谈提纲详见本论文附录)。具体(隐去实名)如表3所示。

表3 专家访谈名单

| 序号 | 姓名 | 工作单位 | 职务 | 职称 | 访谈时间 | 访谈地点 |
|---|---|---|---|---|---|---|
| 1 | 罗×× | 山东××大学 | ××学院副院长 | 教授 | 2017.01.10 | ××学院办公室 |
| 2 | 梁×× | 山东××大学 | ××教研室主任 | 教授 | 2017.01.10 | ××教研办公室 |
| 3 | 杨×× | 山东××大学 | ××学院教师 | 教授 | 2017.01.10 | ××教研室办公室 |
| 4 | 田× | ××国家级日报社 | 资深记者 | 无 | 2016.12.23 | ××日报驻某厅办公室 |
| 5 | 杨× | ××省级晚报 | 资深记者 | 无 | 2016.12.30 | ××晚报驻某市办公室 |
| 6 | 李×× | ××省某某厅 | 人事处处长 | 高级教师 | 2016.11.12 | 某厅人事处办公室 |
| 7 | 李×× | 山东省××监狱 | 政委 | 无 | 2016.11.12 | ××监狱政委办公室 |
| 8 | 刘×× | ××省监狱管理局 | 某处处长 | 高级教师 | 2016.12.23 | ××监狱管理局某处办公室 |
| 9 | 刘×× | ××集团(某某省监狱集团) | 某处处长 | 无 | 2016.12.23 | ××集团某处办公室 |
| 10 | 牟×× | 山东省××监狱 | 监狱长 | 工程技术应用研究员 | 2016.01.18 | ××监狱某某关押点 |
| 11 | 王×× | RZ远航轻工业有限责任公司 | 总经理 | 高级工程师 | 2016.01.18 | ××公司企管办 |
| 12 | 韩×× | 山东省××监狱 | 宣教科科长 | 高级教师 | 2016.01.18 | ××监狱某某关押点 |
| 13 | 刘× | 山东省××监狱 | 政治处副主任 | 授予企业文化大师 | 2016.01.16 | ××监狱某某关押点 |
| 14 | 董× | ××公司一分公司 | 经理 | 工程师 | 2016.01.16 | ××公司办公室 |
| 15 | 梁× | 山东省××监狱 | 职教中心副主任 | 高级教师 | 2016.01.16 | ××监狱某某关押点 |

### 3.3.3 服刑人员（一线员工）座谈

监狱企业文化建设关键一环的接受群体和执行群体是监狱企业的一线员工（服刑人员），为了解监狱企业一线员工的思想状态，掌握监狱企业一线员工的日常工作理念和行为方式，本文对监狱企业的一线员工根据一线员工在监狱企业的职位和不同的生产线进行分类，以分公司为单位，分别进行了座谈（座谈提纲详见本论文附录），希望能够运用工商管理相关理论解答一线员工的困惑，寻找一线员工企业文化建设优化的突破口。因一线员工座谈人员较多，不能一一列出，如表4所示。

表4　　　　　　　　　　L监狱企业一线员工企业文化建设座谈

| 公司名称 | 主打产业 | 一线员工（人） | 施工组长（人） | 生产组长（人） | 统计组长（人） | 生活组长（人） | 积委会成员（人） | 总计（人） | 座谈时间 |
|---|---|---|---|---|---|---|---|---|---|
| 一分公司 | 服装 | 3 | 2 | 2 | 2 | 1 | 3 | 13 | 2016.03.11 |
| 二分公司 | 电子 | 2 | 1 | 2 | 2 | 1 | 3 | 11 | 2016.04.15 |
| 三分公司 | 制鞋 | 5 | 1 | 2 | 2 | 2 | 4 | 16 | 2016.04.19 |
| 四分公司 | 服装 | 3 | 1 | 2 | 3 | 1 | 2 | 12 | 2016.05.10 |
| 五分公司 | 服装 | 3 | 2 | 1 | 1 | 1 | 3 | 11 | 2016.06.21 |
| 六分公司 | 装袋 塑编 | 4 | 1 | 3 | 2 | 2 | 3 | 15 | 2016.06.23 |
| 七分公司 | 服装 | 2 | 2 | 3 | 1 | 2 | 2 | 12 | 2016.07.13 |
| 八分公司 | 吨袋 | 1 | 2 | 2 | 1 | 1 | 4 | 11 | 2016.09.28 |
| 九分公司 | 电子 | 4 | 2 | 1 | 2 | 2 | 3 | 14 | 2016.10.23 |
| 十分公司 | 制鞋 | 5 | 2 | 1 | 2 | 2 | 2 | 14 | 2017.01.12 |
| 十一分公司 | 电子 | 3 | 1 | 3 | 1 | 2 | 3 | 13 | 2017.01.15 |
| 仓储中心 | 保管 运输 | 2 | 无 | 无 | 无 | 无 | 3 | 5 | 2017.01.23 |
| 总计 | | 37 | 17 | 22 | 19 | 17 | 32 | 142 | |

## 4　L监狱企业文化建设中存在的问题

通过监狱企业文化联盟单位警察的调查问卷结果分析，以及与大学教授、资深记者、体制内专家学者等专家访谈结果和L监狱企业服刑人员座谈结果，得出了L监狱在监狱企业文化建设转型过程中存在的一系列问题。这主要集中在两个方面，即企业素质文化建设和企业管理文化建设方面存在的问题，具体内容如下。

### 4.1　监狱企业素质文化方面

#### 4.1.1　管理文化思想理念滞后

L监狱企业文化建设发展步伐与社会同类企业相比还存在一定的滞后性，企业文化建设停留在监狱煤矿时期，还未完成企业文化的发展转型。

（1）监狱退危改革进行过程中，要求煤矿监狱企业转入劳务加工，加上原有的监狱工业品企业也在纷纷转入劳务加工生产，服装、电子、集装袋等行业面临较大竞争压力，在系统内部，部分行业已经出现了同质价格竞争态势，小部分客户出现加工产品转移，造成产品加工价格下降。蛋糕没有做大，分蛋糕的却在增加，监狱企业劳务加工业雪上加霜，压力进一步加大。L监狱企业已经到了参与激烈市场竞争的时候，激烈的市场竞争要求该企业转变思维方式和管理思维，进行理念创新。仅仅依靠个别部门的行动和分公司自我的企业文化建设不能形成监狱企业文化的整体构建，无法发挥合力。据L监狱宣传教育科统计，目前，在11个分公司里，有企业文化建设意识并付诸实施的仅有3个分公司，大多数分公司的文化建设仍处于基本形成和探索阶段。L监狱企业自身也未形成企业文化建设活动，通过零散的部门活动构成了L监狱企业文化建设活动，虽然形式多样，但是无法统一发力，没有规划性，没有标准化，也没有形成硬指标，全靠自发自觉的文化行动。对监狱企业来说，各部门的举动具有一定的滞后性，思想理念的转变就不会跟上企业转型发展的步伐。

（2）因为L监狱的政治色彩浓厚，有些监狱企业管理层甚至将企业文化等同于政治思想工作。根据调查问卷统计，认为监狱企业的企业文化主要倾向于思想政治工作的占56%、倾向于企业管理的占26%、倾向于服刑人员管理的占17%，而认为企业文化已经统筹兼顾的只占1%（见表5）。监狱企业具有其自身的特殊性，监狱企业的文化建设容易进入行政文化的套路里，在监狱企业员工的潜意识里，监狱企业仍然是监狱管理，监狱企业文化建设仍然是监狱管理的文化建设，是政工部门、工会的职责，是做思想政治工作的地方，将企业文化建设等同于思想政治工作，这对监狱企业的发展来说是极为不利的。

表5 　　　　　　　　　　监狱企业的企业文化建设主要倾向

| 思想政治工作 | 企业管理 | 服刑人员管理 | 统筹兼顾 |
| --- | --- | --- | --- |
| 56% | 26% | 17% | 1% |

（3）L监狱原是从事煤矿生产，煤矿生产属于资源垄断型企业，加之国家对监狱企业的扶持政策优厚，企业生产供小于求，监狱煤矿只管生产不愁销路。监狱企业从领导层到普通警察职工对社会企业竞争压力没有充分认识，现在还停留在煤矿思维，没有参与社会市场竞争的意识，安全为天的企业文化还是占据主导地位，文化观念逐渐趋于落后，没有适应现在社会竞争压力和企业角色的转变，存在本领恐慌（如图3所示）。未认真对待监狱企业改革后的企业文化优化升级，企业警察职工缺乏干事创业的专业知识和业务背景，而是在发展中摸着石头过河，没有过河工具，造成了对河水的恐惧感，这种现象在监狱企业相当普遍，监狱企业警察职工都是根据感性认识，一步一步来总结理性思维，缺乏应有的理论知识储备和创新。

（4）L监狱企业根据《2016年省直监狱五年发展规划纲要》要求，利润不再作

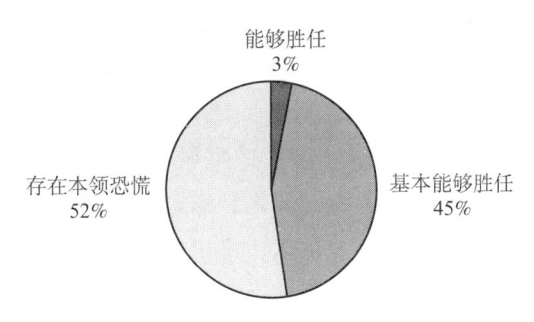

**图 3　监狱企业警察职工面对市场竞争是否存在本领恐慌的调查数据**

为考核目标,企业发展的原生动力不足,监狱警察职工干事创业没有激情,因而 L 监狱企业对外交流逐年降低。根据 L 监狱企业职工教育中心提供的数据,可以看出,L 监狱企业逐渐走向封闭式管理。2010 年 L 监狱组织外出培训 1500 余人次,参加企业培训 800 余人次,2016 年 L 监狱外出培训 600 余人次,参加企业培训 200 余人次。据此认为 L 监狱企业文化建设交流少,思想逐步落后于社会发展脚步,如图 4 所示。

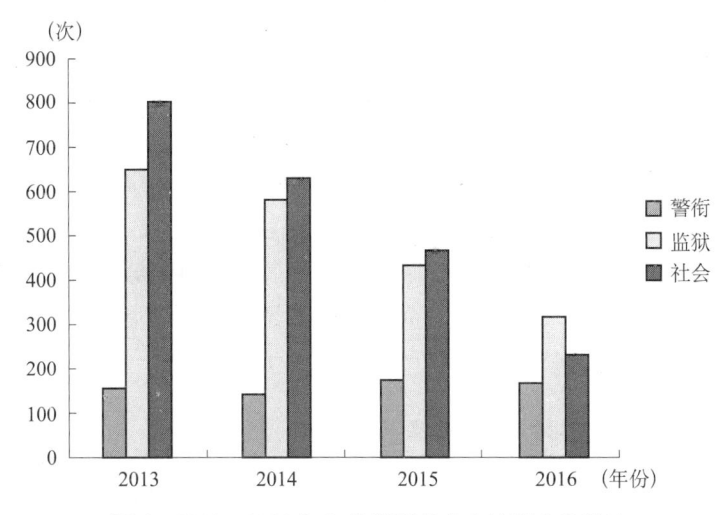

**图 4　2013~2016 年 L 监狱职教中心培训次数统计**

### 4.1.2　监狱警察职工内生发展动力有待提升

企业运作平稳有序,但警察职工的幸福感、满意度并没有与日俱增,综合调研分析,既有全国普遍性,也有 L 监狱企业特殊性。主要体现在以下几个方面:

(1) 监狱企业强度高,企业关怀少。目前,L 监狱总体警犯比远远低于全国 20.5%的平均水平。监狱警察普遍承担着生产管理角色,早晨 7 点带领罪犯出工,晚上 7 点带领罪犯回监管改造区,生产任务繁重。不加班超时工作,无法保证正常履职。一线警察每周在岗时间平均为普通公务员正常工作时间(40 小时)的 1.75 倍,长期超负荷工作导致部分警察身心疲惫,监狱企业文化活动、生活服务、精神抚慰等相关人文关怀跟进缓慢,监狱警察职业封闭性的负面效应凸显,不仅影响警察正常履职，而且对警察的婚姻维护、子女抚养、精神抚慰等基本生活造成副作用。经问卷调查，有43%的警察表示家属对自己工作不够支持，其中一线年轻警察占70%以上。

（2）监狱企业要求高，激励措施少。监狱警察职工在监狱企业时刻面临任务的加压和工作时间的延长等工作压力，但是针对监狱警察职工的企业报酬和加班补贴却没有相应跟上，警察职工都在做奉献，付出多，却没有相应的报酬。监狱企业调查问卷显示，54%的警察表示职业付出与待遇及社会评价不对等，还有29%的警察不了解本监狱企业发展历史，队伍的职业归属感、荣誉感和使命感较差，部分警察"人在警营心在汉"，想方设法调出监狱企业，从事专职管教工作，甚至有的会辞职。

（3）外部环境压力大，警察职工心理疏导不及时。各级政府对监狱系统安全稳定的高标准、严要求，以及检察机关对监狱工作全天候的监督，都要求监狱工作要万无一失。监狱企业要按照企业模式运作，必然需要承担很多风险。监狱企业生产工具的使用（剪刀、螺丝刀等危险物品），监狱企业服刑人员工作岗位的设置（例如煤矿生产警察2人需要带领30名左右服刑人员在2公里的巷道内作业，警察需要时刻关注这30人的动向，警力紧张），这些都有可能造成服刑人员的脱逃、袭警、自杀的发生。这给监狱警察带来巨大的心理压力和挑战。据L监狱心理疏导中心统计数据，L监狱企业警察的强迫症状、情绪暴躁、焦虑指数都比普通人群高。尽管监狱企业警察大部分都有心理咨询师证书，但是却无法进行自我心理调节，有39%的监狱企业警察存在一定心理障碍，其中21%的监狱企业警察属于轻度心理疾病，14%的监狱企业警察存在中度心理疾病，3%的监狱企业警察已经构成心理顽疾。实行L监狱企业文化建设是抚平服刑人员抗改情绪和疏导警察职业压力的一个重要方式、方法。

### 4.1.3 企业文化对罪犯诉求度体现不足

监狱企业文化的制定者是监狱警察。监狱警察不作为企业的具体劳动者，其制定企业文化时主要考虑监管改造的安全和企业利润的相对丰厚，并没有过多考虑服刑人员的利益诉求，具体体现在以下几方面：

（1）监狱企业的中层及高层管理者全部为监狱警察，主要从事监管改造工作，管理人员不专业，技术人员不安心，监狱企业警察都是多岗位兼职，一个岗位多个责任，很难有精力将所有事情都做好，对于企业文化建设这样需要长期坚持才能出效果的企业管理方式，监狱企业警察无法进行有效的学习和使用，监狱企业文化也相应无法充分体现一线劳动者的价值。

（2）罪犯素质低、流动性强、培训难度大。据统计，罪犯入监时文化程度在初中以下的占83%，每年流动率在23%，这样低的文化和高的流动率，难以短时间掌握操作技能，又很难进行有效的培训，操作技能生疏，不但会出现重大的安全事故，人身权得不到应有的保障，这对监管改造造成很大的压力，对监狱企业信誉和自身的发展也造成了不良的影响。因而形成恶性循环，罪犯进行生产改造的初衷是对罪犯进行文化教育和职业培训，要使罪犯回归社会后适应社会生活，而这项责任在监狱企业发展上被弱化。

（3）目前，L监狱企业按照服刑人员的用工时常给予服刑人员一定的金钱补偿，根据完成的工作量有所浮动，和社会企业的用工成本无法比较，企业文化仅仅寻求安全稳定的改造环境而不是追求利益最大化和员工的体面生活。这是制约企业文化发展的重要基础因素之一，反过来企业文化的弱势也造成了服刑人员的实际期望得不到满足。

#### 4.1.4 企业文化建设缺乏顶层设计

（1）思想理念是监狱企业领导层应该具备的战略视野。思想理念的转变可以带来企业发展模式的新变化、新渠道。L监狱企业的董事会成员长期从事服刑人员管理工作，没有多余的精力来对监狱企业进行深入地了解和发展的规划，监狱企业发展规划较为落后，思想理念封闭落后。L监狱企业高层多是法律或理工类毕业，长期从事罪犯管理工作，后期调入监狱企业工作，不具备相关的企业管理专业知识，企业管理的相关理论知识与企业运营实践能力匮乏，对监狱的企业文化重视程度不高，甚至轻视企业文化的作用。而企业文化作为企业管理成功与否的关键，没有引起监狱企业管理层的高度重视，缺乏足够的激情和热情去进行监狱企业文化建设，监狱企业文化建设相对落后。L监狱企业现有董事会成员10人，第一学历中，4人是采矿工程类专业毕业，3人是监狱管理类专业毕业，1人师范类专业毕业，2人法学专业毕业，无工商管理类毕业生，都不具有专业的企业管理经验（见表6），这成为L监狱文化建设缺乏领导层设计规划的主观原因。

| 表6 | L监狱企业董事会成员学历组成 | | | | 单位：人 |
|---|---|---|---|---|---|
| 董事会成员 | 采矿工程类 | 监狱管理类 | 师范类 | 法学类 | 工商管理类 |
| 10 | 4 | 3 | 1 | 2 | 0 |

（2）监狱企业是一种特殊的企业形式。L监狱首先是国家刑罚机关，其次才是监狱企业，国家机关必须有高度的政治原则，对于现行企业很多正常的做法，放在监狱企业就可能会成为受到党纪政纪处分的行为，甚至会触犯法律法规。监狱企业的生存发展被戴上了镣铐，企业领导层作为企业文化的制定者，追求稳定的居多，锐意进取，助力企业发展能担当的人居少。监狱企业的生存和发展在政治生态严要求的今天，必须达成一种高度的共识来进行企业运作，而顶层设计就显得尤为重要。

### 4.2 企业管理文化方面

#### 4.2.1 企业文化与机制体制契合度低

L监狱企业的社会性作为第一位属性，主要重视服刑人员的改造效果，长期忽视监狱企业的经济性特点。企业管理文化应当实行以人为中心的管理、努力培育企业的共同价值观、企业制度与群体价值观一致、硬管理与软管理有机结合，相对于监狱企业文化的缺失，必然导致与监狱企业管理制度无法做到有效衔接，具体表现在以下四个方面：

（1）产权国有化。监狱企业作为监狱劳动改造的场所，具有特殊的属性，均为国有独资公司，产权单一导致监狱企业的效益与监狱企业的管理者、执行者都没有直接的利益关系，人员的积极性受到很大的影响，这种产权属性在短时间内没有太大的变动。

（2）属性双重性。监狱企业不仅是企业，还是监狱服刑人员进行劳动改造的场所，是具有社会属性的，相比社会上的企业，社会的属性让监狱企业不能单纯地以经济性为目的，必须两者兼顾，这就导致顾此失彼，不能兼顾。

（3）机构过多，效率低下。对比L监狱企业和日照的制衣合作厂家的机构设置，在日照信阳服装有限责任公司同等的生产条件、生产状态下，L监狱设置了3个办事机构，共计10人，而对应日照信阳公司设置1个办事处，3名员工。监狱企业文化受监狱管理文化的影响，并不是以追求利益最大化为根本，监狱企业职能的特殊性，导致监狱企业不能以高效便捷的营利性为目标设置机构，而必然考虑社会属性，并就此制定相应的部门规章，增大了经营成本，降低了适应市场的灵活性（见表7）。

（4）监狱管理文化与监狱企业文化的矛盾，造成在监狱企业的运营中，罪犯教育与罪犯劳动争时间、争资源，管理上的难度加大。体制影响机制，文化影响制度，监狱企业文化与监狱企业管理制度无法有效衔接，导致企业缺乏动力是制约监狱企业发展的重要因素。

表7　　　　　　　　L监狱分公司与同类型公司数据比较

| 单位 | 机构数 | 管理人员（人） | 员工数（人） | 月利润（元） | 合格率（%） | 时间 |
| --- | --- | --- | --- | --- | --- | --- |
| L监狱分公司 | 3 | 10 | 105 | 189000 | 98 | 8小时 |
| 信阳公司 | 1 | 3 | 69 | 172500 | 90 | 12小时 |

#### 4.2.2　企业文化对经营活动引领度不够

企业文化的建设是企业管理的重要方面，在一定程度上决定了企业的发展前景和发展快慢，针对L监狱企业文化的特点，笔者认为它无法起到纲举目张的状态，具体原因分析如下：

（1）首先，监狱企业作为政府机关，享受政府的税收优惠和返还，以及政府的贴息贷款，免征土地占用税、房产税、所得税、增值税先征后返，重大的技术创新和改造项目，享受国家奖励扶持，这就等于国家每年将大量的资金注入监狱企业，维持监狱企业的运营和发展，企业文化对监狱企业经济效果的体现不明显。其次，L监狱企业是国有独资公司，作为特殊性企业，监狱企业享受国家财政拨款，企业管理人员全部为国家财政统筹，企业不需要支付任何的费用。这导致企业文化不是以满足个人基本物质生活为基础，制定企业文化的人员不受企业文化的影响。最后，监狱企业的特殊属性和监狱企业的优惠政策，导致监狱企业文化建设的作用凸显不出来，对经济活动影响不大，很多潜在经营风险和经济压力都没有体现出来，使管理者不能正确认识企业获取利润的能力、企业的管理层次和企业管理的真正价值，更缺乏现金流量是企业生存的关键意义、资金使用上的实效价值等企业经营管理活动的风险意识。监狱企业文化发挥不了预警作用，企业失去了危机感和生存压力，从而使企业丧失了自我发展的内驱力。

（2）目前的企业文化建设与监狱企业的双重属性还不能很好地结合发展（如图5所示）。目前，L监狱企业的特殊性没有在文化建设中体现出来，每所监狱企业都有其自身的特殊属性，如果企业文化建设在监狱系统都是共同使用的，那么这个企业文化必定不会对监狱企业起到引领作用。监狱企业文化必须用在实体经济的发展上，尊重L监狱企业特殊性，进行差异化经营，比如，日照关押点可以搞密集型转移产业，在微山关押点可以搞一些特殊性植物种植，例如多肉植物养殖。在L监狱企业中未体现地区差异文化和产品差异文化。

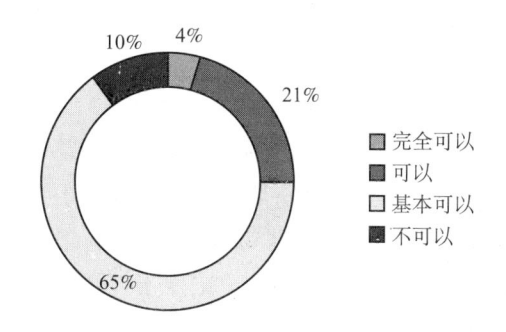

图5　监狱企业文化建设对监狱企业指导作用的问卷统计

### 4.2.3　企业文化建设形式主义浓厚

L监狱企业文化建设注重形式，轻实质，企业文化建设存在走偏的可能性，没有扎根于发展现状和实际去挖掘属于自身的文化底蕴，存在人云亦云的照搬照抄，或者浮光掠影的形式主义，又或者把监狱文化片面等同于几条标语、几句口号、几幅照片，缺乏连贯性和群众基础，无法形成浓厚的文化氛围。在企业制定的制度和企业运行机制上，没有通过培训、教育等形式让广大监狱企业警察职工和服刑人员接受这种企业文化氛围，将监狱这种特殊的企业文化所体现的价值观念传导给监狱企业成员，企业文化对外宣传的居多，实际在工作中发挥作用的较少。在实际操作中，还存在企业文化行政化，没有很好地将企业文化实施下去，仅有的企业文化宣传教育方式，也被行政教育色彩冲淡了企业文化的教育意义和作用。强调监狱行政文化的监管稳定和行政色彩，没有将企业文化建设的重要性认识清楚。

# 5 L监狱企业文化建设优化设计

## 5.1 监狱企业素质文化方面

### 5.1.1 创新管理思维

企业文化建设很重要的一点就是创新管理思维，管理思维的创新是制度创新的思想保障。企业文化要先于企业管理的步伐，探索企业前进的方向，通过创新管理思维，可以引领企业发展方向，保证企业制度有效可行。按照企业发展要求，L监狱企业应部署以服装业为主导发展，鞋、集装袋和电子产品辅助发展的产业布局，按照"并、转、调、创"为指导原则，以持续创新为企业发展推动力，整合公司业务流程，提高企业的专业化、信息化、智能化管理水平。强化订单、客户、技术、现场、设备等流程管理创新，持续推进监狱企业强本固基、提档升级、提质增效。增强L监狱企业的议价定价和市场话语权，保持L监狱企业高效、低成本和可持续发展后劲。

（1）加强警察职工和服刑人员任职交流的平台建设。一方面，监狱企业要在企业警察职工中通过开展监狱企业内部大范围的机构人事调整这一手段，对部分企业科室单位负责人、单位副职及普通企业警察职工进行内部人事交流，加强警察职工对不同岗位的适应能力，对于服刑人员，监狱要打破原有的"联组联号"模式，将长期处于同一流水生产线的犯人轮换到新的岗位，以便于广泛学习，熟悉流程工作，提升全面业务水平，努力做出成绩，成为全方面人才。另一方面，L监狱文化建设需要补充新鲜血液，同时也需要获得社会认同感，不仅要加强警察职工监狱企业内部调整任职的交流活动，还需要完善知名企业挂职锻炼制度，将警察职工特别是警察派出去，学习知名企业完善的价值理念和企业文化，通过转化吸收变成L监狱企业自己的企业文化。对于新入监的服刑人员根据入监前的学历专业、社会工作岗位，吸纳有用人才，并鼓励他们积极大胆创新。这样，不但可以学习其他监狱企业的经验，还能参与社会交流，参与社会竞争，学习不同企业的文化，补足自身的文化短板。打造这种互相沟通交流的平台，能够有效破除监狱警察封闭守旧的工作环境及思想作风，给L监狱企业增加活力。

（2）完善监狱警察和服刑人员的晋升机制。首先，应完善警察和服刑人员领导岗位晋升机制，建立专家评委库，划定非领导岗位待遇晋级条件，形成相对固定的晋升制度，可以给每位警察职工和服刑人员建立奖惩数据库，将警察干部的德、能、勤、绩、廉及罪犯的各项考核指标进行细化，形成积分制，用数据来进行领导干部和罪犯长员的选拔任用，确保对领导干部和罪犯长员的选拔考核做到公开、公正、公平；同时要将更多的罪犯长员职数向企业生产车间倾斜，激励监狱罪犯努力工作、服务企业，形成企业基层管理岗的梯队能力层次，更多地促使企业服刑人员自我加压，追求企业发展，营造百舸争流的企业文化。其次，L 监狱企业还应建立罪犯非领导岗位，对于车间生产过程中产量高、表现好的服刑人员，划定为非领导职务人员，在改造考核分和年底奖励分以及平常购买生活用品额度、探亲次数方面给予不一样的奖励。再次，要坚持多种奖励方式向企业基层一线倾斜，采取物质奖励、精神奖励和行政奖励相结合的方式，鼓励企业警察和服刑人员自觉提升文化修养和内涵。例如，对积极参与企业理论研究活动并获奖的给予专项奖励；申报省级以上企业理论研究课题给予经费的配套扶持；要根据监狱企业的工作安排，探索组织先进人物和优秀企业警察职工的疗养培训；安排更多的去知名企业考察、培训机会等，尝试将各种奖励纳入年终评审和干部任用晋升考核，努力在监狱企业形成尊重人才、尊重知识的良好企业文化氛围。最后，L 监狱企业要建立健全信息及时公开发布及监督机制。L 监狱企业应保证信息公开发布及监督渠道的畅通，通过在局域网开设专栏，及时公开考核数据接受大众的监督，切实落实奖惩制度及考核机制。

### 5.1.2 强化发展内生动力

根据马斯洛层次需求理论的具体要求，本文认为监狱企业文化建设优化就是要有意识地对监狱警察职工和服刑人员进行培训，发挥文化影响，使监狱企业文化建设成为深入人心的内在需求，成为满足心理需求的高层次有意识的需要，这样才能激发警察和服刑人员干事创业的活力，变成维护监狱持续安全稳定的内生保障。具体应该从以下几方面入手：

（1）树立以人为本文化理念，提高 L 监狱企业警察职工和服刑人员的文化素养。监狱经济工作在今后一个相当长的时期内，仍是监狱事业发展的重点任务。要坚定不移地把企业经济发展好。各级管理人员应当有战略视野、大局意识和长远眼光，不拘泥眼前得失，放眼长远，创新举措，实现跨步发展。一方面，企业管理层应深入基层，切实了解警察职工和服刑人员的工作、生活、思想难题，努力协调各方关系，解决警察职工和服刑人员的"后顾之忧"。例如，L 监狱作为迁建单位，要及时协调好 L 监狱与地方各级部门的关系，做好"学生入学"、职工住宿、两地分居等现实问题，对服刑人员的家属要及时告知迁建所在地，并将路线、车次、注意事项及时地与服刑人员家属做好沟通，以免引起服刑人员情绪波动。另一方面，要完善新入职企业警察导师制度和新入监犯的技能学习，不断深化企业老中青三代"传帮带"传统，可以通过双方签订责任书这一形式，增强新入职企业警察和服刑人员的归属感与认同感、同时也能明确企业导师的义务和责任，帮助企业青年警察和新入监犯尽快熟悉工作。L 监狱企业要定期开展企业分析会，及时了解企业青年警察和新入监犯的思想、工作动向，强化自我需求意识，实现思想转变。

（2）委托专业院校和专业机构制定企业警察和服刑人员心理健康服务规划，引进心理健康专业机构对企业警察和服刑人员开展咨询、讲座、培训等心理健康服务。

L监狱要积极探索建立企业人员身心调养机制，严格落实警察职工带薪休假制度和服刑人员法定休息制度，建设心理健康服务中心和休闲减压室，开展经常性心理健康疏导和户外拓展训练；L监狱要针对警察职工和服刑人员的需求，持续举办L监狱企业趣味运动会、拔河比赛、队列比赛、改造模范选拔、乒乓球比赛、篮球比赛、足球比赛等文体活动，并加强与RZ当地团委、大众网、彩虹志愿者协会的联系，举办"警察鹊桥相会"、志愿服务互动等活动，在丰富活跃业余企业文化生活的过程中，进一步了解当地文化，增强城市的归属感，使警察职工和服刑人员都能得到身心的放松与疗养。

（3）运用新媒体，交流新经验。一方面L监狱企业要充分运用新媒体这一媒介成立新媒体工作室，将企业警察职工都发展为新媒体的一分子，利用"两网两微"、监狱企业协会、刊物杂志等平台，开办专题企业文化论坛，开设手机企业文化学校，通过企业领导上网课活动等，充分调动警察职工参与企业文化建设的主动性和积极性，增强L监狱企业警察职工自身认同感和归属感。另一方面，L监狱企业要积极主动融入微山和日照地方企业文化发展，加强与省内高校和科研机构的合作，充分利用日照大学城资源和济南优质资源，通过分析调研，找出企业文化短板，进行L监狱企业文化建设优化升级。

### 5.1.3 导入激励机制

针对企业文化对服刑人员诉求度体现不足的问题，特提出导入激励机制应对策略，对服刑人员进行劳动改造是我国监狱法的法律规定，为了监狱企业的有效运行，可以适当引入服刑人员激励机制，本文所指激励机制是针对服刑人员所采用的一种激励机制，是指通过对服刑人员使用特殊的方法与服刑人员管理体系，将服刑人员对监狱企业的改造工作实现效益最大化的过程。激励的目的在于激发服刑人员参与劳动生产的正确行为动机，调动服刑人员参与企业管理和企业劳动的积极性和创造性，以充分发挥人的智力效应，做出最大成绩，满足服刑人员其他方面的需求，激发服刑人员的劳动改造积极性，可以从以下几方面入手：

（1）设立罪犯自我管理体系。监狱现在设立的罪犯自我管理体系是积极改造委员会，表现优良的可以成为积极改造委员会成员，运行模式和大学校园里的学生会类似，但是这仅仅是监管改造自我管理模式。监狱企业应加强罪犯管理模式创新，按照马斯洛需求层次理论要求，应当以满足罪犯高级需求为目标，增强主观能动性，设立监狱企业的服刑人员自我管理体系，引入企业竞争法则，对企业做出突出贡献、对企业有管理经验、增强企业盈利模式等进行内部晋升，逐步形成对服刑人员的公司治理模式。

（2）将培训学习作为一种奖励进行推广，增强服刑人员的荣誉感。劳动改造是服刑人员必须进行的，但是对于表现较好的服刑人员可以组织学习培训，监狱企业可以根据监狱企业特点设立多种学习培训，不仅仅是企业类的培训，也可以是文娱类培训,增强服刑人员的工作积极性,为了获得培训学习机会及带来的个人满足感而努力工作,实现企业目标。这些措施都要依赖整套的监狱企业文化来进行支撑,文化是纲,只有将企业文化的纲做好,下一步的激励机制才能够不偏离轨道,沿着监狱企业良性运行的方向发展。

(3)规范服刑人员劳动报酬管理,按照相关规定对服刑人员劳动报酬进行规范管理。明确将劳动报酬分为基本报酬和生产考核奖两部分。基本报酬由监狱企业统一转付监狱,再由监狱统一支配,用以购买罪犯生活用品补贴、重大困难救助等支出;生产考核奖由监狱企业支付给各分公司,由各分公司进行二次分配,分公司二次分配资金可以分为安全奖和质量效益奖两个部分,安全奖以保证安全为基础,按安全工作量直接分配到服刑人员人头上,质量效益奖与监区罪犯劳动岗位、生产效率、生产质量以及劳动表现挂钩,多劳多得。

### 5.1.4 完善顶层设计

影响决定论的理论认为管理者是通过影响来实现的,有影响的管理者才是一个单位的真正领导者。L监狱企业领导层对于L监狱企业文化建设起到主导作用,领导层的决策水平决定了一个企业的文化建设高度。

(1)领导层应当加强自身的素质能力提高。L监狱领导层应当学习、熟悉企业运营的相关理论知识与实践能力,着重培养自己的工商企业管理知识,提升本单位文化建设的设计规划水平。

(2)领导层应当加强对监狱企业文化建设的重视。一项工作只有重视起来,才会想方设法去完成它。没有相关的专业知识背景,可以群策群力,根据L监狱企业每年的公务员录用计划,生产管理职位都可以招收1~3名工商管理专业人员,这是为企业补充专业知识方面的欠缺,力图优化企业人力资源配置。通过调研室及监狱工商管理方面的人才来进行研究探讨是术业有专攻,但是思想上松懈即使有专业的知识背景,也很难设计出高水平的监狱企业文化建设规划和纲要,因此,只有纲举目张,高度重视企业文化建设,才能有好的设计规划纲要,监狱企业文化建设的发展才能有条不紊地推进,监狱企业才能真正融入市场竞争,服刑人员管理才能在浓厚的文化氛围中积极主动地去改正错误,接受劳动改造。

## 5.2 监狱企业管理文化方面

### 5.2.1 创新企业体制机制

(1)明确监狱企业是企业的属性。经济学上对企业的定义有三种:企业是以盈利为目的的经济组织;企业是生产要素市场上的一组契约;企业是各种生产要素的所有者为了追求自身利益,通过契约方式组成的经济组织。可见监狱企业具备企业的一般特征。尽管有其特殊性，但毕竟是企业，是企业就要按市场规律办事，承认其市场主体地位，不能用监狱管理的方式管监狱企业。L监狱所属的RZ远航轻工业有限责任公司和两处培训基地，应该进行体制机制创新，实现市场化运作。

（2）产权制度改革是监狱企业改革的核心。实践证明，处于竞争性领域的监狱企业，只要产权不改，又没有大的政策扶持，监狱企业的发展势必是寒冬期。因为市场经济的一个重要法则就是利益驱动，而产权激励是最重要、最根本的激励方式。真正的产权改革，产权应清晰到自然人。监狱企业在监企分开的基础上可以搞产权改革试点，比如职工持股、管理层持股等。现在L监狱所属的企业，由监狱一次性注资，后期自我管理、自负盈亏，监狱不再输血，就是一个很好的尝试。

（3）企业家是企业最重要的人力资本。在产权制度难以改革的前提下，经营者激励显得更加重要。现代企业制度有三个主要特征：法人制为主体，有限责任制为核心，专家经营为特征。而L监狱企业管理层是"兼职老板"，从企业最高决策者到执行层，都很难做到一心一意经营治理企业，很难将业务做精做深，因此，就很难与同行竞争。对经营者的考核也不是单一目标，很难实施有效的激励，经营者的责任心和动力大打折扣，企业经营效果也就可想而知。解决这一问题，首先要实行监企分开，其次要走专家经营的路子。L监狱企业可以通过外聘的形式，也可以通过内部人才选拔的形式，用工商管理的精英人才来对监狱企业进行规划设计和经营。要承认企业家的人力资本价值，甚至是"人力资本产权"，考虑好的制度安排，对经营者实行有效地激励约束。

（4）完善经营管理制度，夯实监狱企业发展基础。改革是名词，更是动词，要进一步深化改革，突破传统管理模式和习惯，构建监狱企业管理新模式，形成管理新制度，推动L监狱企业管理整体水平上台阶。逐步推进业务流程再造，打破以分公司为主导的"作坊式"加工经济模式，建立健全公司专业职能部门，建立集物流、仓储、裁剪包装（或制造环节的上下游作业）、工艺技术研发中心等功能于一体的中心仓库，大力推行总仓化管理。通过流程再造，提高监狱企业化运营水平和管理专业化水平，从而提升公司的议价能力和市场话语权，增强接大单、高附加值单的能力。L监狱企业应始终坚持"有制度可依、用制度考核、靠制度管理"的企业运行模式。在劳务加工业的不同发展阶段，应出台延时补贴、劳动补偿、接单管理、合同管理、项目审核、统计考核、生产计划、劳务加工货款回收、物资供应、生产考核计分、客户备案登记、节能降耗、安全、调度会议和公司经理会议等管理制度在内的规章制度体系，规范业务流程，明晰业绩激励办法，促进监狱企业劳务加工活动顺利有效运行。同时，根据省监狱管理局"退、转、调、创"的产业工作部署，RZ远航轻工业公司应制定增效增质的工作思路，打造以服装、电子、鞋业为主，集装袋和塑编为辅的劳务加工生产格局，逐步形成"一区一品、多区一品"的产业格局，产业互通互补，布局合理，夯实公司发展的基础。

### 5.2.2 健全绩效考核体系

引入绩效考核机制首先要做到L监狱企业实现经营自主权，使监狱企业拥有人事、用工、分配自主权。从转换企业经营机制的角度看，监企分开不仅仅是为实现财政保障，更重要的是为了赋予企业经营自主权。分开后监狱按《监狱法》办事，企业按《公司法》运作，使企业具有相对自主权。同时进一步进行人事、用工、分配"三项制度改革"，进一步转换企业经营机制。

监狱企业的绩效管理体系是以实现监狱企业的劳动改造职能为驱动力，以监狱企业关键的几个绩效指标数据和劳务加工工作目标设定为载体，监狱企业应当通过绩效管理的三个管理环节来实现对监狱企业服刑人员、警察职工工作绩效的客观衡量、及时监督、及时汇总、及时兑现，从而调动监狱企业所有人员的积极性并发挥各个人员的优势，以提高监狱企业的经济效益。绩效管理的三个环节为：监狱企业制定绩效计划及其衡量标准；制定针对性的日常和定期的绩效考核指导；根据最终结果和绩效考核结果的最终效果进行奖励兑现。

（1）L监狱企业需经过调研，针对警察职工和服刑人员分别建立一套有针对性的绩效考核体系，例如针对警察职工可以建立以《L监狱企业管理量化考核管理办法》《L监狱企业日常考核实施办法》《L监狱企业年终评比和奖励办法》为核心的规范化管理考核体系；把监狱企业管理警察的职权与他们的工作业绩挂钩，使权、责、利相统一；把监狱企业管理警察的考核情况与奖励和惩罚挂钩，与职级待遇，与奖金系数等挂钩，解决警察工作积极性的问题。针对服刑人员可以尽可能地把考核分、劳动补偿费、生活补贴、改善伙食、评先树优（政策硬性规定除外）、岗位变动等管理方式与劳动行为表现、产值挂钩，建立公正公平公开的奖勤罚懒、奖优罚劣的劳动岗位奖惩制度，建立《罪犯劳动改造绩效考核管理实施细则》，也可以结合监企转换职能，协调罪犯分配考核，L监狱企业会同狱政管理部门共同制定"短刑、老年罪犯分配考核暂行办法"，明确短刑、老年罪犯实行"折抵考核人数制"的分配、考核规则，充分调动短刑、老年罪犯在遵规守纪、参与企业工作的积极性和主动性。

（2）加强日常和定期的绩效考核指导，好的制度需要日常落实，进一步加强制度的体系化、规范化建设，尽量减少大量的临时性制度、短期性制度，突出制度的长效性、可行性。围绕监狱企业管理警察职工的工作实际、工作目标进行量化，建立量化考核办公室，确保对监狱企业警察的监督和管理、激励和约束实现常态化。围绕服刑人员的劳动实际，可以建立罪犯考核小组，根据劳务加工的成效，进行相应的综合考核日报制度。让服刑人员每天的工作摆在明面上，有计量，有比较，有激励。

（3）以最终评估、考核绩效为基础确定个人回报。根据绩效考评体系，应当将日常评估、考核汇总整理，每半年或一年就是一个完整的绩效考核周期，根据绩效考核结果兑现监狱警察职工和服刑人员的奖惩和提拔任用等。

### 5.2.3 多维度开展文化建设

L监狱企业文化建设过程中，如何将激励因素和保健因素结合，形成合力，达到企业文化建设的良性发展状态是本节需要探讨的问题，首先应当研判保健因素，然后在保健因素的基础上融合奖励因素，达到L监狱企业文化建设的多维度建设。

（1）针对监狱企业警察应当专门建立一套监狱企业激励体系，形成整体框架和程序，建立常态监督检查和评估考核奖励机制。首先定期组织企业管理层对企业激励体系进行评估和检查，通过考核奖励先进，实现"文化制度化"。将L监狱企业精神、文化理念逐步贯彻落实到规章制度中，渗透到监狱企业管理的各个环节，更加体现人性化管理，促进监狱警察队伍内部形成良好的文化氛围，充分激活警察能动性，提高管理绩效，实现"制度文化化"。其次，要建立企业年金制度，一定程度鼓励企业警察以风险抵押金的形式进行劳动补偿。在年终，根据企业经济效益，对企业警察通过风险抵押金等形式实现物质激励。对于经营状况良好，服刑人员改造良好的分公司，进行物质奖励，由分公司对所属的警察进行二次分配，建立创先争优的企业文化氛围。

（2）L监狱企业的物质保障工作不到位，造成了监狱人员对监狱企业文化建设的不满。监狱企业首先应当主动引入"CIS"形象识别系统理论，对各类基础文化要件、文化标识（狱旗、狱徽等）进行规范，建立统一的基础标准体系。鼓励分公司适当融入分公司特有文化元素，对办公区、生活区、生产区进行优化组合，提升各个功能区的文化功能，有效整合区内基础文化设施建设，确保各区有机结合、和谐统一，构建"一公司一品牌"、"一公司一特色"的"警苑企业""狱园企业"文化格局。其次，坚持把企业环境建设与监狱精神等文化元素融合起来，注重发挥企业环境设施对企业文化的传播功能。精心设计监狱企业人文景观，打造企业特色文化公园和广场。坚持把措施落细、落小、落实，把核心文化元素融入办公、生活、执法文化的方方面面，让警察职工时时处处能够感受到企业文化熏陶，充分体现人文理念和人文思想。建立专项扶持资金，每年择优选取企业文化建设较好的分公司进行品牌打造，筹划建立公司产品展示室，便于公司产品能以最直观的形式展示给来访人员，增加企业对外形象，逐步形成品牌文化效应。

（3）坚持"两个结合"，提升综合管理能力。按照"一岗多能，一岗多责"的岗位练兵规划，L监狱企业应坚持理论学习与实践操作、现场参观与学以致用相结合，对接公司现有的合作经营项目，邀请外协技术人员进行业务培训和指导，借助"外脑"，主动加压，增强相关人员的综合素质，提升服务基层的能力；同时，在办公楼设立产品展示室，建立产品样衣数据库，向来访客户直观展示公司产品制作种类，为企业后续接单、产品定价、工时测算等工作积累第一手基础性资料；建立和完善客户信息甄别和收集系统，降低企业合作经营风险；大力推进6S管理工作，强化现场管理，按照"6S"管理标准，强化专项督查力度。按照"适度集中、突出重点、优化布局、注重安全"的原则，对专项检查出的问题，做到现场落实不过夜，事后落实有结论。L监狱企业还应围绕"环境优美、清洁生产；物流有序、成本控制；优质高效、安全生产；信息灵敏、基础扎实"的工作目标，持续深入开展6S管理活动，规范功能区布局，提高打扫清理的及时性，持续进行现场督察，坚持问题解决的闭环性管理，进一步提高车间定置管理和安全文明生产水平；完善场所管理措施，推动监管设施升级。L监狱应根据创建安全文明现代化监狱的要求，会同相关部门牵头招标生产经营场所的"工具管理系统"，这样就可以全面提升生产现场劳动工具的管理力度，在减轻日常检查工作量的同时，有效避免工具清点和收发的管理漏洞。

通过物质保障、绩效考核体系和激励机制多维度进行企业文化建设，采取精神和物质相结合的方式，激励监狱企业人员自觉关注监狱企业的稳步发展，积极融入监狱企业的发展规划中，实现监狱企业效益和安全的双稳定。

## 6  L监狱企业文化建设优化保障措施

### 6.1  物质保障

#### 6.1.1  加大文化建设的资金投入与公共设施建设

目前，L监狱企业公共设施陈旧、老化，文化环境建设更是乏善可陈。据统计，L监狱企业未建陈列馆或荣誉馆，未建特色文化主题广场，未建警察谈心休息室，没有设立企业徽标（LOGO）等文化符号。L监狱企业文化建设物质基础较为薄弱，需主动引入"CIS"形象识别系统理论，对各类基础文化要件、文化标识（企业徽标等）进行规范，建立统一的基础标准体系。精心设计企业人文景观，打造特色文化公园和广场。这些都需要资金的注入。首先，L监狱应在年初预算资金中预留企业文化建设资金，专款专用，强化对监狱企业文化建设的资金拨付。其次，监狱预算根据财政厅批准的年度预算抓好落实控制制度，防止开支突破预算。对监狱企业的各项开支制订月度计划，每月继续召开计划会，各项开支按计划会审批的计划执行，杜绝无计划开支。按照轻、重、缓、急的原则，控制资金流向，采取灵活的资金支付方式，确保各项资金支付，特别是各项基本建设项目，不按合同要求或不符合规定的坚决不付款，切实提高资金使用率，同时避免法律纠纷。再次，L监狱企业文化建设资金应当加强监管。由监狱监察室人员不定期抽查二级单位的资金使用情况，防止二级单位用专项建设资金进行其他业务活动。充分发挥会计的监督作用，及时发现财务工作存在的问题和不足，不断改进工作方法，堵塞漏洞，提高财务管理水平。最后，根据资金使用情况，由监狱审计室、财务科、宣传教育科对企业文化建设成果进行专项检查，确保 L 监狱企业文化建设资金足额拨付，按规使用。

### 6.1.2 保障绩效考核和激励机制的物质奖励支付

绩效考核体系和激励机制是促进 L 监狱文化建设的有力推手。

（1）企业管理文化建设中，绩效考核体系建设是激发监狱企业人的主观能动性，并使他们积极投入企业生产建设的内生驱动力。

（2）监狱企业文化建设中激励机制是服刑人员实现自身价值、积极改造的原动力。保障绩效考核和激励机制的物质奖励支付是确保服刑人员和监狱警察职工积极投入监狱企业文化建设的物质保障。首先，监狱企业财务部门应加大文化预算分拨，对考核和激励机制提前编入财务预算；其次，L 监狱企业相关科室应当加强绩效考核和激励奖励机制的落实，确保公平正义，保证奖励符合制度规定和法律规定，让奖励手段起到实际意义。

（3）L 监狱企业财务部门应当确保足额拨付奖励资金，及时兑现奖励，也是监狱企业文化建设优化的一种体现。

## 6.2 精神保障

### 6.2.1 加强员工企业文化建设的教育与培训

监狱企业文化建设离不开监狱企业这个主体。目前 L 监狱企业主体主要是一线的服刑人员和担任管理岗位的警察职工，一线的服刑人员素质普遍偏低，抗拒劳动改造的心理状态严重，劳动技能掌握达不到企业的要求；管理岗位警察职工学历层次需要提高，有企业管理才能的人才稀缺，特别是有企业管理专业背景和服刑人员管理背景的复合型人才缺乏，急需建立监狱企业文化特有的教育培训体系。

（1）提升监狱企业管理层的教育、培训，应健全企业管理层教育培训体系，加大智力投资力度，采取"走出去、请进来"的方式，认真组织开展好专项培训、技能培训、拓展培训，强化不同层次的劳动改造项目培训力度，保证培训时间，提高培训质量，强化教育培训保障机制建设，逐步培养一批适应劳务加工快速发展变化的管理专家、市场拓展专家和技术能手。针对服刑人员"收徒放师"现状，建立服刑人员技工培训递补制度，重视挖掘和发挥技术辅导员这一重要外协力量，逐步提高服刑人员群体操作水平。努力实现传统型向现代型、经验型向科学型、粗放型向精细型文化理念的转变。

（2）重视跨不同文化体系的融合培训。融合培训是为提升警察职工与服刑人员对自身文化体系以外的不同文化的反应和接受能力，增强不同文化背景的人员之间的沟通、交流和理解。通过与社会企业合作，邀请各行各业人才精英，特别是出狱后变成人才的骨干来进行宣讲，让服刑人员认识监狱企业文化的真正内涵，增强服刑人员对监狱企业文化的认同感。根据不同文化的需求和监狱企业文化的发展需要，创立出服刑人员和警察职工都能共同接受的一种监狱企业文化理念。树立起监狱企业的经营企业文化理念，作为监狱企业每名成员共同遵守的经营准则和公司战略方向，将监狱企业文化真正变成所有成员的实际行动指南。提高监狱企业警察职工、服刑人员整体文化水平和企业经营能力，为监狱企业文化构建夯实文化育人基础。

### 6.2.2 确保企业精神的构建及时有效

监狱企业精神是指监狱企业根据监狱企业的特殊性、监狱企业的发展方向和发展战略，经过监狱人共同的维护创造而形成一种体现全体监狱企业群体积极向上的精神状态。监狱企业精神要根据监狱企业全体人员的共同实践来体现出来，所以，监狱企业精神也是全体监狱人员积极心理暗示的一种外在显示。企业精神是监狱企业文化的追求结果，是监狱企业文化的核心内容。

监狱企业精神的形成需要监狱企业管理层的顶层设计，需要人为地去改变监狱企业存在的文化陋习，形成促进监狱企业文化发展的精神力量。在构建监狱企业精神的时候应当注重细节，通过典型的细节案例提炼出适合监狱企业精神建设的企业文化内涵。监狱企业精神应当根据监狱企业的特殊性，选择一些富含改造哲理和经营哲理的相关事例来进行提炼，使监狱企业员工熟记于心，外化于行，变成监狱企业的行动力和执行力；另外，企业精神也得为社会所熟记，不能太生僻难懂，让监狱企业在社会上活动和运营时能够短时间向他人传达监狱的精神文化和被他人所认可和接受。L监狱企业精神的构建迫在眉睫，要以L监狱企业的生产目标和生产项目为依据，构建符合L监狱企业特色的企业精神，例如L监狱企业标语"在企业、爱企业、为企业""坚持创新才能发展，发展之上必有文明"的企业文化理念、"创新无止境"的监狱企业精神和"实在做人，认真做事"的企业作风，都很好地表现了L监狱企业的精神内涵，这些都能形成让监狱企业所有人员为之奋斗的一种精神力量。

## 6.3 制度保障

### 6.3.1 确保企业文化建设制度化

监狱企业文化建设需要有坚实的制度支撑。制度带有根本性、全面性、稳定性和长期性的特点，与企业文化建设的本质要求具有一致性。

（1）针对L监狱企业文化建设新的要求，需要有针对性地出台一系列新的文化建设制度。在制定制度时，要从监狱企业的特点和实际出发，坚持切实可行的原则，以科学的态度做好深入细致的调查研究，切忌照搬社会其他企业的做法经验，真正把握住监狱企业问题的实质和规律性；制度要实实在在，切合现状，具有可操作性。

（2）制度应当根据发展的要求实现相对稳定和动态变化的统一。制度不是一成不变的，更不是一个"封闭的、静止的"的系统，应当根据市场规律、国家政策、服刑人员的层次来进行相应改变或进行整合、修改、废止和完善，以保持其有效性和适用性，更加适应监狱企业文化建设发展的需要。

（3）制度只有得到执行才会发生效力，才能保障L监狱企业文化建设目标的实现。在监狱警察职工的培训制度、提拔和晋升制度、绩效考核、激励奖励等方面，应当建立制度执行的量化考核制度和追责制度，确保企业文化制度的执行也有制度来制约。

### 6.3.2 确保企业文化建设运行的程序化

监狱企业是服刑人员进行劳动改造以及警察进行监管改造的场所，在企业工作的时间最长，也是服刑人员矛盾爆发最集中的场所，建立符合监狱改造场所实际的企业文化，对监狱的安全稳定起到积极的推动作用。但是L监狱企业文化建设还处于弱势地位，更应当加强企业文化制度的保障运行，这是监狱企业文化建设实现的基础。在监狱企业文化建设方面，要靠切实落实好制度来规范。要提高制度执行意识，创造良好的制度执行环境，加强日常的监督、检查和沟通，及时了解制度执行情况。

企业文化制度的建立和运行应遵循两点要求：一是实现国家和社会意图。国家和社会建立监狱企业，给予众多优惠措施，不是为了让监狱企业在市场竞争中占据主导地位；维护"以改造人为宗旨"的基本准则是我国监狱工作的基本方针，是衡量监狱总体工作的总标准，是为了让服刑人员通过劳动改造场所，接受教育改造，改掉陋习，学得一技之长，减少犯罪率，维护国家的安全稳定。因而建立监狱企业文化的制度保障应当从国家和社会的角度出发，切实将国家和社会意图体现出来，完成国家任务。二是L监狱企业文化制度建设也应当适度考虑经济效益，经济效益是社会效益的补充，监狱企业既然作为一个企业，必然参加社会竞争，参与市场资源分配，如果一个监狱企业在众多的优惠政策中还不能维持基本的企业利润率，服刑人员劳动改造的成果无法满足社会的需要，出狱后这种低水平的劳作势必不能满足服刑人员维持生活的基本保障，对服刑人员的再犯罪率是个极大地挑战。因而，企业文化建设也必须兼顾经济性，将经济型企业文化建设好，是服刑人员回归社会，适应社会的一个前提条件。

## 6.4 行为保障

### 6.4.1 建立企业对内交往的行为规范

监狱企业文化建设应着力体现人本精神。切实加强对警察职工和服刑人员内部行为规范的管理，并且关注员工实际困难，切实解决企业警察职工的社会问题。建立监狱企业文化的内部行为规范在监狱企业文化建设优化中占有重要地位，监狱企业是行政命令为主的企业，行政命令只能带来最基本的服从，不是内心的服从要求，势必会造成反弹，进而影响监狱的安全稳定。必须从服刑人员对内交往规范和警察职工对内交往规范两方面入手。一是让服刑人员通过行政命令式的企业文化，变成一种共同的行为规范，让服刑人员从内心接受，促使他行为规范的养成，变成在监狱企业想遵守，不想违反的一种内化于心的行为规范准则。二是让警察职工的对内行为规范的养成作为一种企业文化进行培养，作为优势群体的警察职工，通过一系列行为规范来影响服刑人员的心理，作为一种榜样力量和约束力量存在，培养出好的对内行为规范。

### 6.4.2 建立企业对外交往的行为规范

建立企业对外交往的行为规范主要从监狱企业管理层、监狱企业模范人物和监狱企业职工对外行为规范中来体现，具体来说，L监狱企业从领导层到一般警察职工的对外行为规范会影响到企业的公众形象、公众态度、公众舆论和品牌美誉度。因此，应当建立监狱企业对外交往的行为规范，对外交往行为规范应当从思想理念到仪容仪表的装束都进行规范化，指导监狱企业人员在对外交往中塑造良好的监狱企业形象，在对外交往中将自己塑造成一名企业人，真正融入市场竞争。

首先，对外交往过程中，监狱企业管理人员应摒除行政思维，对外交往过程中，应当坚持企业利益至上，切实把公司利益放在首位，杜绝老好人思想，按照市场原则参与市场竞争，应当出台《国有资产流失处理办法》《国有资产处理免责条款》，既要管理人员在市场竞争中放开手脚，切实做出实绩，又要维护好企业利益，杜绝中饱私囊，造成国有资产流失。

其次，在对外交往中，监狱企业管理人员应严格树立法律思维，一切行为依法办事，重视并严格遵守《合同法》，企业项目从立项审批、项目调研、合同会签、合同生效审批、合同履行、验收结算等各个环节都应建立对外管理行为规范，维护监狱企业活动的严肃性、合法性，保障企业的合法权益和正常的经济秩序，预防和减少纠纷。

最后，对外交往中应当树立竞争意识，用合适的人办合适的事情，监狱企业管理人员，应当加强学习培训，树立企业人理念，将监狱企业的工商管理人才放在监狱企业对外交往第一线，发挥他们的专业素养和人际关系，充分发挥人才的竞争意识和合作理念，将监狱企业融入市场竞争的范围内，合理合法赚取相应利润，切实维护国有资产保值增值，发挥监狱企业从业人员的企业价值和人生价值。

# 7 结论和展望

## 7.1 研究结论

本文以L监狱为对象，探究监狱企业文化建设过程中的相关问题，首先对L监狱企业文化建设现状通过问卷调查法、专家访谈法等进行了分析研究，然后运用工商管理学的相关知识探讨L监狱企业文化建设存在的主要问题，并从L监狱企业文化建设的两个主要内容，即监狱企业素质文化建设和监狱企业管理文化建设两方面来进行阐述；针对L监狱企业文化建设得出L监狱企业存在文化思想理念滞后、监狱企业警察职工内生发展动力有待提升、企业文化对罪犯诉求度体现不足、企业文化建设缺乏顶层设计等问题，针对监狱管理文化得出企业文化与体制机制契合度低、企业文化对经营活动引领度不够、企业文化建设形式主义浓厚等结论。

根据分析研究得出来的问题，运用工商管理学的相关理论对问题进行了梳理和研究，通过绩效考核、激励机制、双因素理论等相关理论，从L监狱企业文化建设两个方面及共性问题提出了应对策略。应对策略的实施有赖于保障措施的实行，论文最后根据应对措施提出了物质、精神、制度、行为等四种保障措施，确保L监狱文化建设顺利进行。

监狱企业文化建设课题研究的人很少，而且监狱企业文化建设研究课题的研究大部分都是偏向于监狱企业管理文化的研究，很少有人对监狱企业文化进行综合研究，监狱企业素质文化作为监狱企业文化建设不可或缺的一种文化，必须结合在一起进行研究，才能确保监狱企业文化建设研究取得切实可行的研究成果。

## 7.2 不足与展望

本文写作还存在以下不足：

（1）由于笔者是一名工作在基层一线监狱的人民警察，个人视野和理论水平都存在一定的不足，对于L监狱文化建设研究可能会出现一些偏差和误解，不能全面地得出L监狱企业文化建设的现状、问题和对策及保障措施，在接下来的日子，笔者会继续加强学习和研究，争取能够提高研究水平，在实践中继续检验对策实施的可行性。

（2）由于全国监狱体制改革步伐不同、类型不一，导致监狱企业存在多种形式，并且形式类型差别较大，没有同类可比性，论文选取的L监狱虽然是监狱企业的代表，但是根据试点改革省份的不同，L监狱仅是东部地区监狱企业的缩影，不能很好地诠释全国监狱企业的现状，在接下来的日子里，笔者将继续加强这方面的研究，多同导师及工商管理的老师沟通研究方式方法，争取在不久的将来能够有新的研究突破。

论文内容的重点主要在对策和保障研究上，希望通过研究可以对L监狱企业的文化建设起到推动作用，最主要的是通过对L监狱企业文化建设的探讨，能够引起大家对监狱企业的关注，能够有更多的人参与进来，更好地帮助监狱企业这个处于改革攻坚期的企业类型找到更好的出路，渡过困难的时期。

## 参考文献

[1] 赵之祥. 平安五字法：山东省鲁南监狱监管改造工作新探 [M]. 济南：山东画报出版社，2012.

[2] 陈飞剑. 监狱企业体制改革探讨 [J]. 学理论, 2010 (21): 38-39.

[3] 秦德智, 秦超, 蒋成程. 企业文化软实力与核心竞争力研究 [J]. 科技进步与对策, 2013 (14): 95-98.

[4] 张德, 吴剑平. 企业文化和 CI 策划 [M]. 北京: 清华大学出版社, 1996.

[5] 高占祥. 开创文化力的新时代 [N]. 人民日报, 2010-04-21.

[6] 王吉鹏. 企业文化变革与创新的三大 "信号" [N]. 现代物流报, 2013-10-12.

[7] 林静. 企业文化建设与企业管理战略探讨 [J]. 现代商业, 2016 (4): 143-145.

[8] 罗晓明. 企业文化建设在企业发展过程中的重要意义 [J]. 企业改革与管理, 2016 (1): 125-176.

[9] 胡慧珍. 监狱企业文化构建研究 [J]. 东方企业文化, 2011 (24): 190-191.

[10] 钱文洁. 加强国有企业文化建设的思考 [J]. 改革与开放, 2011 (2): 193.

[11] 魏常财. 浅谈监狱企业质量文化建设 [J]. 福建质量管理, 2013 (12): 63-64.

[12] 李喆渊. 浅谈监狱企业安全文化建设 [J]. 经济师, 2016 (12): 279-281.

[13] 李桂荣. 创新性企业文化 [M]. 北京: 经济管理出版社, 2002.

[14] 宋桓. 浅论企业文化的变革 [J]. 经营管理者, 2011 (5): 396-404.

[15] 熊李智. 监狱体制改革中湖南监狱企业的问题及对策 [D]. 湖南师范大学, 2015.

[16] 夏宗素. 监狱学基础理论 [M]. 北京: 法律出版社, 2001.

[17] 王岳川, 胡淼森. 文化战略 [M]. 上海: 复旦大学出版社, 2010.

[18] 陈连喜. 监狱人民警察概论 [M]. 北京: 中国政法大学出版社, 2013.

[19] 国务院. 国务院关于批转司法部关于监狱体制改革试点工作指导意见的通知 [Z]. 国务院, 2003: 2-3.

[20] 黄涛, 赵纯武. 关于监狱企业公司制规范运行的研究 [J]. 学理说, 2012 (4): 108-109.

[21] 韩健, 任莉. 略论黑龙江省监狱企业文化的构建 [J]. 边疆经济与文化, 2010 (10): 62-63.

[22] 杨秀英, 傅琼, 魏佐国. 企业文化 [M]. 北京: 中国商务出版社, 2016.

[23] 童瑾. 企业文化建设的必要性及其途径研究 [J]. 山西科技, 2015 (10): 188-189.

[24] 徐凤翔. 绩效管理理论与实务 [M]. 沈阳: 沈阳出版社, 2014.

[25] 俞文钊. 现代激励理论与应用 [M]. 沈阳: 东北财经大学出版社, 2006.

[26] 李善强. 山东省 L 监狱文化建设的实践与思考 [J]. 中国司法, 2005 (12): 31-33.

[27] 周云虎. 以企业文化建设创新企业思想政治工作 [J]. 经济师, 2012 (2): 275-277.

[28] 郭薇, 徐讳. 监狱警察文化与犯罪人改造 [J]. 企业导报, 2011 (1): 280.

[29] 辛杰. 企业文化对企业社会责任的影响: 领导风格与高管团队行为整合的作用 [J]. 上海财经大学学报, 2014 (6): 30-39.

[30] 李建胜. 国外监狱企业经营管理模式概述 [J]. 中国司法, 2011 (3): 105-108.

[31] 毛立言. 关于现代企业制度的新思考 [J]. 经济纵横, 2012 (11): 12-19.

[32] 陈光明. 走出监狱——监狱制度转型的文化絮语 [M]. 北京: 法律出版社, 2012.

[33] 王研. 所有权与经营权关系的当代发展及后现代企业制度的生成 [J]. 当代经济研究, 2013 (9): 31-36.

[34] 朱梅. 对员工行为养成训练的思考 [J]. 冶金经济与管理, 2016 (1): 36-38.

[35] T. E. Deal & A. A. Kennedy. *Corporate Culture: The Rites and Rituals of Corporate Life* [M]. Addison

Wesley Publishing, 1982.

[36] Schein E. H. *Organizational Culture and Leadership* [M]. CA: Jossey – Bass. San Francisco, 1992.

[37] John P. Kotter & James L. Heskett. *Corporate Culture and Business Performance* [M]. New Jersey: Prentice-Hall. 2004.

[38] Peter Senge. *The Fifth Discipline: The Art & Practice of the Learning Organization* [M]. Crown Business; Revised edition, March 21, 2006.

[39] William Ouchi. *Theory Z: How American Business Can Meet the Japanese Challenge* [M]. Cambridge University Press, 1981.

## 附录

### 一、L 监狱企业文化建设调查问卷

L 监狱企业文化建设已经实施多年，目前受制于外部环境和内部管理等问题出现了相对而言比较难以突破的瓶颈，主要是监狱退出高危行业，资源型垄断时代已经成为过去，市场竞争时代来临。为能更深入地了解监狱企业在文化短板、文化合力以及其他各方面存在的问题，应该如何解决，应该以什么样的方式解决，带着这些问题我们开展了问卷调查研究工作，具体调查内容如下：

为了解当前监狱企业文化建设中存在的问题，同时为完善 L 监狱文化建设提供更多具有价值的参考，为此特地展开此次调查活动，此次回答的内容我们将采取不记名方式并严格保密，感谢您的参与，谢谢合作！

1. 您所在的年龄阶段？（    ）
   A. 25 岁以下　　B. 25~30 岁　　C. 30~40 岁　　D. 40 岁以上
2. 您每周工作的时间是多少？（    ）
   A. 40 小时　　B. 50 小时　　C. 60 小时　　D. 70 小时
3. 您所在监区警犯的比例如何？（    ）
   A. 低于全国 20.5% 的平均水平　　B. 全国 20.5% 的平均水平
   C. 高于全国 20.5% 的平均水平
4. 您亲人对您的工作支持程度如何？（    ）
   A. 非常支持　　B. 支持　　C. 不支持　　D. 非常不支持
5. 您是否会经常在工作外时间检查狱室？（    ）
   A. 经常　　B. 偶尔　　C. 不会
6. 您认为监狱企业警察所存在的压力来源或途径有哪些？（    ）
   A. 职业风险　　B. 人身安全风险　　C. 其他原因
7. 您对当前的企业兼职身份是否满意？（    ）
   A. 非常满意　　B. 满意　　C. 不满意　　D. 非常不满意
8. 您对当前福利待遇及薪资是否满意？（    ）
   A. 非常满意　　B. 满意　　C. 不满意　　D. 非常不满意

9. 您认为您的职业付出与待遇及社会评价是否对等？（    ）
A. 对等　　　　B. 不对等　　　　C. 基本对等　　　　D、完全不对等
10. 您是否有想过离开本单位去其他事业单位学习发展？（    ）
A. 本职业很好，没想过　　　　　　B. 没有职业归属感，想过离开
11. 您是否有完整的职业规划？（    ）
A. 有　　　　B. 没有
12. 您是否认为自己存在一定的心理问题？（    ）
A. 轻度　　　　B. 中度　　　　C. 严重　　　　D. 没有
13. 您对当前监狱企业岗位分类建设和责任权利划分是否了解？（    ）
A. 非常了解　　　　B. 了解　　　　C. 不太了解　　　　D. 不了解
14. 您是否了解本监狱企业的发展历史？（    ）
A. 非常了解　　　　B. 了解　　　　C. 不太了解　　　　D. 不了解
15. 您认为您所在监狱且文化建设硬件设施怎样？（    ）
A. 非常完善　　　　B. 完善　　　　C. 不太完善　　　　D. 不完善
16. 您认为您所在监狱企业文化建设是否存在形式主义？（    ）
A. 存在　　　　B. 不知道　　　　C. 不存在
17. 您认为您所在监狱企业文化建设中从优待警政策是否惠及您本人？（    ）
A. 惠及　　　　B. 基本惠及　　　　C. 没惠及
18. 您认为您所在监狱的企业文化建设能否适应企业发展？（    ）
A. 适应　　　　B. 基本适应　　　　C. 不适应
19. 您认为您所在监狱企业文化建设是否受到监狱党委的高度重视？（    ）
A. 高度重视　　　　B. 重视　　　　C. 不重视　　　　D. 忽视
20. 您认为您所在监狱企业文化建设对服刑人员的影响是否有利？（    ）
A. 非常有利　　　　B. 有利　　　　C. 基本无影响　　　　D. 无影响
21. 面对监狱企业市场竞争，您是否存在本领恐慌？（    ）
A. 能够胜任　　　　B. 基本能够胜任　　　　C. 存在本领恐慌
22. 您认为您所在监狱企业文化建设对外交流活动是否频繁？（    ）
A. 频繁　　　　B. 偶尔　　　　C. 没有
23. 您认为您所在监狱企业文化建设是否能够指导监狱企业运营？（    ）
A. 完全可以　　　　B. 可以　　　　C. 基本可以　　　　D. 不可以
24. 您认为您所在监狱企业文化建设与现行制度规范是否切合？（    ）
A. 十分切合　　　　B. 切合　　　　C. 基本切合　　　　D. 不切合
25. 您认为您所在监狱企业文化和监狱文化是否融会贯通？（    ）
A. 融会贯通　　　　B. 未形成合力　　　　C. 企业文化缺失　　　　D. 监狱文化缺失
26. 您认为您所在监狱企业的企业文化主要倾向于哪一方面？（    ）
A. 政治思想工作　　　　　　　　B. 企业管理工作

C. 服刑人员管理工作            D. 兼顾前三项

## 二、监狱企业文化建设专家访谈提纲

您好，很高兴您能接受我的访谈，本次访谈主要目的是想了解监狱企业文化建设的相关内容，以及运用工商管理理论知识对监狱企业文化建设研究进行阐述。

1. 请您描述一下企业文化建设的内涵？
2. 请问您了解监狱系统企业文化建设的内容吗？
3. 您认为监狱企业文化建设应包含哪些内容？
4. 请您谈谈对监狱企业文化分类为素质文化和管理文化的看法。
5. 您认为现在监狱企业文化建设存在哪些问题？
6. 您认为要解决监狱企业文化建设的这些问题需要怎么做？
7. 请您用工商管理理论知识对监狱企业文化建设存在的问题提出对策。
8. 请您对这些对策提出一些保障措施。

因专家层次和阅历不同，针对大学教授、资深记者、体制内专家，访谈提纲的提问方式略有不同，但基本内涵相同，特此说明。

## 三、监狱企业文化建设一线员工（服刑人员）座谈提纲

很高兴大家能坐在一起对L监狱企业文化建设进行座谈，本次座谈的目的是想让大家群策群力，对L监狱企业文化现状指出不足之处，同时对L监狱的企业文化建设提出自己的意见和建议，下面我列几点座谈的方向，请大家予以讨论。

1. 您认为L监狱企业文化建设现在是什么样的？
2. 您认为L监狱企业文化建设应该是什么样的？
3. 针对一线劳动岗位，您认为自己的劳动付出是否得到应有的回报？
4. 您认为您现在的工作能力是否能胜任您的工作岗位？
5. 您认为应该增加什么样的激励机制来满足您的需求？
6. 您认为如何能够提升您的工作效率和产品质量？
7. 您认为监狱企业文化建设最需要做的一点是什么？

根据座谈会的人员学历层次构成，相应地调整座谈问题的着重点，有选择性地针对部分问题进行重点探讨，基本框架为以上七点内容。

# 基于战略导向的毅臣集团组织结构优化研究

朱 洁　郑文哲

**摘　要：**　战略管理是企业管理中的重要问题，关乎企业发展的全局和未来。企业战略决定企业的组织结构，组织结构又反作用于企业战略。随着中国经济发展步入新常态，越来越多的企业进行战略调整和战略转型。企业战略转型过程中，其原有组织结构不能与新战略有效匹配，一直是战略调整与实施的阻碍因素，影响着战略目标的达成。只有当企业战略与组织结构实现优化匹配时，才能有效推进企业新战略的实施，进而更好地实现企业的战略目标。因此企业的组织结构要依据企业不同的发展阶段及实施的不同战略来进行调整和优化。

本文的研究对象毅臣集团是一家典型的民营企业，从1986年创办至今，集团经历了三个发展阶段。2016年，集团宣布进入战略变革期，在这一阶段，集团战略会重点转向人力资源、技术研发、运营管理和资本投资领域，然而组织结构与新战略的不匹配性严重影响了企业战略的实施，亟待对组织结构进行优化。

本文首先采用文献研究法对战略与组织结构关系理论及研究现状进行梳理，为研究提供理论指导。其次，通过对企业内部成员进行半结构化访谈，深入了解战略变革背景下现有组织结构存在的问题，为本文研究提供第一手资料。本文回顾了毅臣集团不同发展阶段的企业战略及与之相应的组织结构演进，揭示了毅臣集团发展面临的内外部环境的变化与战略调整的必要性，概括了其战略调整的主要方向和内容，剖析目前组织结构与战略的不匹配性。接着，对基于战略导向的集团组织结构调整进行优化设计，通过增设战略投资部、海外研发部、运营管理部、人力资源部和重新整合新旧部门职能，明确各部门岗位职责，构建部门间新的协作机制等，把企业原有以直线制为主的组织结构调整为以直线职能制为主的结构。最后，提出了让新组织结构有效运转的几点保障措施。

本文的研究认为，企业选择什么样的组织结构必须与其实施的战略高度吻合，随着企业战略的调整，其组织结构也必须同步优化；企业选择什么样的组织结构还应充分考虑企业原有组织结构及管理传统，不能简单地照搬书本理论上的典型组织结构类型；企业组织结构的调整应是一个随企业规模、业务、战略、文化而渐进式演进的过程，不能进行非此即彼的直接转换。本文的研究不仅对毅臣集团进行有效的组织结构优化，更好地服务企业新战略的实施具有现实意义，同时，也能为其他企业战略变革期的组织结构调整优化提供一些经验启示。

**关键词**：战略管理；组织结构；优化；毅臣集团

# 1 绪论

## 1.1 选题背景和意义

### 1.1.1 选题背景

在当今世界，企业管理越来越重视战略规划，战略的前瞻性作为企业创造未来核心竞争优势的前提，为企业的发展指引了方向。战略的有效落实必须要有相应的组织结构作支撑，战略决定组织结构，组织结构又反作用于战略。尤其是在企业战略转型过程中，由于战略往往先于组织结构，组织结构的滞后性影响着战略目标的达成，因而只有对组织结构进行优化调整才能有效推进战略的实施。

本文所研究的毅臣集团是一家非常典型的中国式民营企业，企业初创于20世纪80年代，初期经营箱包产品，主要在国内销售，而后于90年代转型为世界知名女包品牌外贸加工，这段时期企业成功完成了资本原始积累。2000年以后企业开始了房地产、家具、再生革、金融等业务的多元化扩展，在房地产和金融领域的投资直接让其资产翻番，其财富的积累主要来自于机会性的资产增值，而非经营性收入。随着资产的日益雄厚，2013年企业成立集团总部后认识到集团发展重心不明确的问题，集团决定改变战略定位模糊的局面，经历了将近四年时间的探索，逐渐明晰了其发展的方向和定位，并制定了女包制造、家具制造、投资三驾马车并驾齐驱的战略总方针。毅臣集团计划在未来十年，通过高效的组织结构和优秀的企业文化塑造，逐步成长为一家以投资为支撑的，专业从事女包和家具解决方案的卓越服务商，在所进入的实业细分领域成为行业的领导者，致力于成为一家值得信赖并受人尊重，拥有全球影响力品牌的国际化控股公司。

在新的战略定位下，集团现有的组织结构表现出与当前战略的不匹配性。目前的组织结构中，董事长下面一共只有三个部门，分别是集团办公室、财务部和审计部（下面两家工厂负责人直接向其汇报），这样的组织结构明显只是服务于老板一人，关键战略职能部门缺失，结构层次过于单一，不能适应新战略的需要。基于此，我们需要对现有的组织结构进行优化设计，从而推进战略的落实。

### 1.1.2 研究意义

本文从实际案例出发，对毅臣集团目前战略与组织结构不匹配问题进行了深入的分析和探讨，提出了基于战略导向的切实可行、科学合理的组织结构优化方案。本文的研究成果有益于毅臣集团管理的改善，能使组织结构支持战略的实施落地，推动企业展开战略变革。同时，通过对毅臣集团战略和组织结构演进历程的分析，有助于为其他企业在战略变革中进行组织结构调整提供思路参考,因此有很强的实践意义。

## 1.2 研究思路和方法

### 1.2.1 研究思路

本文通过战略与结构关系理论来发现目前毅臣集团面临的问题,在以战略为导向的基础上对总部组织结构进行分析和优化设计,从而保证总部组织结构能够适应集团战略的发展,改善战略执行的效率,加快企业的战略变革。整个路线图如图1所示。

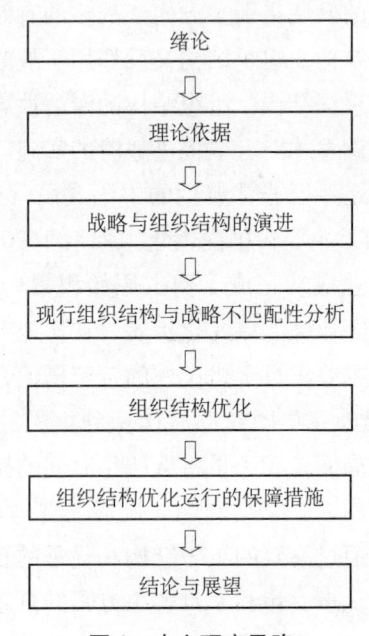

```
绪论
 ⇩
理论依据
 ⇩
战略与组织结构的演进
 ⇩
现行组织结构与战略不匹配性分析
 ⇩
组织结构优化
 ⇩
组织结构优化运行的保障措施
 ⇩
结论与展望
```

图1 本文研究思路

### 1.2.2 研究方法

(1)文献研究法。使用文献研究方法对组织结构及其战略调整的相关研究进行成果梳理是本文的重要研究方法,主要以文献综述的形式予以体现。所谓文献综述,它是文献综合评述的简称,本文使用文献是指在全面搜集公司战略调整和组织结构的有关文献资料的基础上,经过归纳整理、分析鉴别,对近几十年国内外公司战略调整和组织结构变革的研究成果与进展进行系统、全面地叙述和评论。利用书籍、期刊、网络等查阅大量的文献资料,掌握战略与组织结构的关系理论和相关战略管理、组织结构理论,从理论层面更好地支持本文的研究。

(2)半结构化访谈法。半结构化访谈指按照一个粗线条式的访谈提纲进行的非正式的访谈。该方法对访谈对象的条件、所要询问的问题等只有一个粗略的基本要求,访谈者可以根据访谈时的实际情况灵活地做出必要的调整,至于提问的方式和顺序、访谈对象回答的方式、访谈记录的方式和访谈的时间、地点等没有具体的要求，由访谈者根据情况灵活处理。本文选择半结构化访谈的方法旨在通过深入毅臣集团内部，对团队成员进行访谈，了解在战略变革背景下现有组织结构存在的实际问题，为本文的研究提供第一手资料，并且充分尊重被采访者的交流意愿，相比结构化访谈具有更好的实际采访效果。

（3）案例分析法。案例分析是管理学研究常用的方法之一。案例分析指的是在实践基础上结合企业管理和相关的经济与社会理论来研究企业存在的问题，实现理论研究和现实操作的统一。本文以毅臣集团为典型案例，通过研究不同时期企业战略与组织结构的特点，阐述当前组织结构应该如何根据战略做出调整，支持战略落地。

## 1.3 研究内容

本研究运用企业战略管理理论、组织结构理论和战略与组织结构关系理论对毅臣集团的组织结构优化设计问题进行深入的探讨，重点分析新战略与现有组织结构的不匹配问题，并结合组织结构优化整体要求，根据战略需要确定组织结构类型，设置相应的部门并进行岗位职能说明，从而得到组织结构优化方案。最后，提出几点集团组织结构优化运行的保障措施。因此，文章由以下几部分组成：

第1部分为绪论，从背景以及意义、研究方法等层面来对选题进行阐释，除此之外，还就相关的创新点进行了说明。

第2部分为相关理论和文献综述，主要阐述企业战略管理理论、组织结构理论，并且对近年来国内外有关战略与组织结构的关系研究做了简单的归纳总结，为本文的研究提供理论基础。

第3部分介绍毅臣集团战略与组织结构的演进。首先对集团情况进行简要介绍，然后梳理集团各战略发展阶段与其相应的组织结构，指出其中的优点与不足，接着论述当前战略转型与组织结构调整的必然性。

第4部分运用半结构化访谈法对集团高层、中层和基层人员进行访谈，深入了解集团目前的情况，分析当前组织结构与新战略不匹配的问题和原因。

第5部分是新战略下毅臣集团组织结构的优化方案。首先说明新战略对集团组织结构优化的整体要求，包括集团组织结构优化目标和原则、集团总部的战略定位和管控模式，然后提出相应的组织结构优化路径，具体包括组织结构类型的确定、相关职能部门设置以及部门职责和岗位的描述。

第6部分为优化后组织结构运行的保障，分别从责权体系、人力资源管理、战略管理和企业文化建设这几方面进行阐述。

第7部分属于结论和未来展望。根据前文的研究得出几点结论，同时指出本文存在的不足之处，并为后续的研究进行展望。

## 1.4 可能的创新点

本文在梳理毅臣集团发展战略的基础上，结合员工访谈结果和战略与组织结构关系理论，对现行组织结构与战略的不匹配问题进行分析，根据战略管控模式和组织结构优化原则及目标，设计了新的组织结构，试图在战略和组织结构选择之间架起一座桥梁，为管理提供新的思路，有较强的现实参考意义。

# 2 相关理论和文献综述

## 2.1 企业战略管理理论

### 2.1.1 战略的概念

战略一词来源于希腊语"stratgos"，最早是一个军事术语，指的是指导战争全局的方略。而对于战略进行研究最多也最具有代表性的就是以冯·克劳塞维茨为代表的军事专家们，其在《战争论》当中指出，充分借助于战斗的方式来获取战争的胜利就是战略，在具体的军事行动当中，必须要对所期望的目标进行设定，这实际上就涉及了战略的制定，换句话来说就是对整个战争计划或者说是实施方案进行拟定；同时，必须要密切地围绕该目标来部署和实施各项军事行动，并针对各个不同的战局来拟订相应的方案。后来随着社会生产力的发展，不仅是在军事领域，在其他领域也开始出现了战略一词，20世纪50年代，战略一词被引入企业管理领域，相关的理论研究成果也越来越丰富。

安德鲁斯作为美国哈佛大学知名的教授，指出企业战略是一种决策模式，它对企业目标的实现具有决定性的影响，因此应当通过重大方针的制定和实施来促进目标的达成。美国达特茅斯学院管理学教授奎因对此持有相似的观点，他指出战略从某种意义上来说和计划这个概念是相等的，它能有效地聚合企业的目的、政策和活动，并使它们规律性地排布。企业如果能够制定出较为科学合理的战略，那么便能够在环境变化中充分利用自身的优势，及时对自身的资源进行优化配置，以更好地应对竞争对手。

安索夫从战略学家的角度对企业战略进行了阐释，认为企业战略就是企业为达成目标而采取的各种实施方案和计划，它作为一条"共同经营主线"存在于企业和市场发展的全过程，该主线主要包括四个要素：产品与市场范围、增长向量、协同作用、竞争优势。明茨伯格较为系统地阐释了企业战略的概念，他认为战略包括了计划、计谋、模式、定位以及观念等五种不同的要素，也就是所谓的"战略的5P"。

以上四位学者对企业战略的论述非常具有代表性，不同的定义并不意味着它们彼此独立,这些定义彼此之间存在着一定的内在联系。综上所述,战略研究的是组织的远期发展方向与目标,可以将战略理解为企业在某一段时间内有关经营方向的目标、线路、措施和经营重点的选择,为使自身的优势能够得到长期保持而实施的整体性的谋略布局。

企业战略一般又可以被分成四个层次:公司层总体战略、业务层战略、职能层战略和基本经营单位层战略。企业战略层次的有效划分能够维持企业发展方向和战略的一致性和整体性,还能够使企业的资源利用最大化。

### 2.1.2 战略管理的概念

在目前的结构转型时期,中国企业正在步入战略管理时代。企业战略管理是指企业根据其内部和外部环境,对企业经营方向的目标、线路、措施和经营重点进行选择,并将对这一选择进行实施、控制和管理。一个规范性的、较为系统的战略管理包括三部分的内容,首先对战略进行分析,然后形成战略,最后是实施战略并进行有效的控制,整个战略管理过程如图2所示。

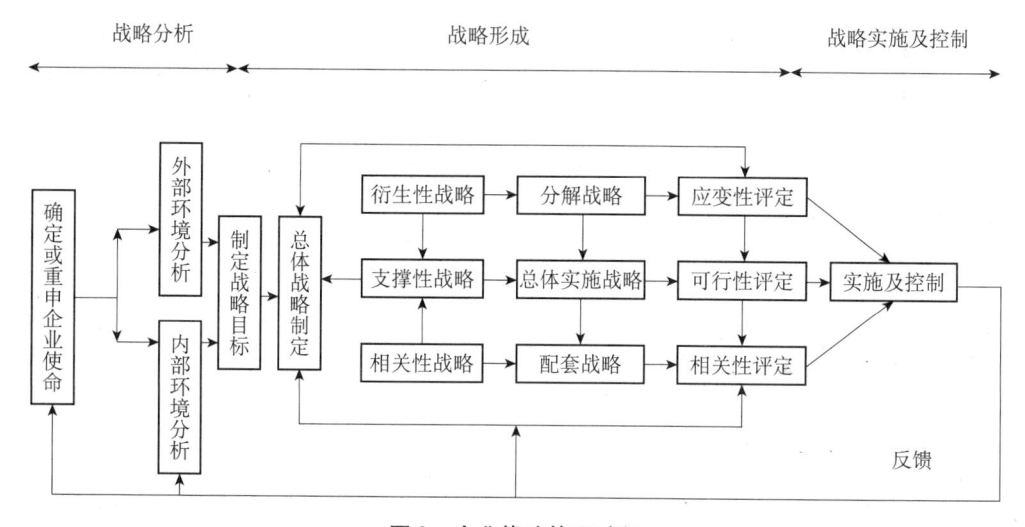

**图2 企业战略管理过程**

早在20世纪五六十年代便已经出现了战略管理学科,其演进大致经过了四个阶段:以战略规划理论为主的60年代,以战略管理理论为核心的70年代,以竞争理论为主的80年代,除此之外还有以资源基础论和核心能力理论为主的90年代。

60年代,钱德勒和安东尼是研究企业战略管理方面最具代表性的人物,他们分别形成了自己较为独到的理论成果。其中钱德勒通过分析和研究具体的案例,向我们阐释了何为企业战略,并从成长方式和结构变革关系层面对企业展开了分析,在此基础之上形成了战略决定结构理论,也就是所谓的"结构跟随战略假说"论。安东尼则充分借鉴了法约尔的研究成果,更加细致地划分了计划和控制,使得其层次更加分明,其中高层次对应的是战略规划,中层次对应的是管理控制,而较低层次对应的则是操作控制。在安东尼看来，在组织高层管理活动当中，战略规划扮演着非常重要的角色，对此，安索夫和安德鲁斯又深化和细化了相关的概念，从而构建了"安东尼—安索夫—安德鲁斯"范式。

70年代中期，安索夫出版了《从战略计划走向战略管理》，形成了自己的战略管理理论，继而又在1979年推出了另外一部力作《战略经营》，其研究以现代组织理论为出发点，从战略计划到战略经营，对环境、战略和组织三者间的对应关系展开分析，对企业战略理论进行了发展。

80年代，在研究战略管理方面最具代表性的是迈克尔·波特，其首次将行业结构分析法引入了自己所编著的《竞争战略》(1980)当中，不仅如此，其还在研究企业竞争战略的时候充分运用了该分析法，据此对企业的战略需求进行了阐释，使得产业组织理论能很好地与企业竞争理论兼容。

学者们从90年代开始研究竞争力，从而基于资源、知识和能力构建了相应的核心竞争力理论，其研究以伦敦商学院的哈默尔与密歇根大学的普拉哈拉德最具影响力，他们专门撰写了《公司的核心能力》一文。他们认为，一个企业要想使自身的竞争力能够得到长期的保持以及获得新的发展，就必须要拥有自身的核心能力，而公司战略实施的关键自然也就是掌握核心能力，唯有如此才能够在世界大舞台上独步天下。

90年代后，随着逐步激烈和白热化的经营环境，传统的战略管理方法也到了转型升级的关键时刻，此时的竞争定位理论不再是和变化的环境相适应，而是开始转向以创造未来为主的核心竞争力理论。

## 2.2 企业组织结构理论

### 2.2.1 组织结构概念

随着国外管理学理念在中国的普及，"组织结构"已经成为耳熟能详的概念。无论是营利性组织还是非营利性组织，管理者都需要面临组织结构设计的问题。罗宾斯认为，组织结构就是组织内部对工作的正式安排。王凤彬认为，组织结构是对组织中若干相互关联的构成要素之间的排列组合方式和动态互动关系的总称。

组织结构的设立是为企业建立一个强有力的组织管理体系。在组织结构设计中要紧紧围绕各自成员的职能定位、权益义务展开。组织结构作为一种秩序体系，最显著的特征就是动态化、结构化，其存在的意义在于促进组织目标的实现，使每个成员都能为实现组织的目标而努力。

### 2.2.2 组织结构类型

常见的组织结构类型有直线型、职能型、直线职能型、事业部制型、子公司制型、矩阵型等，而西方著名的学者威廉姆森根据钱德勒的理论，又将公司内部管理的组织形态分为了 U 型（一元结构）、H 型（控股结构）和 M 型（多元结构）三种基本类型，基本上将我们常见的几种组织结构类型都包含在了其中。U 型结构主要有直线制、职能制和直线职能制三种，其中直线职能制最常用，如图 3 所示。而 H 型主要是指通过股权关系来控制子公司，子公司拥有完全的自主经营权；M 型是事业部制组织结构，也有观点认为 M 型也包含矩阵结构。三种结构特点不同，企业集团应根据自身战略需求选择适合的组织结构。

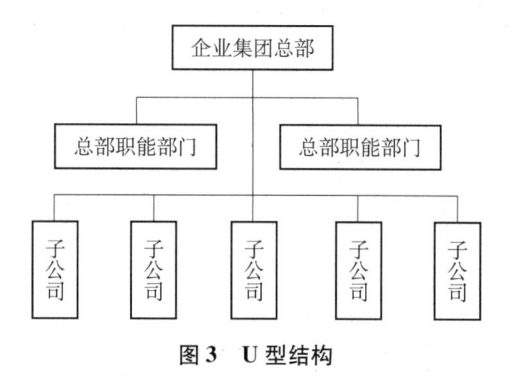

**图 3　U 型结构**

图 3 是 U 型组织结构中的直线职能制组织结构，属于一种比较扁平化的组织结构，由总部对各子公司以及职能部门进行直接的管辖，各职能单位往往只有很少的自主权，这种结构模式所体现出的显著特征就是高度集权。

H 型结构，同时也可以叫做是"行业集团式"结构，比较适用于控股公司。也就是说，那些通过横向合并和组建的企业集团通常情况下都会选择 H 型结构，这种结构类型最大的特征就是扁平和松散。而其从模式类别划分上来说，属于分权模式的组织结构模式，如图 4 所示。

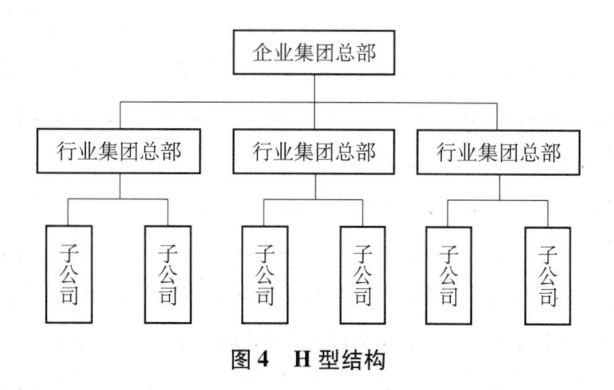

**图 4　H 型结构**

M 型结构，也就是所谓的"事业部制结构"，该模式使得过于集中和过于分散的结构问题得到了有效的解决，因此受到了大型企业和企业集团的青睐。这种集团主要由事业部构成，而这些事业部往往根据产品、地区或顾客组建，除此之外，所有的事业部内部都有其相应的各自 U 型结构，所以这种管理模式当中既有集权的部分也有分权的部分,如图 5 所示。

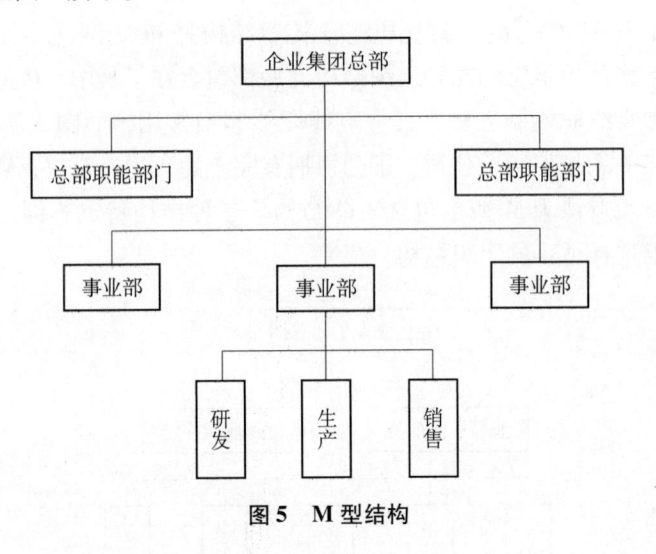

图 5  M 型结构

## 2.3 战略与组织结构关系文献综述

### 2.3.1 国外研究综述

国外的学者较早开始关注战略与组织结构的关系,基本上包括了三种不同的观点,具体如下。

(1) 战略决定组织结构。关于战略与组织结构关系的研究,以"战略决定结构"理论最为知名,其提出者为美国教授钱德勒。钱德勒于 1962 年正式出版了自己所编著的《战略与结构:美国工商企业史的篇章》,在书中,他集中考察了杜邦、德尼莫斯公司、通用汽车公司、新泽西标准石油公司战略与结构的范式转变,通过对这些公司从 1909~1959 年发展情况的跟踪研究,发现当调整自身的战略时必然会改变其自身的组织结构,而只有将战略明确了,才能够做出该改变。也就是说,战略决定结构,在组织结构设计当中战略发挥着支配的作用。

1978 年,当代的"战略决定结构"代表人物美国的迈尔斯和斯诺继承了钱德勒的战略决定结构理论,《组织的战略、结构和过程》是他俩在此方面的代表之作,其按照防守型、分析型、进攻型和反应型对组织战略进行了划分,其中效率是防守型战略的基本要求,权力高度集中并对成本进行严格的管控,该战略实现的最基本手段就是促进生产效率的提升,并尽可能地压缩管理费用;而对于分析型战略而言,其所选取的策略为兼顾效率和学习,既要对成本进行严格的管控,同时也要注重灵活性和适应性的保持,强调要高效的进行生产,大力提倡创新发展;而对于进攻型战略而言,主要的导向就是学习,机构灵活、激动,强调强大的研究开发能力,分权管理为主;反应型战略的组织形式相对而言不够明确,结合不同的情况也会出现不同的组织形式，这种组织形式缺乏稳定性。

类似地，尼尔森认为，经济增长和发展的关键制约因素就在于战略，因此企业发展可以将战略作为其逻辑起点，而技术革新最终会带来组织结构变革，在这里，组织结构变革仅仅是作为一种结果存在，因此战略先于组织结构。鲁梅特（Rumelt）所研究的主要内容则为大型工业企业在美国的发展状况，并分析了其所取得的经验，钱农（Channon）的研究对象则为英国的企业，戴斯（Dyas）和坦海泽（Thanheiser）的研究对象则为法德的企业，帕万（Pavan）研究的是意大利企业，最终的结论是完全一致的，即战略决定结构，结构跟随战略。管理大师彼得·德鲁克则从管理职能角度，对战略与组织结构关键职能的关系进行分析，他认为，整个企业的组织结构如同房子，砖瓦和水泥就是企业的各项管理职能，而作为主梁和支撑柱的部分就是关键性职能，因此，企业要想保持高效，在企业组织结构当中就必须要将关键职能放到中心位置。因此，不同的战略中心，就要求有不同核心的组织结构，如表1所示。

表1　　　　　　　　战略与关键职能的对应关系

| 战略 | 关键职能 |
| --- | --- |
| 产品驱动型战略 | 产品的改进、销售与服务 |
| 客户或市场驱动型战略 | 市场调研、提高客户忠诚度 |
| 技术驱动型战略 | 研发、应用推广 |
| 生产驱动型战略 | 生产效率、营销 |
| 销售或营销驱动型战略 | 招聘销售人员、销售 |
| 物流驱动型战略 | 系统结构、系统效率改进 |
| 资源驱动型战略 | 开采、加工 |
| 成长驱动型战略 | 资产管理、投资 |
| 利润驱动型战略 | 投资组合管理、信息系统 |

（2）组织结构决定战略。在鲍威尔看来，企业现阶段采用何种框架进行业务运作在很大程度上取决于管理者所选择的特定组织形式，并且这种组织形式还对采取何种渠道来传递战略信息进行了规定，同时还影响到了其他的一些决策事项，比如资本调拨等。布尔顿与库恩也指出组织在确定最佳战略方案的过程当中往往会受制于自身的结构。企业在自身结构的影响下，往往只会对某些方面过度的关注，从而形成对环境独特的认识，企业的战略便会由此而得以形成。霍尔和赛尔斯指出，组织在认知自身能力和环境的时候往往会受到自身结构的影响，同时结构对于组织选择何种反应方式也有决定性的影响。类似地，安索夫、贝赞可、德雷诺夫和尚利以及达福特等也均指出，组织结构往往会对企业战略的实施产生十分重大的影响，具体而言，不管是在评价战略实施还是调整企业战略等方面，均会受到组织结构的影响。

（3）战略与组织结构相互影响。关于战略与组织结构关系的研究，彼得·德鲁克在20世纪50年代就提出过简单看法，在他看来，组织结构除了作为工具存在之外，还有助于更好地实现组织战略，该观点正是组织结构反作用于战略的雏形。明茨伯格、汤普森、斯蒂尔和凯布尔对于战略和组织结构关系的观点一致，在他们看来，两者在环境较为特定的情况下，具有偶然性的关系，没有先后次序之分且彼此能够产生影响。西蒙指出，我们要充分结合方法和目的来进行理论研究和实践，而各个要素之所以能够相互依存，就在于这种依存具有必要的价值以及实现的基础。奎因也指出，变化的结构有时会导致战略发生变化，而有时战略的变化也是导致结构发生变化的原因。由此不难看出，对于战略和组织结构而言，它们二者的关系不存在显著的先后次序，它们的影响是相互的。

#### 2.3.2 国内研究综述

国内有关战略和组织结构关系的研究明显晚于国外，因此我国的很多研究对国外相关理论进行了充分的借鉴，就总体来说，国内学者对战略和组织结构的关系持两种观点，一是钱德勒"战略决定结构"理论，认可组织结构追随战略的定位；二是两者的关系为相互影响。

（1）战略决定组织结构。孟卫东指出，组织中较为优秀的战略家往往会将战略竞争优势作为首要的考虑因素，然后才考虑调整组织结构。陈虹、艾于兰和杨琬均指出，首先应当考虑战略，然后再考虑组织结构，后者必须要服从于前者，并且要充分按照各个时期企业的战略目标来调整组织结构。张岚岚等对波音公司100年来的组织结构变化过程进行研究，得出组织结构服从于战略的结论。贾东琴也认可了钱德勒"战略决定结构，结构跟随战略"的观点，通过对国外大学图书馆基于战略的组织结构优化模式进行分析，得出大学图书馆战略实施过程中，应根据战略的不同特点，对各职能部门设置或部门人员安排等进行适时调整，以适应战略需要。宋春龙以对日软件外包公司在企业发展过程中的经营战略和与之相配合的组织结构演变案例为样本，研究了企业经营战略和组织结构的关系，结果表明，在以维护型业务为核心的软件外包开发公司成长过程中，其组织结构的演变是跟随其自身战略的变化而变化的。王巧莲和马博指出，对于企业而言，和自身相匹配的组织结构就是那些最优的组织结构，所以，在对组织结构进行设计的时候必须要充分结合自身的实际情况，只有这样才能够更好地服务于企业的战略。

（2）战略与组织结构相互影响。金占明指出，在组织战略面前组织结构要绝对的服从，另外由于在战略调整的过程当中，结构往往需要一定的时间来适应，并且结构变迁往往比战略调整要滞后，因此不能够急功近利，在战略变革当中要防止多数人成为制约因素。宋玉华和姚建农、姜艳和黄桂萍均指出，尽管公司的组织结构取决于其战略，然而其组织结构也会对企业战略产生反作用，两者既彼此制约又彼此影响。与前者相似，刘迎春指出，公司的战略对组织结构所产生的影响是有限的，并且从另一个角度来看，公司组织结构还会制约和影响到公司战略的制定和实施。徐飞则指出，尽管企业战略和结构存在着较为复杂的关系，然而能够肯定的是，如果组织结构和战略不相匹配，那么就无法很好地执行战略。冯米等也提出类似观点，他指出，组织结构的设定必须要围绕企业战略进行，否则其运营绩效就无法得到有效的保障。龙遥在前人研究的基础上提出，组织结构与战略之间是个相互影响的关系，然而这并非是向单一方向发展的影响关系，这种依赖过程是无限循环的。我们研究组织结构和战略关系的过程当中，最终的目的并非是对它们的因果关系进行确定，而是要对它们之间模糊的因果关系进行充分的利用，以使组织结构得到优化，确保战略能够顺利地实施。

除了上述经验分析的结果，还有部分学者从实证角度对两者关系进行了研究，也得出类似的结论。张雅琪等以我国309家上市制造企业为研究对象，实证分析了企业绩效受服务化战略和组织结构关系的影响，研究结果表明，制造企业绩效的变动并不只是战略实施的结果，其在很大程度上是由企业战略是否能够有效与内部组织结构匹配所决定的。由此不难看出，战略是否能够得到有效的实施也是由组织结构与战略的匹配性所决定的。郑惠莉和李希研究的主要对象为国外的一些电信运营商，从战略与结构的角度进行实证分析，发现企业的战略能够决定组织的结构，并且组织结构也会反作用于企业战略，他们认为，若想达到两者的匹配，应选择与战略相适应的组织结构，加强企业文化建设，克服组织结构惰性。王晓凤以中国联通为案例研究对象，按时间顺序对其信息化部的组织结构变革历程与信息化战略实施过程进行了纵向的细化分析，得出组织结构变革对信息化战略实施具有促进作用的结论。

## 2.4 研究述评及本文构想

在研究分析了战略管理、组织结构及战略与组织结构关系理论后不难得知，国内外对战略与组织结构方面的探讨已较全面，研究成果也比较丰富。综合上述研究成果，可以简要得出如下结论：战略管理是由战略分析以及战略实施等诸多方面共同构成的系统工程，对企业的发展具有重要意义；在战略实施的过程当中，组织结构设计是最关键的环节；至于战略和组织结构的关系，目前学者们的结论并不一致，主要有战略决定组织结构、组织结构决定战略和两者相互影响三种观点。

在综合分析前人有关组织结构与战略关系研究的基础上，基于毅臣集团的发展现状，本文认为"战略决定组织结构，组织结构反作用于战略"的论点更符合现实状况。企业战略与组织结构是一个动态变化的过程，企业战略的变化将导致组织结构的变化，组织结构的重新设计又能促进公司战略的实施；孤立地制定战略或者进行组织结构设计都是无效的，也是不可能成功的，只有将两者视为一个有机整体，相互匹配，才能促进企业的健康发展。因此，本研究在梳理国内外相关研究理论的基础上，将以"战略决定组织结构，组织结构反作用于战略"的论点作为理论支撑，以战略变革中的毅臣集团为研究对象，分析如何在战略的指引下进行组织结构优化调整。

## 3 毅臣集团战略与组织结构的演进

### 3.1 毅臣集团简介

毅臣集团成立于1986年，是一家股份制民营企业，以 KC 箱包起家，1986~1992年以女包内销生意为主，1992年开始转做女包外贸业务，在这段时间内创始人完成了财富的原始积累。

2000年以后，毅臣集团告别单一的女包加工业务模式，开始了多元化发展的进程。2000~2013年期间，集团相继成立了房地产开发公司、再生革制造有限公司，收购了家具制造企业、资产管理有限公司，形成了一个集团企业的组织形态。这一多元化高速发展为企业带来了可观的资产收益，但是由于发展没有重心，导致了繁荣过后的混乱。

2013年，集团总部正式设立，集团开始进入规范调整期，清算了大量资产，包括关闭房地产开发公司、再生革制造有限公司和资产管理公司，与此同时，集团总部开始发挥其作用，但是定位仍不明确。

经过3年时间的调整，公司于2016年明确了未来发展的战略，宣布进入战略变革期。目前毅臣集团设有总部公司（十余人），下设两家工厂，分别为 KC 箱包有限公司和 TC 家具制造有限公司。其中 KC 箱包有限公司创办于1986年，目前拥有员工百余人，主要为欧美客户代工二线品牌女包。然而随着中国劳动力成本的上升，制造业成本优势开始衰退，大量订单转移到了越南等东南亚国家，公司正面临着严峻的传统制造业转型升级问题。TC 家具制造有限公司目前拥有员工300余人，原为国家校具指定生产企业，成立于1958年，2003年被毅臣企业集团收购后改制为私企。目前年产学校家具20万余件，是较典型的 OEM 企业，也面临着制造业转型升级的困境。

目前毅臣企业集团50%的利润贡献率来源于投资回报，投资业作为集团的"现金牛"，不断反哺两个制造业工厂，面对制造业转型升级的压力，集团明确了坚持进行传统制造业转型并继续加强在投资业务方面的发展，力争通过10年时间，把企业集团打造成具有全球影响力的国际化控股公司。面对宏大的战略发展目标，集团现在面临重战略轻执行的问题，由于忽视了组织结构调整在战略执行中的重要性，导致目前组织结构跟不上战略调整的步伐，这势必会影响战略的落地。

本文选择毅臣集团作为案例分析对象，符合案例研究选取样本的一般要求。作为民营企业，毅臣集团具有较长的发展历程，其组织结构和发展战略多次经过调整，为本文提供了很好的分析样本；笔者与该集团联系密切，方便深入访谈和收集资料，进而能全面系统地梳理其组织变革和发展中存在的问题。

## 3.2 毅臣集团战略与组织结构演进的历史回顾

纵观企业 30 多年的发展历程，可以划分为三个阶段，第一阶段为单一的工厂发展期，第二阶段为多元化发展期，第三阶段为规范化调整期。组织的发展是一个复杂的过程，战略在各个阶段具有完全不一样的特征，并且相应的组织结构也存在很大的差别。

### 3.2.1 单一工厂发展期（1986~2000 年）

1986~2000 年这一段时期我们称为毅臣集团的单一工厂发展期，毅臣集团的前身为创办于 1986 年的 KC 箱包有限公司，当年企业创始人凭借敏锐的商业嗅觉，下海从事箱包加工业务。20 世纪 80 年代的中国正逢改革开放初期，遍地是商机，创始人下海经商挖到了人生第一桶金。1992 年邓小平南方谈话引发了中国沿海第一波外贸潮，外贸驱动中国经济增长的格局日益明显，在这样一个大环境下，公司的箱包销售由内销转为外贸，完成了资本的原始积累。在这一阶段，企业的目标就是保证企业可持续经营并在此基础上扩大生产规模，因此产品结构单一，采取集中化发展的战略，相应的组织结构也是非常简单，采用的是直线职能型组织结构，如图 6 所示。

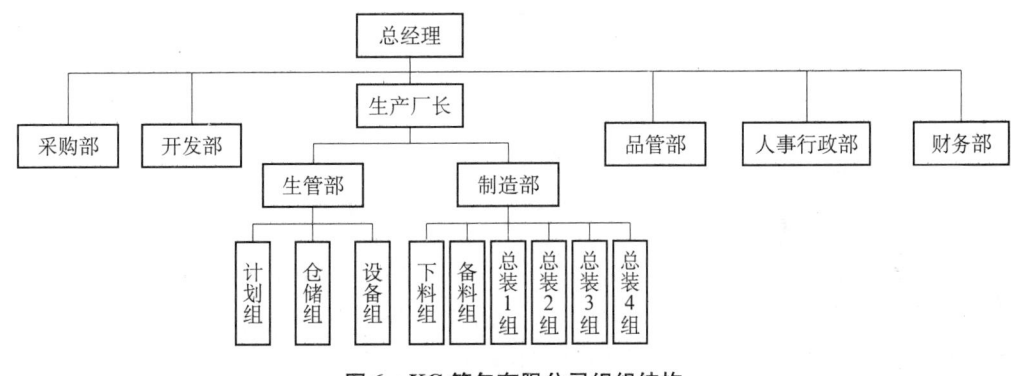

**图 6　KC 箱包有限公司组织结构**

由图 6 可以看出，这一直线职能型组织结构是以直线制为基础，在各级行政领导下，设立相应的职能部门，就具体的管理形态来看，这种组织结构最大的特征就是权力的高度集中。

该组织结构自身所具有的优点如下：管理权力高度集中，最高领导层对整个企业能有严格的管理控制；由于按照职能来划分部门，职责非常明确；部门间的联系相对固定，良好的稳定性保障了整个组织系统的正常运转；管理者在职能人员的协助下，能够对本部门进行有效管理，以适应复杂而细致的现代管理工作。其存在的不足是：各个职能单位往往彼此孤立存在，彼此之间没有充分地共享信息，往往会出现一些重复性的劳动，进而降低工作效率；如果将过多的权力分配给职能部门，则不利于直线指挥命令系统；职能部门比较呆板僵化，不能够及时地应对环境的变化；不能够培养出素质全面的全才型管理人才。

而在当初的时代背景和战略发展目标下，这样的组织结构与战略是较为匹配的，它能够使决策层具有很强的直接指挥能力，从而实现大规模生产。这一阶段组织的良好管理也很好支持了战略的发展，企业不仅积累了原始资本，也得到了持续的成长。

### 3.2.2 多元化发展期（2000～2013年）

第一发展阶段的原始资本积累为创始人进入企业发展的第二阶段打下了良好的基础，毅臣集团从此告别了发展雏形期，不再是单一的箱包加工业务模式，而是进入房地产、家具、再生革、金融等业务的多元化发展期。这一阶段的发展以进军房地产行业拉开序幕，获得了非常可观的利润，此后企业开始了"大张旗鼓"的多元化发展：2001年，AA房地产开发有限公司成立；2003年收购TC家具制造有限公司；2005年DD再生革制造有限公司成立；2008年XX资产管理有限公司成立。在多元化的战略下，企业采取了与之相适应的H型组织结构，也就是所谓的控股公司结构，这种组织结构形态更多的是集团企业的组织形态而并非是一个企业的组织结构形态，如图7所示。

```
                    毅臣集团有限公司
    ┌──────────┬──────────┬──────────┬──────────┬──────────┐
  KC箱包    TC家具制造   AA房地产开发  DD再生革制造  XX资产管理
  有限公司   有限公司     有限公司     有限公司      有限公司
```

**图7 集团多元化发展期组织结构**

H型组织结构中包含了U型组织结构，如下面的子公司往往是U型组织结构，这一组织结构的优点是：从法律层面上来说，母子公司均属于独立法人，母公司没有责任和义务替子公司承担债务，使得经营风险得以有效地降低；子公司会更加积极主动地展开自主经营。其存在的不足是：母公司无法有效地管控子公司，导致自身的行政指挥权力难以得到直接行使；母子公司各为独立纳税单元，相互间的经营往来及子公司的盈利所得需双重纳税。

这一组织结构大大支持了这一阶段的多元化战略发展，促进了集团公司资产规模的扩大，在这13年间，借助良好的社会经济发展形势，企业得到了飞速的发展，但是弊端与问题也日渐显现。

### 3.2.3 规范调整期（2013～2016年）

经历了13年的迅猛发展期后，其多元化发展的战略弊端日益显现，集团发展没有重心，当初多元化业务的拓展并非是经过长时间的、系统的论证与筹备，更多的是基于可能的发展机会的尝试,因此集团的整个发展规划相当不规范,集团总部对下面子公司缺乏有效的管控,总部形同虚设。于是,集团开始整合、梳理现有业务,进行了一次大调整和规范。集团于 2011 年退出房地产和再生革制造领域,关闭了 AA 房地产开发有限公司和 DD 再生革制造有限公司,于 2012 年清算了 XX 资产管理有限公司,开始慎重考虑未来的业务发展重心和集团总部的职能与作用。2013～2016 年集团处于一个战略调整期,逐渐明确了集团总部的职能,并最终选择了集权式的组织结构,如图 8 所示。

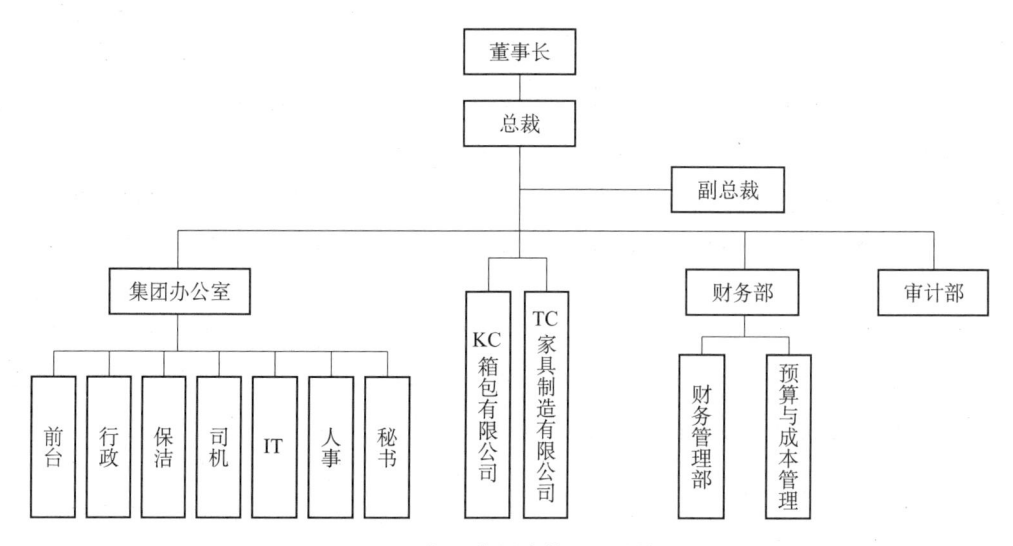

**图 8 毅臣集团当前组织结构**

由图 8 可知,这一阶段的组织结构回归到了原先的 U 型组织结构,因为处在一个企业集团的规范调整期,集团加强了中央集权管控,权力高度集中。因为这个阶段的目标是保持内部的稳定和产业整合,调整原先十几年以来的粗放式经营模式为集约式经营模式,集权式的组织结构非常适应规范化的管理需求。但是缺点就是这样的组织结构权力过于集中,其中 KC 箱包和 TC 家具两个制造子公司隶属于总裁,并且缺乏相应的关键职能部门,事无巨细都由董事长管理,导致工作效率低下,同时不利于发挥员工的创造性,未能实现集团人力资源的优化配置。

## 3.3 当前毅臣集团战略转型与组织结构调整的必然性

经历了从 2013～2016 年的规范调整期,集团重新梳理了相关业务,规范了经营范围。对于一家走过了将近 30 年的企业,在新的经济形势下,战略调整势在必行。

从 2013 年集团总部成立开始,企业创始人就一直在思考多元化发展期后留下的后遗症,考虑企业转型问题。在认识到集团存在的主业模糊,经营模式粗放,管理能力薄弱等问题后,通过对外部环境和自身能力进行分析评价,预测未来发展趋势,并结合集团的使命与愿景,集团明确了进行战略调整的必要性,并最终制定了总体战略构想。

首先，从外部环境来看，集团原先进入的获利颇丰的房地产业开始进入了衰退期，制造业转型升级的浪潮在国内掀起。随着"中国制造2025"的提出，国家为制造业的转型升级指明了方向，对于制造业起家的毅臣集团来说这是一个回归主业的良好外部信号。同时，中国产业结构调整，势必加剧"制造业竞争"，竞争的加剧必然造成制造企业优胜劣汰，这一挑战就要求制造型企业必须优化生产，提升效率。另外，企业"走出去"也成为大趋势。在对外投资方面，发展中经济体占全球近1/3，呈逐年稳步上升趋势，中国已成为世界第三大对外投资国，仅次于美国和日本，"走出去"打造自身品牌已成为企业发展趋势。

其次，从内部来看，毅臣一直以来都是一家有着超强投资基因的企业，财务管理能力一直处于良好状态，对下面的财务管理也非常到位。集团投资收益远远高于制造业收益，投资是其强项。但是内部的运营管理能力偏弱，集团总部对旗下的女包和家具工厂的支持和监管有限，下面两个工厂的设计和营销能力薄弱，尤其是近几年多元化发展后更是忽视了对两家工厂的有力管控。作为两家OEM型的工厂，目前面临着巨大的转型挑战。

最后，每个企业客观上都该有其独特的存在理由，即企业的特殊使命，企业使命将利益相关者的最终目标和企业连接在一起，并明确地指出企业通向成功的道路。毅臣集团从成立之初到现在，已经发展了30多年时间，在这一过程中，企业创始人也在不断思考企业的使命和愿景，经过不同阶段的调整，最终明确了毅臣集团的使命是"为顾客创造价值，为员工提供发展，为社会做出贡献"，公司愿景是"拥有值得信赖的品牌，成为一家值得尊敬的企业"。然而，集团现有的能力还不足以实现其使命和愿景。

综合上述关于毅臣集团内部能力、外部环境和企业使命及愿景的分析，毅臣集团要想实现其使命，达成相应的愿景，实现长远发展，必须进行相应的战略调整。同时，在外部环境和企业自身能力分析的基础上我们明确了集团的优势和劣势，进而明确了集团未来发展的重心。

通过相关的案例不难得知，企业战略必须要与自身所处的外部环境以及内部能力相匹配。好战略必须是能够明确组织面临的现状，并在现状和希望得到的结果之间架起一座桥梁。基于集团的现状和对未来的思考，针对毅臣的特点，毅臣的战略调整需要有效充分地利用资产，寻找构建主业，并规范提升组织管理。根据上文对毅臣集团能力、外部环境和集团使命及愿景的分析，集团制定出以下战略构想，无论未来的战略如何变化，都不能偏离战略构想的框架，具体如图9所示。

毅臣集团在战略构想的指引下，进行了深刻的战略分析，经过近四年的探讨，集团高层明确了企业的战略目标：集团总部将是一个战略管控型的定位，集团将以女包和家具制造为主，继续加强在投资领域的强项，用10年的时间，通过高效的组织系统和优秀的企业文化塑造，逐步成长为一家以投资支撑的女包和家具解决方案的卓越服务商，在相应实业细分领域成为行业的领导者，致力于成为一家值得信赖并受人尊

**全球视野**
立足美国，网络全球；传承、整合先进的商业文明，以全球视野与格局拓展未来业务。

**服务牵引**
打造"服务力"，以服务为导向进行核心业务的拓展；构建基于服务的竞争优势。

**升级本业**
保证女包和家具厂的持续、有效经营；逐步建立品牌运营与设计能力。

**影响力品牌**
建立有全球影响力的品牌；可持续，并赋予文化内涵。

**创新模式**
打破传统商业模式；通过供应链整合、信息技术等进行商业模式的创新；用新商业模式开展业务。

**终极目标**
终极目标：进入高端产品领域，推动社会进步。

毅臣大战略构想

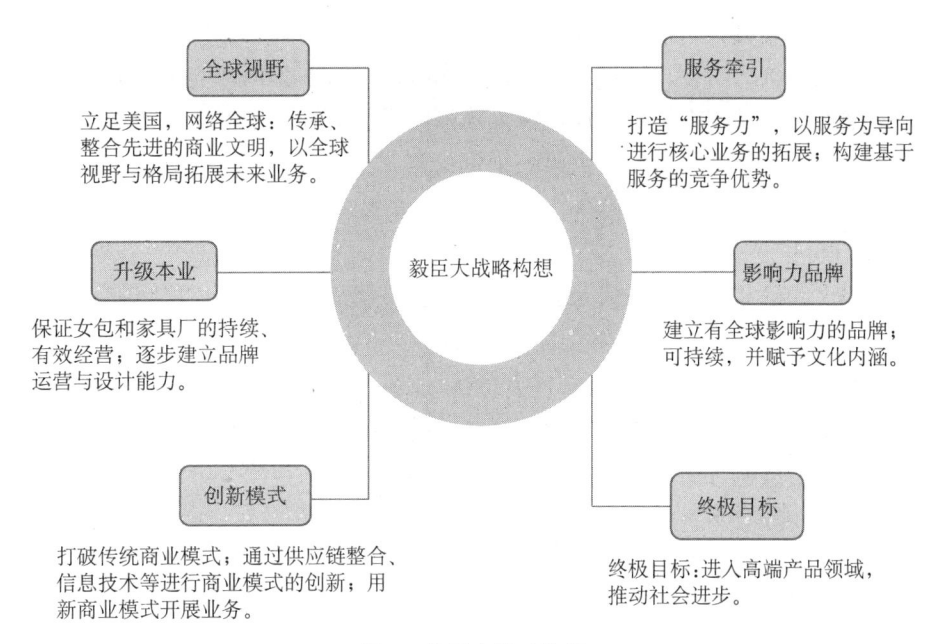

图9 毅臣大战略构想

重、拥有全球影响力品牌的国际化控股公司。

明确了集团总体战略后，相关的职能层战略也会围绕总体战略做出调整，具体会表现在由目前的资金成本战略转为资本投资战略，产品经营战略转为品牌营销战略，低成本加工战略转为技术领先战略，经验型人才为主战略转为专业知识型人才战略。

通过"战略决定组织结构，组织结构又反作用于战略"的理论观点，随着战略的调整，组织结构也应进行相应的变化。企业的组织结构要依据企业所处的不同发展阶段及实施的不同战略来进行调整，但是目前的组织结构仍旧处于变革前的状态（即图8）。由于战略的前导性和组织结构的滞后性，战略的变化要快于组织结构的变化，及时地发现当前组织结构与战略不匹配问题是战略执行中的关键因素，只有完善而有效的组织结构才会推动战略的执行与落地。因此，结合当前的战略，分析目前企业集团组织结构存在的问题意义深远。

# 4 毅臣集团现行组织结构与新战略不匹配性分析

## 4.1 半结构化访谈

根据上文阐述的现状，本研究采用半结构化访谈的方法来了解企业目前的实际情况。半结构化访谈指按照一个粗线条式的访谈提纲而进行的非正式的访谈，该方法对访谈对象的条件、所要质询的问题等只有一个粗略的基本要求，可以根据访谈时候的实际情况调整访谈的内容，以达到与受访者的有效沟通，有很好的实际采访效果。本文选择半结构化访谈的方法旨在通过深入集团内部，了解在战略变革背景下现有组织结构存在的问题，为本文研究提供第一手资料。

#### 4.1.1 访谈对象

根据本文的研究目标，访谈对象会来自于三个层面，分别为高层管理人员、中层管理人员和基层员工。高层管理人员选择4位，分别为董事长、KC箱包厂总经理、TC家具厂总经理和副总裁；中层管理人员挑选10位部门经理和主管，分别来自于集团总部和旗下两家工厂；基层员工也挑选10位，分别来自集团总部和两家工厂的部门职工代表。希望通过面对面的交谈，了解到他们对目前战略变革和组织结构调整的理解和感受，获取第一手的真实资料。

#### 4.1.2 访谈提纲

结合研究的目的和自身的学习、工作，笔者编制了半结构化访谈提纲（见本论文附录），分别是针对高层、中层和基层的三份提纲，里面涉及部分半开放式问题和多数开放式问题。访谈问题的设计来自四个角度，分别是公司战略、组织结构、运营管理和制度流程及部门职责。访谈提纲提供了基本的访谈框架，在访谈过程中，依据访谈的深度和与受访者的关系，及时调整具体内容，深入了解被访问者对目前状况的真实看法。

#### 4.1.3 访谈程序

首先与被访者沟通访谈事宜，事先发送访谈提纲给对方以预做准备。此后到每位受访者办公室进行一对一的面谈，时间控制在45分钟一位。访谈过程中做好录音工作，事后将录音资料进行逐句转录，再根据记录的完整资料进行归纳分析。

#### 4.1.4 访谈结果

访谈之后，运用归纳式分析法对收集的问题进行了归类，把相同的回答形成了一类主题。通过对公司高层、中层和基层的访谈，几乎所有受访者对于组织结构问题都是表现出了高度的敏感性。

目前企业正处于战略变革期，团队成员对当前变革的支持态度和信心指数直接影响到变革的成功与否，通过访谈，我们了解到目前大家对变革成功持有的信心程度不容乐观，如图10所示。

根据该图所示，70%的人认为对企业变革不太有信心，这种不积极的态度会严重影响战略的执行。

在问到对目前组织管理水平的满意度时，统计的情况如表2所示。

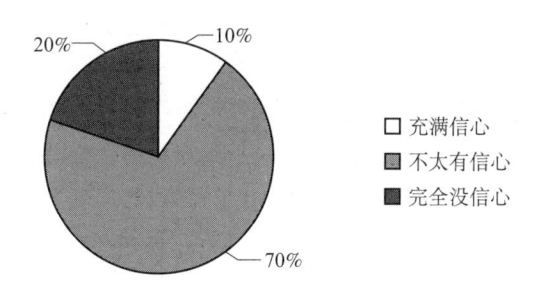

图 10  公司成员对企业变革持有的信心程度

表 2　　　　　　　　　　组织管理水平满意度统计

|  | 参与调查人数 | 很满意 | 基本满意 | 不太满意 | 非常不满意 |
|---|---|---|---|---|---|
| 人数 | 24 | 0 | 5 | 19 | 0 |
| 所占比例 |  | 0 | 21% | 79% | 0 |

## 4.2 毅臣集团现行组织结构与新战略不匹配性问题及原因分析

根据上述访谈，我们了解到当前的战略变革和组织管理确实面临着一些困境，通过对访谈内容的归纳整理，我们总结出现行组织结构与新战略不匹配的问题及原因。

### 4.2.1 关键职能部门缺失

访谈中，当问及"当前战略下，您认为哪些职能部门是最需要加强的"问题时，95%的访谈者认为是人力资源部门，86%的访谈者认为是运营管理部，78%的访谈者认为是海外研发部，70%的访谈者认为是战略投资部。

"在当前战略变革阶段，我认为加强与战略相关的职能部门为当务之急，如人力资源部、运营管理部、战略投资部和海外研发部，没有好的班子一切改革都将成为一句空话。"（董事长）

根据发展战略，集团未来的实业为箱包和家具，此外仍然会利用其在投资领域的优势为集团提供资本保障，同时，集团的战略目标之一是建立全球影响力品牌和进入高端产品领域。因此，未来海外研发、运营管理、战略投资和人力资源管理会是企业发展的重心所在，然而目前的组织结构缺乏这些职能部门。战略变革阶段，人力资源管理部门的作用不可忽视（从访谈中看出大家对该部门的重视程度最高），无论是要制造高端产品、提升服务能力，还是树立品牌形象、实现商业模式创新，都需要引进优秀人才，然而目前人力资源部门仍旧属于薄弱部门，大大制约了企业的发展。另外，制造业作为未来发展的核心，其关键的运营管理部和海外研发部如果仍然缺位，制造业转型将不知从何谈起。最后，为集团发展提供资本保障的战略投资部若还是由董事长一人做决策，没有相应的专业团队展开投资管理工作，那其中必将隐藏巨大的风险，影响战略变革的实施。

### 4.2.2 部门职责不清

访谈中，当问及你是否清楚你所在部门的职责和业务范围时，50%的受访者表示并不是十分清楚自己所在部门的职责。以下为部分受访者的陈述：

"根据新的战略，我们人事部会扩充成人力资源部，从集团办公室当中独立开，但是我不太清楚我具体的工作职责，目前仍旧是在做一些事务性的工作。"（集团人事部经理）

"我们销售部经常会被要求去参与市场部的工作，我们平时参与家具项目招标已经够忙了，但是很多市场部的工作会被推到我们部门来，公司制度并没有有关市场部和销售部的详细部门职责，两个部门现在经常相抵触。"（TC 家具工厂销售部经理）

"像我们 IT 部门本来只是主导引入一下 ERP 系统，具体的实施管理应该由运营部门负责，但是现在好像我们部门是这个 ERP 系统的责任部门了，我觉得这不应该是我们的职责。"（集团 IT 主管）

"我们秘书处应该主要是为总裁办服务的，但是有时候集团营业执照变更、集团档案管理工作也会被安排给我，我想这些工作应该是行政部门的职责，怎么就会变成我的工作了呢？"（总裁秘书）

分析以上陈述可以看出，目前的组织结构中职责划分不清的问题严重，尤其是在集团总部层面。集团总部在成立之初时，对于其具体的功能定位尚不明确，更多地在扮演董事长一个人的"大办公室"的角色，大家没有明确的岗位职责。目前组织中的"集团办公室"形同虚设，实际上没有办公室负责人，只是把相关人员划分到该处室。面对没有专职负责人的部门，大家在没有明确职责界定的状况下工作，工作效率低下、互相推诿的状况时有发生。如果要推行新的战略，集团总部层面的部门是龙头，如果相关龙头部门的职责都界定不清那么战略的实施必将困难重重。

### 4.2.3 流程再造不力

访谈中，当问及两家工厂厂长有关流程再造的 ERP 系统实施情况时，受访者的描述如下：

"董事长要求我们工厂上 ERP 系统是件好事，可以为我们理清工厂业务流程，消除发展中的一些弊端，但是我们和 ERP 系统的提供商从去年 5 月份合作以来一直很不顺利，厂内部的配合度很低，尤其是这个流程再造会触碰到一些人的固有利益，像我们这个 30 多年的老厂里面很多做事流程都不规范，目前数据收集非常困难。"（KC 箱包厂厂长）

"ERP 系统的实施是项大工程，从公司高层到最基层人员，涉及了各个部门，但是目前很难收集到完整而准确的基础数据，这使得 ERP 的实施缺少了必要条件。我们目前管理水平问题、员工素质问题、对项目认识问题等各种问题都在阻挠 ERP 系统的实施。"（TC 家具厂厂长）

ERP 系统的推行作为集团战略调整中的重要举措从 2016 年 5 月份提出以来，已经快过大半年，当初董事长提出这一流程再造是希望能通过 ERP 的实施来提高企业运作效率，加快工厂转型升级的步伐。然而通过访谈我们了解到当前 ERP 的实施困难重重，本来希望通过 ERP 来完成工厂业务流程重组和优化，为战略变革的成功提供保障，目前看来成效甚微。

#### 4.2.4 协作机制缺乏

在问及协作机制问题时，80% 的受访者认为企业的协助机制缺乏，具体表现在部门间踢皮球的现象时有发生，大家没有共同的目标，做事情总是从自己的小利益出发，缺乏工作上的相互配合。在访谈中有一个典型描述如下：

"我们销售部门在接到客户购买意向时会向客户先提供产品方案，比如按照客户所要求的相关课桌椅图片，我们会找到工程技术部，让技术部门的人出图片。可是往往在工作中技术部的人都很不配合，每次我接到客户意向订单去找技术部的人，他们总是表现出很不情愿给我出图纸，每次我都是求着他们盯着他们才给我出，非常费力。"（TC 家具厂销售人员）

根据集团发展战略，各职能部门间的沟通协作会是非常重要的因素，然而目前不管是集团总部层面还是下面两家工厂层面的组织结构中都存在着协作方面的缺陷。就集团总部层面而言，当前集团总部的组织结构比较单一，人员不多，集权化程度高，基本上属于听命于老总一人的情况。由于老总的强势工作作风，在组织文化上存在唯命是从的特点，集团成员以老总的满意为工作结果导向，非常缺乏部门间的沟通和协作。下面工厂层面的部门协作也如上面访谈所描述的那样存在配合度低的问题，在新的战略下，因为职能部门的增加，对协作机制的要求会相应提高，目前的协助机制已经与新战略严重不相匹配。

#### 4.2.5 人才支持不足

根据人力资源部门的统计，当前集团员工年龄构成比例为：21~30 岁之间的占 10%，31~40 岁之间的占 22%，41~50 岁之间的占 38%，50 岁以上的占 30%，员工年龄总体上偏大。

从学历结构上来看，高中学历占 38%，大专学历占 49%，本科学历占 10%，研究生学历占 3%，高学历专业人才配备不足。

访谈中，有问及"您认为目前的人力资源状况能满足战略发展的需求吗"，部分受访者的描述如下：

"目前我深深地感到公司里无人可用，上 ERP 系统、工厂转型升级，这些都需要相关人才的引入，放眼我们工厂，感觉我们的人才都停留在工业 1.0 版本，适合企业新的发展需求的人太少了。"（TC 家具工厂厂长）

"目前我们进行战略调整，人才供给是个大问题。我一直在通过猎头招聘有大企

业背景的人力资源总监,但是一直没物色到合适的人选。"(副总裁)

"从我提出战略变革的口号开始,我就发现企业当中成员的变革意识问题,很多人已经习惯了按照老经验行事,对变革抱有抵触态度。"(董事长)

"面对企业提出的战略转型,自我感觉信心不足,比如现在实施的 ERP 系统,我感觉自己快跟不上企业发展的步伐了。"(KC 箱包厂品管部经理)

通过对访谈问题的梳理,我们发现目前企业人才支持不足问题已经成为战略转型的制约因素。一方面集团当前团队成员的业务素质有待提高,另外一方面变革意识有待加强。战略的变革实施需要在企业内部形成强有力的共识才能进一步推动,如果大家的意识没有跟上,那所谓的战略变革也只能是新瓶装旧酒,变革不会产生实质性的效果。

本章通过半结构化访谈法,深入了解了当前战略变革背景下集团内部存在的问题,通过对访谈问题的归纳分析得出现行组织结构与新战略不匹配的问题和原因主要为:关键职能部门缺失、部门职责不清、流程再造不力、协作机制缺乏、人才支持不足五个方面。

## 5 基于新战略的毅臣集团组织结构优化方案

### 5.1 新战略对集团组织结构优化的整体要求

由上文可知,尽管集团高层已经明确了新的战略,但是战略与组织的不协调是限制当前战略向前推进的重要因素,一家企业如果没有一个好的结构,就会导致组织管理低效。因此,在分析毅臣集团现行组织结构与新战略不匹配问题的基础上,本文将根据前人的理论总结和新战略目标,说明优化集团组织结构的整体要求,包括组织结构优化目标、优化原则和新战略对集团总部的定位管控模式,从而为后续组织结构优化设计打好基础。

#### 5.1.1 集团组织结构的优化目标

由于集团当前组织结构存在的诸多缺陷,导致组织结构不能与战略相匹配,影响集团战略实施和长远发展,为此,本文的组织结构优化目标是为集团构建部门设置完善合理、权责分工明确、岗位间制约监督体系完备、部门间协作得当的组织结构,以更好地匹配集团当前的战略目标和战略管控模式,从而促进企业战略的实施,实现资源的优化配置,提高企业的运营效率,促进集团和员工的全面发展。

#### 5.1.2 集团组织结构的优化原则

在明确了组织结构优化的目标后,为了构建一个科学合理的集团总部,在组织结构优化过程中还需要注意如下几大原则,这直接决定组织结构的实用价值。

（1）战略导向原则。战略主导一切，集团组织结构的设计需要基于集团的战略分析，结构和战略之间是追随和被追随的关系。也就是说，辩证关系是存在于战略和组织结构当中：一方面，只有保证组织结构的科学性和合理性，才能够更好地实现集团的发展战略；另一方面，集团总部要想使自身的组织结构更加的合理，首先必须要制定较为合理的发展战略，在设计调整组织结构的过程当中，必须要遵循战略导向的原则。

（2）总部核心原则。在设计总部组织结构的时候，必须要将相应的主导地位赋予集团总部，并且要由集团总部充分地掌握集团的发展战略制定等职能，因此必须要基于精简的原则来设置集团总部职能和部门。

（3）流程质量原则。集团工作流程的正常运行有赖于总部组织结构，而工作流程对活动内容的分工对于组织结构层次具有决定性的作用。除此之外，要想增强彼此之间的协作，使业务工作能够较好地完成，就必须要使集团工作流程质量得到充分的保证，进而实现资源的优化配置。

### 5.1.3 集团总部的定位和管控模式

根据企业的发展战略，未来毅臣集团会加强总部的管控职能，大力发展女包制造、家具制造和投资三大业务，基于此，最关键的是要对总部的定位予以明确。企业集团总部相当于人的大脑，属于最大的指挥中心，不仅对整体战略规划进行设计制定，而且对于子公司具有统领的作用，在企业集团中的地位十分重要。在企业集团组织当中，企业集团总部属于核心层，对于整个集团的结构和功能具有支配的作用，如果按照联合舰队来比喻企业集团，那么作为旗舰的集团总部对整个编队的前进具有引导作用。对于一般的总部而言，基本上都是由五大中心构成：战略中心、人力资源中心、制度中心、资本中心和文化中心。根据毅臣集团的战略，毅臣集团总部职能定位的五大中心如图11所示。

明确了集团的定位，接下来就是集团管控模式的问题，不同的集团其总部的集、分权程度不同，会根据其战略特点来选择。集团化管理的主要任务就是对总部和子公司各自的职责权限进行明确的划分，更好地定位总部功能对于更好地实施集团业务战略具有积极的促进作用。通常情况下按照不一样的总部集、分权程度，可以把总部对下属企业的管控模式划分为财务管控型、战略管控型、操作管控型，具体如图12所示。

根据毅臣集团的发展战略，集团总部明确了对下属的企业主要以战略管控为主，总部主要起到战略规划、监控与服务职能；借助于战略规划和业务计划体系，总部战略控制部能够更好地引导子公司的战略；借助于预算管控体系，财务部管理部门能够更好地监管子公司的财务状况；集团会按照战略指标体系来考核子公司的总经理，但通常情况下子公司的职能部门并不属于考核的对象；子公司可以自主地开展各项经营活动。

```
                            ┌─────────────┐
                            │  集团定位    │
                            └─────────────┘
```

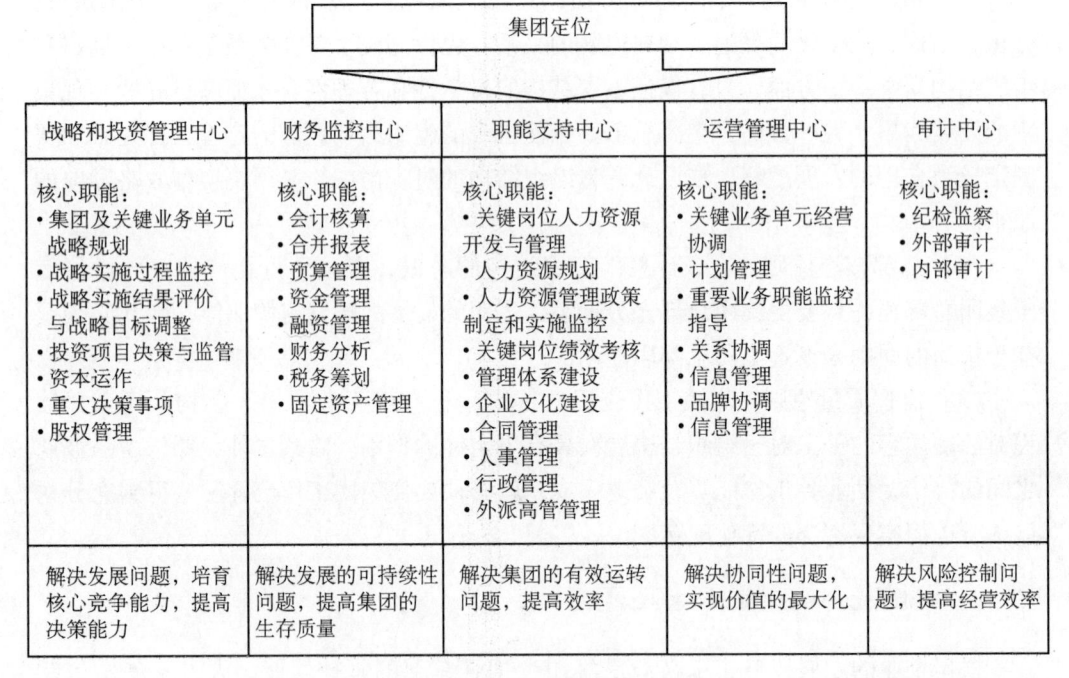

| 战略和投资管理中心 | 财务监控中心 | 职能支持中心 | 运营管理中心 | 审计中心 |
|---|---|---|---|---|
| 核心职能：<br>• 集团及关键业务单元战略规划<br>• 战略实施过程监控<br>• 战略实施结果评价与战略目标调整<br>• 投资项目决策与监管<br>• 资本运作<br>• 重大决策事项<br>• 股权管理 | 核心职能：<br>• 会计核算<br>• 合并报表<br>• 预算管理<br>• 资金管理<br>• 融资管理<br>• 财务分析<br>• 税务筹划<br>• 固定资产管理 | 核心职能：<br>• 关键岗位人力资源开发与管理<br>• 人力资源规划<br>• 人力资源管理政策制定和实施监控<br>• 关键岗位绩效考核<br>• 管理体系建设<br>• 企业文化建设<br>• 合同管理<br>• 人事管理<br>• 行政管理<br>• 外派高管管理 | 核心职能：<br>• 关键业务单元经营协调<br>• 计划管理<br>• 重要业务职能监控指导<br>• 关系协调<br>• 信息管理<br>• 品牌协调<br>• 信息管理 | 核心职能：<br>• 纪检监察<br>• 外部审计<br>• 内部审计 |
| 解决发展问题，培育核心竞争能力，提高决策能力 | 解决发展的可持续性问题，提高集团的生存质量 | 解决集团的有效运转问题，提高效率 | 解决协同性问题，实现价值的最大化 | 解决风险控制问题，提高经营效率 |

图 11　毅臣集团总部职能定位为五大中心

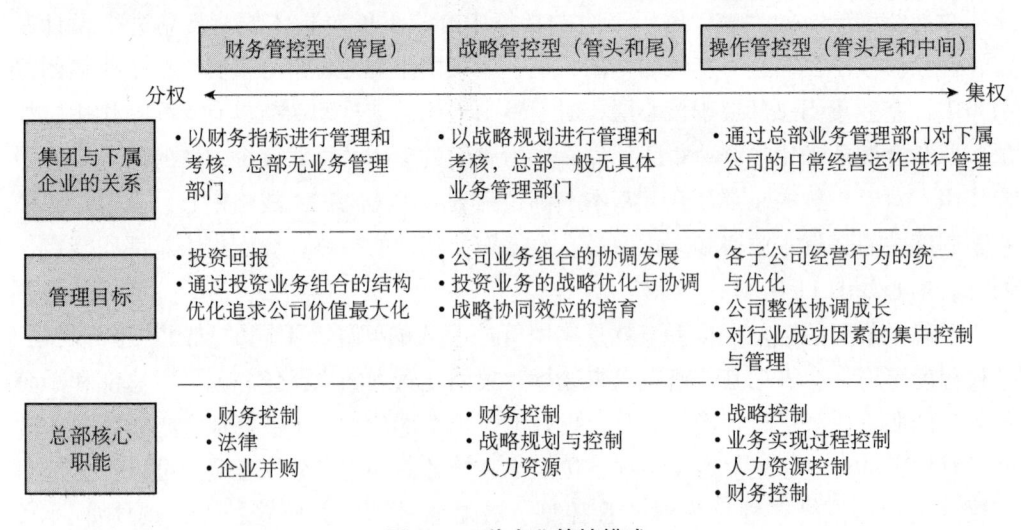

|  | 财务管控型（管尾） | 战略管控型（管头和尾） | 操作管控型（管头尾和中间） |
|---|---|---|---|
|  | ←分权　　　　　　　　　　　　　　　　　　　　　　　　　集权→ | | |
| 集团与下属企业的关系 | • 以财务指标进行管理和考核，总部无业务管理部门 | • 以战略规划进行管理和考核，总部一般无具体业务管理部门 | • 通过总部业务管理部门对下属公司的日常经营运作进行管理 |
| 管理目标 | • 投资回报<br>• 通过投资业务组合的结构优化追求公司价值最大化 | • 公司业务组合的协调发展<br>• 投资业务的战略优化与协调<br>• 战略协同效应的培育 | • 各子公司经营行为的统一与优化<br>• 公司整体协调成长<br>• 对行业成功因素的集中控制与管理 |
| 总部核心职能 | • 财务控制<br>• 法律<br>• 企业并购 | • 财务控制<br>• 战略规划与控制<br>• 人力资源 | • 战略控制<br>• 业务实现过程控制<br>• 人力资源控制<br>• 财务控制 |

图 12　三种企业管控模式

## 5.2 服务新战略的集团组织结构优化路径

### 5.2.1 确定组织结构类型

根据不同的企业管控模式，所形成的组织结构类型也有很多种，威廉姆森基于经济学的角度对企业集团的组织结构进行了研究,认为其类型基本上可以归结为三种:U型结构(具体分为直线型、职能型、直线职能型)、H型结构和M型结构。U型中最常用的直线职能型组织结构是以直线制为基础,在各级行政领导下,设置相应的职能部门,即在直线制组织统一指挥的原则下,增加了参谋机构,它是一种集权式的组织结构。H型结构,又称为行业集团式结构或控股公司结构,其中通过横向合并而组建的企业集团比较适用于这种比较松散和扁平的管理模式,如子公司数量较多的企业集团,其子公司的经营决策自主性较高。M型结构,即事业部制结构,该模式使得原来较为松散以及权力高度集中的H型和U型组织结构中存在的问题得到了有效的克服,是一种集权与分权相结合的管理模式,它适用于规模较大的多元化发展企业或者跨区域集团企业。

根据毅臣集团的当前战略,一方面需要加强集团总部的集权地位,因此不适用过度分权的H型结构,同时,战略调整之后集团的制造业只剩KC箱包和TC家具两类,且两家制造厂都在本地区,因此也不适用事业部制组织结构。而另一方面,集团在初创期和战略调整期都是采用U型结构,取得了一定的效益,说明该组织结构能够在一定程度上满足集团的管理需要,并且集团对其的操控能力也是值得肯定的。此外,集团规模还不是十分庞大,基于提高企业工作效率的考虑,没必要选择十分复杂的组织结构。由此可见,在当前的战略背景下,目前的集团更适合采用以直线职能制为主的集权型组织结构。

### 5.2.2 设置相关职能部门

第4部分重点剖析了组织结构与新战略的不匹配问题,通过半结构化访谈我们了解到现行组织结构与新战略不匹配的问题主要体现在五个方面:关键职能部门缺失、部门职责不清、流程再造不力、协作机制缺乏、人才支持不足。基于此,我们在优化组织结构时需要从这几方面的问题入手,有针对性地进行改善。

针对关键职能部门缺失问题,根据新战略来设置相关职能部门是优化工作的重点。在新战略中,集团未来的实业为箱包和家具,此外仍然会利用其在投资领域的优势为集团提供资本保障,同时,集团的战略目标之一是建立全球影响力品牌和进入高端产品领域。细看目前的组织结构,与新战略相关的职能部门全部缺失。根据战略的发展,未来公司的战略肯定会从当前的公司层战略细化到职能层战略,其人力资源战略、海外研发战略等必然会提上议程。在未来的发展中,人力资源管理会是非常核心的一项工作,因此必须设立单独的人力资源部,进行系统的人力资源战略规划,以很好地支持到战略变革,改变现在人事工作薄弱,处于基础的人事事务性工作层面的现状。同时,如果制造业作为主业来发展,在当前激烈的竞争形势下必须在产品研发上下功夫,设立海外研发部是完成制造业转型升级的必要举措。海外研发部的设立能进一步提升产品的质量和性能,为形成自主品牌打下坚实的基础。

制造业转型升级、海外研发部的设立必然会增加对资金的需求，战略投资部的设立也是形势所需，同时战略投资部的成立能很好地规避目前老板一人拍脑袋做投资决策的风险。

目前的组织结构中还存在职责划分不清的问题，因为当前的组织中人数最多的部门为集团办公室，行政、人事、秘书等都隶属于它，但是集团办公室没有专职负责人，大家都是直接向总裁汇报，因为没有专门的负责人来界定各自明确的工作职责，所以工作效率低下、互相推诿的状况时有发生。针对这一情况，在新的战略下，我们必须把集团办公室的工作做重新的梳理，以使行政工作能支持未来的战略发展。我们需要把人事工作从集团办公室中独立开来，成立单独的人力资源部，同时形成标准的集团行政部，大家各司其职。

有关流程再造不力的问题主要来自下面的两家工厂，当前的问题主要来自集团缺乏对下面两个工厂有效的运营管理监督。根据战略发展蓝图，毅臣集团的总部将会加强对下辖制造业的管控，大力推进两家制造业工厂的转型升级。按照集团战略管控集权与分权相结合的模式，结合战略导向的组织结构优化原则，毅臣集团未来如果想对实业实行有效的管理和变革，就必须在集团总部层面设立好的抓手——设立集团运营管理部，即在目前的两级组织结构中增加一层运营管理部，可以利用集团的优势对下辖两家实体制造业的发展进行总体规划（包括品牌运营统筹、统一进行信息化管理等），两个制造业公司负责人向运营部负责人报告工作，相关问题由运营部负责人向上级汇报，既减少了总裁的工作量，又能够在保证战略得到落实的同时对子公司进行监督，改善目前工厂和集团总部脱节的情况。运营管理部门的设立能加强集团的管控能力，通过流程再造来优化管理和提高生产效率。

协作机制缺乏和人才支持不足的问题也会随着人力资源部的设立而得到改善，优化后的人力资源部主要会由事务性工作转为战略性工作，建立健全人力资源制度和标准，完善流程管理，对公司现有人力资源进行系统的开发和培养，从素质和质量上保证满足公司战略的需要。

根据上述描述，优化调整后的组织结构会由海外研发部、运营管理部、人力资源部、行政部、财务部、审计部、战略投资部七大部门组成（把原先的人事部和行政部从集团办公室中独立出来），形成有效的协作机制。图13和图14分别是企业优化组织结构后和优化组织结构前的结构图。

我们通过对比可以看到，优化后的组织结构中增加了关键的战略职能部门：海外研发部和人力资源部；行政部和人力资源部从原先的集团办公室中独立了出来，改变了部门职责不清的现状；同时增设了与战略发展重点相匹配的运营管理部，充分发挥其对下面制造业工厂的运营管理监督，使得在集团层面有针对下面的抓手，进行企业流程再造；另外从风险控制角度出发设立战略投资部，改变目前由董事长一人拍脑袋做投资决策的局面，进一步降低了战略执行中的决策风险。

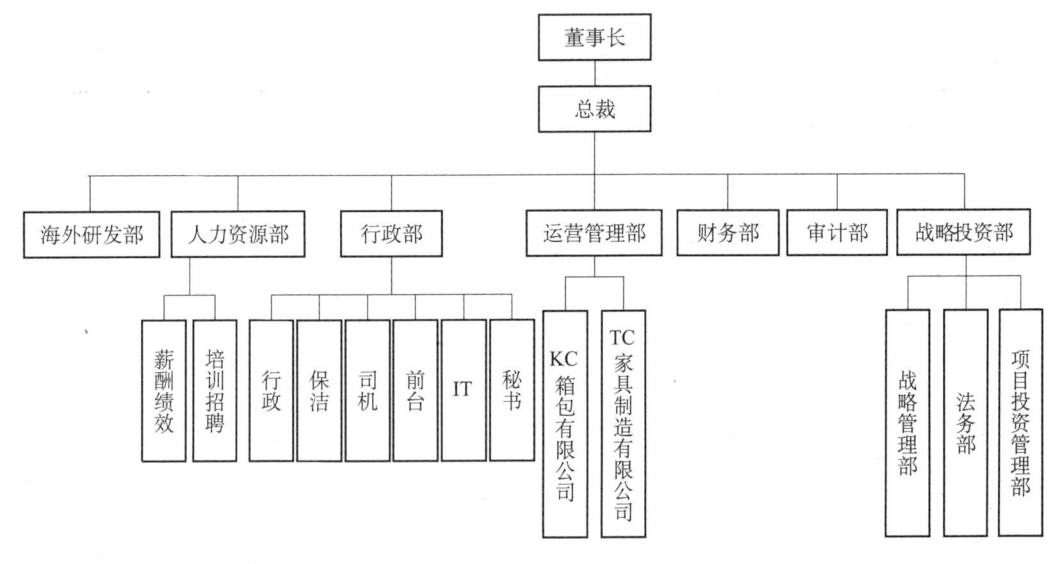

图 13　调整后的企业组织结构

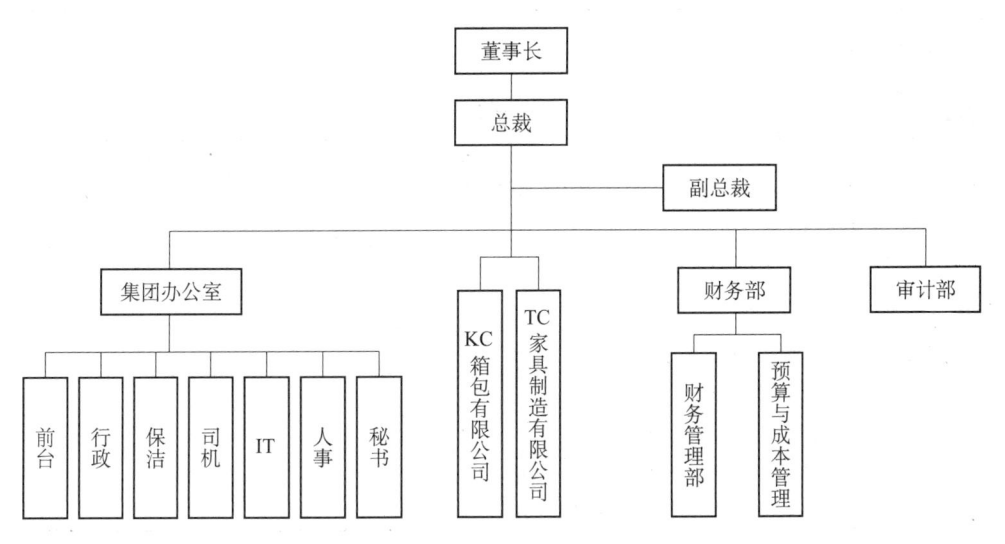

图 14　调整前的企业组织结构

优化后的组织结构很好地适应了当前的战略，通过职能部门的重新整合有效解决了当前关键职能部门缺失、部门职责不清、流程再造不力、协作机制缺乏等问题。

### 5.2.3　明确各部门职责

基本的组织结构图调整完后，我们会发现增加了许多关键的部门，原先岗位部门缺失的状态已经完全不能支持战略的执行，责任是组织设计的中心，梳理清楚集团总部中的七大职能部门的职责非常重要，可以对整个组织结构有一个清晰的认识。各部门具体职责见表3～表9。

(1) 运营管理部。

**表 3　运营管理部职责**

| |
|---|
| 1. 实业战略环境分析：搜索家具/女包战略相关的信息，并进行战略环境分析，为实业战略制定提供素材 |
| 2. 实业战略制定与实施：通过配合第三方机构，制定下属公司发展战略，确定公司长期发展方向，并监督实施 |
| 3. 编制计划：集团下属实业公司的运营战略、目标与计划的编制并下发，指导、推动各实业公司运营目标的完成 |
| 4. 建系统：构建完整的运营管理体系。建立集团及下属实业公司运营的关键组织、制度、流程、职责与人员设置，并实时调整、优化 |
| 5. 定标准：制定集团下属实业公司运营管理的各项标准，包括供应商选择标准、材料采购标准、设计标准、生产标准、交期标准、服务标准等，并依据标准进行运营过程指导与控制 |
| 6. 成本与费用控制：进行集团下属实业公司采购、生产及其他运营成本的监督与控制，进行集团及下属实业公司品牌营销费用的监督与控制 |
| 7. 供应链整合与优化：对集团业务的供应链设计，供应商选择，设备、工艺与技术改进等进行持续的整合、优化，确保供应链系统的快速、合理、高效运行 |
| 8. 品牌运营统筹：搭建品牌运营体系；制定品牌运营策略；指导品牌运营推广实施，包括通路构建的指导、品牌传播的指导等 |

(2) 人力资源部。

**表 4　人力资源部职责**

| |
|---|
| 1. 负责根据集团战略目标，制订人力资源部的年度工作目标、计划和预算方案 |
| 2. 负责建立、健全人力资源制度及标准，组织实施及效果评价 |
| 3. 负责集团人力资源规划的制订、调整，负责公司组织结构和流程的管理 |
| 4. 负责集团员工招聘与辞退、劳动合同、劳动纪律、假期、劳动纠纷、员工职业生涯发展规划、人员优化配置等管理工作 |
| 5. 负责集团中层管理人员及后备管理人员、业务团队等人才梯队建设 |
| 6. 负责集团企业人事管理的相关工作，及协助下属公司企业人事管理的相关工作 |
| 7. 负责制订年度培训计划，组织实施并指导各部门的培训工作 |
| 8. 负责组织制订薪酬管理体系，并监督执行及提出调整方案 |
| 9. 负责组织拟订集团及下属公司的绩效考核方案，进行绩效考核并对考核结果进行分析反馈 |
| 10. 负责集团的岗位管理，负责人力资源信息系统的相关管理工作 |

(3) 行政部。

**表 5　行政部门职责**

| |
|---|
| 1. 负责根据集团战略目标，制订集团办公室的年度工作目标、计划和预算方案 |
| 2. 负责集团办公室业务相关管理制度和业务流程的健全与完善工作 |
| 3. 负责集团及下属控股公司的工商、公安、质检的各类证照的年检、登记、变更、注销管理、荣誉资质、知识产权的申报与管理，印章管理等工作 |
| 4. 负责集团办公用品与福利的采购与发放、人员接待等日常行政事务工作 |
| 5. 负责组织集团各类重大活动和集团级会议及会议纪要撰写，负责集团董事会相关服务工作 |
| 6. 负责发文集团文件及文字材料的起草、大事记 |
| 7. 负责监督落实总裁交办的各项工作任务，监督、支持集团各部门工作计划的实施 |
| 8. 负责集团企业文化建设的相关工作 |

续表

| |
|---|
| 9. 负责集团与下属公司信息化相关工作 |
| 10. 负责集团车队的相关工作 |
| 11. 负责集团级档案管理工作，包括整理、归档、建册与电子文档管理 |
| 12. 负责集团固定资产、消防安全等日常及安全管理，负责图书室相关管理工作 |
| 13. 负责集团的党建工作，慈善公益工作；负责与政府相关部门的对接、联络及关系维护 |

（4）财务部职责。

表6　　　　　　　　　　　　财务部门职责

| |
|---|
| 1. 负责根据集团战略目标，制订财务部年度工作目标、计划和预算方案，对集团总资产价值进行有效管理 |
| 2. 负责财务部业务相关管理制度和业务流程的健全与完善工作 |
| 3. 组织编制资产管理计划并监督执行，定期组织相关部门对集团各项资产进行清查，提出资产使用和保管中不当问题的整改意见 |
| 4. 负责执行、监督、检查、总结工作计划和预算的执行情况，监督下属企业财务管理工作 |
| 5. 负责集团各类账款的结算，编制集团会计报表和纳税申报表 |
| 6. 负责定期分析集团现金流入、流出及现金收支平衡情况 |
| 7. 负责集团成本、费用控制和财务风险的预警分析，协助处理财务风险 |
| 8. 负责集团各部门和子公司的预算管理 |
| 9. 参与集团公司各部门和各下属公司财务目标的绩效考核 |
| 10. 负责集团税务管理相关工作，及时了解税收最新动态，进行调整 |
| 11. 负责与财政、税务、银行、投资机构等相关政府部门建立并保持良好的关系，协助外部审计，负责集团财务档案的收集、整理、归档、保存工作 |
| 12. 负责根据权限办理会计报表、凭证及税务资料的借阅、复印工作 |
| 13. 负责集团各类提交到财务的合同登记、整理、归档、保存工作 |
| 14. 编制集团月度资金计划，合理调度和安排资金，提高资金使用效率 |
| 15. 负责集团财务状况和经营成果，监督各种投资、经营和管理行为，为经营管理者提供可靠的财务信息和经济信息 |

（5）审计部。

表7　　　　　　　　　　　　审计部门职责

| |
|---|
| 1. 审计规划：制订审计计划、审计目标，并辅助实施，完成审计项目 |
| 2. 建立内控体系：建立审计制度、流程与标准建设，建立健全集团内控体系，监督、检查各子公司内控制度的执行 |
| 3. 财务审计：进行集团、各子公司的财务报表审计，编制审计报告并通报 |
| 4. 运营审计：审计监督集团、各子公司的资金、财务制度、会计制度、财务预算的执行，编制审计报告；对以绩效考核为导向的运营结果进行审计，提出审计意见 |
| 5. 离任审计：进行集团、各子公司主要负责人的离任审计，并编制审计报告 |
| 6. 专项审计：进行集团指定的专项审计，并编制审计报告 |
| 7. 进行集团、子公司其他经济活动的监督 |
| 8. 内部建设：部门内部的组织、岗位、职责、管理制度、人员的建设与优化 |
| 9. 第三方合作公司管理：进行第三方审计公司的选择与管理 |
| 10. 重大危机处理：制定重大危机处理应急预案并协调处理危机事件 |

（6）战略投资部。

表8　　　　　　　　　　　　战略投资部职责

1. 可研立项：进行投资项目的可行性研究，并撰写可研报告与投资方案，进行投资立项
2. 尽职调查：通过第三方，进行并购与投资时的背景调查，撰写调查报告
3. 融资管理：根据立项信息，进行融资渠道、结构、对象与规模的设计，并进行融资过程管理
4. 投资管理：进行投资组合与规划，做好投资项目的动态调整
5. 法务处理：公司各业务相关的合同审核、法务处理，做好法律风险控制
6. 战略环境分析：搜集集团战略相关的信息，并进行战略环境分析，为集团战略制定提供素材
7. 战略制定与实施：通过配合第三方机构，制定集团发展战略，确定集团战略长期发展方向，并监督实施
8. 战略调整与总结：进行集团战略实施的偏差分析与调整、总结
9. 内部建设：通过配合第三方机构，建立集团的组织、岗位、职责、管理制度、人员的建设与优化

（7）海外研发部职责。

表9　　　　　　　　　　　　海外研发部职责

1. 负责组织对前瞻性技术进行研究和追踪
2. 负责与海外产品开发顾问的对接工作
3. 负责对新工艺、新技术进行设计开发，搜集和总结各种相关的情报资料
4. 负责组织各项目组的开发目标与任务
5. 负责监督、控制各研发项目的实施
6. 负责建立完善产品研发流程并严格执行
7. 负责组织审定所有开发报告，对开发结果负责
8. 负责相关技术、工艺文件、标准样品件的制定、审批、归档和保管
9. 负责建立健全技术档案管理制度

### 5.2.4　编制岗位说明书

在新的组织结构体系出台后，应根据部门来设置相应的岗位。

（1）结合毅臣集团的实际情况，在设计岗位时应遵循的原则。

因事设岗原则。首先必须要对工作内容进行梳理，按照工作需要进行人员的选聘；在对各岗位的职权进行划分时既要考虑到现实的需求，又要考虑能够满足长远的发展，杜绝出现因人设岗的情况；按照岗位来安排人员。

整分合原则。在划分岗位职责的时候要充分结合集团组织整体规划；基于分工的前提下进行有效的整合，使得各岗位之间能够密切合作，以使效能得到充分的发挥。

最少岗位数原则。既要保证使人力成本得到有效的降低，同时保证各岗位间能够比较快速地传递信息，使得组织效率能够得到显著的提升，增强综合竞争力。

规范化原则。必须要规范岗位名称，并合理地设定职责范围；不能严苛地规定集团脑力劳动岗位，要为创新创造必要的条件。

一般化原则。要考虑到大多数，也就是较为正常的情况，比如在进行工作量和强度的设置时要基于90%情况下的需求来考虑。

(2) 岗位角色的定位和重要岗位主要工作内容。

毅臣集团的岗位层级基本上划分为两个层面：管理层面和执行层面。管理层面包括高管层、部门级管理人员，执行层面指的是一般的员工。其中，高管层属于战略发展的角色定位，主要负责集团战略规划、政策制定，跨部门协调处理，业务领域的领导等；经理层属于部门领导的角色定位，既要立足于长远，又要做好眼前，其中以实现短期目标为管理重点。

基于未来企业的战略发展，运营管理部总监、行政总监、人力资源总监、财务总监、审计总监、战略投资总监和海外研发总监属于核心的管理岗位，对这几个岗位的内容职责设定必须慎重，其主要工作内容分别如下：

运营管理总监：运营战略、计划、目标编制，运营管理体系的搭建；各项运营管理标准制定，内部管理制度与人员建设；运营成本与费用的控制；供应链系统整合与优化；品牌统筹规划；下属制造实体的绩效考核。

人力资源总监：全面负责集团人力资源管理的相关工作，构建适应集团战略发展需要的人力资源体系；负责对集团的高级管理人员提名与薪酬、绩效等提供建议和决策支持。

行政部总监：全面负责集团办公室所有管理工作；负责董事长和总裁相关服务工作；负责企业文化建设等相关工作。

财务总监：全面负责集团财务管理工作，构建适应集团战略发展需要的财务管理体系；资金管理；税务管理。

审计总监：全面负责审计管理工作。

战略投资总监：组织编制战略；投资立项与投资组合规划；投融资管理，财务风险控制；法律风险控制；内部管理制度与人员建设。

海外研发总监：组织前沿技术研究，负责海外产品研发，审定开发报告，技术建档保管。

(3) 岗位落实路径。

明确了岗位设计的原则、主要岗位角色定位和工作内容后，就可以进行职位编制等一系列后续工作，具体的岗位制定落实实施路径如图15所示。

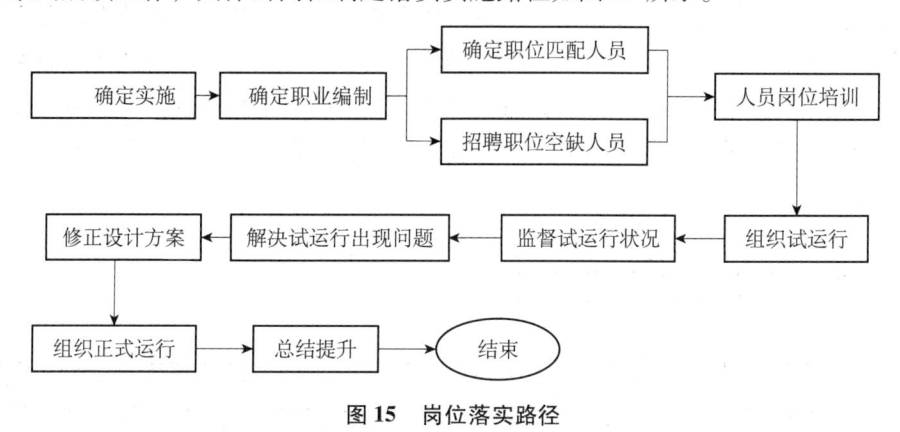

**图15 岗位落实路径**

# 6 基于新战略的毅臣集团组织结构优化运行保障

前文进行了组织结构优化的分析和构建,但是仅仅优化了组织结构还不行,还涉及组织有效运行的问题。在新战略下,哪些会是运行中的重要保障因素呢?这是下面所要探讨的问题。

## 6.1 建立有效的责权体系

对于业务流程而言,如果组织结构属于其骨架,那么其间奔涌的血液就是权责体系。当前,毅臣集团进行了组织结构优化,但是如果缺乏完善的责权体系,其新战略就会很难得到有效的执行。有活力的组织结构必定是那些权责边界清晰、分权授责并且协同运作的事业共同体,责权体系可以保证在执行任务时,明确谁来决策、谁来执行,从而有力地推动事件的发展与执行落地。

### 6.1.1 责权体系划分原则

当前的毅臣集团属于集团公司模式,集团公司管控的核心就是明确划分集团总部与子公司之间的责任与权力,通过对总部的功能定位和职能服务来推动集团公司整体战略的贯彻实施。只有划分明确的责权体系企业才能有效运行,在具体划分时必须基于五个原则来进行:可控原则、对等原则、统一指挥原则、分层决策原则、分级授权原则。根据新的战略,企业优化后的组织结构里增加了战略投资部、人力资源部、海外研发部、运营管理部,这几个部门尤其需要根据明确的原则来进行责权划分,以保证新组织的有效运行。

### 6.1.2 责权体系实现条件

在新的组织结构下,若要推行新的责权体系则需要保证建立有效的沟通渠道。当前正处于战略转型期,势必会触及一些人的既得利益,如果责权体系和较多的相关方存在利益关联时,若不能积极妥善地进行处理,那么势必会形成制约。公司应多建立有效沟通的渠道,确保充分有效的沟通,保证得到较为科学的责权体系,促进今后工作的开展。

## 6.2 提高人力资源管理水平

服务于集团战略是人力资源管控的最终目标,而人力资源管理体系就是一个保障集团企业战略的重要因素,因此要想使组织结构的作用得到充分的发挥,就必须要促进人力资源管理水平的提升。在当前的新战略下，人力资源管理工作已上升到了新的高度。

### 6.2.1 加强人才队伍建设

企业要发展，事业要兴旺，人才是关键。目前毅臣集团正面临着战略调整，未来的战略目标需要有更多的优秀管理人才的加入，战略的执行落地最终都是依靠人这个因素，只有用对了人，组织才能有保障地有效运转。未来的工作中，毅臣集团总部需要一个高级的管理团队，按照集团战略发展要求来构建与之相配的中高级人才队伍，这些人才在未来企业的发展中能很好地支持总部与下面的子公司。

### 6.2.2 建立新的绩效考核体系

在毅臣集团新的组织结构实施之后，企业如何来把控实施的效果，这就需要对绩效考核体系进行重新调整。

我们之所以要进行员工绩效考评，就是要在综合地分析和评价员工的工作能力、工作态度等基础之上，通过积极有效的培训以及富有激励作用的薪酬等，促进员工素质能力的有效提升，最终促进企业集团目标的更好实现。在对绩效考核指标进行设计的时候，最基本的原则是要尽可能地量化所有的指标，对于某些指标难以进行量化的，要对要求进行细化和明确，除此之外，还要注重绩效面谈在绩效考评中的重要作用，否则就不能称为成功的绩效考评。绩效面谈能够促进员工技能的有效提升，也是员工和上级相互了解的过程。此外，对于新的组织结构实施后，相应的绩效考核内容要及时更新和调整，使其与新的战略要求相吻合，这既引导了员工工作重心向新战略倾斜，又提高了员工参与新战略变革实践的积极性。

## 6.3 加强战略管理和企业文化建设

### 6.3.1 加强战略管理

根据前文的战略分析可知，集团目前的战略管理能力不足，未来在这方面需要进行加强。首先领导者必须从思想上重视战略管理的重要性，意识到战略管理不当所能产生的严重后果；其次在行动上需要规范战略管理过程，严格按照战略制定、战略实施、战略评估和反馈以及战略调整的方法进行严格的审核，充分地结合变化的外部环境以及战略的实施情况，不断地调整战略目标，使其更符合社会的发展要求和企业的使命及愿景，并在此基础上，根据"战略决定组织结构，组织结构反作用于战略"的理论，及时地调整组织结构和企业相关制度，为战略的实施作保障；最后，根据企业人才配置情况，必要时引入相应的管理人才或者寻求专家的帮助，以满足集团的发展需要。

#### 6.3.2 加强企业文化建设

对于一个企业而言，组织结构就好比是它的形，而其魂则是文化。离开了文化的企业，就会变得支离破碎，难以形成强大的合力，自然也不会完全认同企业战略，因此在具体执行时就无法保证统一行动。企业文化是一家企业重要的无形资产，但在毅臣集团管理中一直被忽视，尤其在当前的战略转型期，新旧思想交替，会产生大量的冲突，在变革中会涉及很多人的当前利益，而变革的关键和难点就是人思想的转变，建立适应战略变革的企业文化已经迫在眉睫。我们需要建立有效的企业文化宣传渠道，让变革的思想能够深入员工的意识当中。

## 7 结论与展望

### 7.1 主要结论或发现

本文在对毅臣集团战略和现有组织结构分析的过程中发现，毅臣集团现行的组织结构层次过于单一，部门设置不合理，关键职能缺失，岗位职责不清晰，协作机制缺乏，与目前的战略极其不匹配。因此，结合集团新战略目标和组织结构优化原则，本文设计了适用于新战略的组织结构，以使其更适合集团新战略的要求，从而促进集团的进步和发展。

通过研究，得出如下结论：

（1）战略管理是一个复杂的过程，从战略目标的制定到战略的最终执行落地，对企业的执行力提出了很高的要求，没有一个高效的组织结构做支撑，战略执行将难以得到贯彻落实；同时，战略管理是一个动态的过程，需要不断关注战略的变化，以使组织结构做出及时的调整。

（2）组织结构优化是一项系统工作，涉及集团的战略、制度、定位、管控模式等各方面问题，需要系统地梳理。因此，企业在对组织结构进行调整之前，应当充分地分析和研究企业的战略，同时要从具体面对的环境、发展阶段等各方面的因素考虑，使组织结构和企业现状更加的匹配。

（3）在组织结构执行中必须要充分重视后续保障机制。考虑到组织结构变革有一定的滞后性，组织变革并不是一蹴而就就能完成的，所以作为企业的管理者，一定要制定相应的组织效用评价体系，为企业的组织结构做检验，以及时发现组织结构中不适应企业战略实施的弊病并及时进行相应调整。

### 7.2 研究的不足与展望

由于笔者学识有限，理论基础研究能力薄弱，研究中还有很多不足之处，主要体现在：其一，对战略管理的认识还不够，本文中的战略只是提到了战略管理中的战略执行部分，对整个系统的全面认识还有待加深；其二，总部组织结构优化设计模型不够精致，需要进一步研究各重要项目；其三，没有充分地研究我国现阶段的集团和集团总部模式，对很多问题还缺乏较为深刻的认识；其四，本文只是提出了新的组织结构，那么究竟新组织结构执行的效果如何，还有待考证。

鉴于以上不足之处，在未来的研究中需要做进一步的努力，主要包括：第一，进一步研究企业战略管理、战略与组织结构关系理论，并对出现的新理论和研究成果进行不断的学习，以对理论发展趋势进行有效的掌握；第二，关注国内外同类型企业在现实中的组织结构以及在变革期的调整、变化，对毅臣集团的调整提供参考；第三，今后要在充分考虑企业实际的基础之上对企业的组织结构进行研究，然后实践论证并找到适合集团发展的组织结构，以使个人的专业知识得到不断的丰富，并获得更多的实际操作经验。

**参考文献**

[1] 麦克斯·麦克奥. 战略书 [M]. 北京：电子工业出版社，2015.
[2] 邓锋，薛国安. 战争论 [M]. 北京：国防大学出版社，1997.
[3] 安索夫. 战略管理 [M]. 北京：机械工业出版社，2010.
[4] 明茨伯格，布鲁斯·阿尔斯特兰德，约瑟夫·兰佩尔. 战略管理：穿越战略管理旷野的指南 [M]. 北京：机械工业出版社，2012.
[5] 蔡维琼，陶佳鹏. 企业战略管理 [M]. 吉林：吉林大学出版社，2015.
[6] 谢佩洪. 战略管理 [M]. 上海：复旦大学出版社，2014.
[7] 赵顺龙. 企业战略管理（第二版）[M]. 北京：经济管理出版社，2015.
[8] 钱德勒. 战略与结构：美国工商企业发展的若干篇章 [M]. 昆明：云南人民出版社，2002.
[9] 罗伯特·安东尼. 管理控制系统（第 12 版）[M]. 北京：人民邮电出版社，2011.
[10] 朱晓武. 动态匹配：组织结构理论·实证·案例 [M]. 北京：经济管理出版社，2015.
[11] 罗宾斯，库尔特. 管理学 [M]. 北京：清华大学出版社，2009.
[12] 王凤彬，赵民杰. 企业集团管控体系：理论·实务·案例 [M]. 北京：经济管理出版社，2012.
[13] 雷蒙德·E. 迈尔斯，查斯尔·C. 斯诺. 组织的战略、结构和过程 [M]. 北京：东方出版社，2006.
[14] 陈妍舒. QJ 供电企业人力资源规划研究 [D]. 昆明理工大学，2015.
[15] 蔡维琼，陶佳鹏. 企业战略管理 [M]. 长春：吉利大学出版社，2015.
[16] 吴光飚. 企业发展的进化理论 [M]. 上海财经大学出版社，2004.
[17] H. Igor Ansoff. 战略管理 [M]. 北京：机械工业出版社，2010.
[18] 戴维·贝赞可，戴维·德雷诺夫，马克·尚利. 战略经济学 [M]. 北京：北京大学出版社，1999.
[19] 任浩，刘石兰. 基于战略的组织结构设计 [J]. 科学与科学技术管理，2005（8）：11.
[20] 尼尔·拉塞尔-琼斯. 战略管理 [M]. 上海交通大学出版社，2015.

[21] 彼得·德鲁克. 公司的概念 [M]. 北京: 机械工业出版社, 2006.
[22] 杨松. 基于战略导向的 H 公司组织结构变革研究 [D]. 南华大学, 2014.
[23] 林巧. M 公司基于企业战略的组织结构变革 [D]. 西南财经大学, 2014.
[24] 孟卫东, 张卫国, 尤勇. 战略管理: 创建持续竞争优势 [M]. 北京: 科学出版社, 2004.
[25] 陈虹. 企业战略导向下的组织结构设计——以联想集团国际化战略为例 [J]. 中南财经政法大学研究生学报, 2013 (5): 61-66.
[26] 艾于兰. 基于战略的营销组织结构研究 [J]. 商业时代, 2013 (2): 27-28.
[27] 杨琬. 战略管理视角下高等体育院校组织结构优化研究 [J]. 首都体育学院报, 2015, 27 (4): 320-326.
[28] 张岚岚, 金英, 屠方楠. 波音公司组织结构变革与战略 [J]. 航空制造技术, 2014 (5): 62-65.
[29] 贾东琴. 基于战略的大学图书馆组织结构变革模式分析 [J]. 国家图书馆学刊, 2013, 22 (1): 1009-3125.
[30] 宋春龙. 基于经营战略的软件外包公司的组织结构演化研究: R 公司案例 [D]. 北京航空航天大学, 2013.
[31] 王巧莲, 马博. 基于企业战略目标的组织结构设计研究 [J]. 人力资源理, 2014 (1): 64.
[32] 金占明. 战略管理: 超竞争环境下的选择 [M]. 北京: 清华大学出版社, 2004.
[33] 宋玉华, 姚建农. 跨国公司组织结构与战略的互动关系 [J]. 亚太经济, 2004 (3): 61.
[34] 姜艳, 黄桂萍. 企业战略与组织结构如何相匹配 [J]. 经营与管理, 2010 (9): 21.
[35] 刘迎春. 后危机时代中国金融创新模式选择 [J]. 企业与金融, 2013 (2): 15-17.
[36] 徐飞. 战略管理 [M]. 北京: 中国人民大学出版社, 2009.
[37] 冯米, 林道谧, 路江涌. 影响公司战略与结构匹配程度的三要素 [J]. 管理学家 (实践版), 2012 (5): 31.
[38] 张雅琪, 陈菊红, 李兆磊. 基于匹配和调节一致性分析的制造企业服务化战略与组织结构关系研究 [J]. 软科学, 2015, 29 (5): 32-36.
[39] 郑惠莉, 李希. 基于企业战略的组织结构调整——以国外电信运营商为例 [J]. 南京邮电大学学报 (社会科学版), 2014 (4): 39-45.
[40] 王晓凤. 组织结构变革对信息化战略实施的促进作用研究——以中国联通信息化部为例 [D]. 大连: 东北财经大学, 2014.
[41] 崔宇. 基于 ZX 期货公司经营战略转变的组织结构调整 [D]. 大连海事大学, 2015.
[42] 冯海龙, 刘俊英. 组织学习、战略变革与组织绩效 [M]. 北京: 中国经济出版社, 2012.
[43] 理查德·L. 达夫特. 组织理论与设计 (第 11 版) [M]. 北京: 清华大学出版社, 2014.
[44] 丘丽芬. 战略实施与企业组织结构 [J]. 现代经济, 2007, 6 (10): 23.
[45] 王亚锋. 优化管理 [M]. 北京: 人民邮电出版社, 2014.
[46] 孙连才. 企业集团管控 [M]. 北京: 清华大学出版社, 2014.
[47] 施炜. 中国企业的战略转型 [M]. 北京: 东方出版社, 2016.
[48] Gary Hamel & C. K. Prahalad. Core Capability of Enterprise [J]. *Havard Business Review*, 1990, (11): 23.
[49] Machado. *Organizational Management: Policies and Practices* [M]. Hampshire: Palgrave Macmil-

[50] Teece. Dynamic capabilities and organizational agility: Risk, uncertainty, and strategy in the innovation economy [J]. *California Management Review*, 2016 (58): 23.

[51] Saebi, Tina. *Business Model Innovation: The Organizational Dimension* [M]. United Kingdom: OUP Oxford, 2015.

[52] Richard R. Nelson. Why do firms differ, and how does it matter? [J]. *Strategic Management Journal*, 1991, 12 (S2): 61 - 74.

[53] Dyas G. P., Thanheiser H. T.. *The Emerging European Enterprise: Strategy and Structure in French and German Firms* [M]. London: Macmillan, 1976.

[54] Bacher. C. J.. How to Tackle the IT Worker Shortage [J]. *Workforce*, 1998 (12): 32.

[55] Henry Mintzberg. The design school reconsidering the basic premises of strategic management [J]. *Strategic Management Journal*, 1990, 11: 171 - 195.

[56] Thompson R. S.. Internal organization and profit: A note [J]. *The Journal of Industry Economics*, 1981, 30 (2): 201 - 212.

[57] Quinn J. B.. Managing strategic change [J]. *Sloan Management Review*, 1980, 21 (4): 3 - 20.

# 附录

## 访谈提纲

为了完成此次论文研究，深入了解毅臣集团战略与组织结构问题，特对公司的高层、中层和员工共计24名员工进行了半结构化访谈，访谈提纲主要如下：

### 一、针对高层的访谈提纲

1. 公司未来的发展战略是什么？请谈一下你对公司未来发展的设想。
2. 你对当前集团的变革有信心吗？请谈谈你对公司战略转型阶段的看法。
3. 请谈谈公司发展的历程及每个阶段的战略与组织结构。
4. 你对当前的组织管理水平满意吗？（　　）
   A. 很满意　　　B. 基本满意　　　C. 不太满意　　　D. 非常满意
5. 目前的人力资源状况是否满足战略变革的要求？是否存在一些突出问题？对此您作何考虑？
6. 当前战略下，您认为哪些职能部门是最需要加强的？（　　）
   A. 人力资源部　　B. 运营管理部　　C. 海外研发部　　D. 战略投资部
7. 当前部门职责设置是否合理？
8. 如何看待目前部门间的协调合作机制？
9. 公司现有运营管理制度是否合理？请谈谈存在的问题。
10. 如何看待企业当前的流程再造？存在哪些问题？
11. 公司现阶段发展最需要什么样的人才？公司在用人方面有什么新的举措？
12. 你对当前战略调整和组织结构优化还有什么意见和建议？

## 二、针对中层的访谈提纲

1. 请谈谈你对公司当前战略的看法和理解。
2. 你对当前集团的变革有信心吗？
3. 你所在部门是否有过机构的变迁？请谈谈具体的变迁情况。
4. 你对当前的组织管理水平满意吗？（　　）
   A. 很满意　　　B. 基本满意　　　C. 不太满意　　　D. 非常满意
5. 新的战略是否对你所在的部门职责提出了新的具体要求？
6. 当前战略下，您认为哪些职能部门是最需要加强的？（　　）
   A. 人力资源部　　B. 运营管理部　　C. 海外研发部　　D. 战略投资部
7. 你所在部门的岗位设置和人员配置是否合理？成员责权是否明晰？
8. 你所在部门与其他部门之间是如何沟通的？请具体谈谈你与上下级、同级部门之间业务往来的情况。
9. 公司现有运营管理制度是否合理？请谈谈存在的问题。
10. 你部门涉及到哪些业务流程？你认为合理吗？请谈谈操作过程中遇到的问题与困难。
11. 当前战略下什么样的人才更适合你所负责部门的发展？
12. 现在员工接受战略变革的观念如何？

## 三、针对员工的访谈提纲

1. 你清楚企业未来的发展方向吗？
2. 你对集团当前的变革有信心吗？
3. 你是否因为企业的发展而调动过岗位？你对岗位调整有何看法。
4. 你对当前的组织管理水平满意吗？（　　）
   A. 很满意　　　B. 基本满意　　　C. 不太满意　　　D. 非常不满意
5. 当前领导是否对你的工作提出了新的要求？
6. 当前战略下，您认为哪些职能部门是最需要加强的？（　　）
   A. 人力资源部　　B. 运营管理部　　C. 海外研发部　　D. 战略投资部
7. 你是否清楚自己的岗位职责？汇报程序是否清楚？是否有双重领导？
8. 你和其他部门同事间的工作配合怎样？
9. 你认为公司领导的管理水平如何？领导的管理要求是否合理？
10. 为完成部门工作目标，你需要和哪些部门哪些人打交道？整个流程顺畅吗？
11. 为了做好此份工作，你认为这个职位对员工有哪些要求？
12. 你对当前战略变革的期望是什么？